KB200595

The Bible⁺

초판발행 2021. 11. 24
등록번호 제1988-000080호
등록된곳 서울특별시 용산구 서빙고로65길 38
기 획 인 이동일
발 행 처 사단법인 두란노서원
전 화 [편집부] 02) 2078-3331
[영업부] 02) 2078-3352
팩 스 080-747-3705

책값은 뒤표지에 있습니다.
I S B N 978-89-531-4103-2 04230
978-89-531-4096-7 04230(세트)

독자들의 의견을 기다립니다. tpress@duranno.com
www.duranno.com

두란노서원은 바울 사도가 3차 전도여행 때 에베소에서 성령 받은 제자들을 따로 세워 하나님의 말씀으로 양육하던 장소입니다. 사도행전 19장 8-20절의 정신에 따라 첫째 목회자를 돕는 사역과 평신도를 훈련시키는 사역, 둘째 세계선교(TIM)와 문서선교(단행본·잡지) 사역, 셋째 예수문화 및 경배와 찬양 사역, 그리고 가정·상담 사역등을 감당하고 있습니다. 1980년 12월 22일에 창립된 두란노서원은 주님 오실 때까지 이 사역들을 계속할 것입니다.

일러두기

이 책의 본문은 《우리말성경》을 사용하였습니다.

신약2
성경, 그림과 함께 소설처럼 읽는다
The Bible+
두란노

차례
Contents

추천사
Recommendation

≪The Bible+≫는 성경을 새로운 관점으로 바라볼 수 있도록 도와주는 신선한 기획물입니다. 성경은 기독교 신자들만이 아니라 누구든 읽어야 하는 세계적인 베스트셀러이기도 합니다. 성경은 역사적으로 수많은 문화를 창출한 책이며 특히 문학적 상상력의 근원이 되어 왔습니다. 그럼에도 그 방대한 양과 특정 종교의 경전이라는 선입견 때문에 성경읽기를 꺼려하는 사람들이 있습니다.

≪The Bible+≫는 성경읽기의 어려움과 거부감을 덜어 주고자 각 절 구분을 없애 마치 소설을 읽는 것처럼 구성하였습니다. 사실 원래 성경에는 장절 구분이 없었고 후에 편리함을 위해 덧붙여진 것이므로 이러한 시도가 비판 받을 일은 전혀 없습니다. 도리어 절을 구분함으로써 전체 문맥의 흐름에 따라 읽기를 방해하던 것으로부터 탈피하여 매우 중요한 유익을 얻을 수 있습니다.

훌륭한 예술 작품들을 함께 수록함으로써 성경을 예술적인 상상력과 함께 읽을 수 있게 한 것 또한 신선한 시도입니다. 후에 누군가 각 장별로 함께 들을 수 있는 음악도 소개하게 되는 날을 기대해 봅니다. 성경은 오감을 통해 읽을 수 있는 매우 다이내믹한 책이기 때문입니다.

≪The Bible+≫를 통해 성경을 하나님이 보내신 사랑의 편지로, 떨리는 사랑의 마음으로 읽는 사람들이 많아지기를 소망합니다.

온누리교회 담임목사

이재훈

사도행전

Acts

1 예수께서 하늘로 올려지시다

데오빌로님, 제가 먼저 쓴 글에는 예수께서 일하시고 가르치기 시작하신 모든 것, 곧 예수께서 선택하신 사도들에게 성령을 통해 명령하신 후 하늘로 들려 올라가신 날까지의 일을 기록했습니다. 예수께서 고난당하신 후에 자신이 살아 계심을 여러 가지 확실한 증거로 사도들에게 직접 보여 주셨고 40일 동안 그들에게 나타나 하나님 나라에 대한 일을 말씀하셨습니다. 그들과 함께 모였을 때 예수께서 이렇게 명령하셨습니다. “예루살렘을 떠나지 말고 너희가 내게 들은 대로 내 아버지가 약속하신 선물을 기다리라. 요한은 물로 세례를 주었지만 너희는 며칠 안에 성령으로 세례를 받을 것이다.” 그래서 그들은 다 같이 모여 있을 때 예수께 물었습니다. “주여, 주께서 이스라엘에게 나라를 회복시켜 주시려는 것이 지금입니까?” 예수께서 그들에게 말씀하셨습니다. “그날과 그때는 아버지께서 자신의 권세로 정하셨으니 너희가 알 것이 아니다. 그러나 성령께서 너희에게 오시면 너희가 권능을 받고 예루살렘과 온 유대와 사마리아와 땅끝까지 이르러 내 증인이 될 것이다.” 예수께서 이 말씀을 하신 뒤 그들의 눈앞에서 들려 올라가셨습니다. 그리고 예수의 모습이 이내 구름 속으로 사라져 보이지 않게 됐습니다. 그들은 예수께서 올라가시는 동안 계속 하늘을 뚫어지게 쳐다보고 있었습니다. 그런데 갑자기 흰옷을 입은 두 사람이 그들 곁에 서서 "갈릴리 사람들아, 왜 여기 서서 하늘만 쳐다보고 있느냐? 너희 곁을 떠나 하늘로 올라가신 이 예수는 하늘로 올라가시는 것을 너희가 본 그대로 다시 오실 것이다"라고 말했습니다.

유다를 대신하여 맛디아를 세우다

그 후 그들은 올리브 산이라 불리는 곳에서부터 예루살렘으로 돌아왔는데 이 산은 예루살렘에서 가까워 안식일에 걸어도 되는 거리였습니다. 그들은 예루살렘 안으로 들어와서 자기들이 묵고 있던 다락방으로 올라갔습니다. 거기 있던 사람들은 베드로, 요한, 야고보, 안드레, 빌립, 도마, 바돌로매, 마태, 알패오의 아들 야고보, 열심당원 시몬 그리고 야고보의 아들 유다였습니다. 그들은 모두 그곳에 모인 여자들과 예수의 어머니 마리아와 예수의 동생들과 함께 한마음으로 기도에 전념하고 있었습니다. 그 무렵 모인 사람들이 약 120명쯤 됐는데 베드로가 형제들 가운데 일어나 말했습니다. "형제들이여, 예수를 체포한 사람들의 앞잡이가 된 유다에 관해 성령께서 다윗의 입을 통해 미리 말씀하신 성경이 이뤄질 수밖에 없었습니다. 그는 우리 가운데 속했던 사람이었고 이 직무의 한 몫을 담당했던 사람이었습니다. (유다는 자기 불의의 대가로 밭을 샀는데 거기서 그는 곤두박질해 배가 터지고 내장이 온통 밖으로 쏟아져 나왔습니다. 이 일이 예루살렘에 사는 모든 사람에게 알려졌습니다. 이 밭을 그들의 지방 말로 아겔다마라 불렀는데 그것은 '피의 밭'이라는 뜻입니다.) 그런데 시편에 '그의 거처를 폐허가 되게 하시고 그곳에 아무도 살지 못하게 하십시오'라고 기록됐고 또 '다른 사람이 그의 직무를 차지하게 해 주십시오'라고 기록됐습니다. 그러므로 주 예수께서 항상 우리와 같이 다니던 동안에, 곧 요한이 세례를 주던 때부터 시작해 예수께서 우리들 가운데서 하늘로 올리워 가시기까지 함께 다니던 사람들 가운데 하나를 뽑아 우리와 함께 예수의 부활에 대한 증인이 되게 해야 합니다." 그래서 사도들이 두 사람, 곧 바사바 또는 유스도라고도 불리는 요셉과 맛디아를 추천했습니다. 그리고 그들은 "모든 사람의 마음을 아시는 주여, 이 두 사람 가운데 주께서 택하신 사람이 누구인지 보여 주셔서 이 봉사와 사도의 직무를 대신 맡게 해 주십시오. 유다는 이것을 버리고 자기 자리로 갔습니다"라고 기도했습니다. 그러고 나서 그들이 제비를 뽑았는데 맛디아가 뽑혀서 그가 열한 사도들과 함께 사도의 수에 들게 됐습니다.

2 오순절에 성령이 임하시다

마침내 오순절이 이르렀을 때 그들이 모두 함께 한 곳에 모여 있었습니다. 그때 하늘로부터 갑자기 급하고 강한 바람 같은 소리가 있었고 그들이 앉아 있던 온 집을 가득 채웠습니다. 그리고 마치 불 같은 혀들이 갈라지는 것이 그들에게 나타나 그들 각 사람 위에 임했습니다. 그러자 모두 성령으로 충만함을 받고 성령께서 그들에게 말하게 하심을 따라 그들이 다른 방언으로 말하기 시작했습니다. 그때 세계 각 나라로부터 온 경건한 유대 사람들이 예루살렘에 머물고 있었습니다. 그런데 이런 소리가 나자 많은 사람들이 모였는데 각자 자기들의 언어로 제자들이 말하는 것을 듣고 모두 어리둥절했습니다. 그래서 그들은 놀라 이상하게 여기며 말했습니다. "보십시오. 지금 말하고 있는 이 사람들은 모두 갈릴리 사람들이 아닙니까? 그런데 우리가 각자 태어난 곳의 말로 듣고 있으니 어찌 된 일입니까? 우리는 바대 사람들과 메대 사람들과 엘람 사람들이며 메소포타미아, 유대, 갑바도기아, 본도, 아시아, 브루기아, 밤빌리아, 이집트 그리고 구레네에 가까운 리비아 지역들에 사는 사람들이며, 로마로부터 온 나그네 된 유대 사람들과 유대교로 개종한 사람들이며 크레타 사람들과 아라비아 사람들인데 우리는 지금 저들이 말하고 있는 하나님의 큰일들을 우리 각자의 말로 듣고 있습니다." 그러자 모든 사람들이 놀라 당황해 "이것이 도대체 어찌 된 일입니까?" 하고 서로서로에게 말했습니다. 그러나 어떤 사람들은 "그들이 새 술에 취했다"라고 조롱하며 말하기도 했습니다.

베드로가 무리들에게 설교하다

그러자 베드로가 열한 사도와 함께 서서 자신의 목소리를 높여 그들에게 선포했습니다. "유대 사람들과 예루살렘에 사는 모든 사람들이여, 이 일을 여러분에게 알게 하고자 하니 내 말에 귀를 기울이십시오. 지금은 오전 9시니 여러분 생각처럼 이 사람들이 술에 취한 것이 아닙니다. 다만 이 일은 예언자 요엘을 통해 말씀하신 것입니다. 하나님께서 말씀하셨습니다. '마지막 날에 내가 내 영을 모든 육체에 부어 주겠다. 그래서 너희 아들들과 너희 딸들은 예언을 하고 너희 젊은이들은 환상을 보고 너희 나이 든 사람들은 꿈을 꿀 것이다. 그날에 내가 내 남종들과 여종들에게도 내 영을 부어 주겠다. 그래서 그들이 예언을 할 것이다. 또 내가 위로 하늘에서는 기사들과 아래로 땅에서는 표적들을 나타낼 것이다. 곧 피와 불과 자욱한 연기이다. 주의 크고 영화로운 날이 이르기 전에 해가 변해 어둠이 되고 달이 변해 피가 될 것이다. 그러나 누구든지 주의 이름을 부르는 사람은 구원을 얻을 것이다.' 이스라엘 사람들이여, 이 말들을 들어 보십시오. 여러분이 아는 바와 같이 나사렛 예수는 하나님께서 그를 통해 여러분 가운데서 베푸신 능력들과 기사들과 표적들로 여러분에게 증언하신 분입니다. 이 예수는 하나님께서 정하신 뜻과 미리 아심을 따라 내주셨고 여러분은 법 없는 사람들의 손을 빌려 그분을 십자가에 못 박아 죽였습니다. 그러나 하나님께서는 죽음의 고통에서 풀어 그분을 살리셨습니다. 왜냐하면 그분은 죽음에 사로잡혀 있을 수 없었기 때문입니다. 다윗이 그분에 대해 말했습니다. '내가 내 앞에 계신 주를 항상 뵙습니다. 주께서 내 오른편에 계시므로 내가 흔들리지 않습니다. 그러므로 내 마음이 기쁘고 내 입술은 즐거워했으며 내 육체도 소망 속에 살 것입니다. 이는 주께서 내 영혼을 지옥에 버리지 않으시며 주의 거룩하신 분을 썩지 않게 하실 것이기 때문입니다. 주께서 내게 생명의 길을 알려 주셨으니 주 앞에서 내게 기쁨을 가득 채워 주실 것입니다.' 형제들이여, 나는 여러분에게 조상 다윗에 대해 담대히 말할 수 있습니다.

그는 죽어 장사돼 그의 무덤이 오늘까지 우리 가운데 있습니다. 다윗은 예언자이기에 하나님께서 그에게 맹세하셔서 그의 몸에서 날 자손을 세워 그의 보좌 위에 앉히시리라는 것을 알고 미리 내다보면서 그리스도의 부활에 대해 '그가 지옥에 버림을 당하지 않고 그의 육신이 썩음을 보지 않았다'라고 말했습니다. 이 예수를 하나님께서 살리셨습니다. 이 일에 대해 우리 모두가 증인들입니다. 하나님께서는 이 예수를 높이 올리셔서 그분의 오른편에 앉히셨습니다. 높임받으신 예수께서는 아버지께서 약속하신 성령을 받아 우리에게 부어 주셨는데 지금 여러분이 보고 듣는 것이 바로 이것입니다. 다윗은 하늘에 올라가지 못했으나 이렇게 말했습니다. '주께서 내 주께 말씀하시기를 내가 네 원수를 네 발아래 굴복시키기까지 너는 내 오른편에 앉아 있어라' 하셨습니다. 그러므로 이스라엘 모든 집은 확실하게 알아 두십시오. 여러분들이 십자가에 못 박은 이 예수를 하나님께서 주와 그리스도가 되게 하셨습니다." 그러자 그들이 듣고 마음이 찔려 베드로와 다른 사도들에게 "형제들이여, 우리가 무엇을 해야 합니까?" 하고 물었습니다. 이때 베드로가 대답했습니다. "회개하십시오. 그리고 여러분의 죄를 용서받기 위해 예수 그리스도의 이름으로 여러분이 각각 세례를 받으십시오. 그러면 여러분이 성령의 선물을 받게 될 것입니다. 이 약속은 여러분과 여러분의 자녀와 먼 데 있는 모든 사람, 곧 주 우리 하나님께서 부르시는 모든 사람들에게 주신 것입니다." 베드로가 "이 사악한 세대로부터 구원을 받으십시오"라고 말하면서 다른 여러 가지 말로 확증하며 그들을 권했습니다. 그러자 베드로의 말을 받아들인 사람들이 세례를 받았고 그날 믿는 사람의 숫자가 약 3,000명이나 더 늘었습니다.

성도들의 교제

그들은 사도들의 가르침을 받고 교제하며 빵을 떼는 것과 기도하는 일에 전념했습니다. 모든 사람들에게 두려움이 임했는데 사도들을 통해 기사들과 표적들이 나타났습니다. 믿는 사람들이 모두 함께 모여 모든 물건을 함께 쓰며 재산과 소유물을 팔아 각 사람에게 필요한 대로 나눠 주었습니다. 그리고 날마다 성전에서 한마음으로 모이기를 힘쓰고 집집마다 빵을 떼면서 기쁨과 순수한 마음으로 음식을 나눠 먹었습니다. 그리고 하나님을 찬양하고 사람들로부터 칭찬을 받아 주께서 날마다 구원받는 사람들을 더하게 하셨습니다.

3 베드로가 걷지 못하는 거지를 고치다

어느 날 오후 3시 기도 시간에 베드로와 요한이 성전으로 올라가고 있었습니다. 사람들이 태어나면서부터 걷지 못하는 사람을 메고 오는데 그들은 그가 성전에 들어가는 사람들에게 구걸할 수 있도록 '아름다운 문'이라는 성전 문에 그를 날마다 앉혀 놓았습니다. 그는 베드로와 요한이 성전으로 들어가려는 것을 보고 구걸했습니다. 그러자 베드로가 요한과 함께 그를 주목하면서 "우리를 보시오"라고 말했습니다. 그는 그들에게서 무엇을 얻을까 하고 그들을 쳐다보았습니다. 베드로가 "은과 금은 내게 없으나 내게 있는 것을 당신에게 주겠소. 나사렛 예수 그리스도의 이름으로 일어나 걸으시오"라고 말하고 그의 오른손을 잡아 일으키니 그의 발과 발목이 곧 힘을 얻어 뛰어 일어나 걷기 시작했습니다. 그는 걷기도 하고 뛰기도 하며 하나님을 찬미하면서 그들과 함께 성전으로 들어갔습니다. 모든 백성이 그가 걸어 다니는 것과 하나님을 찬미함을 보고 그가 성전 '아름다운 문'에 앉아 구걸하던 바로 그 사람임을 알아보고 그에게 일어난 일로 인해 몹시 놀라며 이상하게 생각했습니다.

베드로가 구경하는 사람들에게 말하다

그 사람이 베드로와 요한을 붙잡고 있을 때 모든 백성이 크게 놀라 '솔로몬의 행각'이라 불리는 곳으로 달려와 그들에게 몰려들었습니다. 베드로가 이것을 보고 백성에게 말했습니다. "이스라엘 사람들이여, 왜 이 일을 이상하게 생각합니까? 또 우리 자신의 능력과 경건으로 이 사람을 걷게 한 것처럼 왜 우리를 주목합니까? 아브라함과 이삭과 야곱의 하나님, 곧 우리 조상의 하나님께서 그분의 종 예수를 영화롭게 하셨습니다. 그러나 여러분은 일찍이 그를 넘겨주었고 빌라도가 놓아주기로 판결했음에도 당신들은 빌라도 앞에서 그것을 부인했습니다. 여러분은 거룩하고 의로운 분을 거절하고 도리어 살인한 사람을 놓아 달라고 요청해 생명의 근원 되시는 분을 죽였습니다. 그러나 하나님께서는 그분을 죽은 사람들 가운데서 살리셨습니다. 우리는 이 일에 대해 증인들입니다. 예수의 이름을 믿는 믿음으로 인해 그분의 이름이 여러분이 보고 아는 이 사람을 온전케 했으니, 예수로 인해 난 믿음이 여러분 앞에서 이같이 그를 완전히 낫게 했습니다. 형제들이여, 이제 나는 여러분이 여러분의 지도자들처럼 무지해서 그렇게 행동했던 것을 압니다. 그러나 하나님께서는 모든 예언자들의 입을 통해 그리스도께서 고난받아야 할 것이라고 미리 선포하신 것을 이와 같이 이루셨습니다. 그러므로 여러분은 회개하고 돌아오십시오. 그래서 여러분의 죄 씻음을 받으십시오. 그러면 주 앞에서 새로워지는 때가 올 것이요, 주께서 여러분을 위해 미리 정하신 그리스도 예수를 다시 보내실 것입니다. 그러나 하나님께서 영원 전부터 그분의 거룩한 예언자들의 입을 통해 말씀하신 대로 만물을 회복하실 때까지 예수는 마땅히 하늘에 계셔야 할 것입니다. 모세는 말하기를 '주 하나님께서 너희를 위해 너희 형제 가운데서 나 같은 예언자 하나를 세울 것이니 그가 너희에게 말하는 것은 무엇이든지 다 들으라. 누구든지 그 예언자의 말을 듣지 아니하는 사람은 백성 가운데서 멸망당할 것이다'라고 했습니다. 또 사무엘과 그 뒤를 이은 모든 예언자들도 이때를 가리켜 예언했습니다. 여러분은 예언자들의 자손이요, 또 하나님께서 여러분의 조상들과 더불어 세우신 언약의 자손입니다. 하나님께서 아브라함에게 '네 후손으로 인해 땅의 모든 족속이 복을 받을 것이다'라고 말씀하셨습니다. 하나님께서 여러분의 악으로부터 각자 돌아서게 하셔서 여러분에게 복 주시려고 자기의 종을 세워 여러분에게 먼저 그를 보내셨습니다."

4 **베드로와 요한이 공회 앞에 서다**

베드로와 요한이 사람들에게 말하고 있는데 제사장들과 성전 경비대장과 사두개파 사람들이 나타났습니다. 그들은 두 사도가 사람들을 가르치며 예수를 들어 죽은 사람의 부활을 전파하는 것 때문에 심기가 몹시 불편했습니다. 그들은 베드로와 요한을 붙잡았습니다. 그런데 그때가 이미 저녁이었기 때문에 다음 날까지 감옥에 가둬 놓았습니다. 그러나 사도들의 말씀을 들은 많은 사람들이 믿게 됐고 그리하여 믿게 된 남자의 수가 5,000명쯤으로 늘어났습니다. 이튿날 통치자들과 장로들과 율법학자들이 예루살렘에 모였습니다. 거기에는 대제사장 안나스가 있었고 가야바, 요한, 알렉산더와 대제사장 가문의 사람들도 있었습니다. 그들은 베드로와 요한을 앞에 세워 놓고 "너희가 무슨 권세와 누구의 이름으로 이런 일을 했느냐?"라고 신문하기 시작했습니다. 그때 베드로가 성령이 충만해 그들에게 말했습니다. "백성의 통치자들과 장로들이여, 오늘 여러분이 걷지 못하는 사람에게 일어난 선한 일에 대해 해명하라고 우리를 부른 것이라면 또 그가 어떻게 낫게 됐는지 묻는 것이라면 여러분과 모든 이스라엘 백성들은 이 점을 알아야 합니다. 이 사람이 다 나아서 여러분 앞에 서게 된 것은 여러분이 십자가에 못 박았지만 하나님께서 죽은 사람들 가운데서 다시 살리신 나사렛 예수 그리스도의 이름으로 된 것입니다. 이 예수는 '건축자들이 버린 돌이지만 집 모퉁이의 머릿돌이 되셨습니다.' 예수 외에 다른 어느 누구에게서도 구원을 받을 수 없습니다. 하나님께서는 하늘 아래 우리가 구원받을 만한 다른 이름을 우리에게 주신 일이 없기 때문입니다." 그들은 베드로와 요한이 아무런 교육도 받지 않은 평범한 사람인 줄 알았는데 그렇듯 용기 있게 말하는 것을 보고 놀라지 않을 수 없었습니다. 그러고는 비로소 그들이 과거에 예수와 내내 함께 있던 사람인 줄 알게 됐습니다. 게다가 병이 나은 사람이 두 사도 곁에 서 있는 것을 보니 더 이상 할 말이 없었습니다. 그래서 그들은 그 사람들을 공회 밖으로 나가도록 명령하고 함께 의논했습니다. 그들이 서로 물었습니다. "이 사람들을 어떻게 할까요? 그들이 대단한 기적을 행했다는 사실을 예루살렘에 사는 모든 사람들이 알고 있고 우리도 그것을 부인할 수는 없습니다. 어쨌든 이 일이 백성들 사이에 더 이상 퍼져 나가지 않도록 하려면 이 사람들에게 어느 누구에게도 예수 이름으로 말하지 말라고 경고해야 합니다." 그러고 나서 그들은 베드로와 요한을 다시 불러들여 절대로 예수의 이름으로 말하거나 가르치지 말라고 명령했습니다. 그러나 베드로와 요한이 대답했습니다. "하나님의 말씀보다 당신들의 말에 순종하는 것이 하나님 보시기에 옳은지 스스로 판단해 보십시오. 우리는 보고 들은 것을 말하지 않을 수 없습니다." 그들은 사도들을 다시금 협박하고 나서야 겨우 풀어 주었습니다. 그들이 사도들을 처벌할 수 없었던 것은 모든 사람들이 그 일어난 일로 인해 하나님을 찬양하고 있었기 때문입니다. 이 기적으로 병이 나은 그 사람은 마흔 살이 넘은 사람이었습니다.

성도들이 기도하다

베드로와 요한도 풀려나자마자 자기 동료들에게 돌아가 대제사장들과 장로들이 한 말을 모두 전해 주었습니다. 그들은 이 말을 듣고 함께 소리 높여 하나님께 기도했습니다. "주여, 주께서는 하늘과 땅과 바다와 그 안에 있는 모든 것을 지으신 분이십니다. 주께서는 주의 종, 우리 조상 다윗의 입을 통해 성령으로 말씀하셨습니다. '어째서 민족들이 분노하며 사람들이 헛된 음모를 꾸미는가? 세상의 왕들이 일어나고 통치자들이 함께 모여 주와 그분의 그리스도를 대항하고 있구나.' 그런데 정말 헤롯 안티파스와 본디오 빌라도가 주께서 기름 부으신 거룩한 종 예수를 반대하며 음모를 꾸미려고 이방 사람들과 이스라엘 백성들을 이 성에서 만났던 것입니다. 주의 능력과 뜻에 의해 미리 정하신 일을 그들이 단지 이룬 것뿐입니다. 그러니 주여, 그들의 위협을 보고 주의 종들을 도와 주의 말씀을 담대하게 전하게 하소서. 주의 손을 펴서 주의 거룩한 종 예수의 이름을 통해 병을 고치게 하시고 표적과 기사를 행하게 하소서." 그들이 기도를 마치자 모여 있던 곳이 진동했습니다. 그리고 그들은 모두 성령으로 충만해져 하나님의 말씀을 담대하게 전했습니다.

성도들이 물건을 서로 통용하다

믿는 사람들은 모두 한마음 한뜻이 됐습니다. 자기 재물을 조금이라도 자기 것이라고 주장하는 사람이 없었고 가진 것을 모두 공동으로 사용했습니다. 사도들은 큰 권능으로 주 예수의 부활에 대해 증언했고 풍성한 은혜가 그들 모두에게 임했습니다. 그들 가운데 부족한 것이 있는 사람은 전혀 없었습니다. 이따금씩 땅이나 집을 소유하고 있던 사람들이 그것을 팔아서 돈을 가져다가 사도들의 발 앞에 바쳤습니다. 그러면 누구든 필요한 사람에게 나눠 주었기 때문입니다. 키프로스 출신인 요셉이라는 레위 사람이 있었습니다. 사도들은 그를 바나바라고도 불렀는데 바나바는 '위로의 아들'이라는 뜻입니다. 그 사람이 자기의 밭을 팔아서 그 돈을 사도들의 발 앞에 갖다 놓았습니다.

5 아나니아와 삽비라

아나니아라는 사람은 그의 아내 삽비라와 함께 재산을 팔았습니다. 그는 그 돈의 일부를 떼어 자기 것으로 숨겨 두고는 나머지를 사도들의 발 앞에 가져와 바쳤습니다. 그의 아내도 이 사실을 다 알고 있었습니다. 그러자 베드로가 말했습니다. "아나니아야, 어떻게 네가 사탄에게 마음을 빼앗겨 성령을 속이고 땅값으로 받은 돈의 일부를 네 것으로 몰래 숨겨 놓았느냐? 그 땅은 팔기 전에도 네 소유였고 또 팔고 난 뒤에도 네 마음대로 처분할 수 있지 않았느냐? 그런데 왜 이런 일을 마음에 품었느냐? 너는 사람을 속인 것이 아니라 하나님을 속인 것이다." 아나니아는 이 말을 듣자마자 쓰러져 죽었습니다. 그리고 이 일을 듣는 사람들은 모두 두려움에 사로잡혔습니다. 그때 청년들이 들어와 그 시체를 싸서 들고 나가 묻어 주었습니다. 세 시간쯤 지나서 그의 아내가 무슨 일이 일어났는지도 모르고 들어왔습니다. 베드로가 그녀에게 물었습니다. "말해 보아라. 너와 아나니아가 땅을 팔아 받은 돈이 이것뿐인가?" 삽비라가 대답했습니다. "네, 그게 전부입니다." 베드로가 그녀에게 말했습니다.

"너희가 어째서 서로 짜고 주의 영을 시험하려고 하느냐? 보아라. 네 남편을 묻은 사람들이 문 앞에 있으니 이번에는 너를 메고 나갈 것이다." 바로 그 순간 삽비라도 그 발 앞에 쓰러져 죽었습니다. 그러자 청년들이 들어와 그가 죽은 것을 보고는 메고 나가 그 남편 곁에 묻었습니다. 온 교회와 이 일에 대해 소문을 들은 모든 사람들은 큰 두려움에 사로잡혔습니다.

사도들이 많은 사람들을 고치다

사도들은 사람들 가운데 많은 기적들과 표적들을 일으켰습니다. 그리고 믿는 사람들은 모두 한마음으로 솔로몬 행각에 모이곤 했습니다. 다른 사람들은 감히 그 모임에 끼어들지 못했습니다. 그러나 백성들 사이에서는 그들에 대한 칭찬이 자자했습니다. 더욱이 남녀 할 것 없이 점점 더 많은 사람들이 주를 믿게 돼 그 수가 늘어났습니다. 심지어 사람들은 베드로가 지나갈 때 혹시 그의 그림자에라도 덮일까 해서 들것과 자리에 환자들을 눕힌 채 거리로 데리고 나왔습니다. 예루살렘 근처의 마을에서도 많은 사람들이 환자들과 더러운 귀신에 시달리는 사람들을 데리고 모여들었고 그들도 모두 고침을 받았습니다.

사도들이 박해를 당하다

그러자 대제사장과 그와 한패인 사두개파의 당원들은 모두 시기하는 마음이 가득해서 들고일어나 사도들을 잡아다가 감옥에 가두었습니다. 그러나 그날 밤 주의 천사가 감옥 문을 열고 사도들을 밖으로 데리고 나오며 말했습니다. “가라! 성전에 서서 백성들에게 이 새 생명의 말씀을 모두 전하라.” 이 말을 듣고 그들은 이른 아침 성전으로 들어가 사람들을 가르치기 시작했습니다. 그때 대제사장과 그 일행이 도착해 공회와 이스라엘 자손의 모든 장로들을 소집하고 감옥에 사람을 보내 사도들을 데려오게 했습니다. 그러나 경비병들이 감옥에 도착해 보니 그들은 온데간데없었습니다. 그들이 돌아와 이렇게 보고했습니다. 감옥 문은 단단히 잠겨 있었고 간수들도 문마다 서 있었습니다. 그런데 문을 열어 보니 안에 아무도 없었습니다.” 이 말을 듣고 성전 경비대장과 대제사장들은 당황해 이러다가 또 어떤 일이 생기게 될까 걱정했습니다. 그때 누군가 들어오더니 말했습니다. “보십시오! 감옥에 가둔 그 사람들이 성전에 서서 사람들을 가르치고 있습니다.” 그러자 경비대장은 부하들과 함께 나가서 사도들을 잡아 왔습니다. 그러나 강제로 끌고 오지 않았는데 그것은 사람들이 자기들에게 돌을 던질까 겁이 났기 때문입니다. 그들은 사도들을 데려다가 대제사장의 신문을 받도록 공회 앞에 세웠습니다. 대제사장이 말했습니다. “우리가 예수의 이름으로 가르치지 말라고 단단히 주의를 주지 않았느냐? 그런데 너희는 온 예루살렘을 너희 가르침으로 가득 채우고 이 사람의 피에 대한 책임을 우리에게 뒤집어씌우려고 하는구나.” 베드로와 다른 사도들이 대답했습니다. “사람에게 순종하기보다 하나님께 순종하는 것이 마땅합니다! 당신들이 나무에 달아 죽인 그 예수를 우리 조상들의 하나님께서 살리셨습니다. 하나님께서는 이스라엘에게 회개와 죄 용서를 주시려고 예수를 그분 오른편에 높이셔서 왕과 구세주가 되게 하셨습니다. 우리는 이 모든 일들의 증인이고 하나님께서 그분께 순종하는 사람들에게 주신 성령 또한 그 일들의 증인이십니다." 그들은 이 말을 듣고 화가 치밀어 사도들을 죽이려고 했습니다. 그런데 가말리엘이라는 한 바리새파 사람이 공회 가운데 일어났습니다. 그는 율법학자로서 모든 사람의 존경을 한 몸에 받고 있는 사람이었습니다. 그는 사도들을 잠시 공회 밖으로 내보내라고 명령하고는 이렇게 말했습니다. "이스라엘 사람들이여, 여러분이 지금 저 사람들에게 하려는 일에 신중을 기해야 합니다. 언젠가 드다가 나타나서 자신이 대단한 사람인 양 공포하고 다니자 400명가량의 사람들이 따랐습니다. 그러나 그는 죽임을 당했고 그를 추종하던 사람들은 모두 뿔뿔이 흩어지고 말았습니다. 결국 그 일은 아무것도 아닌 일로 끝났습니다. 그 사람 뒤에도 갈릴리 사람 유다가 인구 조사를 할 때 나타나서 많은 추종자들을 거느리고 반란을 도모했지만 역시 죽임을 당했고 그를 추종하던 사람들도 모두 흩어졌습니다. 그러니 지금의 경우에 대해서도 내가 한마디 하자면 저 사람들을 상관하지 말고 그냥 내버려 둡시다. 만일 그 목적이나 행동이 사람에게서 비롯된 것이라면 망하고 말 것입니다. 그러나 만약 하나님으로부터 나온 것이라면 이 사람들을 막을 수 없을 것입니다. 행여나 여러분이 하나님을 대적해 싸우는 사람이 될까 두렵습니다." 그의 충고는 충분히 설득력이 있었습니다. 그들은 사도들을 안으로 들여 채찍질을 하고는 예수의 이름으로 말하지 말라고 명령하고는 풀어 주었습니다. 사도들은 예수 이름을 위해 모욕당하는 것이 합당하다고 생각하고는 기뻐하며 공회를 떠났습니다. 그들은 날마다 성전에서 또 집집마다 다니면서 예수께서 그리스도라고 가르치고 선포하기를 쉬지 않았습니다.

6 일곱 집사를 선출하다

이 무렵 제자들의 수는 점점 늘어났습니다. 그때 그들 가운데 그리스파 유대 사람들이 히브리파 유대 사람들에 대해 불평이 생겼습니다. 매일 음식을 분배받는 일에서 그리스파 유대 사람 과부들이 빠졌기 때문입니다. 그리하여 열두 사도들은 제자들을 모두 불러 놓고 말했습니다. "우리가 음식을 분배하는 일로 인해 하나님의 말씀 가르치는 사역을 소홀히 여기는 것은 옳지 않습니다. 형제들이여, 여러분 가운데 성령과 지혜가 충만하다고 알려진 사람 일곱 명을 뽑으십시오. 그러면 이 임무는 그들에게 맡기고 우리는 기도하고 말씀을 가르치는 일에 온 힘을 기울이겠습니다." 모든 사람들이 이 제안을 기쁘게 받아들였습니다. 그들은 믿음과 성령이 충만한 사람 스데반과 빌립, 브로고로, 니가노르, 디몬, 바메나, 유대교로 개종한 안디옥 사람 니골라를 뽑았습니다. 그들은 이 사람들을 사도들 앞에 세웠고 사도들은 그 사람들 머리 위에 손을 얹고 기도했습니다. 이렇게 해서 하나님의 말씀은 계속 널리 퍼져 나갔으며 이로써 예루살렘에 있는 제자들의 수도 많이 늘었고 더욱이 수많은 제사장들도 이 믿음에 순종하게 됐습니다.

스데반이 잡히다

스데반은 하나님의 은혜와 능력이 충만해 사람들 가운데 큰 기사와 표적을 행했습니다. 그런데 그때 구레네, 알렉산드리아, 길리기아와 아시아 등지에서 온 유대 사람들로 구성된 이른바 '자유인의 회당'에 속한 사람들 가운데 스데반을 반대하는 사람들이 일어났습니다. 그들은 스데반과 논쟁을 벌이기 시작했지만 스데반이 지혜와 성령으로 말하는 것을 모두 당해 낼 수 없었습니다. 그러자 그들은 돈을 주고 몇몇 사람을 시켜 "스데반이 모세와 하나님을 모독하는 것을 들었다"라고 말하게 했습니다. 그들은 이렇게 백성들과 장로들과 율법학자들을 선동해 스데반을 붙잡아 공회 앞으로 끌고 갔습니다. 그들은 거짓 증인들을 내세워 거짓 증언을 하게 했습니다. "이 사람은 이 거룩한 곳과 율법에 대해 험담을 그치지 않고 계속해 왔습니다. 우리는 이 사람이 나사렛 예수가 이곳을 무너뜨리고 모세가 우리에게 전해 준 관습들을 바꿀 것이라고 말하는 것을 들었습니다." 그러자 공회에 앉아 있던 사람들이 모두 스데반을 주목했습니다. 그때 그의 얼굴은 마치 천사의 얼굴처럼 보였습니다.

7 스데반이 공회에서 설교하다

대제사장이 스데반에게 "사람들이 고소한 이 내용들이 사실이냐?" 하고 물었습니다. 이 말에 대해 스데반이 대답했습니다. "형제들이여, 그리고 어르신들, 내 말을 들어 보십시오. 우리 조상 아브라함이 하란에 살기 전 아직 메소포타미아에 있었을 때 영광의 하나님께서 그에게 나타나 '네 고향과 친척을 떠나 내가 네게 보여 줄 땅으로 가거라' 하고 말씀하셨습니다. 그래서 아브라함은 갈대아 땅을 떠나 하란에 가서 살았습니다. 거기서 그의 아버지가 죽은 후 하나님께서는 여러분이 지금 살고 있는 이 땅으로 아브라함을 보내셨습니다. 그러나 하나님께서는 여기에서 손바닥만 한 땅도 아브라함에게 유산으로 주시지 않았습니다. 대신에 그와 그 씨가 이후에 그 땅을 갖게 되리라고 약속하셨습니다. 그때 아브라함에게는 자식도 없었는데 말입니다. 하나님께서 아브라함에게 이렇게 말씀하셨습니다. '네 후손이 자기 땅이 아닌 곳에서 나그네가 될 것이다. 그리고 그곳에서 노예가 돼 400년 동안 혹사당할 것이다. 그러나 그들이 노예로 섬기게 될 그 나라에 내가 벌을 내릴 것이다. 그러고 나서야 그들이 그 땅에서 나와 이곳에서 나를 경배하게 될 것이다.' 그러고 나서 하나님께서는 아브라함에게 할례의 언약을 주셨습니다. 그리하여 아브라함은 이삭을 낳았고 태어난 지 8일 만에 아들에게 할례를 주었습니다. 나중에 이삭은 야곱을 낳았고 야곱도 우리 열두 조상을 낳았습니다. 그런데 우리 조상들은 요셉을 시기한 나머지 그를 이집트에 노예로 팔아 버렸습니다. 그러나 하나님께서는 그와 함께 계셔서 모든 어려움에서 그를 구해 주셨습니다. 또 하나님께서는 요셉에게 지혜를 주셔서 이집트 왕 바로의 총애를 받게 하셨습니다. 왕은 요셉을 총리로 삼아 이집트와 왕궁을 다스리게 했습니다. 그때 이집트와 가나안 온 땅에 큰 가뭄이 들어 사람들이 심한 고통을 겪게 됐습니다. 우리 조상들도 먹을 것이 없었습니다. 야곱은 이집트에 곡식이 있다는 소문을 듣고는 우리 조상들을 처음으로 그곳에 보냈습니다. 그들이 이집트에 두 번째로 갔을 때 요셉은 자기 형제들에게 자기가 누구인지 밝혔으며 바로도 요셉의 가족에 대해 알게 됐습니다. 이 일 후에 요셉은 사람을 보내 아버지 야곱과 모든 친족까지 합해 75명을 불렀습니다. 그리하여 야곱은 이집트로 내려가게 됐으며 그와 우리 조상들은 그곳에서 죽었습니다. 그 후에 그들의 시신은 세겜으로 옮겨져 무덤에 묻혔습니다. 그 무덤은 과거에 아브라함이 세겜에서 하몰의 자손들에게 얼마의 돈을 주고 사 둔 것이었습니다. 하나님께서 아브라함에게 하신 약속을 이루실 때가 가까워지자 이집트에 살고 있는 우리 민족의 수가 엄청나게 늘어났습니다. 한편 그때 요셉에 대해 아무것도 모르는 다른 왕이 이집트의 통치자가 됐습니다. 그는 우리 민족을 속여 이용해 먹었고 우리 조상들을 괴롭히며 그들의 갓난아기들을 강제로 내다 버려 죽게 했습니다. 이때 모세가 태어났는데 그는 하나님 보시기에 남달리 아름다웠습니다. 모세의 부모가 석 달 동안 그를 집에 숨기면서 기르다가 어쩔 수 없이 밖에 버리게 됐는데 이때 바로의 딸이 그를 주워 데려다 자기 아들로 키웠습니다. 모세는 이집트 사람들이 가진 모든 지혜를 배웠고 그의 말과 행동에 큰 능력이 나타났습니다. 모세가 마흔 살이 되자 자기 동족 이스라엘 백성들을 돌봐야겠다는 결심을 하게 됐습니다. 모세는 자기 백성들 가운데 한 사람이 이집트 사람에게 학대당하는 것을 보고 그 편을 들러 갔다가 그 이집트 사람을 쳐 죽이고 원수를 갚아 주었습니다. 모세는 자기 동족만큼은 하나님께서 자기를 통해 그들을 구원해 내실 것을 깨닫고 있으리라 생각했지만 실제로 그들은 깨닫지 못했습니다. 그다음 날 모세는 서로 싸우고 있는 두 명의 이스라엘 사람들에게 다가가 화해시킬 생각으로 말했습니다. '여러분, 당신들은 같은 형제들인데 어째서 다투고 있단 말입니까?' 그러자 싸움을 걸었던 사람이 모세를 밀치며 말했습니다. '누가 당신을 우리의 지도자나 재판관으로 세웠소? 당신이 어제 이집트 사람을 죽인 것처럼 나도 죽이려는 것이오?' 모세는 이 말을 듣자 미디안 땅으로 도망쳐 나왔습니다. 그는 거기서 나그네 생활을 하며 두 아들을 낳았습니다. 40년이 지난 후 한 천사가 시내 산 근처 광야에서 타오르는 가시떨기나무 불꽃 가운데 모세에게 나타났습니다. 모세는 이 광경을 보고 놀랐습니다. 그가 더 자세히 보려고 가까이 다가가자 주의 음성이 들렸습니다. '나는 네 조상의 하나님, 곧 아브라함과 이삭과 야곱의 하나님이다.' 이에 모세는 두려워 떨며 감히 쳐다보지도 못했습니다. 그때 주께서 그에게 말씀하셨습니다. '네 신을 벗어라. 네가 서 있는 곳은 거룩한 땅이다. 내가 이집트에 있는 내 백성이 억압당하는 것을 분명히 보았고 또 그 신음 소리를 듣고 그들을 구원하기 위해 내려왔다. 자, 이제 내가 너를 이집트로 보낼 것이다.' 이 사람은 이스라엘 백성이 '누가 당신을 우리의 지도자나 재판관으로 세웠소?'라면서 거부하던 사람인데 가시떨기나무 불꽃 가운데 나타났던 천사를 통해 하나님께서 직접 모세를 그들의 지도자와 구원자로 보내셨습니다. 모세는 백성을 이집트에서 인도해 내면서 이집트와 홍해 앞에서 그리고 40년 동안 광야에서 기적들과 표적들을 행했습니다. 이스라엘 백성에게 '하나님께서 너희 백성 가운데 나 같은 예언자를 보낼 것이다'라고 한 사람이 바로 이 모세입니다. 그는 시내 산에서 말하던 그 천사와 함께 우리 조상들과 더불어 광야 교회에 있으면서 살아 있는 말씀을 받아 우리에게 전해 주었습니다. 그러나 우리 조상은 그의 말을 듣지 않고 오히려 그를 거절하며 그 마음으로 이집트로 돌아갈 생각을 했습니다. 그들은 아론에게 '우리를 인도할 신들을 만들어 주시오. 우리를 이집트에서 인도해 낸 모세라는 사람은 도대체 어떻게 됐는지 모르겠소'라고 말했습니다. 그리고 그들이 송아지를 본떠 우상을 만든 것이 바로 이때였습니다. 그들은 이 우상에게 제물을 바치고 자기들의 손으로 만든 것을 기뻐했습니다. 그러자 하나님께서는 그들에게서 돌아서시고 그들이 하늘의 별들을 섬기게 내버려 두셨습니다. 이것은 예언자들의 책에 기록된 것과 같습니다. '이스라엘 백성아, 너희가 40년 동안 광야에 있을 때 내게 희생과 제물을 가져온 적이 있었느냐? 너희는 너희가 숭배하려고 만든 몰록의 천막과 너희 신 레판의 별을 높이 들었다. 그러므로 내가 너희를 바벨론 저편으로 옮길 것이다.' 우리 조상은 광야에서 증거의 장막을 가지고 있었습니다. 이것은 하나님께서 모세에게 지시하신 대로 그가 본 양식에 따라 그대로 만든 것입니다. 우리 조상들은 이 장막을 물려받아 하나님께서 우리 조상들 앞에서 쫓아내신 이방 민족들의 땅을 차지할 때도 여호수아의 인도를 따라 그 장막을 가지고 가나안 땅에 들어갔습니다. 그리고 그 장막은 다윗의 시대까지 그 땅에 있었습니다. 다윗은 하나님의 은혜를 누린 사람으로 야곱의 집안을 위해 하나님의 처소를 짓게 해 달라고 간청했으나 하나님을 위한 집을 지은 사람은 솔로몬이었습니다. 그러나 지극히 높으신 하나님께서는 사람이 지은 집에 계시지 않습니다. 이것은 예언자가 한 말과 같습니다. '주께서 말씀하시기를 하늘이 내 보좌이고 땅이 내 발판이다. 그런데 너희가 나를 위해 무슨 집을 짓겠느냐? 또 내가 쉴 만한 곳이 어디 있겠느냐? 이 모든 것을 다 내 손으로 만들지 않았느냐?' 목이 곧고 마음과 귀가 꽉 막힌 사람들이여, 당신들도 여러분의 조상처럼 계속해서 성령을 거역하고 있습니다. 당신들의 조상이 핍박하지 않은 예언자가 있었습니까? 그들은 심지어 의인이 올 것을 예언한 사람들을 죽였고 이제는 당신들도 그 의인을 배반하고 죽였습니다. 당신들은 천사들이 전해 준 율법을 받았으면서도 그것을 지키지 않았습니다."

스데반이 순교하다

그들은 이 말을 듣고 화가 치밀어 올라 스데반을 보며 이를 갈았습니다. 그러나 스데반은 성령으로 충만해 하늘을 우러러 하나님의 영광과 예수께서 하나님의 오른편에 서 계신 것을 보고 이렇게 외쳤습니다. "보십시오. 하늘이 열리고 인자가 하나님의 오른편에 서 계신 것이 보입니다." 그러자 그들은 귀를 막고 목이 찢어져라 소리를 지르며 그를 향해 일제히 달려들어 그를 성 밖으로 끌어낸 후 돌을 던지기 시작했습니다. 한편 목격자들은 자기들의 옷을 벗어 사울이라는 청년의 발 앞에 두었습니다. 그들이 돌로 칠 때 스데반은 "주 예수여, 내 영혼을 받아 주소서"라고 기도했습니다. 그러고 나서 스데반은 무릎을 꿇고 큰 소리로 "주여, 이 죄를 저 사람들에게 돌리지 마소서"라고 외쳤습니다. 이 말을 끝낸 후 그는 잠들었습니다.

8 사울은 스데반이 죽게 된 것을 당연하게 여겼습니다.

교회가 박해를 당하고 흩어지다

그날에 예루살렘 교회에 큰 핍박이 일어나 사도들을 제외한 모든 사람들이 유대와 사마리아로 뿔뿔이 흩어졌습니다. 경건한 사람들이 스데반의 장례를 치르고 그의 죽음을 몹시 슬퍼하며 울었습니다. 그러나 사울은 교회를 파괴하면서 집집마다 돌아다니며 남자와 여자를 가리지 않고 끌어내 그들을 감옥에 보냈습니다.

빌립이 사마리아로 내려가다

한편 뿔뿔이 흩어진 사람들은 가는 곳마다 복음의 말씀을 전했습니다. 빌립은 사마리아에 있는 한 도시에 내려가서 사람들에게 그리스도를 전했습니다. 빌립의 말을 듣고 그가 일으키는 표적들을 본 사람들은 모두 그의 말을 주의 깊게 들었습니다. 많은 사람들에게 붙었던 더러운 귀신들이 찢어질 듯한 소리를 지르며 떠나갔고 많은 중풍 환자들과 지체 장애인들이 나았습니다. 그리하여 사마리아 도시 안에 큰 기쁨이 생겼습니다.

마술사 시몬

그런데 그 도시에는 전부터 시몬이라는 사람이 마술을 부려 모든 사마리아 사람들을 놀라게 하고 자신이 스스로 대단한 사람인 양 우쭐댔습니다. 낮은 사람부터 높은 사람에 이르기까지 모든 사람들이 그에게 관심을 쏟으며 "이 사람은 정말 크신 하나님의 능력을 소유한 사람이다"라고 말했습니다. 시몬은 마술로 오랫동안 사람들을 놀라게 했기 때문에 사람들이 그를 따라다녔습니다. 그러나 빌립이 하나님 나라와 예수 그리스도의 이름에 대한 복음을 전파하자 남자와 여자가 모두 그의 말을 믿고 세례를 받았습니다. 시몬 자신도 믿고 세례를 받은 후 빌립을 따라다녔습니다. 그리고 시몬은 빌립이 행하는 큰 표적들과 능력을 보고 놀랐습니다. 예루살렘에 있던 사도들은 사마리아 사람들이 하나님의 말씀을 받아들였다는 소식을 듣고 베드로와 요한을 그들에게 보냈습니다. 베드로와 요한은 그곳에 도착해서 사마리아 사람들이 성령받기를 기도했습니다. 이는 그들에게 아직 성령이 내리시지 않았고 그들은 주 예수의 이름으로 세례를 받았을 뿐이었기 때문입니다. 그때 베드로와 요한이 그들에게 손을 얹자 그들이 성령을 받았습니다. 시몬은 사도들이 손을 얹을 때 성령이 내려오시는 것을 보고 그들에게 돈을 주며 "내게도 이런 능력을 주어 내가 손을 얹는 사람은 누구든지 성령을 받게 해 주십시오"라고 말했습니다. 그러나 베드로는 그에게 이렇게 대답했습니다. "당신이 하나님의 선물을 돈으로 살 수 있다고 생각했으니 당신은 그 돈과 함께 망할 것이오. 당신 마음이 하나님 앞에서 바르지 못하니 그대는 이 일에 상관할 것도, 동참할 것도 없소. 그러므로 당신은 이 악함을 회개하고 주께 기도하시오. 그러면 주께서 당신 마음속에 품은 악한 생각을 용서해 주실지 모르오. 내가 보기에 당신은 악의가 가득하고 죄에 사로잡혀 있소." 그러자 시몬이 말했습니다. "지금 말씀하신 것들이 하나도 내게 일어나지 않도록 저를 위해 주께 기도해 주십시오." 베드로와 요한은 주의 말씀을 증언하고 선포한 후 사마리아의 여러 마을에도 복음을 전하면서 예루살렘으로 돌아갔습니다.

빌립과 에티오피아 내시

그때 주의 천사가 빌립에게 "너는 예루살렘에서 가사로 내려가는 광야 길을 따라 남쪽으로 가거라" 하고 말했습니다. 그래서 빌립이 일어나 가다가 길에서 에티오피아 내시를 만났습니다. 그는 에티오피아 여왕 간다게의 재정을 맡은 고위 관리였습니다. 이 사람이 예루살렘에 예배드리러 갔다가 본국으로 돌아가는 길에 마차에 앉아 예언자 이사야의 책을 읽고 있었습니다. 그때 성령께서 빌립에게 "저 마차로 가까이 다가가거라" 하고 말씀하셨습니다. 빌립이 마차로 달려가서 그 사람이 예언자 이사야의 글을 읽는 것을 듣고 그에게 "지금 읽고 있는 것을 이해하십니까?"라고 물었습니다. 그러자 그는 "설명해 주는 사람이 없는데 내가 어떻게 알겠소?"라고 대답하면서 빌립에게 마차에 올라와 자기 곁에 앉으라고 부탁했습니다. 그가 읽고 있던 성경 구절은 바로 이것이었습니다. "그는 도살장으로 향하는 양처럼 끌려갔고 털 깎는 사람 앞에서 잠잠한 어린양처럼 그의 입을 열지 않았다. 그는 굴욕을 당하며 공정한 재판도 받지 못해 이 땅에서 그의 생명을 빼앗겼으니 누가 이 세대의 악함을 말로 다 표현할 수 있겠는가?" 그 내시가 빌립에게 "이 말은 누구를 두고 한 말입니까? 예언자 자신을 두고 한 말입니까, 아니면 다른 사람을 두고 한 말입니까?"라고 물었습니다. 그러자 빌립이 그의 입을 열어 바로 그 성경 구절로부터 시작해서 예수에 대한 복음을 전해 주었습니다. 그들이 길을 따라 내려가다가 물 있는 곳에 이르게 되자 내시가 말했습니다. "보시오. 여기 물이 있소. 내가 세례를 받지 못할 이유가 어디 있겠소?" 그리고 내시는 마차를 멈추라고 명령했습니다. 그리하여 빌립은 내시와 함께 물로 내려가 그에게 세례를 베풀었습니다. 그들이 물에서 나오자 주의 성령께서 빌립을 데리고 가셨습니다. 내시는 그를 다시 볼 수 없게 됐으나 매우 기뻐하며 가던 길을 계속 갔습니다. 빌립은 아소도에 나타나 가이사랴에 도착할 때까지 모든 마을들을 두루 다니며 복음을 전했습니다.

9 사울이 회심하다

한편 사울은 여전히 주의 제자들을 위협하며 그들을 죽일 기세로 대제사장에게 나아가 다메섹의 여러 회당들에 써 보낼 공문을 요청했습니다. 거기서 그 도를 따르는 사람을 만나기만 하면 남자와 여자를 가리지 않고 잡아다가 예루살렘으로 끌고 오기 위해서였습니다. 사울이 길을 떠나 다메섹 가까이 도착했을 때 갑자기 하늘에서 빛이 비춰 그를 둘러쌌습니다. 사울이 땅에 쓰러졌습니다. 그때 그는 "사울아, 사울아, 네가 왜 나를 핍박하느냐?" 하는 음성을 들었습니다. 사울이 "주여, 누구십니까?"라고 묻자 "나는 네가 핍박하는 예수다. 지금 일어나 시내로 들어가거라. 네가 해야 할 일을 일러 줄 사람이 있을 것이다"라고 대답하셨습니다. 사울과 함께 가던 사람들은 소리만 들리고 아무도 보이지 않아 아무 말도 못하고 멍하니 그곳에 서 있었습니다. 사울은 땅에서 일어나 눈을 떠

보았으나 아무것도 볼 수 없었습니다. 그래서 그는 같이 가던 사람들의 손에 이끌려 다메섹으로 들어갔습니다. 사울은 3일 동안 앞을 보지 못한 채 먹지도 마시지도 않았습니다. 그때 다메섹에는 아나니아라는 제자가 있었습니다. 주께서 환상 가운데 "아나니아야!" 하고 부르셨습니다. 그가 "예, 주여!"라고 대답하자 주께서 아나니아에게 말씀하셨습니다. "너는 어서 '곧은 길'이라고 부르는 거리로 가거라. 그리고 그곳에 있는 유다의 집에서 다소 사람 사울을 찾아라. 지금 그가 기도하고 있다. 그는 환상 가운데 아나니아라는 사람이 와서 자기에게 손을 얹어 다시 보게 해 주는 것을 보았다." 아나니아가 대답했습니다. "주여, 제가 이 사람에 대해 여러 가지 말을 들었는데 예루살렘에 있는 주의 성도들에게 온갖 해를 끼쳤다고 합니다. 그리고 그는 대제사장들로부터 권한을 받아 주의 이름을 부르는 사람들을 모두 잡아가려고 여기에 왔다고 합니다." 그러자 주께서 아나니아에게 이렇게 말씀하셨습니다. "가거라! 이 사람은 이방 사람들과 왕들과 이스라엘 사람들 앞에서 내 이름을 전하도록 선택한 내 도구다. 내 이름을 위해 그가 얼마나 많은 고난을 당해야 할지 내가 그에게 보여 줄 것이다." 그리하여 아나니아는 그 집을 찾아 들어가 사울에게 손을 얹으며 말했습니다. "사울 형제여, 오는 길에 당신에게 나타나셨던 주 예수께서 나를 보내 당신이 다시 볼 수 있게 하시고 성령을 충만히 받도록 하셨습니다." 그러자 즉시 사울의 눈에서 비늘 같은 것이 떨어져 나가더니 그가 다시 볼 수 있게 됐습니다. 그리고 그는 일어나 세례를 받은 후 음식을 먹고 기운을 되찾았습니다.

사울이 다메섹과 예루살렘에서 전도하다

사울은 다메섹에 있는 제자들과 며칠을 함께 지냈습니다. 그는 곧바로 여러 회당에서 예수가 하나님의 아들이심을 선포하기 시작했습니다. 그 말을 들은 사람들은 모두 놀라며 이렇게 말했습니다. "이 사람은 예루살렘에서 예수 이름을 부르는 사람들에게 해를 입히던 사람이 아닌가? 또 그가 여기 온 것도 그들을 잡아 대제사장들에게 끌고 가려던 것이 아닌가?" 그러나 사울은 더욱더 힘을 얻어 예수가 그리스도이심을 증명해 다메섹에 사는 유대 사람들을 어리둥절하게 만들었습니다. 여러 날이 지난 후 유대 사람들은 사울을 죽이려는 음모를 꾸몄습니다. 그러나 사울이 그들의 계획을 알게 됐습니다. 그들은 사울을 죽이려고 밤낮으로 성문을 철저하게 지키고 서 있었지만 사울의 제자들이 밤에 사울을 광주리에 담아 성벽을 통해 성 밖으로 달아 내렸습니다. 사울은 예루살렘으로 올라가서 제자들과 교제하려고 했으나 그들은 사울이 제자가 된 것을 믿지 않고 모두 그를 두려워했습니다. 그러나 바나바는 사울을 데리고 사도들에게 가서 사울이 길에서 어떻게 주를 보았으며 주께서 그에게 말씀하신 것과 다메섹에서 그가 예수의 이름을 담대하게 전한 것을 그들에게 이야기해 주었습니다. 이렇게 해서 사울은 제자들과 함께 지내게 됐고 예루살렘을 자유롭게 다니면서 주의 이름을 담대하게 전했습니다. 사울은 그리스파 유대 사람들과 대화를 하고 논쟁도 벌였는데 그들은 사울을 죽이려고 음모를 꾸몄습니다. 형제들이 이 사실을 알고 사울을 가이사랴로 데리고 내려갔다가 다시 다소로 보냈습니다. 이렇게 해서 유대와 갈릴리와 사마리아의 온 교회가 든든히 서 가면서 평안을 누리게 됐습니다. 그리고 교회는 주를 두려워하고 성령의 위로를 받으면서 그 수가 점점 더 늘어 갔습니다.

애니아와 다비다

한편 베드로는 여러 지역을 두루 다니다 룻다에 사는 성도들을 방문하게 됐습니다. 거기서 애니아라는 사람을 만났는데 그는 중풍에 걸려 침대에 누워 있은 지 벌써 8년이나 됐습니다. 베드로가 그에게 "애니아여, 예수 그리스도께서 그대를 고치실 것이오. 일어나 자리를 정돈하시오." 그러자 곧 애니아가 일어났습니다. 룻다와 사론에 살고 있던 모든 사람들이 그를 보고 주께로 돌아왔습니다. 욥바에는 다비다라고 부르는 여제자가 있었는데 그리스 말로는 도르가입니다. 그녀는 언제나 선한 일을 하고 가난한 사람들을 도왔습니다. 그 무렵 다비다가 병들어 죽게 되자 그 시신을 씻어 다락방에 두었습니다. 룻다는 욥바에서 가까운 거리인데 제자들은 베드로가 룻다에 있다는 소식을 듣고 두 사람을 베드로에게 보내 속히 와 달라고 간청했습니다. 그래서 베드로는 일어나 그들과 함께 갔습니다. 그가 욥바에 도착하자 사람들이 다락방으로 안내했습니다. 모든 과부들이 베드로를 둘러서서 울며 다비다가 살아 있을 때 만든 속옷과 겉옷을 보여 주었습니다. 베드로는 사람들을 모두 방에서 내보낸 후 무릎을 꿇고 기도했습니다. 그러고는 시신을 향해 몸을 돌려 "다비다야, 일어나거라." 명령하자 다비다가 눈을 뜨고 베드로를 보며 일어나 앉았습니다. 베드로는 손을 내밀어 그 여인의 손을 잡아 일으켜 세우고 성도들과 과부들을 불러 다비다가 살아난 것을 보여 주었습니다. 이 일이 온 욥바에 알려지면서 많은 사람들이 주를 믿게 됐습니다. 베드로는 욥바에서 여러 날 동안 가죽 제품을 만드는 시몬의 집에 머물렀습니다

10 고넬료가 베드로를 청하다

가이사랴에 고넬료라는 사람이 있었는데 그는 '이탈리아 부대'라는 로마 군대의 백부장이었습니다. 고넬료와 그 집안사람들은 모두 경건하고 하나님을 경외하는 사람들이었습니다. 고넬료는 가난한 사람들에게 아낌없이 나눠 주었고 항상 하나님께 기도했습니다. 어느 날 오후 3시쯤 고넬료가 환상을 보았습니다. 하나님의 천사를 분명히 본 것입니다. 천사가 그에게 와서 "고넬료야!"라고 부르는 것이었습니다. 고넬료가 천사를 쳐다보고 "주님, 무슨 일입니까?"라고 물었습니다. 천사가 대답했습니다. "네 기도와 네가 가난한 사람들에게 준 선물이 하나님 앞에 기억되는 제물로 올려졌다. 지금 사람들을 욥바로 보내 베드로라고도 하는 시몬을 데리고 오너라. 그가 지금 가죽 제품을 만드는 시몬의 집에 함께 머물고 있는데 그 집은 바닷가에 있다." 천사가 말을 전하고 떠나자 고넬료는 두 명의 하인과 경건한 병사 한 명을 불렀습니다. 고넬료는 그들에게 자초지종을 설명하고 욥바로 보냈습니다.

베드로의 환상

이튿날 낮 12시쯤 그들이 여행을 계속하다가 욥바에 가까이 왔을 즈음 베드로는 지붕에 올라가 기도하려던 참이었습니다. 그는 배가 고파 뭔가 좀 먹었으면 했는데 음식이 준비되고 있는 동안 환상을 보게 됐습니다. 하늘이 열리고 큰 보자기 같은 것이 네 귀퉁이가 묶여 땅으로 내려오는 것이었습니다. 그 안에는 온갖 종류의 네 발 가진 짐승들과 땅에 기어다니는 것들과 공중의 새들이 들어 있었습니다. 그때 "베드로야, 일어나 잡아먹어라" 하는 음성이 베드로에게 들렸습니다. 베드로는 "말도 안 됩니다. 주님, 저는 불결하고 더러운 음식은 먹어 본 적이 없습니다"라고 대꾸했습니다. 그러자 "하나님께서 깨끗하게 하신 것을 불결하다고 하지 마라" 하는 음성이 두 번째로 들렸습니다. 이런 일이 세 번 일어나더니 곧 그 보자기는 다시 하늘로 올라갔습니다. 베드로가 이 환상이 무슨 뜻인지 궁금해 하는 동안 고넬료가 보낸 사람들이 시몬의 집을 찾아와 문 앞에 서 있었습니다. 그들은 큰 소리로 "베드로라고 하는 시몬이 여기 묵고 있습니까?" 하고 물었습니다. 베드로가 아직 환상에 대해 생각하고 있을 그때 성령께서 말씀하셨습니다. "시몬아, 세 사람이 너를 찾아왔다. 그러니 일어나 아래로 내려가 보아라. 그리고 주저하지 말고 그들과 함께 가거라. 내가 그들을 보냈기 때문이다." 베드로는 내려가서 그 사람들에게 말했습니다. "내가 당신들이 찾고 있는 그 사람입니다만 무슨 일로 오셨습니까?" 그러자 그 사람들이 대답했습니다. "저희는 고넬료 백부장이 보내서 왔습니다. 고넬료는 의인이요, 하나님을 경외하는 분이시며 온 유대 사람들에게도 존경받는 분이십니다. 한 거룩한 천사가 고넬료에게 나타나 당신을 집으로 모셔 와 당신이 하는 말을 들으라고 했습니다." 그러자 베드로는 그 사람들을 맞아들여 그 집에 묵게 했습니다.

베드로가 고넬료의 집에서 설교하다

다음 날 베드로는 그들과 함께 길을 떠났습니다. 욥바에서 온 형제들 몇 사람도 동행하게 됐습니다. 이튿날 그는 가이사랴에 도착했습니다. 고넬료는 친척들과 가까운 친구들을 불러 놓고 기다리고 있었습니다. 베드로가 집으로 들어가자 고넬료가 맞이하며 베드로 발 앞에 엎드려 경의를 표했습니다. 그러나 베드로는 그를 일으켜 세우며 "일어나시오. 나도 같은 사람일 뿐입니다"라고 말했습니다. 베드로는 고넬료와 이야기를 나누며 안으로 들어갔습니다. 들어가 보니 많은 사람들이 모여 있었습니다. 그들에게 베드로가 말했습니다. "여러분도 잘 알다시피 이렇게 이방 사람과 교제하거나 방문하는 것은 우리 유대 사람으로서는 율법에 어긋나는 행동입니다. 그러나 하나님께서는 어떤 사람도 불결하거나 더럽다고 해서는 안 된다고 내게 보여 주셨습니다. 그렇기에 여러분이 나를 불렀을 때 사양하지 않고 왔습니다. 그런데 무슨 일로 나를 불렀습니까?" 고넬료가 대답했습니다. "4일 전 바로 이 시간 오후 3시쯤에 내가 집에서 기도를 하는데 갑자기 빛나는 옷을 입은 한 사람이 내 앞에 서서 '고넬료야, 하나님께서 네 기도를 들으셨고 네가 가난한 사람들에게 베푼 것을 기억하고 계신다. 욥바로 사람들을 보내 베드로라고 하는 시몬을 불러라. 그는 바닷가에 살면서 가죽 제품을 만드는 시몬의 집에 손님으로 있다'라고 말씀하셨습니다. 그래서 내가 즉시 당신을 부르러 보냈던 것입니다. 정말 잘 오셨습니다. 지금 여기 하나님 앞에 우리 모두 와 있으니 주께서 당신에게 명령하신 모든 것을 귀 기울여 듣겠습니다." 그러자 베드로가 말하기 시작했습니다. "이제야 내가 깨달았습니다. 참으로 하나님께서는 사람을 겉모양으로 차별하지 않으시고 하나님을 경외하고 의를 행하는 사람들이라면 어떤 민족이든 받아 주신다는 것입니다. 하나님께서 모든 것의 주이신 예수 그리스도를 통해 평화의 복음을 이스라엘 백성들에게 전해 주신 것을 여러분도 잘 알 것입니다. 요한이 세례를 전파한 후에 갈릴리에서 시작해 온 유대에서 무슨 일이 있었는지도 알 것입니다. 하나님께서 나사렛 예수에게 성령과 능력으로 기름 부으신 것과 하나님께서 예수와 함께하심으로 예수께서 선을 행하시고 마귀의 능력 아래 짓눌려 있던 사람들을 모두 고쳐 주시며 두루 다니셨습니다. 우리는 예수께서 유대 사람들의 땅과 예루살렘에서 하신 모든 일의 증인입니다. 그들은 예수를 나무에 달아 죽였지만 하나님께서는 3일째 되는 날 예수를 살리셔서 사람들에게 나타나게 하셨습니다. 그러나 모든 사람이 다 본 것이 아니라 하나님께서 미리 선택하신 증인들, 곧 예수께서 죽은 사람들 가운데서 살아나신 후 함께 먹고 마셨던 바로 우리에게만 보여 주신 것입니다. 예수께서는 우리에게 사람들에게 말씀을 전파하라고 명하셨습니다. 살아 있는 사람과 죽은 사람의 심판자로 그리고 하나님께서 세우신 이가 바로 자기임을 증언하라고 하셨습니다. 모든 예언자들도 예수를 믿는 모든 사람은 그 이름으로 죄 용서를 받게 된다고 증언했습니다.” 베드로가 이렇게 말하고 있을 때 말씀을 듣고 있던 모든 사람에게 성령이 내려왔습니다. 베드로와 함께 온 할례 받은 신자들은 성령의 은사를 이방 사람들에게까지 부어 주시는 것을 보고 깜짝 놀랐습니다. 사람들이 방언으로 말하고 하나님을 찬양하는 소리가 들렸던 것입니다. 그때 베드로가 말했습니다. “이 사람들도 우리와 마찬가지로 성령을 받았으니 물로 세례 주는 것을 누가 막을 수 있겠습니까?” 그래서 베드로는 그들에게 예수 그리스도의 이름으로 세례를 받으라고 명했습니다. 그 후 그들은 베드로에게 자기들과 함께 며칠 더 머물다 갈 것을 간청했습니다.

11 베드로가 자신의 행동을 설명하다

유대에 있는 사도들과 형제들이 이방 사람들도 하나님의 말씀을 받았다는 소식을 들었습니다. 그래서 베드로가 예루살렘에 올라갔을 때 할례 받은 신자들이 그를 비난하며 “당신이 어떻게 할례 받지 않은 사람들의 집에 들어가 그들과 함께 식사를 할 수 있소?”라고 물었습니다. 베드로가 입을 열어 그 일의 자초지종을 차근차근 설명하기 시작했습니다. “내가 욥바에서 기도하다가 비몽사몽간에 환상을 보았는데 하늘에서 큰 보자기 같은 게 네 귀퉁이가 묶인 채로 내가 있는 곳까지 내려오는 것이 보였습니다. 내가 그 안을 들여다보니 네 발 달린 땅의 짐승들과 들짐승들과 기어다니는 것들과 공중의 새들이 있었습니다. 그때 ‘베드로야, 일어나 잡아먹어라’ 하는 소리가 내게 들렸습니다. 그러나 나는 ‘말도 안 됩니다.

주님, 불결하거나 더러운 것은 한 번도 제 입에 들어간 적이 없습니다'라고 대답했습니다. 그런데 하늘에서 다시 '하나님께서 깨끗하게 하신 것을 불결하다고 하지 마라' 하는 음성이 들려왔습니다. 이런 일이 세 번 일어난 후에 모든 것이 다시 하늘로 올라갔습니다. 바로 그때 가이사랴에서 나를 부르러 온 세 사람이 내가 묵고 있던 집을 찾아왔습니다. 그리고 성령께서 그들과 함께 가기를 주저하지 말라고 내게 말씀하셨습니다. 여기 있는 이 여섯 명의 형제들도 나와 함께 고넬료의 집으로 들어갔습니다. 고넬료는 자기 집에 천사가 나타나서 '욥바에 사람을 보내 베드로라 하는 시몬을 찾아라. 그가 너와 네 온 집을 구원할 말씀을 가져올 것이다'라고 한 이야기를 우리에게 전해 주었습니다. 내가 말을 시작하자 성령이 처음 우리에게 내려오신 것처럼 그들에게도 내려오셨습니다. 그때 나는 '요한은 물로 세례를 주었지만 너희는 성령으로 세례를 받을 것이다'라고 하신 주의 말씀이 생각났습니다. 그러니 하나님께서 주 예수 그리스도를 믿는 우리에게 주신 바로 그 선물을 그들에게도 주셨는데 내가 누구라고 감히 하나님을 반대할 수 있겠습니까?" 그들은 이 말을 듣고 더 이상 할 말이 없었습니다. 그들은 하나님을 찬양하며 "그렇다면 하나님께서 이방 사람들에게도 생명 얻는 회개를 허락하신 것이로군요"라고 말했습니다.

안디옥 교회

그 무렵 스데반의 일로 인해 핍박을 받아 뿔뿔이 흩어진 사람들은 페니키아, 키프로스 그리고 안디옥까지 건너가 유대 사람들에게만 말씀을 전하고 있었습니다. 그런데 그 가운데 키프로스와 구레네 출신인 몇 사람은 안디옥으로 들어가 그리스 사람들에게도 주 예수의 복음을 전하기 시작했습니다. 주의 손이 그들과 함께하셔서 많은 수의 사람들이 믿고 주께 돌아왔습니다. 이 소식이 예루살렘에 있는 교회에 전해지자 그들은 바나바를 안디옥으로 보냈습니다. 바나바는 안디옥에 도착해 하나님의 은혜가 내린 것을 보고 기뻐하며 온 마음을 다해 주께 끝까지 충성하라고 그들 모두를 격려했습니다. 그는 착하고 성령과 믿음이 충만한 사람이었기 때문에 수많은 사람들이 주께 나오게 됐습니다. 그리고 바나바는 사울을 찾으러 다소로 가서 그를 만나 안디옥으로 데리고 왔습니다. 그리하여 바나바와 사울은 1년 내내 그곳 교회에 머물면서 많은 사람들을 가르쳤습니다. 그리고 안디옥에서 제자들은 처음으로 '그리스도의 사람'이라고 불리게 됐습니다. 이 기간 동안 몇몇 예언자들이 예루살렘에서 안디옥으로 내려왔습니다. 그들 가운데 아가보라는 사람이 있었는데 그가 일어나 로마 전역에 심한 기근이 들 것이라고 성령으로 예언했습니다. (이 일은 글라우디오 황제가 다스리는 때 일어났습니다.) 제자들은 각자 자기 형편에 따라 유대에 살고 있는 형제들을 돕기로 했습니다. 그들은 이렇게 해서 모은 헌금을 바나바와 사울 편으로 예루살렘 교회 장로들에게 보냈습니다.

12 **베드로가 감옥에서 기적적으로 탈출하다**

그 무렵 헤롯 왕이 교회를 박해하려고 교회에 속한 몇몇 사람들을 체포했습니다. 헤롯은 먼저 요한의 형제 야고보를 칼로 죽였습니다. 이 일을 유대 사람들이 기뻐하는 것을 본 헤롯은 이어 베드로도 잡아들였습니다. 이때는 무교절 기간이었습니다. 그는 베드로를 잡아 감옥에 가두고 군인들을 네 명씩 한 조를 지어서 네 조가 지키도록 했습니다. 헤롯은 유월절이 지나면 그를 백성들 앞에 끌어내 공개적으로 재판할 생각이었습니다. 이렇게 베드로는 감옥에 갇혔고 교회는 그를 위해 하나님께 간절히 기도했습니다. 헤롯이 베드로를 재판장으로 끌어내려고 하던 전날 밤, 베드로는 두 개의 쇠사슬에 묶인 채 두 명의 군인들 사이에서 잠들어 있었고 경비병들이 감옥 문을 지키고 서 있었습니다. 그런데 갑자기 주의 천사가 나타나더니 감방에 빛이 환하게 비치는 것이었습니다. 그가 베드로의 옆구리를 찔러 깨우며 "어서 일어나거라" 하고 말했습니다. 그러자 베드로의 손목에 매여 있던 쇠사슬이 풀렸습니다. 그때 천사가 베드로에게 "허리띠를 매고 신을 신어라" 하고 말하자 베드로는 그렇게 했습니다. 천사가 다시 "겉옷을 입고 나를 따라오너라" 하고 말했습니다. 베드로는 천사를 따라 감옥에서 나오면서도 도대체 천사가 하는 일이 꿈인지 생시인지 알 수 없었습니다. 그저 환상인 것만 같았습니다. 그들은 첫 번째 경비병들과 두 번째 경비병들을 지나서 성으로 통하는 철문에 이르렀습니다. 그 문이 저절로 열려 그들은 바깥으로 나왔습니다. 거리를 하나 지나자 갑자기 천사가 떠나갔습니다. 그제야 비로소 베드로는 정신이 들어 "이제야 분명히 알겠다. 주께서 천사를 보내 헤롯의 손아귀와 유대 사람들의 모든 기대에서 나를 구해 주셨다"라고 말했습니다. 이 사실을 깨달은 후 그는 마가라고도 하는 요한의 어머니 마리아의 집으로 갔습니다. 많은 사람들이 그곳에 모여 기도하고 있었습니다. 베드로가 대문을 두드리자 로데라는 어린 여종이 문을 열어 주러 나왔습니다. 여종은 베드로의 목소리인 줄 알아차리고 너무나 기뻐서 문 여는 것도 잊은 채 달려가 베드로가 문밖에 와 있다고 소리쳤습니다. 그러자 사람들이 여종에게 "네가 미쳤구나"라고 말했습니다. 그러나 여종이 계속 사실이라고 우겨 대자 그들은 "베드로의 천사겠지"라고 말했습니다. 그때 베드로가 계속 문을 두드렸습니다. 그들이 문을 열고 베드로를 보더니 깜짝 놀랐습니다. 베드로는 조용히 하라고 손짓하며 주께서 자신을 감옥 밖으로 끌어내신 경위를 설명했습니다. "이 사실을 야고보와 그 형제들에게 알려 주시오"라고 말하고서 베드로는 다른 곳으로 떠났습니다. 아침이 되자 베드로가 없어진 일로 인해 군인들 사이에는 적지 않은 소동이 벌어졌습니다. 헤롯이 샅샅이 뒤져 보았지만 베드로를 찾을 수 없게 되자 헤롯은 경비병들을 심문한 뒤 그들을 대신 처형하라고 명령했습니다.

헤롯의 죽음

그 후 헤롯은 유대를 떠나 가이사랴로 가서 잠시 그곳에서 지냈습니다. 당시 헤롯은 두로와 시돈 사람들을 못마땅하게 여기고 있었습니다. 그래서 그들은 무리를 지어 헤롯에게 와서 왕의 시종 블라스도를 설득해 화친을 요청했습니다. 이것은 자기들이 헤롯 왕의 영토에서 나는 양식을 공급받고 있기 때문이었습니다. 약속한 날에 헤롯은 왕의 의복을 갖춰 입고 왕좌에 앉아 사람들에게 연설을 했습니다. 그러자 사람들은 "이것은 신의 음성이지 사람의 음성이 아니다"라고 외쳤습니다. 그런데 헤롯이 하나님께 영광을 돌리지 않았기 때문에 주의 천사가 즉시 헤롯을 내리쳐서 그는 벌레에 먹혀 죽고 말았습니다. 그러나 하나님의 말씀은 점점 널리 퍼져서 믿는 사람이 더욱 늘어나게 됐습니다.

바나바와 사울이 파송되다

바나바와 사울이 자기 임무를 마치자 그들은 마가라고도 하는 요한을 데리고 예루살렘에서 돌아왔습니다.

13 안디옥 교회에는 예언자들과 교사들이 있었습니다. 그들은 바나바, 니게르라고 하는 시므온, 구레네 사람 루기오, 분봉 왕 헤롯 안티파스와 어릴 때부터 함께 자란 마나엔 그리고 사울이었습니다. 그들이 주께 예배드리며 금식하고 있을 때 성령께서 그들에게 "너희는 바나바와 사울을 따로 세워 내가 그들에게 맡긴 일을 하게 하라"라고 말씀하셨습니다. 그래서 그들은 금식하며 기도한 후 바나바와 사울에게 손을 얹고 그들을 보냈습니다.

키프로스

그 두 사람은 성령의 보내심을 받아 실루기아로 내려갔다가 거기서 배를 타고 키프로스로 가게 됐습니다. 그들이 살라미에 이르러서는 유대 사람의 여러 회당에서 하나님의 말씀을 선포했습니다. 요한이 동행하며 그들을 도왔습니다. 그들이 그 섬을 가로질러 바보에 도착했습니다. 거기서 그들은 바예수라는 사람을 만났는데 그는 유대 사람 마술사요, 거짓 예언자로서 총독 서기오 바울 곁에 함께 있는 사람이었습니다. 지성적이었던 총독은 하나님의 말씀을 듣고 싶어 바나바와 사울에게 사람을 보냈습니다. 그러나 엘루마라고도 하는 이 마술사가 그들을 막으며 총독이 믿음을 갖지 못하게 하려고 애를 썼습니다. 그러자 바울이라고도 하는 사울이 성령 충만한 가운데 엘루마를 뚫어지게 쳐다보며 말했습니다. "이 마귀의 자식아! 너는 모든 의의 원수로다! 너는 갖은 속임수와 거짓으로 가득 차 있구나. 주의 바른길을 어지럽게 하는 일을 그치지 못하겠느냐? 이제 주의 손이 너를 치심으로 네 눈이 멀어 얼마 동안 햇빛을 보지 못할 것이다." 그러자 즉시 안개와 어둠이 그를 덮쳤고 그는 이리저리 더듬으며 자기 손을 잡아 이끌어 줄 사람을 찾았습니다. 이 일을 보자 총독이 믿게 됐고 주에 관한 가르침에 그저 놀랄 뿐이었습니다.

비시디아 안디옥

바울과 그 일행은 바보에서 배를 타고 밤빌리아에 있는 버가에 이르렀습니다. 그곳에서 요한은 그들과 헤어져 예루살렘으로 돌아갔습니다. 그들은 버가에서 더 나아가 비시디아 안디옥으로 갔습니다. 그리고 안식일이 돼 회당에 들어가 앉았습니다. 율법서와 예언자들의 글을 낭독한 뒤에 회당 지도자들이 바울과 바나바에게 전갈을 보내 "형제들이여, 이 사람들에게 권면해 줄 말씀이 있으면 하시오"라고 했습니다. 바울이 일어나 손짓하며 말했습니다. "이스라엘 사람들 또 하나님을 경외하는 이방 사람들이여, 내 말을 들으십시오. 이스라엘 백성의 하나님께서는 우리 조상들을 선택하셔서 이 민족이 이집트 땅에 사는 동안 큰 민족이 되게 하시고 큰 권능으로 그들을 그 나라에서 이끌어 내셨습니다. 광야에서 40년 동안 그들의 소행을 참으시고 가나안 땅의 일곱 민족을 멸하셔서 그 땅을 이스라엘 백성들에게 유업으로 주셨습니다. 이 모든 일은 450여 년에 걸쳐 일어났습니다. 그 뒤 하나님께서는 그들에게 예언자 사무엘 시대까지 사사들을 세워 주셨습니다. 그 후 이 백성들이 왕을 요구하자 하나님께서 베냐민 지파 기스의 아들 사울을 주어 40년 동안 다스리게 하셨습니다. 그리고 사울을 폐하신 하나님께서는 다윗을 그들의 왕으로 세우셨습니다. 다윗에 대해 증언하시기를 '내가 이새의 아들 다윗을 보니 내 마음에 꼭 맞는 사람임을 알았다. 내가 바라는 모든 것을 그가 이룰 것이다'라고 하셨습니다. 하나님께서는 약속하신 대로 다윗의 자손 가운데 구세주를 이스라엘에게 보내 주셨는데 그 사람이 바로 예수입니다. 예수께서 오시기 전에는 요한이 이스라엘 모든 백성들에게 회개의 세례를 선포했습니다. 그리고 요한은 자기 사역을 끝마칠 무렵 '너희는 나를 누구라고 생각하느냐? 나는 그리스도가 아니다. 그러나 그리스도는 내 뒤에 오실 것인데 나는 그분의 신발 끈을 풀 자격도 없는 사람이다'라고 말했습니다. 아브라함의 자손인 형제들이여! 그리고 하나님을 경외하는 이방 사람들이여! 하나님께서 이 구원의 말씀을 우리에게 보내 주셨습니다. 예루살렘에 사는 사람들과 그 지도자들은 예수를 알아보기는커녕 오히려 예수를 정죄해 안식일마다 읽는 예언자들의 말씀을 그대로 이루었습니다. 그들은 사형을 선고할 근거를 전혀 찾지 못했음에도 예수를 죽여 달라고 빌라도에게 요구하고 예수에 관해 성경에 기록된 모든 말씀대로 행한 뒤 예수를 나무에서 끌어 내려 무덤에 묻었습니다. 그러나 하나님께서는 죽은 사람들 가운데서 예수를 살리셨습니다. 그 후 여러 날 동안 예수는 갈릴리로부터 예루살렘까지 자기와 동행했던 사람들에게 나타나셨습니다. 그들이 바로 지금 백성들에게 예수에 대해 증언하는 사람들입니다. 우리도 여러분에게 하나님께서 우리 조상들에게 약속하신 좋은 소식을 전하고자 합니다. 하나님께서는 예수를 살리심으로써 그들의 자손인 우리에게 그 약속이 이뤄지게 하셨습니다. 이것은 시편 2편에 기록된 것과 같습니다. '너는 내 아들이다. 오늘 내가 너를 낳았다.' 하나님께서는 죽은 사람들 가운데서 예수를 다시 살리시고 썩지 않게 하셨는데 이것은 '내가 다윗에게 약속한 거룩하고 확실한 복을 너희에게 줄 것이다'라고 말씀하셨던 것입니다. 또 다른 시편에도 기록돼 있습니다. '주께서는 주의 거룩하신 분을 썩게 내버려 두지 않으실 것입니다.' 다윗은 한평생 하나님의 뜻을 잘 받들다 결국 잠들어 자기 조상들과 함께 묻혔고 그 시체는 썩고 말았습니다. 그러나 하나님께서 죽은 사람들 가운데서 살리신 분은 썩지 않으셨습니다. 그러므로 내 형제들이여, 예수를 통해 죄 용서를 받을 수 있다는 소식이 여러분에게 선포되고 있음을 알기 바랍니다. 여러분이 모세의 율법으로는 의롭게 될 수 없었던 모든 것에서도 예수를 믿는 사람은 누구나 의롭다고 인정을 받게 되는 것입니다. 그러므로 예언자들이 말한 것이 여러분에게 일어나지 않도록 조심하십시오. '보라. 너희

비웃는 사람들아! 너희는 놀라고 망하라. 내가 너희 시대에 한 가지 일을 행하겠다. 누군가 그 일을 너희에게 전해 준다 해도 너희가 믿지 않을 것이다.'" 바울과 바나바가 회당에서 나오는데 사람들이 그들에게 다음 안식일에도 이 말씀을 좀 더 해 달라며 부탁했습니다. 집회가 다 끝난 후 많은 유대 사람들과 유대교로 개종한 경건한 사람들이 바울과 바나바를 따라왔습니다. 그들은 그 사람들과 함께 이야기를 나누고 하나님의 은혜 가운데 계속 머물러 있으라고 권했습니다. 그다음 안식일에는 그 도시의 사람들이 거의 다 주의 말씀을 듣기 위해 모였습니다. 그 무리를 본 유대 사람들은 시기심으로 가득 차 바울이 말하는 것을 반대하며 모욕했습니다. 그때 바울과 바나바가 그들에게 담대하게 대답했습니다. "우리는 하나님의 말씀을 여러분에게 먼저 전하지 않을 수 없었습니다. 그런데도 여러분은 그 말씀을 거절하고 영원한 생명을 얻기에 합당치 못한 사람이라고 스스로 판단하고 있습니다. 그렇기 때문에 우리는 이제 이방 사람들에게 눈을 돌립니다. 이것이 바로 주께서 우리에게 하신 명령이기 때문입니다. '내가 너를 이방 사람들의 빛으로 삼았으니 이는 네가 땅끝까지 구원을 이루게 하려는 것이다.'" 이 말을 들은 이방 사람들은 기뻐하며 주의 말씀을 찬양했습니다. 그리고 영원한 생명을 얻도록 선택된 사람들은 모두 믿게 됐습니다. 그리하여 주의 말씀이 그 지방 전체에 두루 퍼졌습니다. 그러나 유대 사람들은 경건한 귀부인들과 그 도시의 지도자들을 선동해 바울과 바나바를 핍박하게 했고 결국 그 지방에서 그들을 강제로 내쫓았습니다. 그러자 바울과 바나바는 발에 붙어 있던 먼지를 그들을 향해 떨어

버리고 이고니온으로 갔습니다. 제자들은 기쁨과 성령으로 충만했습니다.

14 이고니온

이고니온에서도 바울과 바나바는 유대 사람의 회당에 들어가 복음을 전했습니다. 그러자 많은 수의 유대 사람들과 이방 사람들이 믿게 됐습니다. 그러나 믿기를 마다하는 유대 사람들은 이방 사람들을 선동해 형제들에 대해 나쁜 감정을 품게 했습니다. 바울과 바나바는 그곳에 오랫동안 머물면서 주를 의지해 담대히 말씀을 전했고, 주께서는 그들에게 표적과 기사를 행하는 능력을 베풀어 주셔서 주의 은혜의 말씀을 확증해 주셨습니다. 그 도시 사람들은 두 편으로 갈려 한쪽은 유대 사람들 편을, 다른 쪽은 사도들 편을 들었습니다. 그런데 이방 사람들과 유대 사람들은 그들의 지도자들과 함께 바울과 바나바를 핍박하고 돌로 쳐 죽이려 했습니다. 그러나 그들은 이 사실을 알고서 루가오니아 지방에 속한 두 도시인 루스드라와 더베와 그 근방으로 피신해 그곳에서도 복음을 전했습니다.

루스드라와 더베

루스드라에 발을 쓰지 못하는 장애를 가진 한 사람이 앉아 있었습니다. 그는 태어나면서부터 걸어 본 적이 전혀 없었습니다. 그는 바울이 말하는 것을 귀 기울여 듣고 있었습니다. 바울이 그를 유심히 보다가 그에게 치유받을 만한 믿음이 있는 것을 보고 큰 소리로 "당신 발로 똑바로 일어서시오!"라고 외쳤습니다. 그 말에 그 사람은 벌떡 일어나 걷기 시작했습니다. 사람들은 바울이 한 일을 보고 루가오니아 말로 소리 질렀습니다. "신들이 사람의 모습으로 우리에게 내려오셨다!" 그들이 바나바는 '제우스'라 부르고 바울은 주로 말을 하기 때문에 '헤르메스'라고 불렀습니다. 도시 밖에 있는 제우스 신전의 제사장은 황소들과 화환들을 성문 앞으로 가져왔습니다. 사람들과 함께 그들에게 제물을 바치려는 것이었습니다. 그러나 두 사도 바나바와 바울은 이 말을 듣고 옷을 찢으며 사람들 속으로 뛰어 들어가 외쳤습니다. "사람들이여, 왜 이런 행동을 합니까? 우리도 여러분과 똑같은 사람입니다. 우리가 여러분에게 복음을 전하는 것은 여러분이 이런 헛된 것을 버리고 하늘과 땅과 바다와 그 안의 모든 것을 만드신 살아 계신 하나님께로 돌아오라고 하는 것입니다. 과거에는 하나님께서 모든 민족들이 제멋대로 가도록 내버려 두셨습니다. 그렇다고 하나님께서 자신에 대해 증언하시지 않은 것은 아닙니다. 하나님께서는 자비를 베풀어 하늘에서 비를 내려 때가 되면 열매를 맺게 하시고 넉넉한 양식을 공급해 여러분의 마음을 기쁨으로 가득 채워 주셨습니다." 바나바와 바울은 이런 말로 자기들에게 제물을 바치지 못하도록 그들을 간신히 말릴 수 있었습니다. 그때 안디옥과 이고니온에서 유대 사람들이 몰려와 사람들을 선동해 자기들 편으로 끌어들여 바울에게 돌을 던지게 했습니다. 그리고 바울이 죽은 줄 알고 그를 도시 밖으로 끌어냈습니다. 그러나 제자들이 바울 주위에 모여들자 그가 일어나 다시 도시 안으로 들어갔습니다. 그다음 날 바울은 바나바와 함께 더베로 떠났습니다.

수리아 안디옥으로 돌아오다

그들은 그 도시에서 복음을 전한 뒤 많은 제자들을 얻게 됐습니다. 그러고 나서 루스드라와 이고니온과 안디옥으로 되돌아가 제자들의 마음을 강하게 하고 늘 믿음에 머물러 있도록 격려해 주었습니다. 또 "우리가 하나님 나라에 들어가려면 우리가 마땅히 많은 고난을 겪어야 한다"라고 말했습니다. 바울과 바나바는 제자들을 위해 각 교회마다 장로들을 세워 기도하고 금식하며 자신들이 믿는 주께 그들을 부탁했습니다. 그런 뒤에 그들은 비시디아를 통과해 밤빌리아에 들어갔다가 버가에서 말씀을 전하고 앗달리아로 내려갔습니다. 그리고 그들은 앗달리아에서 배를 타고 안디옥으로 돌아갔습니다. 이 안디옥은 그들이 선교 활동을 위해 자신들을 하나님의 은혜에 헌신했던 곳인데 이제 그 일을 성취한 것입니다. 바울과 바나바는 안디옥에 도착해서 교회 신자들을 모으고 하나님께서 그들과 함께 행하신 모든 일과 하나님께서 어떻게 이방 사람들에게 믿음의 문을 여셨는지 보고했습니다. 그러고 나서 그들은 제자들과 함께 오랫동안 그곳에 머물렀습니다.

15 예루살렘 회의

유대에서 몇몇 사람들이 안디옥으로 내려와 형제들을 가르쳤는데 "모세가 가르친 관례에 따라 할례를 받지 않는다면 구원을 받지 못한다"라고 했습니다. 이 말로 인해 바울과 바나바는 그들과 적지 않은 충돌과 논쟁을 벌였습니다. 그래서 안디옥 교회는 바울과 바나바를 세워 몇몇 신자들과 함께 예루살렘으로 보냈습니다. 사도들과 장로들은 이 문제를 어떻게 생각하는지 알아보려는 것이었습니다. 교회의 전송을 받고 여행을 떠난 그들은 가는 길에 페니키아와 사마리아 지방을 거치면서 이방 사람들이 어떻게 개종하게 됐는지를 전했습니다. 이 소식은 모든 형제들을 무척 기쁘게 했습니다. 그들은 예루살렘에 도착해 교회와 사도들과 장로들에게 환영을 받았습니다. 그러고 난 후 하나님께서 자신들을 통해 하신 모든 일을 그들에게 보고했습니다. 그때 바리새파에 속해 있다 신자가 된 몇몇 사람들이 일어나 말했습니다. "이방 사람들이 할례를 받고 모세의 율법을 지키도록 해야 합니다." 사도들과 장로들이 이 문제를 논의하려고 함께 모였습니다. 오랜 시간 동안 토론한 끝에 베드로가 일어나 그들에게 말했습니다. "형제들이여, 여러분도 알다시피 얼마 전에 하나님께서 여러분 가운데서 나를 선택해 이방 사람들도 내 입술을 통해 복음의 말씀을 듣고 믿게 하셨습니다. 그 마음을 아시는 하나님께서는 우리에게 하셨던 것처럼 이방 사람들에게도 성령을 주셔서 그들을 인정하셨습니다. 하나님께서는 그 마음을 믿음으로 깨끗하게 하셔서 우리와 그들 사이에 차별을 두지 않으신 것입니다. 그런데 여러분은 어째서 우리 조상이나 우리가 질 수 없었던 무거운 짐을 이방 신자들에게 지워서 하나님을 시험하려고 하십니까? 우리는 그들과 마찬가지로 주 예수의 은혜로 구원받는다고 믿습니다." 온 회중이 조용해지면서 바울과 바나바가 하는 말을 귀 기울여 들었습니다. 그들은 자신들을 통해 하나님께서 행하신 표적과 기사를 이야기했습니다. 그들이 이야기를 마치자 야고보가 받아 말했습니다. "형제들이여, 내 말을 들어 보십시오. 하나님께서 자기 이름을 위해 처음에 어떻게 이방 사람들 가운데 백성을 불러내 찾아오셨는가를 시몬 베드로가 말해 주었습니다. 예언자들의 말씀도 이것과 일치합니다. 기록되기를 '이 일 후에 내가 돌아와 다윗의 무너진 장막을 다시 지을 것이다. 폐허가 된 것을 내가 다시 짓고 내가 회복시킬 것이다. 그러면 남은 사람들과 내 이름으로 일컬음받는 모든 이방 사람들이 주를 찾을 것이다. 이것은 오래전부터 이 일을 알게 해 주신 여호와의 말씀이다'라고 했습니다. 그러므로 내 판단으로는 우리가 하나님께 돌아오는 이방 사람들을 괴롭게 해서는 안 된다고 생각합니다. 다만 우상으로 더러워진 음식과 음행과 목매어 죽인 짐승의 고기와 피는 멀리하라고 편지하는 것이 좋겠습니다. 오래전부터 모세의 율법이 각 도시에 전해져 안식일마다 회당에서 그것을 읽고 있기 때문입니다."

이방의 성도들에게 보내는 편지

그러자 사도들과 장로들과 온 교회는 몇몇 사람들을 뽑아 바울과 바나바와 함께 안디옥으로 보내기로 결정했습니다. 그래서 뽑힌 사람은 형제들 가운데서 지도자인 바사바라고 하는 유다와 실라였습니다. 그들은 그 사람들 편에 다음과 같은 편지를 보냈습니다. "여러분의 형제인 사도들과 장로들이 안디옥과 시리아와 길리기아에 있는 이방의 형제들에게 문안드립니다. 우리 가운데 어떤 사람이 여러분에게 가서 우리가 시키지도 않은 말을 해서 여러분을 괴롭히고 여러분의 마음을 아프게 했다는 소식을 들었습니다. 그래서 우리가 몇 사람을 뽑아 사랑하는 우리의 형제 바나바와 바울과 함께 여러분에게 보내기로 우리 모두 합의했습니다. 바나바와 바울은 우리 주 예수 그리스도의 이름을 위해 목숨을 건 사람들입니다. 그러므로 우리는 이 편지의 내용이 사실임을 분명히 말해 줄 유다와 실라를 보냅니다. 꼭 필수적인 사항 몇 가지 외에는 여러분에게 아무 짐도 지우지 않으려는 것이 성령의 뜻이며 또 우리의 뜻입니다. 곧 우상에게 바쳐진 음식과 피와 목매어 죽인 짐승의 고기와 음행만은 멀리하십시오. 이런 조항만 잘 지키면 되겠습니다. 평안하십시오." 그들은 전송을 받고 안디옥으로 내려가 신자들을 불러 모은 후 편지를 전해 주었습니다. 그 사람들은 이것을 읽고 그 격려의 말씀에 기뻐했습니다. 유다와 실라도 예언자였기 때문에 여러 가지 말로써 그 형제들을 격려하고 힘을 북돋워 주었습니다. 그들은 안디옥에 얼마 동안 머물러 있다가 평안히 가라는 형제들의 전송을 받고 그들을 파송한 예루살렘으로 돌아갔습니다. 그리고 바울과 바나바는 안디옥에 계속 머물러 있으면서 다른 많은 사람들과 함께 주의 말씀을 가르치고 전했습니다.

바울과 바나바가 갈라서다

며칠이 지나자 바울이 바나바에게 말했습니다. "우리가 주의 말씀을 전했던 도시마다 모두 다시 방문해 그들이 어떻게 지내고 있는지 알아봅시다." 바나바는 마가라고도 하는 요한을 함께 데리고 갈 생각이었지만 바울은 그를 데려가는 것이 현명한 처사가 아니라고 생각했습니다. 마가 요한은 전에 밤빌리아에서 그들을 떠나 그 사역에 끝까지 함께하지 않았기 때문입니다. 이 일로 심한 말다툼 끝에 바울과 바나바는 서로 갈라서게 됐습니다. 바나바는 마가를 데리고 배를 타고 키프로스로 갔습니다. 바울은 실라를 선택해 주의 은혜를 간구하는 형제들의 환송을 받으면서 안디옥을 떠났습니다. 바울은 시리아와 길리기아를 거쳐 가면서 교회들을 강건케 했습니다.

16 바울이 디모데를 데리고 가다

바울은 더베에 갔다가 루스드라로 갔습니다. 그곳에는 디모데라는 제자가 살고 있었습니다. 그 어머니는 유대 사람으로서 믿는 사람이었지만 그 아버지는 그리스 사람이었습니다. 디모데는 루스드라와 이고니온의 형제들에게 칭찬받는 사람이었습니다. 바울은 전도 여행에 그를 데려가고 싶었습니다. 그래서 그 지역에 사는 유대 사람들 때문에 그에게 할례를 주었습니다. 그것은 그의 아버지가 그리스 사람이라는 사실을 그들 모두가 알고 있었기 때문입니다. 그들은 여러 도시들을 다니며 예루살렘의 사도들과 장로들이 결정한 규정을 신자들에게 전하며 지키게 했습니다. 이렇게 해서 교회들은 믿음 안에서 더욱 굳건해지고 그 수가 날마다 늘어났습니다.

바울이 마케도니아 사람의 환상을 보다

성령께서 아시아 지방에 말씀 전하는 것을 막으셨기 때문에 바울과 그 일행은 부르기아와 갈라디아 지방을 거쳐 무시아 지방 가까이 이르러 비두니아로 들어가려고 했습니다. 그러나 예수의 영이 허락하지 않으셨습니다. 그래서 그들은 무시아를 지나 드로아로 내려가게 됐습니다. 한밤중에 바울은 마케도니아 사람이 서서 "마케도니아로 와서 우리를 도와주시오"라고 간청하는 환상을 보았습니다. 바울이 이 환상을 본 후에 우리는 그들에게 복음을 전파하라고 하나님께서 부르셨다고 확신하고 즉시 마케도니아로 떠날 준비를 했습니다.

빌립보에서 루디아가 복음을 받아들이다

우리는 드로아에서 바다로 나와 배를 타고 사모드라게로 곧장 갔다가 이튿날 네압볼리로 갔습니다. 그곳에서 우리는 로마의 식민지로서 마케도니아 지방에서 첫째가는 도시인 빌립보에 들어갔습니다. 우리는 그곳에서 며칠을 머물렀습니다. 안식일에 우리는 혹 기도할 곳을 찾을 수 있지 않을까 하는 기대감으로 성문 밖 강가로 나갔습니다. 우리는 그곳에 앉아서 거기 모여 있던 여인들에게 말씀을 전했습니다. 말씀을 듣던 사람들 가운데 루디아라는 여인이 있었습니다. 그 여인은 두아디라 도시에서 온 자주색 옷감 장수로서 하나님을 경외하는 사람이었습니다. 주께서 그 마음을 열어 바울의 말에 귀 기울이게 하셨습니다. 루디아는 그 집안 식구들과 함께 세례를 받고 "저를 참된 신자로 여기신다면 제 집에 오셔서 머물러 주십시오" 하고 간청하면서 우리를 자기 집으로 데리고 갔습니다.

바울과 실라가 옥에 갇히다

어느 날 우리가 기도하는 곳으로 가다가 귀신 들린 한 여종을 만나게 됐습니다. 그 아이는 점을 쳐서 자기 주인들에게 아주 많은 돈을 벌어 주고 있었습니다. 이 아이는 바울과 우리를 따라와서 "이 사람들은 지극히 높으신 하나님의 종들로 당신들에게 구원의 길을 전하고 있다"라고 외쳤습니다. 이 아이가 며칠 동안이나 이렇게 계속하자 참다못한 바울이 돌아서서 귀신에게 말했습니다. "예수 그리스도의 이름으로 내가 명한다. 그 아이에게서 당장 나오라!" 바로 그 순간 귀신이 그 아이에게서 나갔습니다. 그 여종의 주인들은 자기들의 돈 벌 소망이 사라진 것을 알고 바울과 실라를 붙잡아 시장에 있는 관리들에게 끌고 갔습니다. 바울과 실라를 로마 관리들 앞에 데려다 놓고 말했습니다. "이 사람들은 유대 사람으로서 우리 도시에 소란을 일으켰습니다. 우리 로마 사람들이 받아들이거나 실천할 수 없는 풍습을 전하고 있습니다." 모여 있던 사람들도 가세해 바울과 실라를 공격하자 로마 관리들은 그들의 옷을 벗기고 매질하라고 명령했습니다. 관리들은 그들을 심하게 때린 뒤 감옥에 던져 넣고는 간수에게 그들을 단단히 지키라고 명령했습니다. 이런 명령을 받은 간수는 그들을 깊숙한 감방에 가두고 발에는 쇠고랑을 채워 두었습니다. 한밤중쯤 됐을 때 바울과 실라가 기도하며 하나님께 찬송을 부르자 다른 죄수들이 귀 기울여 듣고 있었습니다. 그런데 갑자기 큰 지진이 일어나 감옥이 기반부터 흔들렸습니다. 곧바로 감옥 문이 모두 열리고 죄수들을 묶고 있던 쇠사슬도 다 풀렸습니다. 간수가 잠깨어 일어나 감옥 문이 모두 열린 것을 보자 죄수들이 도망친 줄로 생각하고 칼을 뽑아 자살하려고 했습니다. 그때 바울이 큰 소리로 외쳤습니다. "당신 몸을 상하게 하지 마시오! 우리가 다 여기 있소!" 간수는 등불을 달라고 하더니 부리나케 달려 들어와 부들부들 떨면서 바울과 실라 앞에 엎드렸습니다. 그러고는 그들을 밖으로 데리고 나오면서 물었습니다. "선생님들, 제가 구원받으려면 어떻게 해야 합니까?" 그들이 대답했습니다. "주 예수를 믿으시오. 그러면 당신과 당신의 집안이 구원을 받을 것입니다." 그러고 나서 바울과 실라는 그와 그 집 안 모든 사람들에게 주의 말씀을 전해 주었습니다. 그날 밤 그 시간에 간수는 그들을 데려다가 상처 부위를 씻어 주었습니다. 그러고는 당장 그와 그 온 가족이 세례를 받았습니다. 간수는 그들을 자기 집으로 데려가 음식을 대접했습니다. 그는 자신과 온 가족이 하나님을 믿게 된 것으로 인해 기쁨이 가득했습니다. 날이 밝자 로마 관리들이 부하들을 보내 간수에게 명령했습니다. "그 사람들을 풀어 주라." 그러자 간수가 바울에게 "저희 관리들이 당신과 실라를 풀어 주라고 전갈을 보냈으니 이제 나와 평안히 가십시오"라고 말했습니다. 그러자 바울이 그 부하들에게 말했습니다. "우리가 로마 시민임에도 불구하고 저들이 재판도 없이 공개 석상에서 우리를 때리고 감옥에 가두고는 이제 와서 우리를 몰래 내보내려 하시오? 그들이 직접 와서 우리를 데리고 나가라고 하시오." 부하들이 그대로 자기 관리들에게 보고했습니다. 그들은 바울과 실라가 로마 시민이라는 소리를 듣고 깜짝 놀랐습니다. 그들은 직접 감옥까지 와서 사정사정하며 바울과 실라를 정중히 모시고는 그 도시를 떠나 달라고 요청했습니다. 바울과 실라는 감옥에서 나온 뒤 루디아의 집으로 가 형제들을 만나 위로해 주고 그곳을 떠났습니다.

17 데살로니가

바울과 실라는 암비볼리와 아볼로니아를 거쳐 데살로니가에 이르렀습니다. 거기에는 유대 사람의 회당이 있었습니다. 바울은 늘 하던 대로 회당에 들어가 3주 동안 안식일마다 성경에 대해 사람들과 토론했습니다. 그리스도가 고난을 받은 후 죽은 사람들 가운데서 살아나셔야 했던 것을 설명하고 증명하며 말했습니다. 그리고 "내가 여러분에게 선포하는 이 예수가 바로 그리스도이십니다"라고 전했습니다. 몇몇 유대 사람들은 그 말에 설득돼 바울과 실라를 따랐고 하나님을 경외하는 많은 그리스 사람들과 적지 않은 귀부인들도 그들의 말을 믿게 됐습니다. 그러자 유대 사람들에게 시기가 일어났습니다. 그래서 시장의 불량배들을 끌어모아 떼를 지어 도시 안에 소동을 일으켰습니다. 그들은 바울과 실라를 찾아 사람들 앞에 끌어내려고 야손의 집으로 쳐들어갔습니다. 그러나 그들을 찾지 못하자 야손과 다른 형제들을 그 도시의 관원들 앞에 끌고와 소리치며 말했습니다. "세상을 온통 시끄럽게 하는 사람들이 이곳에도 왔는데 야손이 그들을 자기 집에 들였습니다. 그들은 모두 가이사의 칙령을 거역하며 예수라는 다른 왕이 있다고 말합니다."

이 말을 듣고 사람들과 그 도시의 당국자들은 당황했습니다. 그러나 당국자들은 야손과 다른 신자들로부터 보석금을 받고 그들을 놓아주었습니다.

베뢰아

밤이 되자마자 형제들은 바울과 실라를 베뢰아로 보냈습니다. 그들은 그곳에 도착하자 유대 사람의 회당으로 들어갔습니다. 베뢰아 사람들은 데살로니가 사람들보다 교양 있는 사람들이어서 말씀을 간절한 마음으로 받아들이고 바울이 말한 것이 사실인지 알아보려고 날마다 성경을 찾아보았습니다. 그래서 그들 가운데 많은 유대 사람들이 믿게 됐고 적지 않은 그리스 귀부인들과 많은 그리스 남자들도 믿게 됐습니다. 데살로니가에 있는 유대 사람들은 바울이 베뢰아에서 하나님의 말씀을 전한다는 것을 알고 그곳에 또 나타나 사람들을 선동해 소동을 일으켰습니다. 그러자 형제들은 즉시 바울을 바닷가로 보냈습니다. 그러나 실라와 디모데는 베뢰아에 그대로 남아 있었습니다. 바울을 수행하던 사람들은 그를 아테네까지 인도했습니다. 그들은 실라와 디모데도 속히 자기에게 데려오라는 바울의 지시를 받고 돌아갔습니다.

아테네

아테네에서 그들을 기다리는 동안 바울은 그 도시가 우상으로 가득 찬 것을 보고 매우 격분했습니다. 그래서 그는 회당에서는 유대 사람들과 하나님을 경외하는 그리스 사람들과 또 시장에 나가서 날마다 우연히 만나는 사람들과 토론했습니다. 에피쿠로스 철학자들과 스토아 철학자들도 바울과 변론을 했습니다. 그 가운데 몇 사람이 물었습니다. "이 말쟁이가 무슨 말을 하려는 것인가?" 또 다른 사람들은 "그가 외국의 다른 신들을 전하는 사람인가 보다"라고 했습니다. 그들이 이렇게 말한 것은 바울이 예수와 그 부활에 대한 복음을 전하고 있었기 때문입니다. 그때 그들은 바울을 붙들어 아레오바고 광장으로 데려가 말했습니다. "당신이 소개하고 있는 이 새로운 가르침에 대해 우리가 알 수 있겠습니까? 당신이 우리 귀에 생소한 것들을 전하니 우리가 그 뜻을 좀 알고 싶습니다." 모든 아테네 사람들과 거기 사는 외국 사람들은 보다 새로운 것을 말하거나 듣는 일에 시간을 쏟던 사람들이었습니다. 그러자 바울이 아레오바고 광장 가운데 서서 말했습니다. "아테네 시민들이여! 내가 보니 여러분은 여러모로 매우 종교적인 사람들입니다. 내가 두루 다니면서 여러분이 무엇을 섬기는지 자세히 살펴보다가 '알지 못하는 신에게'라고 새긴 제단도 보게 됐습니다. 이제 여러분이 알지도 못하고 예배해 온 그 신을 내가 여러분에게 전하고자 합니다. 그 신은 온 세상과 그 안의 모든 것을 창조하신 하나님이십니다. 하나님께서는 하늘과 땅의 주인이시며 사람이 손으로 지은 신전들 안에 살지 않으십니다. 하나님께서는 뭔가 부족해서 인간의 손으로 섬김을 받으실 분이 아닙니다. 하나님께서는 바로 모든 사람에게 생명과 호흡과 다른 모든 것을 주시는 분이시기 때문입니다. 하나님께서는 한 사람으로부터 모든 민족을 만들어 온 땅 위에 살게 하셨고 각 나라의 연대를 미리 정하시고 그들의 국경도 정해 주셨습니다. 이렇게 하신 것은 사람들이 하나님을 찾기를 바라시기 때문입니다. 사람들이 하나님을 더듬어 찾기만 하면 만날 수 있습니다. 사실 하나님께서는 우리 각 사람과 그리 멀리 떨어져 계시지 않습니다. 왜냐하면 하나님 안에서 우리가 살고 움직이고 존재하기 때문입니다. 여러분의 시인 가운데 어떤 사람이 말했듯이 '우리가 그분의 자녀입니다.' 그러니 우리가 하나님의 자녀인 이상 하나님을 사람의 생각이나 기술로 금이나 은이나 돌에 새겨 만든 형상 따위로 생각해서는 안 됩니다. 알지 못했던 시대에는 하나님께서 그대로 내버려 두셨지만 이제는 어디서나 모든 사람에게 회개하라고 명령하십니다. 하나님께서는 자신이 세운 한 사람을 통해 세상을 공의로 심판할 날을 정하셨기 때문입니다. 하나님께서는 그를 죽은 사람들 가운데서 살리심으로 모든 사람에게 이날에 대한 증거를 보이셨습니다." 죽은 사람들이 다시 살아난다는 말에 어떤 사람들은 비웃었지만 또 다른 사람들은 "우리가 이 이야기에 대해 다시 듣고 싶소"라고 말했습니다. 그러자 바울은 그들로부터 나왔습니다. 그때 몇 사람들은 바울을 따르며 믿게 됐습니다. 그 가운데는 디오누시오라는 아레오바고 의회원과 다마리라는 여인과 그 외에 몇 사람이 더 있었습니다.

18 **고린도**

이 일 후에 바울은 아테네를 떠나 고린도로 갔습니다. 그곳에서 그는 아굴라라는 유대 사람을 만났습니다. 그는 본도에서 출생한 사람인데 유대 사람들은 모두 로마를 떠나라는 글라우디오 황제의 칙령 때문에 얼마 전 자기 아내 브리스길라와 함께 이탈리아에서 내려온 것입니다. 바울은 그들을 찾아가 그들과 함께 일하며 지냈습니다. 바울도 그들과 마찬가지로 천막 만드는 일을 했기 때문입니다. 안식일이면 그는 회당에서 토론하며 유대 사람들과 그리스 사람들을 설득하고자 했습니다. 실라와 디모데가 마케도니아에서 오자 바울은 말씀 전하는 데만 전념해 예수가 그리스도이심을 유대 사람들에게 증언했습니다. 그러나 유대 사람들은 바울에게 대들며 욕설을 퍼부었습니다. 바울은 자기 옷의 먼지를 떨며 단호하게 그들에게 말했습니다. "여러분들이 멸망해도 그것은 여러분들의 책임입니다. 나는 이제 책임이 없습니다. 이제 나는 이방 사람들에게 가겠습니다." 그러고 나서 바울은 회당을 떠나 디도 유스도라는 사람의 집으로 갔습니다. 그는 하나님을 경외하는 이방 사람인데 그의 집은 회당 바로 옆에 있었습니다. 회당장 그리스보와 그 온 집안이 주를 믿게 됐고 바울의 말을 들은 다른 많은 고린도 사람들도 믿고 세례를 받았습니다. 어느 날 밤 주께서 환상 가운데 바울에게 말씀하셨습니다. "두려워 마라. 잠잠히 있지 말고 말하여라. 내가 너와 함께 있으니 아무도 너를 해치지 못할 것이다. 이 도시에는 내 백성이 많다." 그래서 바울은 그곳에 1년 반 동안 머물면서 그들에게 하나님의 말씀을 가르쳤습니다. 갈리오가 아가야 지방의 총독이었을 때 유대 사람들이 일제히 들고일어나 바울을 잡아 법정으로 끌고 가 "이 사람이 율법에 어긋난 방법으로 하나님을 섬기라고 사람들을 설득하고 있습니다"라고 고소했습니다. 바울이 막 입을 열려고 하는데 갈리오가 유대 사람들에게 말했습니다. "크든 작든 무슨 죄가 있어 당신네 유대 사람들이 불평한다면 내가 들어 줄 만하오. 그러나 그것이 언어와 명칭과 당신네 유대 사람들만의 율법과 관련된 것이라면 당신들 스스로 알아서 해결하시오. 나는 그런 일에 재판자가 될 수 없소." 그리고 그들을 법정에서 쫓아냈습니다. 그러자 그들 모두는 회당장 소스데네를 붙들어 법정 앞에서 그를 마구 때렸습니다. 그러나 갈리오는 이 일에 전혀 상관하지 않았습니다.

브리스길라, 아굴라, 아볼로

바울은 얼마 동안 고린도에 머물렀습니다. 그러고 나서 그는 형제들과 작별하고 배를 타고 시리아로 가게 됐는데 그때 브리스길라와 아굴라도 동행했습니다. 배를 타고 출항하기에 앞서 바울은 전에 서원했던 것이 있어서 겐그레아에서 머리를 깎았습니다. 그들은 에베소에 도착했습니다. 바울은 브리스길라와 아굴라를 그곳에 남겨두고 혼자 회당에 들어가서 유대 사람들과 토론했습니다. 좀 더 머물러 달라는 그들의 요청을 바울은 뿌리쳤습니다. 그러나 그는 떠나면서 "하나님의 뜻이라면 다시 돌아오겠습니다"라고 말했습니다. 그러고 나서 그는 배를 타고 에베소를 떠났습니다. 그는 가이사랴에 도착해서 예루살렘 교회에 올라가 인사한 뒤 안디옥으로 내려갔습니다. 안디옥에서 얼마 동안 지내던 바울은 그곳을 떠나 갈라디아와 브루기아 지방을 두루 돌며 모든 제자들에게 힘을 북돋워 주었습니다. 한편 알렉산드리아에서 태어난 아볼로라는 유대 사람이 에베소로 왔습니다. 그는 학식이 많고 성경에 능통한 사람이었습니다. 그는 일찍부터 주의 도를 배워 열정을 가지고 전도할 뿐 아니라 예수에 대해서도 정확하게 가르쳤습니다. 그러나 요한의 세례만 알고 있을 뿐이었습니다. 그가 회당에서 담대히 말하기를 시작하자 그의 말을 들은 브리스길라와 아굴라는 그를 집으로 데려다 하나님의 도에 대해 더욱 정확하게 설명해 주었습니다. 아볼로가 아가야 지방으로 가고 싶어 하자 형제들은 그를 격려해 주면서 그곳에 있는 제자들에게도 편지를 써서 그를 영접해 주도록 했습니다. 아볼로는 그곳에 도착해 하나님의 은혜로 믿게 된 사람들에게 큰 도움을 주었습니다. 이것은 그가 성경을 가지고 예수가 그리스도이심을 보여 줌으로써 공중 앞에서 유대 사람들을 향해 강력하게 논증했기 때문입니다.

19 에베소에서의 바울

아볼로가 고린도에 있는 동안 바울은 윗지방을 거쳐서 에베소에 도착했습니다. 거기서 그는 몇몇 제자들을 만났습니다. 바울이 그들에게 "여러분은 믿을 때 성령을 받았습니까?"라고 물었습니다. 그들이 대답했습니다. "아니요. 우리는 성령이 있다는 사실도 듣지 못했습니다." 그래서 바울이 물었습니다. "그렇다면 여러분은 어떤 세례를 받았습니까?" 그들이 대답했습니다. "요한의 세례입니다." 바울이 말했습니다. "요한의 세례는 회개의 세례입니다. 그는 백성들에게 자기 뒤에 오실 분을 믿으라고 했는데 그분이 바로 예수입니다." 그들은 이 말을 듣고 곧바로 주 예수의 이름으로 세례를 받았습니다. 바울이 그들에게 손을 얹자 성령이 그들에게 내려 그들이 방언으로 말하며 예언하게 됐습니다. 그들은 모두 열두 사람 정도였습니다. 바울이 회당으로 들어가 석 달 동안 담대하게 말하며 하나님 나라에 대해 강론하고 설득했는데 그 가운데 몇 사람은 마음이 완고해져 믿기를 거부하고 공공연하게 그 가르침을 비방했습니다. 그래서 바울이 그들을 떠나 제자들을 따로 데려다 두란노 서원에서 날마다 가르쳤습니다. 이 일이 2년 동안 계속돼 아시아 지방에 사는 모든 유대 사람들과 그리스 사람들이 주의 말씀을 듣게 됐습니다. 하나님께서는 바울의 손을 통해 특별한 기적을 일으키셨습니다. 바울의 몸에 닿은 손수건이나 앞치마를 가져다 환자들에게 대기만 하면 그들의 병이 낫고 악한 영들이 떠나갔습니다. 사방을 돌아다니며 귀신을 쫓아내는 유대 사람들 가운데 어떤 이들도 주 예수의 이름으로 악한 영들을 쫓아내려고 했습니다. 그들은 "바울이 전파하는 예수를 힘입어 내가 너희에게 명령한다"라고 말했습니다. 유대 사람 대제사장 스게와의 일곱 아들도 이런 일을 했습니다. 그러자 그 악한 영이 그들에게 대답했습니다. "내가 예수를 알고 바울도 안다. 그런데 너희는 누구냐?" 그러고는 그 악한 영에 빠진 사람이 그들에게 달려들어 그들 전부를 힘으로 눌러 이겼습니다. 그러자 그들이 발가벗겨진 채 피를 흘리며 집 밖으로 도망쳐 나왔습니다. 이 사실을 알게 된 에베소에 사는 유대 사람들과 그리스 사람들이 모두 두려움에 사로잡혔고 주 예수의 이름을 높였습니다. 믿게 된 사람들이 많이 나와 자신의 악한 행위들을 고백하고 공개했습니다. 마술을 하던 많은 사람들은 그 책들을 모아다 사람들이 보는 앞에서 태워 버렸습니다. 그들이 그 마술책들의 값을 매겨 보니 모두 5만 드라크마 정도가 됐습니다. 이렇게 해서 주의 말씀은 점점 힘 있게 퍼져 나갔습니다. 이런 모든 일이 일어난 뒤 바울은 마케도니아와 아가야 지방을 거쳐 예루살렘으로 가기로 결심하고 "내가 예루살렘을 방문한 후에 반드시 로마도 꼭 볼 것이다"라고 말했습니다. 그는 자신을 돕는 사람 가운데 디모데와 에라스도 두 사람을 마케도니아로 보내고 자신은 아시아 지방에 잠시 더 머물렀습니다.

에베소에서 일어난 소동

그 무렵 에베소에서는 복음의 말씀 때문에 큰 소동이 일어났습니다. 데메드리오라는 은세공업자는 아데미 여신의 은 모형을 만드는 사람이었는데 직공들에게 적지 않은 돈벌이를 제공해 주고 있었습니다. 그가 직공들은 물론 이 일에 관련된 일꾼들을 불러 모아 놓고 말했습니다. "여러분, 여러분도 알다시피 우리가 이 사업으로 소득이 꽤 좋았습니다. 그런데 여러분도 보고 들은 대로 바울이라는 이 사람이 여기 에베소뿐 아니라 아시아 온 지방에서 '사람이 만든 신은 신이 아니다'라며 많은 사람들을 설득해 마음을 돌려놓고 있습니다. 이렇게 되면 우리 사업의 명성이 떨어질 뿐 아니라 위대한 여신 아데미 신전의 명예도 실추되고 아시아 지방과 전 세계에 걸쳐 숭배되고 있는 이 여신 자체도 그 신성한 위엄을 잃을지도 모르는 위험이 있습니다." 그들이 이 말을 듣자 화가 치밀어 올라 "에베소 사람들의 아데미 여신은 위대하다!" 하고 소리 높였습니다. 그러자 도시는 순식간에 온통 소란스러워졌고 사람들은 마케도니아에서부터 바울과 동행한 가이오와 아리스다고를 붙잡아 일제히 연극장 안으로 몰려 들어갔습니다. 바울이 사람들 앞에 나서려고 했지만 제자들이 말렸습니다. 바울의 친구인 그 지방의 관리들도 사람을 보내 바울더러 위험을 무릅쓰고 연극장 안으로 들어가지 말라고 간곡히 권했습니다. 연극장 안에서 어떤 사람은 이 말을 하고 또 다른 사람은 저 말을 하는 통에 모인 곳은 매우 혼란스럽게 됐습니다. 심지어 자기들이 왜 그곳에 모였는지 모르는 사람들도 대부분이었습니다. 유대 사람들이 군중 가운데서 알렉산더를 앞으로 밀어냈습니다. 그러자 그는 조용히 하라고 손짓하고 사람들 앞에서 변호하려고 했습니다. 그러나 그가 유대 사람임을 알아챈 그들은 모두 한 목소리로 "에베소 사람들의 아데미 여신은 위대하다!"라며 두 시간 동안이나 외쳐 댔습니다. 마침내 에베소 시청 서기관이 사람들을 진정시키고 말했습니다. "에베소 시민들이여, 이 에베소 도시가 위대한 아데미의 신전과 하늘에서 내려온 그 신상을 지키고 있는 것을 온 세상이 다 알지 않습니까? 이것은 부인할 수 없는 사실이므로 이제 여러분은 진정하고 경솔한 행동을 삼가야 합니다. 여러분은 이 사람들이 신전 물건을 도둑질하거나 우리 여신을 모독한 것도 아닌데 이곳으로 끌고 왔습니다. 그러므로 데메드리오와 그 동료 직공들은 누구를 고소할 일이 있다면 법정이 열려 있고 거기 총독들도 있으니 거기서 고소하면 될 것입니다. 그 밖에 여러분이 제기하고 싶은 문제가 더 있다면 그것은 정식 집회에서 해결해야 할 것입니다. 오늘 일로 인해 우리는 소란죄로 고소당할 위험이 있습니다. 그럴 경우에 우리가 이유 없이 일어난 이 소동에 대해 해명할 길이 없을 것입니다." 그는 이렇게 말한 뒤 그 집회를 해산시켰습니다.

20 마케도니아와 그리스를 거쳐 가다

소동이 끝나자 바울은 제자들을 불러 격려한 뒤 작별하고 마케도니아 지방으로 떠났습니다. 그는 그 지방을 두루 다니면서 사람들에게 많은 격려의 말을 해 주었고 마침내 그리스에 도착해 그곳에서 석 달 동안 머물렀습니다. 그는 거기서 배를 타고 시리아로 가려고 했는데 유대 사람들이 그를 해치려는 음모를 꾸미자 마케도니아를 거쳐 시리아로 돌아가기로 결심했습니다. 바울과 동행한 사람은 베뢰아 사람 부로의 아들 소바더, 데살로니가 사람 아리스다고와 세군도, 더베 사람 가이오, 디모데, 아시아 사람인 두기고와 드로비모였습니다. 이 사람들은 먼저 드로아에 가서 우리를 기다리고 있었습니다. 그러나 우리는 무교절 후 빌립보에서 배를 타고 떠나 5일이 지나서야 드로아에서 다른 일행과 합류하게 됐습니다. 그곳에서 우리는 7일을 지냈습니다.

드로아에서 죽은 유두고를 살리다

안식 후 첫날에 우리는 빵을 떼기 위해 모였습니다. 바울이 사람들에게 말씀을 전했는데 그는 다음 날 떠날 예정이었기 때문에 강론은 한밤중까지 계속됐습니다. 우리가 모여 있는 다락방에는 등불이 많이 켜져 있었습니다. 유두고라는 청년이 창가에 앉아 있다가 바울이 쉬지 않고 이야기하는 바람에 깊이 잠이 들었습니다.

곯아떨어진 그는 그만 3층에서 떨어지고 말았습니다. 일으켜 보니 그는 이미 죽어 있었습니다. 바울이 뛰어 내려가 유두고 위에 엎드려 그를 껴안고 말했습니다. "소란 피우지 마시오. 그에게 목숨이 있소." 그러더니 바울은 다시 위층으로 올라가 빵을 떼어 먹은 후 날이 샐 때까지 오랫동안 강론을 하고서 떠났습니다. 사람들은 살아난 청년을 집으로 데려가 많은 위로를 받았습니다.

바울이 에베소 장로들과 작별하다

우리는 먼저 출발해 배를 타고 앗소로 가서 그곳에서 바울을 태울 예정이었습니다. 그가 거기까지 걸어가기로 했기 때문에 미리 약속해 둔 것입니다. 우리는 앗소에서 바울을 만나 그를 태우고 미둘레네로 갔습니다. 그 이튿날에는 그곳에서 배를 저어 기오 맞은편에 이르렀고 그다음 날 사모를 지나 그 이튿날에는 밀레도에 도착했습니다. 바울은 아시아 지방에서 지체하지 않으려고 에베소를 지나쳐 가기로 했습니다. 그는 가능하면 오순절에 맞춰 예루살렘에 도착하려고 서둘렀던 것입니다. 밀레도에서 바울은 에베소로 사람을 보내 교회 장로들을 불러오게 했습니다. 장로들이 도착하자 바울이 말했습니다. "내가 아시아 지방에 처음 간 그날부터 내가 여러분과 함께 있는 동안 어떻게 살았는지는 여러분이 잘 알 것입니다. 내가 모든 겸손과 눈물로 주를 섬겼고 유대 사람들의 음모로 시련도 많이 당했습니다. 여러분도 알다시피 나는 여러분에게 유익한 것이라면 무엇이든 주저하지 않고 전했고 공중 앞에서 또 집집마다 방문하면서 여러분을 가르쳐 왔습니다. 유대 사람들과 그리스 사람들 모두에게 회개하고 하나님께 돌아와 우리 주 예수를 믿어야 한다고 선포했습니다. 그리고 지금 나는 성령의 강권하심 가운데 예루살렘에 가려고 합니다. 그곳에서 내가 무슨 일을 당할지는 알 수 없습니다. 오직 내가 아는 것은 어떤 도시에 가든지 감옥과 고난이 나를 기다리고 있을 것을 성령께서 내게 증언해 주실 뿐입니다. 그러나 나는 내가 달려갈 길과 주 예수께서 내게 주신 사명, 곧 하나님의 은혜의 복음을 증언하는 사명을 다 완성하기 위해서라면 내 생명을 조금도 귀한 것으로 여기지 않습니다. 내가 지금까지 여러분 가운데 다니면서 하나님 나라를 전파해 왔으나 이제 여러분이 다시는 나를 보지 못할 거라는 것을 압니다. 그래서 오늘 내가 여러분에게 분명히 선언하지만 여러분 가운데 누가 멸망에 빠진다 해도 그것은 내 책임이 아닙니다. 나는 하나님의 모든 뜻을 주저함 없이 여러분에게 전파했기 때문입니다. 여러분은 자신과 양 떼를 잘 살피고 조심하십시오. 성령께서 여러분을 감독자로 세우셔서 하나님께서 자기 피로 사신 교회를 돌보게 하셨습니다. 내가 떠나고 나면 흉악한 이리 떼 같은 거짓 선생들이 여러분 가운데 들어와 양 떼를 해치려 할 것을 압니다. 또한 여러분 가운데서도 사람들이 들고일어나 제자들을 빼내 자기들을 따르게 하려고 진리를 왜곡할 것입니다. 그러므로 정신을 똑바로 차려 깨어 있어야 합니다. 내가 3년 내내 여러분 모두에게 밤낮 쉬지 않고 눈물로 훈계한 것을 잊지 마십시오. 이제 내가 여러분을 하나님과 그분의 은혜의 말씀에 맡깁니다. 그 말씀이 여러분을 든든하게 세워 거룩함을 입은 모든 사람들 가운데 기업을 받게 하실 것입니다. 나는 그 누구의 은이나 금이나 옷을 탐낸 적이 없습니다. 여러분도 알다시피 나는 나와 내 일행이 필요한 것을 손수 벌어서 썼습니다. 이처럼 내가 모든 일에 모범을 보였으니 여러분도 약한 사람들을 도우며 '주는 것이 받는 것보다 복이 있다'라고 하신 주 예수의 말씀을 기억해야 합니다." 바울은 이 말을 마치고 나서 그들 모두와 함께 무릎을 꿇고 기도했습니다. 그러자 그들은 모두 소리 내어 울면서 바울을 껴안고 입을 맞추었습니다. 다시는 그의 얼굴을 보지 못할 것이라는 말 때문에 그들은 더욱 슬퍼하며 바울을 배 타는 곳까지 전송했습니다.

21 예루살렘을 향하여 여행하다

우리는 그들과 작별한 뒤 바다로 나가 배를 타고 곧장 고스로 갔습니다. 이튿날 우리는 로도에 이르렀고 그곳에서 또 바다라로 갔습니다. 우리는 페니키아로 건너가는 배를 만나 타고 가다가 키프로스 섬이 보이자 그 섬을 왼쪽에 두고 시리아로 행선해 두로에 배를 댔습니다. 그곳에서 배의 짐을 풀기로 돼 있었기 때문입니다. 우리는 두로에서 제자들을 만나 그들과 함께 7일을 지냈습니다. 그들은 성령의 감동으로 바울에게 예루살렘으로 올라가지 말라고 전했습니다. 그러나 날이 다 지나자 우리는 두로를 떠나 항해 길에 올랐습니다. 모든 제자들과 그 아내들과 자녀들이 도시 밖까지 따라 나와 우리를 전송해 주었습니다. 우리는 그곳 바닷가에서 무릎을 꿇고 기도했습니다. 서로 작별 인사를 나눈 뒤 우리는 배에 올랐고 그들은 집으로 돌아갔습니다. 우리는 두로에서부터 여행을 계속하다 돌레마이에 도착해 형제들에게 인사하고 그들과 함께 하루를 지냈습니다. 이튿날 길을 떠난 우리는 가이사랴에 이르러 일곱 사람 가운데 하나인 전도자 빌립의 집에 머물렀습니다. 그에게는 결혼하지 않은 네 명의 딸이 있었는데 그들은 모두 예언하는 사람들이었습니다. 그곳에서 여러 날을 지내는 가운데 아가보라는 예언자가 유대로부터 내려왔습니다. 그가 우리에게 와서 바울의 허리띠를 집어 자기 손발에 매더니 이렇게 말했습니다. "예루살렘의 유대 사람들이 이 허리띠 주인을 이렇게 동여매 이방 사람들에게 넘겨줄 것이라고 성령께서 말씀하십니다." 우리는 이 말을 듣고 그곳 사람들과 함께 바울에게 예루살렘에 올라가지 말라고 간곡히 권했습니다. 그러자 바울이 대답했습니다. "왜 여러분은 울면서 내 마음을 아프게 합니까? 나는 주 예수의 이름을 위해 예루살렘에서 붙잡힐 것은 물론 죽을 각오도 돼 있습니다." 바울이 설득당하지 않자 우리는 "주의 뜻이 이뤄지길 기원합니다" 하고는 더 말하지 않았습니다. 이 일 뒤에 우리는 준비해 예루살렘으로 올라갔습니다. 가이사랴의 몇몇 제자들이 동행해 우리를 나손의 집으로 데려다 주어 우리는 그 집에 머무르게 됐습니다. 나손은 키프로스 출신으로 일찍부터 제자가 된 사람이었습니다.

바울이 예루살렘에 도착하다

우리가 예루살렘에 도착하자 형제들이 따뜻하게 맞아 주었습니다. 이튿날 바울은 우리와 함께 야고보를 만나러 갔습니다. 모든 장로들도 거기 와 있었습니다. 바울은 그들에게 문안하고 하나님께서 그의 사역을 통해 이방 사람들 가운데서 행하신 일들을 자세히 보고했습니다. 그들은 이 말을 듣고 하나님을 찬양했습니다. 그러고는 바울에게 말했습니다. “형제여, 알다시피 수만 명의 유대 사람들이 믿게 됐는데 그들은 모두 율법 지키는 일에 열심을 가진 사람들입니다. 그들은 당신이 이방 사람들 가운데 살고 있는 모든 유대 사람들을 가르쳐 모세를 저버리고 자녀들에게 할례하거나 유대 관습대로 살지 말라고 하는 줄 아는데 그러니 어떻게 하는 게 좋겠습니까? 당신이 왔다는 소문을 분명 듣게 될 테니 우리가 일러 주는 대로 하십시오. 우리 가운데 서원한 사람이 네 명 있습니다. 이 사람들을 데려가서 그 정결 의식에 당신도 함께 참여하고 그들이 머리 깎는 비용을 대십시오. 그러면 당신에 대한 그런 소문이 사실이 아니며 당신 자신도 율법에 순종하며 살고 있음을 모든 사람이 알게 될 것입니다. 이방의 신자들에 대해서는 우리가 이미 그들에게 우상에 바쳐진 음식과 피와 목매어 죽인 짐승의 고기와 음행을 피하면 된다고 우리가 결정한 것을 편지로 썼습니다.” 이튿날 바울은 그 사람들을 데리고 가서 그들과 함께 자기 몸을 정결하게 한 후 성전에 올라가 정결 의식이 끝나는 날짜와 각 사람이 예물 바치는 날짜를 신고했습니다.

바울이 체포되다

7일 동안의 정결 기간이 거의 끝나갈 무렵 아시아 지방에서 온 몇몇 유대 사람들이 성전에서 바울을 보고 모든 사람을 선동해 그를 붙잡고 소리 질렀습니다. “이스라엘 동포 여러분, 우리를 도와주시오. 이 사람은 가는 곳마다 모든 사람에게 우리 민족과 율법과 이 곳 성전을 반대하며 가르칩니다. 게다가 성전에 그리스 사람들을 데려와 이 거룩한 곳을 더럽히고 있습니다." 그들은 전에 에베소 사람 드로비모가 바울과 함께 예루살렘에 있었던 것을 보고 바울이 그를 성전 안으로 데려갔을 것이라고 짐작했습니다. 그러자 온 도시가 소란해지더니 사람들이 몰려와 바울을 붙잡아 성전에서 끌어내었고 성전 문은 곧 닫혔습니다. 그들이 바울을 죽이려고 하자 예루살렘 도시 전체에 난동이 일어났다는 소식이 로마 군대의 천부장에게 알려졌습니다. 그는 즉시 몇몇 백부장들과 군인들을 데리고 군중에게로 달려 내려갔습니다. 난동을 일으킨 사람들이 천부장과 군인들을 보자 바울 때리던 것을 멈췄습니다. 천부장이 다가가 바울을 체포하고 두 개의 쇠사슬로 묶으라고 명령했습니다. 그러고 나서 그가 누구며 또 무슨 일을 했는지 물었습니다. 군중이 제각각 다른 소리를 질렀습니다. 그래서 천부장은 소란만 일 뿐 진상을 알 수 없는 까닭에 바울을 병영 안으로 끌고 가라고 명령했습니다. 바울이 층계에 이르자 군중이 더욱 난폭하게 굴어 군인들이 그를 둘러메고 가야 했습니다. 따라가는 군중은 계속 "그를 없애 버려라!" 하고 소리쳤습니다.

바울이 백성에게 말하다

군인들이 바울을 병영 안으로 데리고 가려는데 바울이 천부장에게 "제가 한 말씀 드려도 되겠습니까?" 하고 물었습니다. "그리스 말을 할 줄 아시오? 그렇다면 당신은 얼마 전에 폭동을 일으켜 4,000명의 자객을 이끌고 광야로 나간 이집트 사람이 아니오?" 바울이 대답했습니다. "나는 길리기아 지방의 다소에서 태어난 유대 사람으로, 그 유명한 도시의 시민입니다. 제가 저들에게 한마디 전할 수 있도록 허락해 주십시오." 천부장의 허락을 받고 바울은 층계 위에 서서 군중들에게 손을 흔들어 조용하게 했습니다. 잠잠해지자 바울이 히브리 말로 연설을 했습니다.

22 "형제들과 어르신 되시는 동포 여러분, 이제 내가 해명하는 것을 잘 들어 주시기 바랍니다." 그들은 바울이 히브리 언어로 말하는 것을 듣고는 이내 조용해졌습니다. 그러자 바울이 계속 말했습니다. "나는 길리기아 지방의 다소에서 태어난 유대 사람이지만 이 도시에서 자랐습니다. 나는 가말리엘의 지도 가운데 우리 조상들의 율법으로 엄격한 훈련을 받았고 오늘 여기 모인 여러분 못지않게 하나님께 대한 열심이 있었습니다. 그래서 나는 이 도를 따르는 사람들을 죽이기까지 핍박하며 남녀를 가리지 않고 모두 잡아다가 감옥에 집어넣었습니다. 그것은 대제사장과 모든 공회원들이 증언할 수 있을 것입니다. 나는 심지어 그들로부터 다메섹에 있는 형제들에게 보낼 공문을 얻어 냈고 그곳에 있는 신자들을 붙잡아 예루살렘으로 데려와 처벌받게 하려고 다메섹으로 떠났습니다. 내가 다메섹에 가까이 다다르자 정오쯤 됐는데 갑자기 하늘에서 밝은 빛이 내 주위를 둘러 비추었습니다. 내가 땅에 풀썩 쓰러졌는데 한 음성이 내게 말씀하시는 것이 들렸습니다. '사울아! 사울

아! 네가 왜 나를 핍박하느냐?' 내가 물었습니다. '주여, 당신은 누구십니까?' 그분이 내게 대답하셨습니다. '나는 네가 핍박하는 나사렛 예수다.' 나와 함께 있는 사람들은 빛은 보았지만 내게 말씀하시는 분의 음성은 알아듣지 못했습니다. 내가 물었습니다. '주여, 제가 어떻게 해야 합니까?' 주께서 말씀하셨습니다. '일어나 다메섹으로 들어가거라. 거기서 네가 할 일을 모두 일러 줄 것이다.' 그 빛의 광채로 인해 내 눈이 멀게 돼 함께 있던 사람들이 내 손을 잡고 다메섹으로 데려다 주었습니다. 그곳에 아나니아라는 사람이 살고 있었습니다. 그는 율법을 잘 지키는 경건한 사람으로 다메섹에 사는 모든 유대 사람들에게 깊은 존경을 받고 있었습니다. 그가 나를 찾아와 내 곁에 서서 말했습니다. '사울 형제, 다시 눈을 뜨시오!' 바로 그 순간 나는 눈을 떠 그를 볼 수 있게 됐습니다. 그러자 아나니아가 말했습니다. '우리 조상들의 하나님께서 당신을 선택해 그분의 뜻을 알게 하시고 의로우신 그분을 보게 하시고 그분의 입에서 나오는 음성을 듣게 하셨습니다. 당신은 보고 들은 것을 모든 사람에게 전하는 그분의 증인이 될 것입니다. 그러니 이제 당신이 망설일 이유가 무엇입니까? 일어나서 세례를 받고 주의 이름을 불러 죄 씻음을 받으시오. 그 후 내가 예루살렘으로 돌아와 성전에서 기도하고 있을 때였습니다. 나는 환상에 빠져 주께서 말씀하시는 것을 보았습니다. '서둘러 즉시 예루살렘을 떠나거라. 이곳 사람들은 네가 나에 대해 증언해도 받아들이지 않을 것이다.' 내가 대답했습니다. '주여, 이 사람들은 내가 여러 회당들을 돌아다니며 주를 믿는 사람들을 감옥에 가두고 때렸다는 것을 압니다. 그리고 주의 증인 스데반이 피 흘릴 때 나도 그곳에 서서 그 일에 찬성하고 그를 죽이던 사람들의 옷을 지켜 주었습니다.' 그러자 주께서 내게 '가거라. 내가 너를 저 멀리 이방 사람들에게 보낼 것이다'라고 말씀하셨습니다."

로마 시민권자 바울

사람들은 바울의 말을 이 대목까지 듣고 있다가 소리 높여 외쳤습니다. "저 사람을 세상에서 없애 버리자! 저런 놈은 그냥 살려 둘 수 없다!" 그들이 소리를 지르고 자기 옷을 벗어 던지며 공중에 흙을 뿌리자 천부장이 바울을 병영 안으로 들이라고 명령했습니다. 그는 사람들이 왜 이처럼 바울에게 소리를 지르는지 알아내려고 그를 채찍질하고 신문하라고 지시했습니다. 바울은 군인들이 자기를 채찍질하려고 묶자 거기 서 있던 백부장에게 말했습니다. "아직 판결을 받지 않은 로마 시민을 채찍질하는 것이 합법한 것입니까?" 백부장은 이 말을 듣고 천부장에게 가서 그대로 보고하며 물었습니다. "어떻게 하시렵니까? 이 사람이 로마 시민이랍니다." 천부장이 바울에게 와서 물었습니다. "말해 보시오. 당신이 정말 로마 시민이오?" 바울이 대답했습니다. "그렇소." 그러자 천부장이 말했습니다. "나는 많은 돈을 들여 로마 시민권을 얻었소." 그러자 바울이 대답했습니다. "나는 태어나면서부터 로마 시민이었소." 바울을 신문하려던 사람들이 이 말을 듣고 곧 물러갔습니다. 천부장도 바울이 로마 시민이라는 사실을 알고 그를 결박한 일로 두려워했습니다.

바울이 공회 앞에 서다

이튿날 천부장은 바울이 왜 유대 사람들에게 고소를 당했는지 정확히 알아보려고 대제사장들과 온 공회를 소집하고 바울을 풀어서 그들 앞에 데려오게 했습니다.

23 바울은 공회를 똑바로 쳐다보며 말했습니다. "내 형제들이여, 나는 오늘까지 모든 선한 양심으로 하나님을 위해 살아왔습니다." 이 말에 대제사장 아나니아는 바울 곁에 서 있던 사람들에게 그 입을 치라고 명령했습니다. 그러자 바울이 그에게 말했습니다. "하나님께서 당신을 치실 것이오. 당신은 회칠한 무덤과 같소! 당신은 거기 앉아 율법에 따라 나를 심판하면서 도리어 당신 자신은 율법을 어기고 나를 치라고 명령하고 있지 않소!" 바울 곁에서 있던 사람들이 말했습니다. "어디 감히 하나님의 대제사장을 모욕하느냐?" 바울이 대답했습니다. "형제들이여, 나는 그가 대제사장인 줄 몰랐습니다. 기록되기를 '네 백성의 지도자를 모욕하지 말라'고 했으니 말입니다." 그때 바울은 모인 사람들 가운데 일부가 사두개파이고 다른 일부는 바리새파임을 알고 공회에서 크게 외쳤습니다. "내 형제들이여, 나는 바리새파 사람이며 바리새파 사람의 아들입니다. 나는 지금 죽은 사람들이 부활할 것이라는 소망 때문에 재판을 받고 있습니다." 그가 이렇게 말하자 바리새파 사람들과 사두개파 사람들 사이에서 논쟁이 일어나 회중은 반으로 나뉘었습니다. 사두개파 사람들은 부활이 없으며 천사나 영도 없다고 주장

하는 반면 바리새파 사람들은 그 모든 것을 인정했기 때문입니다. 그래서 큰 소동이 일어났습니다. 바리새파 율법학자 몇몇이 일어나 격렬하게 논쟁하며 말했습니다. "우리가 보니 이 사람은 잘못이 없소. 혹시 영이나 천사가 그에게 말한 것이라면 어쩌겠소?" 논쟁이 점점 커지자 천부장은 바울이 그들에게 찢겨 죽지 않을까 염려해 군인더러 내려가 바울을 그들 가운데서 빼내 병영 안으로 데려가라고 명령했습니다. 그날 밤 주께서 바울 곁에 서서 말씀하셨습니다. "담대하여라! 네가 예루살렘에서 나에 대해 증언한 것같이 로마에서도 나에 대해 증언해야 할 것이다."

바울을 죽이려는 음모

이튿날 아침 유대 사람들이 음모를 꾸미고 바울을 죽일 때까지는 먹지도 마시지도 않겠다고 맹세했습니다. 이러한 음모에 40명이 넘는 남자들이 가담했습니다. 그들은 대제사장들과 장로들에게 가서 말했습니다. "우리가 바울을 죽이기 전에는 아무것도 먹지 않겠다고 굳게 맹세했습니다. 그러니 여러분과 공회는 그 사건에 대해 우리가 더 정확히 알아보고 싶다는 핑계를 대고 그 사람을 여러분 앞에 데려올 수 있도록 천부장께 탄원해 주십시오. 그가 이곳에 도착하기 전에 죽일 수 있도록 준비해 두었습니다." 그런데 바울의 조카가 이 음모에 대해 듣고 병영으로 들어가서 바울에게 말해 주었습니다. 그러자 바울은 백부장 한 사람을 불러 말했습니다. "이 청년을 천부장께 데려다 주시오. 천부장께 전할 말이 있답니다." 그래서 그는 청년을 천부장께 데려다 주었습니다. 백부장이 말했습니다.

"죄수 바울이 저를 불러 이 청년을 천부장님께 데려다 주라고 부탁했습니다. 이 사람이 천부장님께 전할 말이 있답니다." 천부장은 청년의 손을 잡고 한쪽으로 데려가서 물었습니다. "네가 전하려는 말이 무엇이냐?" 그 청년이 말했습니다. "유대 사람들이 바울에 대해 더 정확하게 알아보고 싶다는 핑계로 내일 공회에 그를 데리고 나오도록 천부장님께 부탁하자고 합의했습니다. 그들의 말을 들어주시면 안 됩니다. 40명이 넘는 사람들이 숨어서 바울을 기다리고 있습니다. 그들은 바울을 죽이기 전까지는 먹지도 마시지도 않겠다고 맹세한 사람들입니다." 천부장은 청년을 보내면서 "내게 이렇게 보고했다고 아무에게도 말하지 마라" 하고 당부했습니다.

바울을 가이사랴로 호송하다

그러고 나서 천부장은 백부장 두 명을 불러 명령했습니다. "보병 200명, 마병 70명, 창을 쓰는 병사 200명을 파견대로 무장시켜 오늘 밤 9시에 가이사랴로 떠날 준비를 하라. 또 바울을 벨릭스 총독에게 안전하게 호송할 수 있도록 그를 태울 짐승도 마련하라." 그러고 나서 천부장은 이렇게 편지를 썼습니다. "글라우디오 루시아가 벨릭스 총독 각하께 문안드립니다. 이 사람은 유대 사람들에게 붙잡혀 거의 죽을 뻔했습니다. 그러나 그가 로마 시민임을 알고 제가 군대를 동원해 그를 구해 냈습니다. 그들이 왜 이 사람을 고소하는지 알고 싶어서 유대 사람의 공회에 데려가 보았습니다. 그런데 알고 보니 그 고소는 그들의 율법에 관한 문제였지 사형이나 징역에 해당되는 죄목은 없었습니다. 이 사람을 반대하는 음모가 진행되고 있다는 보고를 듣고 바로 각하께 이 사람을 보냅니다. 고소인들에게는 그에 대한 사건을 각하께 상정하라고 명령해 두었습니다." 그리하여 군인들은 그 명령을 수행해 밤중에 바울을 데리고 안디바드리까지 갔습니다. 이튿날 그들은 마병에게 바울을 호송하게 하고 자기들은 병영으로 돌아갔습니다. 마병들은 가이사랴에 도착하자 총독에게 편지를 전하고 바울을 넘겨주었습니다. 총독은 편지를 읽어 본 뒤 그에게 어느 지방 출신이냐고 물었습니다. 길리기아 출신임을 알게 된 총독은 바울에게 말했습니다. "너를 고소하는 사람들이 이곳에 도착하는 대로 네 변명을 듣도록 하겠다." 그리고 나서 그는 바울을 헤롯의 관저에 가둬 지키라고 명령했습니다.

24 바울이 벨릭스 앞에서 재판받다

5일이 지나자 대제사장 아나니아가 몇몇 장로들과 더둘로라는 변호사를 데리고 가이사랴에 내려왔습니다. 그들은 총독 앞에서 바울을 고소했습니다. 바울이 불려 나오자 더둘로가 그 사건을 벨릭스 앞에 고소해 말했습니다. "우리는 각하의 다스림 아래서 오랫동안 태평성대를 누리고 있습니다. 각하의 선견지명은 이 나라에 개혁을 가져다주었습니다. 벨릭스 각하, 저희는 언제 어디서나 이것에 대해 깊은 감사를 드리고 있습니다. 이제 더 이상 각하께 폐가 되지 않도록 간단히 말씀드리겠으니 각하께서는 관용을 베푸셔서 저희 말을 들어 주시기 바랍니다. 저희가 알아보니 이 사람은 전염병 같은 사람으로 온 세상에 퍼져 있는 유대 사람들 가운데 폭동을 일으키는 사람입니다. 그는 나사렛 이단의 우두머리이며 심지어 성전까지 더럽히려고 했습니다. 그래서 저희가 붙잡은 것입니다. 각하께서 직접 조사해 보시면 저희가 고소하는 이 모든 내용이 사실임을 아시게 될 것입니다." 다른 유대 사람들도 이것이 사실임을 주장하며 이 고소를 지지했습니다. 총독이 바울에게 말하라고 손짓하자 바울이 대답했습니다. "저는 각하께서 몇 년 동안 이 나라의 재판관이셨던 것을 알고 이제 기쁜 마음으로 제 자신을 변호하고자 합니다. 제가 예배를 드리러 예루살렘에 올라간 지 12일밖에 되지 않은 것을 각하께서 조사해 보시면 쉽게 아실 수 있습니다. 저를 고소한 사람들은 제가 성전에서 누구와 언쟁을 한다거나 회당이든 그 밖의 도시 안 어떤 곳에서도 군중을 선동하는 것을 본 일이 없습니다. 그러니 그들은 자기들이 지금 고소한 내용을 각하께 충분히 증명할 수 없는 것입니다. 그러나 제가 각하께 이것은 시인합니다. 저는 이 사람들이 이단이라고 말하는 그 도를 따라 우리 조상의 하나님을 섬기며 율법과 예언서에 기록된 모든 것을 믿습니다. 또 이 사람들과 마찬가지로 하나님께 같은 소망을 두고 있으니 그것은 의인과 악인의 부활이 있을 것이라는 것입니다. 그렇기 때문에 저는 하나님과 사람 앞에서 항상 거리낄 것 없는 양심을 지니려고 애쓰고 있습니다. 저는 제 민족에게 구제금을 전달하고 예물도 드리려고 여러 해 만에 예루살렘에 왔습니다. 이들은 제가 성전에서 정결의식을 행하고 예물 드리는 것을 보았습니다. 그때 제 주위에는 군중도 없었고 저는 어떤 소란에도 개입되지 않았습니다. 그 자리에는 다만 아시아 지방에서 온 몇몇 유대 사람들이 있었는데 만약 저를 고소할 일이 있었다면 그들이 직접 고소 내용을 들고 여기 각하 앞에 와 있어야 할 것입니다. 그렇지 않다면 여기 있는 이 사람들이라도 제가 유대 공회 앞에 섰을 때 무슨 죄목을 발견했는지 말해야 할 것입니다. 저는 다만 이 사람들 앞에 서서 '내가 오늘 여러분 앞에 재판을 받는 것은 죽은 사람의 부활에 대한 문제 때문이다'라고 한마디 외쳤을 뿐입니다." 그러자 그 도에 대해 익히 잘 알고 있었던 벨릭스는 "루시아 천부장이 오면 그때 판결하겠다"라고 말한 뒤 재판을 연기했습니다. 벨릭스는 백부장에게 명령해 바울을 지키되 그에게 어느 정도 자유를 주고 필요한 것을 그의 친구들이 가져다주는 것도 허락하라고 했습니다. 며칠 뒤 벨릭스는 유대 사람인 아내 드루실라와 함께 나타났습니다. 그는 바울을 불러들여 그리스도 예수를 믿는 믿음에 관해 바울이 설명하는 것을 들었습니다. 바울이 정의와 자기 절제와 다가올 심판에 대해 설명하자 벨릭스는 두려워하며 말했습니다. "이제 됐다! 가도 좋다. 내가 편한 시간에 다시 부르겠다." 동시에 그는 혹시 바울이 자기에게 뇌물을 바치지 않을까 하는 바람에서 바울을 수시로 불러들여 함께 이야기를 나누었습니다. 2년이 지난 후 벨릭스의 뒤를 이어 보르기오 베스도가 총독이 됐습니다. 그러나 벨릭스는 유대 사람들에게 환심을 사려고 바울을 그대로 감옥에 내버려 두었습니다.

25 바울이 베스도 앞에서 재판받다

베스도가 부임한 지 3일 뒤에 가이사랴에서 예루살렘으

로 올라가자 대제사장들과 유대 지도자들이 그 앞에 나와 바울에 대해 고소했습니다. 그들은 자기들에게 호의를 베푸는 셈치고 바울을 예루살렘으로 이송해 달라고 베스도에게 강력하게 요청했습니다. 이송 도중 매복하고 있다가 그를 죽이려고 준비하고 있었던 것입니다. 베스도가 대답했습니다. "바울이 가이사랴에 묶여 있고 나도 이제 곧 그곳으로 갈 것이니 그에게 무슨 잘못이 있다면 너희 지도자들 몇몇이 나와 함께 가서 그곳에서 고소하도록 하라." 8일에서 10일 정도 그들과 함께 지내고 난 베스도는 가이사랴로 내려갔고 이튿날 재판을 소집해 바울을 자기 앞에 데려오라고 명령했습니다. 바울이 나타나자 예루살렘에서 내려온 유대 사람들이 그 곁에 둘러서서 여러 가지 중한 죄목으로 그를 고소했습니다. 그러나 죄를 입증할 만한 증거는 대지 못했습니다.그러자 바울이 자신을 변론했습니다. "나는 유대 사람의 율법이나 성전이나 가이사에게 죄 지은 것이 전혀 없습니다." 베스도는 유대 사람들의 환심을 사고자 바울에게 말했습니다. "네가 예루살렘으로 올라가 이 고소들에 대해 내 앞에서 재판을 받겠느냐?" 바울이 대답했습니다. "내가 지금 가이사의 법정에 섰으니 당연히 여기서 재판을 받아야 할 것입니다. 총독께서도 잘 아시다시피 나는 유대 사람들에게 잘못한 일이 없습니다. 그러나 만약 내가 사형받을 만한 죄를 지었다면 죽음을 달게 받겠습니다. 그러나 이 유대 사람들이 나를 고소한 내용이 사실이 아니라면 어느 누구도 나를 그들에게 넘겨줄 권리가 없습니다. 나는 가이사에게 상소합니다!" 베스도는 배심원들과 상의하고 난 뒤 말했습니다. "네가 가이사에게 상소했으니 가이사에게로 가야 할 것이다."

베스도가 아그립바와 상의하다

며칠 뒤 아그립바 왕과 버니게가 베스도에게 문안하러 가이사랴에 도착했습니다. 그들이 그곳에서 여러 날을 지내고 있었기 때문에 베스도는 바울의 사건에 대해 왕과 논의하게 됐습니다. 베스도가 말했습니다. "이곳에 벨릭스가 죄수로 가둬 놓은 사람이 있는데 내가 예루살렘에 갔을 때 대제사장들과 유대 장로들이 그를 고소하고 유죄 판결을 내려 달라고 청원했습니다. 고소인들과 맞닥뜨려 그 고소한 내용에 대해 스스로 변호할 기회를 갖기 전까지는 어느 누구든 넘겨주는 것이 로마 관례가 아니라고 설명해 주었습니다. 그래서 그들이 나와 함께 여기 오게 됐고 나는 그 사건을 연기하지 않고 바로 그다음 날 법정을 열어 그 사람을 데려오게 했습니다. 그러자 고소인들이 일어나서 말했는데 그들이 고소한 것은 내가 짐작했던 죄가 아니었습니다. 그들의 논쟁거리는 그저 그들의 종교와 예수라고 하는 죽은 사람에 대한 것이었습니다. 바울은 예수가 다시 살았다고 주장하고 있었습니다. 나는 이 사건을 어떻게 해결할까 망설이다가 그에게 예루살렘으로 가서 이 고소에 대해 재판받을 마음이 있냐고 물어 보았습니다. 그랬더니 바울은 로마 황제의 판결을 받겠다고 상소해서 내가 그를 황제께 보낼 때까지 붙들어 두라고 명령했습니다." 그러자 아그립바가 베스도에게 말했습니다. "내가 직접 그 사람의 말을 들어 보고 싶습니다." 그러자 베스도는 "내일 한번 들어 보십시오"라고 대답했습니다.

바울이 아그립바 앞에 서다

이튿날 아그립바와 버니게가 위엄 있게 차려입고 와서 높은 관료들과 그 도시의 지도자들과 함께 재판정으로 들어갔습니다. 베스도의 명령에 바울이 들어왔습니다. 베스도가 말했습니다. "아그립바 왕이여, 그리고 우리와 함께 여기 참석한 모든 분들이여, 이 사람을 보십시오. 예루살렘에서 또 여기 가이사랴에서 모든 유대 사람들이 그를 살려 둬서는 안 된다고 외치며 내게 탄원했습니다. 내가 살펴보니 그가 사형받을 만한 일을 한 적이 없습니다. 그런데 그가 로마 황제께 상소하겠다고 해서 내가 그를 로마에 보내기로 결정했습니다. 그러나 그에 대해 황제께 확실하게 써 보낼 말이 없기 때문에 여러분 모두 앞에, 특별히 아그립바 왕 앞에 이 사람을 데려온 것이니 이번 조사의 결과로 뭔가 상소할 것이 생기지 않을까 합니다. 고소 내용도 구체적으로 명기하지 않고 죄수를 보내는 것은 상식 밖의 일이기 때문입니다."

26 그때 아그립바가 바울에게 말했습니다. "네 자신을 위해 변호할 것을 허락하노라." 그러자 바울은 손을 들어 변호를 시작했습니다. "아그립바 왕이여, 제가 오늘 당신 앞에 서서 유대 사람들의 모든 모함에 대해 저 자신을 변호하게 된 것을 다행으로 여깁니다. 특히 왕께서는 모든 유대 관습과 문제에 대해 잘 알고 계시니 더욱 그렇습니다. 그러니 제 말을 끝까지 들어 주시기를 간절히 바랍니다. 유대 사람들은 제가 어릴 적부터 제 고향과 예루살

렘에서 어떻게 살아왔는지 다 알고 있습니다. 그들은 오랫동안 저를 알았고 제가 우리 종교의 가장 엄격한 종파를 좇아 바리새파 사람으로서 어떻게 살았는지 증명할 수도 있을 것입니다. 그런데 제가 오늘 재판을 받는 것은 하나님께서 우리 조상들에게 약속하신 것에 소망을 두고 있기 때문입니다. 이것은 우리 열두 지파가 밤낮으로 하나님을 열심히 섬기면서 이뤄지기를 바라던 바로 그 약속입니다. 왕이여, 바로 이 소망 때문에 유대 사람들이 저를 고소하고 있는 것입니다. 여러분은 왜 하나님께서 죽은 사람을 다시 살리신다는 것을 믿지 못할 일로 생각합니까? 저도 한때는 나사렛 예수의 이름을 반대하기 위해서라면 무엇이든 다해야 한다고 확신했던 사람입니다. 제가 예루살렘에서 했던 일이 바로 그런 일입니다. 대제사장들의 권한을 받아 많은 성도들을 감옥에 가두었고 그들이 죽임을 당할 때 찬성했습니다. 여러 회당들을 다니며 그들을 여러 번 처벌했으며 강제로 그들에게 모독하는 말을 하도록 했습니다. 그들에게 격분한 나머지 다른 나라 도시까지도 찾아가 핍박했습니다. 그런 일로 다니던 가운데 나는 대제사장들의 권한을 위임받아 다메섹으로 가고 있었습니다. 정오쯤에, 오 왕이여, 길을 가고 있는데 하늘로부터 해보다 더 밝은 빛이 저와 제 일행을 둘러싸며 비추었습니다. 우리는 모두 땅에 엎드러졌습니다. 그때 제게 히브리 말로 말씀하시는 음성이 들렸습니다. '사울아, 사울아, 네가 왜 나를 핍박하느냐? 가시 채찍을 뒷발질해 봐야 너만 다칠 뿐이다.' 그래서 제가 물었습니다. '주여, 당신은 누구십니까?' 그러자 주께서 대답하셨습니다. '나는 네가 핍박하는 예수다. 이제 일어나 똑바로 서거라. 내가 네게 나타난 것은 너를 내 일꾼으로 삼아 네가 본 것과 앞으로 내가 네게 보여 줄 것을 사람들에게 증언하도록 하기 위함이다. 내가 이 백성과 이방 사람들에게서 너를 구원해 이방 사람들에게로 보낼 것이다. 이제 너는 그들의 눈을 뜨게 하고 그들을 어둠에서 빛으로, 사탄의 권세에서 하나님께로 돌아오게 해 그들이 죄 용서를 받고 나를 믿어 거룩하게 된 사람들 가운데 기업을 얻게 할 것이다.' 아그립바 왕이여, 그래서 저는 하늘에서 보여 주신 이 환상에 거역하지 않고 먼저 다메섹 사람들에게, 다음으로 예루살렘 사람들과 온 유대 사람들에게 그리고 이방 사람들에게까지 그들이 회개하고 하나님께 돌아와 회개에 합당한 행동을 보이라고 선포했습니다. 바로 이 때문에 유대 사람들이 성전에서 저를 붙잡아 죽이려고 했던 것입니다. 그러나 저는 바로 이날까지 하나님의 도움을 받아 왔기에 여기 서서 높고 낮은 모든 사람들에게 증언하고 있는 것입니다. 저는 모세와 예언자들이 앞으로 일어나리라고 예언한 것 외에는 아무것도 말하지 않았습니다. 그것은 그리스도께서 고난을 당하셔서 죽은 사람들 가운데 가장 먼저 부활하심으로 이스라엘 백성과 이방 사람들에게 빛을 선포하시리라는 것입니다." 바울이 이같이 말하자 베스도가 바울의 변호를 가로막으며 소리쳤습니다. "바울아, 네가 미쳤구나! 네 많은 학식이 너를 미치게 했구나." 바울이 대답했습니다. "베스도 각하, 저는 미치지 않았습니다. 제가 드리는 말씀은 사실이며 제정신으로 하는 말입니다. 왕께서는 이 사실을 알고 계시므로 제가 거리낌 없이 말할 수 있습니다. 이것은 어느 한 구석에서 일어난 일이 아니기 때문에 어떤 것 하나라도 왕께서 모르고 넘어가셨을 리 없다고 저는 확신합니다. 아그립바 왕이여, 예언자들을 믿으십니까? 왕께서 믿으시는 줄 제가 압니다." 그러자 아그립바가 바울에게 말했습니다. "네가 이 짧은 시간에 나를 그리스도의 사람으로 만들 수 있다고 생각하느냐?" 바울이 대답했습니다. "짧은 시간이든 긴 시간이든 왕뿐 아니라 오늘 제 말을 듣고 있는 모든 분들이 이 쇠사슬을 제외하고는 저처럼 되기를 하나님께 기도합니다." 그러자 아그립바 왕이 일어났고 베스도 총독과 버니게 그리고 그들과 함께 앉아 있던 사람들도 다 일어났습니다. 그들은 밖으로 나가면서 "이 사람은 사형이나 징역을 받을 만한 일은 하지 않았다"라고 서로 말했습니다. 아그립바는 베스도에게 "이 사람이 황제께 상소하지만 않았더라도 석방될 수 있었을 것이오"라고 말했습니다.

27 바울이 배를 타고 로마로 호송되다

우리가 이탈리아로 배를 타고 가도록 결정이 나자 바울과 다른 죄수들은 황제 부대에 소속된 율리오라는 백부장에게 넘겨졌습니다. 우리는 아시아 지방의 해변을 따라 항해하게 될 아드라뭇데노 호를 타고 바다로 출항했습니다. 데살로니가 출신의 마케도니아 사람 아리스다고가 우리와 동행했습니다. 이튿날 우리는 시돈에 닿았습니다. 율리오는 바울에게 친절을 베풀어 그가 친구들에게 가서 필요한 것을 공급받을 수 있도록 허락해 주었습니다. 시돈에서 우리가 계속 항해할 때 역풍이 불었기에 우리는 키프로스 해안을 끼고 항해하게 됐습니다. 길리기아와 밤빌리아 앞바다를 지나서 루기아 지방의 무라에 상륙했습니다. 그곳에서 백부장은 이탈리아로 가는 알렉산드리아 호를 찾아 우리를 그 배에 태웠습니다. 우리는 여러 날 동안 느린 항해 끝에 가까스로 니도 앞바다에 도착했습니다. 그러나 바람이 불어 우리 항로를 지키지 못하고 살모네 맞은편 크레타 섬을 끼고 간신히 해안가를 따라 움직여 라새아 도시에서 가까운 '아름다운 항구'라는 곳에 이르렀습니다. 많은 시간이 소모되고 금식하는 절기도 지났기 때문에 항해가 위험해졌습니다. 그래서 바울이 사람들에게 충고했습니다. "여러분, 내가 보니 우리가 이렇게 계속 항해하다가는 재난에 빠지고 배와 짐이 큰 손실을 입을 뿐 아니라 우리 목숨도 위태로울 것입니다." 그러나 백부장은 바울의 말보다는 선장과 선주의 말을 더 따랐습니다. 그 항구는 겨울을 나기에 적당하지 않았기 때문에 대다수의 사람들이 뵈닉스에 가서 겨울을 날 수 있기를 바라는 마음에 계속 항해하자고 했습니다. 뵈닉스는 크레타 섬에 있는 항구 도시로 남서쪽과 북서쪽을 향하고 있었습니다.

유라굴로 태풍

부드러운 남풍이 불기 시작하자 그들은 자기들이 바라던 대로 됐다고 생각했습니다. 그래서 그들은 닻을 올리고 크레타 섬 해안을 따라 항해했습니다. 그런데 얼마 지나지 않아 그 섬으로부터 '유라굴로'라는 태풍이 불어닥쳤습니다. 배가 폭풍에 휘말려 방향을 잡을 수가 없었습니다. 그래서 우리는 배가 가는 대로 내맡기고 표류하다가 가우다라는 작은 섬 아래쪽을 따라 지나면서 간신히 거룻배를 바로잡을 수 있었습니다. 선원들은 그 배를 끌어 올리고 아래로 밧줄을 내려보내 선체를 둘러맸습니다. 그대로 가다가는 배가 스르디스 해안의 모래 언덕에 처박힐까 두려워 그들은 닻을 내려 배가 표류하게 했습니다. 우리는 폭풍에 몹시 시달리다 못해 이튿날에는 선원들이 짐을 바다에 던져 넣기 시작했습니다. 3일째 되는 날에는 선원들이 배의 장비들을 자기들의 손으로 내던졌습니다. 여러 날 동안 해와 별도 나타나지 않고 폭풍만 계속 불어닥치자 결국 우리는 구조될 모든 소망을 포기했습니다. 사람들이 오랫동안 아무것도 먹지 못하고 있는 가운데 바울이 일어나 그들 앞에 서서 말했습니다. "여러분, 크레타 섬에서 항해하지 말라는 내 충고를 들었더라면 이런 타격과 손실은 입지 않았을 것입니다. 그러나 이제 내가 여러분에게 당부합니다. 여러분 가운데 아무도 목숨을 잃지 않고 배만 손상될 것이니 안심하기 바랍니다. 어젯밤 내 하나님, 곧 내가 섬기는 하나님의 천사가 내 곁에 서서 '바울아, 두려워 마라. 네가 마땅히 가이사 앞에 서야 한다. 그래서 하나님께서 너와 함께 항해하는 모든 사람들의 생명을 네게 맡겨 주셨다'라고 하셨습니다. 그러니 여러분, 안심하십시오. 나는 하나님을 믿으니 내게 말씀하신 대로 이뤄질 것입니다. 그러나 우리는 밀려서 어느 섬에 닿게 될 것입니다."

배가 파선하다

14일째 되는 날 밤에 우리는 아드리아 바다 위에서 표류하고 있었습니다. 한밤중이 됐을 때 선원들은 뭍에 가까이 왔음을 직감했습니다. 수심을 재어 보니 물의 깊이가 약 20오르귀아였습니다. 조금 있다가 다시 재어 보니 약 15오르귀아였습니다. 우리가 암초에 부딪히게 될까 두려워 선원들은 고물에서 네 개의 닻을 내리고 날이 밝기만을 바랐습니다. 그런데 선원들은 도망칠 속셈으로 뱃머리에서 닻을 내리는 척하면서 거룻배를 바다에 띄웠습니다. 그때 바울이 백부장과 군인들에게 말했습니다. "이 사람들이 배 안에 같이 있지 않으면 당신들도 구조되지 못할 것이오." 그러자 군인들은 거룻배에 묶여 있던 밧줄을 끊어 거룻배를 떼어 버렸습니다. 날이 밝아 올 무렵 바울은 그들 모두에게 무엇이든 먹어 두라고 권하며 말했습니다. "지난 14일 동안 여러분은 계속 마음을 졸이면서 아무것도 먹지 못하고 굶고 지냈습니다. 그러므로 이제는 여러분이 음식을 좀 먹어 둘 것을 권합니다. 그래야 살아남을 수 있습니다. 여러분 가운데 어느 누구도 머리카락 하나라도 잃지 않을 것입니다." 바울은 이렇게 말한 뒤 떡을 조금 가져다가 모든 사람들 앞에서 하나님께 감사한 후 떼어 먹기 시작했습니다. 그러자 모든 사람들도 용기를 얻어 음식을 먹었습니다. 배 안에 있던 사람은 모두 276명이었습니다. 그들은 배부르게 먹고 난 뒤 남은 식량을 바다에 던져 배를 가볍게 해 두었습니다. 날이 밝자 어떤 땅인지는 모르지만 그들은 모래사장이 펼쳐진 해안을 볼 수 있었습니다. 그들은 가능한 한 그곳에 배를 대기로 작정했습니다. 그래서 닻을 끊어 바다에 버리고 키를 묶은 밧줄을 늦추었습니다. 그러고 나서 앞 돛을 끌어 올려 바람에 맡기고 해안 쪽으로 배를 몰았습니다. 그러나 배가 모래 언덕에 부딪혀 좌초됐습니다. 두 물살이 합쳐지는 곳에 걸리는 바람에 뱃머리는 꽉 박혀 옴짝달싹도 하지 않았고 배 뒤쪽은 거센 파도 때문에 깨어졌습니다. 군인들은 죄수들이 헤엄쳐 도망가지 못하도록 죽일 계획이었습니다. 그러나 백부장은 바울의 목숨을 살려 줄 생각에 군인들의 뜻을 막았습니다. 그는 수영할 수 있는 사람은 물에 먼저 뛰어들어 육지로 올라가라고 명령했습니다. 남은 사람들은 널빤지나 부서진 배 조각을 붙잡고 나가도록 했습니다. 이렇게 해서 모든 사람이 무사히 육지로 구출됐습니다.

28 바울이 몰타 섬에 상륙하다

무사히 해안에 도착하고서야 우리는 그곳이 몰타 섬이라는 것을 알았습니다. 그 섬 원주민들은 우리에게 각별한 친절을 베풀어 주었습니다. 또 비가 오고 추웠기 때문에 불을 지펴 주며 우리 모두를 맞아 주었습니다. 바울이 마른 나뭇가지 한 묶음을 모아다가 불 속에 넣었더니 뜨거운 열기 때문에 독사가 기어 나와 바울의 손에 달라붙었습니다. 원주민들은 독사가 바울의 손에 매달려 있는 것을 보고 서로 수군거렸습니다. "이 사람은 살인자가 분명하다. 그가 바다에서는 살아났지만 '정의의 여신'이 그를 살려 두지 않나 보다." 그런데 바울은 그 뱀을 불 속에 떨어 버렸고 아무런 상처도 입지 않았습니다. 사람들은 그가 몸이 부풀어 오르거나 갑자기 쓰러져 죽을 것이라고 생각했지만 오래 기다려 봐도 아무 일 없는 것을 보고는 생각이 바뀌어 바울을 신이라고 말했습니다. 그 섬의 추장인 보블리오가 그 근처에 자신이 소유한 땅을 갖고 있었습니다. 그는 우리를 자기 집으로 맞아들여 3일 동안 극진히 대접해 주었습니다. 그의 아버지는 열병과 이질에 걸려 병상에 누워 있었습니다. 바울은 그를 방문해 기도하고 그 사람의 몸에 손을 얹어 고쳐 주었습니다. 이 일이 있고 나서 그 섬에 사는 다른 병자들도 와서 낫게 됐습니다. 그들은 여러모로 우리를 잘 대접해 주었고 우리가 그 섬을 떠날 때는 우리에게 필요한 물건까지 공급해 주었습니다.

바울이 로마에 도착하다

석 달이 지난 후 우리는 그 섬에서 겨울을 지낸 알렉산드리아 배를 타고 항해 길에 올랐습니다. 이 배에는 디오스구로라는 쌍둥이 신의 형상이 새겨져 있었습니다. 우리는 수라구사에 닿았고 그곳에서 3일 동안 지냈습니다. 다시 항해를 시작해 우리는 레기온에 도착했으며 이튿날에는 남풍이 일어 그다음 날에 보디올에 닿았습니다. 보디올에서 우리는 형제들을 만나게 됐고 그들의 초청을 받아 함께 일주일을 지냈습니다. 그러고 나서 우리는 로마에 도착했습니다. 그곳 로마의 형제들은 우리가 온다는 말을 전해 듣고 우리를 맞으려고 '압비오 광장'과 '세 여관'이라는 곳까지 나와 있었습니다. 바울이 이 사람들을 보게 되자 하나님께 감사하면서 용기를 얻게 됐습니다. 우리가 로마에 도착했을 때 바울은 자신을 지키는 군인 한 명과 함께 따로 지낼 수 있도록 허락받았습니다.

바울이 로마에서 전도하다

3일이 지난 뒤 바울은 유대 사람 지도자들을 불렀습니다. 그들이 모이자 바울이 말했습니다. "내 형제들이여, 나는 내 동족이나 우리 조상들의 관습을 거스르는 일을 한 적이 없는데도 예루살렘에서 체포돼 로마 사람들에게 넘겨졌습니다. 그들은 나를 심문했으나 사형받을 만한 죄가 없으므로 그냥 풀어 주려고 했습니다. 그러나 유대 사람들의 반대로 나는 어쩔 수 없이 가이사께 상소하게 된 것입니다. 이것은 내 유대 동족을 고소할 생각으로 한 것이 아닙니다. 그렇기 때문에 내가 여러분을 만나 이야기하자고 한 것입니다. 내가 이 쇠사슬에 묶여 있는 것은 이스라엘의 소망 때문입니다." 유대 사람들이 바울에게 대답했습니다. "우리는 당신에 대해서 유대로부터 편지를 받은 적도 없고 그곳에서 온 형제들도 당신에 대해 나쁘게 보고하거나 말한 적이 없습니다. 그러나 우리는 당신의 생각을 듣고자 합니다. 이 종파에 대해서는 어디에서든 반대가 있음을 알기 때문입니다." 그들이 바울을 만날 날짜를 정하고 많은 사람들이 그의 숙소로 찾아왔습니다. 그는 아침부터 저녁까지 그들에게 하나님 나라에 대해 증언했고 모세의 율법과 예언서들로부터 예수에 관해 설득시키려고 했습니다. 어떤 사람들은 바울의 말을 믿었지만 믿지 않는 사람들도 있었습니다. 그들이 서로 의견이 엇갈린 채 떠나려 하자 바울이 한마디 덧붙였습니다. "성령께서 예언자 이사야를 통해 여러분의 조상들에게 하신 말씀이 옳습니다. '이 백성들에게 가서 말하라. 너희가 듣기는 들어도 깨닫지 못하고 너희가 보기는 보아도 알지 못할 것이다. 이 백성들의 마음이 무뎌지고 귀는 듣지 못하고 눈은 감겨 있다. 이는 그들이 눈으로 보고 귀로 들으며 마음으로 깨닫고 내게 돌아와 고침을 받지 못하게 하려는 것이다.' 그러므로 여러분은 하나님의 구원이 이방 사람들에게로 갔다는 것을 알아야 합니다. 그들은 듣게 될 것입니다." 바울은 만 2년 동안 자기 셋집에 머물면서 자신에게 찾아오는 모든 사람을 맞아들여 어떠한 방해도 받지 않고 담대하게 하나님 나라를 선포하고 주 예수 그리스도에 관한 것을 가르쳤습니다.

로마서
Romans

1 그리스도 예수의 종 바울은 사도로 부르심을 받아 하나님의 복음을 위해 따로 세움을 받았습니다. 그 복음은 하나님께서 예언자들을 통해 성경에 미리 약속하신 것으로 하나님의 아들에 관한 것입니다. 그분은 육신으로는 다윗의 후손으로 나셨고 성결의 영으로는 죽은 자들 가운데서 부활해 능력 있는 하나님의 아들로 인정되셨으니 바로 우리 주 예수 그리스도이십니다. 우리가 예수 그리스도를 통해 은혜와 사도직을 받았으니 이는 그분의 이름을 위해 모든 이방 사람들이 믿고 순종하도록 하기 위해서입니다. 여러분 역시 그들 가운데 부르심을 받아 예수 그리스도께 속한 사람들이 됐습니다. 하나님의 사랑을 받고 성도로 부르심을 받은 로마에 있는 모든 사람에게 하나님 우리 아버지와 주 예수 그리스도로부터 은혜와 평강이 있기를 빕니다.

바울이 로마 방문을 열망하다

먼저 내가 여러분 모두를 두고 예수 그리스도를 통해 내 하나님께 감사하는 것은 여러분의 믿음이 온 세상에 전파됐기 때문입니다. 하나님의 아들의 복음 안에서 내 영으로 섬기는 하나님이 내 증인이신데 나는 항상 여러분을 기억하며 이제 하나님의 뜻 안에서 어떻게든지 내가 여러분에게 갈 수 있는 길이 열리기를 기도하고 있습니다. 내가 여러분 보기를 간절히 바라는 것은 어떤 신령한 은사를 나눠 주어 여러분을 강하게 하려는 것입니다. 이는 여러분과 내가 서로의 믿음으로 격려를 받기 위함입니다. 형제들이여, 나는 여러분이 이 사실을 모르기를 원치 않습니다. 곧 나는 다른 이방 사람들 가운데서처럼 여러분 가운데서도 열매를 맺기 위해 여러분에게 몇 번이나 가려고 했으나 지금까지 길이 막혔습니다. 나는 그리스 사람이든 미개한 사람이든, 지혜로운 사람이든 어리석은 사람이든, 그 모두에게 빚을 진 사람입니다. 그러므로 나는 로마에 있는 여러분에게도 복음 전하기를 간절히 원합니다. 나는 복음을 부끄러워하지 않습니다. 이 복음은 모든 믿는 사람들에게 구원을 주시는 하나님의 능력이기 때문입니다. 먼저는 유대 사람에게요, 다음으로는 그리스 사람에게입니다. 복음에는 하나님의 의가 계시돼 믿음으로부터 믿음에 이르게 합니다. 기록되기를 "의인은 믿음으로 살 것이다"라고 한 것과 같습니다.

불의한 인간에 대한 하나님의 진노

하나님의 진노가, 불의로 진리를 막는 자들의 모든 불경건과 불의에 대해서 하늘로부터 나타납니다. 이는 하나님을 알 만한 것이 그들 가운데 분명히 드러나 있기 때문입니다. 하나님께서 그들에게 그것을 명백히 보여 주셨습니다. 세상이 창조된 이후로 하나님의 보이지 않는 것들, 곧 그분의 영원하신 능력과 신성이 그분이 만드신 만물을 통해 명백히 보여 알게 됐으므로 그들은 변명할 수 없습니다. 그들은 하나님을 알면서도 하나님을 영화롭게 하지도 않고 감사하지도 않았습니다. 오히려 그들의 생각이 허망해졌고 그들의 어리석은 마음은 어두워졌습니다. 그들은 스스로 지혜롭다고 하지만 미련하게 돼 썩지 않는 하나님의 영광을 썩어질 사람이나 새나 짐승이나 기어 다니는 동물의 우상으로 바꾸었습니다. 그러므로 하나님께서는 그들이 마음의 정욕대로 살도록 더러움에 내버려 두시니 그들은 서로의 몸을 욕되게 했습니다. 그들은 하나님의 진리를 거짓과 바꾸고 창조주 대신 피조물을 경배하고 섬겼습니다. 하나님께서는 영원히 찬양받으실 분이십니다. 아멘. 하나님께서는 이 때문에 그들을 수치스러운 정욕에 내버려 두셨습니다. 여자들은 남자와의 정상적인 관계를 비정상적인 관계로 바꾸고 남자들도 마찬가지로 여자와의 정상적인 관계를 버리고 서로 정욕으로 불타올랐습니다. 그들은 같은 남자끼리 부끄러운 일을 행했고 이런 타락한 행위로 인해 그들 자신이 마땅한 징벌을 받았습니다. 더구나 그들이 하나님을 아는 지식을 하찮게 여기므로 하나님께서는 그들을 타락한 마음대로 내버려 두셔서 합당치 못한 일을 하게 하셨습니다. 그들은 온갖 불의와 악행과 탐욕과 악의로 가득 차 있으며 질투와 살인과 다툼과 사기와 악독으로 가득 차 있습니다. 그들은 수군거리기를 좋아하고, 서로 헐뜯고, 하나님을 미워하고, 건방지고, 교만하고, 자랑하기 좋아하고, 악한 일을 궁리해 내고, 부모를 거역하고, 어리석고, 신의가 없고, 인정도 없고, 무자비한 자들입니다. 그들은 이와 같은 일을 행하는 자가 죽어 마땅하다는 하나님의 법규를 알면서도 그런 짓을 계속할 뿐만 아니라 그렇게 행하는 자들을 옳다고 합니다.

2 하나님의 의로운 심판

그러므로 남을 판단하는 사람이여, 그대는 변명할 수 없습니다. 그대는 남을 판단하는 그것으로 그대 스스로를 정죄하고 있습니다. 남을 판단하는 그대가 똑같은 일들을 행하기 때문입니다. 우리는 그런 일을 행하는 사람에게 진리대로 하나님의 심판이 내린다는 것을 압니다. 그런 일을 행하는 사람을 판단하면서 똑같은 일을 행하는 사람이여, 그대가 하나님의 심판을 피할 수 있을 줄로 생각합니까? 아니면 하나님의 인자하심이 그대를 회개로 이끄시는 것을 알지 못하고 그분의 인자하심과 용납하심과 오래 참으심의 풍성함을 멸시합니까? 그대의 고집과 회개하지 않는 마음 때문에 그대는 진노의 날 곧 하나님의 의로운 심판이 나타날 그날에 그대에게 임할 진노를 쌓고 있습니다. 하나님께서는 각 사람에게 그의 행위에 따라 갚아 주실 것입니다. 참고 선을 행해 영광과 존귀와 불멸을 추구하는 사람에게는 영생을 주시나 자기 이익만 추구하고 진리에 순종하지 않고 불의를 따르는 사람에게는 진노와 분노를 내리실 것입니다. 악을 행하는 모든 사람의 영혼에 환난과 고통이 있을 것입니다. 먼저는 유대 사람에게 있을 것이며 다음으로는 그리스 사람에게 있을 것입니다. 그러나 선을 행하는 모든 사람에게는 영광과 존귀와 평강이 있을 것입니다. 먼저는 유대 사람에게 있을 것이며 다음으로는 그리스 사람에게 있을 것입니다. 이는 하나님께서 사람을 편애하시지 않기 때문입니다. 율법 없이 죄짓는 사람은 모두 율법 없이 멸망하고 율법 안에서 죄짓는 사람은 모두 율법대로 심판을 받을 것입니다. 하나님 앞에서는 율법을 듣는 사람이 의인이 아니라 오직 율법을 행하는 사람이 의롭다는 인정을 받을 것입니다. 율법이 없는 이방 사람이 본성으로 율법의 일을 행한다면 비록 그에게는 율법이 없을지라도 자기 자신이 자기에게 율법이 됩니다. 이런 사람은 율법의 요구가 자기 마음에 기록돼 있음을 보여 줍니다. 그들의 양심도 이것을 증언합니다. 그들의 생각이 서로 고발하기도 하고 변호하기도 합니다. 이런 일은 내가 전한 복음대로 하나님께서 그리스도 예수를 통해 사람들의 은밀한 것을 심판하실 그날에 일어날 것입니다.

유대 사람과 율법

그대는 자칭 유대 사람이라 하고 율법을 의지하고 하나님을 자랑하고 율법의 가르침을 받아 하나님의 뜻을 알고 지극히 선한 것을 분간할 줄 압니다. 그리고 그대는 스스로 눈먼 사람의 안내자요, 어둠 속에 있는 사람의 빛이요, 어리석은 자의 교사요, 어린아이의 선생이라고 믿고 있습니다. 이는 그대가 율법의 지식과 진리의 교훈을 갖고 있기 때문입니다. 그렇다면 남을 가르치는 그대가 왜 자신은 가르치지 않습니까? 도둑질하지 말라고 선포하는 그대가 왜 도둑질합니까? 간음하지 말라고 하는 그대가 왜 간음합니까? 우상이라면 질색하는 그대가 왜 신전 물건을 훔칩니까? 율법을 자랑하는 그대가 왜 율법을 어기고 하나님을 욕되게 합니까? 기록되기를 "하나님의 이름이 너희로 인해 이방 사람들 사이에서 모욕을 당하는구나" 라고 한 것과 같습니다. 그대가 율법을 행하면 할례는 가치가 있습니다. 그러나 그대가 율법을 어기면 그대의 할례는 무할례와 같습니다. 할례 받지 않은 사람이 율법의 요구를 지킨다면 그의 무할례가 할례로 여겨지지 않겠습니까? 본래 할례 받지 않은 사람이 율법을 지키면 율법의 조문과 할례를 소유하고도 율법을 어기는 그대를 심판하지 않겠습니까? 겉으로 유대 사람이라고 해서 참유대 사람이 아니고 몸에 받은 할례가 참할례가 아닙니다. 오히려 속사람이 유대 사람이라야 참유대 사람이며 문자화된 율법에 의해서가 아니라 성령으로 마음에 받은 할례가 참할례입니다. 그 칭찬은 사람에게서가 아니라 하나님에게서 옵니다.

3 하나님의 신실하심

그러면 유대 사람이라고 해서 무슨 혜택이 있고 할례에는 무슨 가치가 있습니까? 여러모로 많습니다. 첫째는 그들이 하나님의 말씀을 맡았다는 것입니다. 그런데 그들 가운데 어떤 사람들이 믿지 않았다면 어떻게 되겠습니까? 그들의 불신앙이 하나님의 신실하심을 무효화시키겠습니까? 결코 그럴 수 없습니다! 사람은 다 거짓말쟁이라 해도 하나님은 진실하십니다. 기록되기를 "주께서 말씀하실 때 의롭다는 인정을 받으시고 판단받으실 때 이기려 하심이다"라고 한 것과 같습니다. 그러나 우리의 불의함이 하나님의 의를 드러나게 한다면 우리가 무슨 말을 하겠습니까? 내가 사람들이 말하는 논리대로 말해 보면 하나님께서 우리에게 진노를 내리신다고 해서 불의하시다는 말입니까? 결코 그럴 수 없습니다. 만일 그렇다면 하나님께서 어떻게 세상을 심판하실 수 있겠습니까? 그러나 어떤 사람들은 반박할 것입니다. "내 거짓으로 인해 하나님의 진실하심이 더욱 풍성해져서 그분에게 영광이 됐다면 왜 내가 여전히 죄인으로 심판을 받느냐?" 그리고 "선을 이루기 위해 악을 행하자"라고 말하지 않겠습니까? [어떤 사람들은 우리가 그렇게 말한다고 비방하니] 그런 사람들은 심판을 받아 마땅합니다.

의인은 없다

그러면 무슨 말을 해야 하겠습니까? 우리가 더 낫습니까? 결코 그렇지 않습니다. 유대 사람이나 그리스 사람이나 다 죄 아래 있다고 우리가 이미 선언했습니다. 기록되기를 "의인은 없으니 하나도 없고 깨닫는 자도 없고 하나님을 찾는 자도 없다. 모두 곁길로 행해 다 쓸모없게 됐다. 선을 행하는 자가 없으니 하나도 없다. 그들의 목구멍은 열려 있는 무덤이고 혀로는 거짓말만 일삼으며 그들의 입술에는 독사의 독이 있고 그들의 입에는 저주와 독설이 가득하다. 그들의 발은 피 흘리는 데 민첩하며 그들의 길에는 파멸과 참담함이 있어 그들은 평강의 길을 알지 못했다. 그들의 눈에는 하나님을 두려워함이 없다"라고 한 것과 같습니다. 율법이 말하는 것은 율법 아래 있는 자들에게 말하는 것임을 우리는 압니다. 이는 모든 입을 다물게 하고 온 세상이 하나님의 심판 아래 있게 하려는 것입니다. 그러므로 율법의 행위로는 하나님 앞에서 의롭다는 인정을 받을 육체가 없습니다. 율법으로는 죄를 깨달을 뿐입니다.

믿음으로 말미암은 의

그러나 이제는 율법과 별개로 하나님의 의가 나타났습니다. 이것은 율법과 예언자들이 증언한 것입니다. 하나님의 의는 예수 그리스도를 믿는 믿음으로 인해 믿는 모든 사람에게 주어집니다. 거기에는 차별이 없습니다. 모든 사람이 죄를 지었으므로 하나님의 영광에 이르지 못합니다. 그러나 그리스도 예수 안에 있는 구속으로 인해 하나님의 은혜로 값없이 의롭다는 인정을 받습니다. 하나님께서는 이 예수를 속죄제물로 내어 주셨습니다. 의롭게 되는 것은 예수의 피를 믿음으로써 이루어집니다. 이는 하나님께서 오래 참으시는 가운데 과거에 지은 죄를 간과하심으로 그분의 의를 나타내시기 위함입니다. 지금 이때에 하나님께서 그분의 의를 나타내신 것은 자신이 의로우시며 또한 예수 믿는 사람들을 의롭다고 인정하시는 분임을 나타내시기 위함입니다. 그렇다면 자랑할 것이 어디에 있습니까? 전혀 없습니다. 어떤 법으로입니까? 행위로입니까? 아닙니다. 오직 믿음의 법으로입니다. 우리는 사람이 율법의 행위와 상관없이 믿음으로 의롭다는 인정을 받는다고 생각합니다. 하나님이 유대 사람만의 하나님입니까? 이방 사람의 하나님은 아닙니까? 진실로 이방 사람의 하나님도 되십니다. 할례 받은 사람도 믿음으로 인해, 또한 할례 받지 않은 사람도 믿음으로 인해 의롭다고 인정하실 하나님은 한 분뿐이십니다. 그러면 우리가 믿음으로 말미암아 율법을 파기합니까? 결코 그럴 수 없습니다. 오히려 우리는 율법을 굳게 세웁니다.

4 믿음으로 의롭다 함을 얻은 아브라함

그러면 우리가 육신에 따라 우리의 조상이 된 아브라함이 무엇을 얻었다고 말할 수 있겠습니까? 만일 아브라함이 행위로 의롭다는 인정을 받았다면 자랑할 것이 있겠지만 하나님 앞에서는 없습니다. 성경은 무엇이라고 말합니까? "아브라함이 하나님을 믿으니 이것이 그에게 의로 여겨졌다"라고 합니다. 일하는 자에게는 품삯이 은혜로 여겨지지 않고 정당한 대가로 여겨지나 일하지 않고도 경건치 않은 사람을 의롭다고 인정하시는 분을 믿는 사람에게는 그의 믿음이 의로 여겨집니다. 행위와 상관없이 하나님께 의롭다고 인정받는 사람의 복에 대해 다윗도 이렇게 말합니다. "주께서 불법을 용서하시고 죄를 덮어 주시는 사람은 복이 있고 주께서 그 죄를 인정치 않으실 사람은 복이 있다." 그러면 이 복은 할례 받은 사람에게만 내리는 것입니까? 아니면 할례 받지 않은 사람에게도 내리는 것입니까? 우리가 말하기를 "아브라함이 하나님을 믿으니 이것이 그에게 의로 여겨졌다"라고 했습니다. 그러면 이것이 어떻게 의로 여겨졌습니까? 그가 할례를 받은 때입니까? 아니면 할례를 받지 않은 때입니까? 할례를 받은 때가 아니라 할례를 받지 않은 때입니다. 그가 할례의 표를 받은 것은 할례를 받지 않은 때에 얻은 믿음의 의를 확증하는 것이었습니다. 이는 아브라함이 할례 받지 않은 사람으로서 믿는 모든 사람들의 조상이 돼 그들도 의롭다는 인정을 받게 하려는 것이었습니다. 그는 또한 할례 받은 사람의 조상이 됐습니다. 곧 할례를 받았을 뿐 아니라 우리 조상 아브라함이 할례를 받지 않은 때에 가졌던 믿음의 발자취를 따르는 사람들의 조상이 됐습니다.

아브라함이나 그의 후손에게 세상의 상속자가 되리라고 하신 약속은 율법으로 인해 된 것이 아니라 오직 믿음의 의로 인해 된 것입니다. 만일 율법을 따라 사는 사람들이 상속자가 된다면 믿음은 무효가 되고 약속은 파기됐을 것입니다. 왜냐하면 율법은 진노를 부르기 때문입니다. 율법이 없는 곳에는 범법함도 없습니다. 그러므로 약속은 믿음으로 말미암습니다. 이는 아브라함의 모든 후손, 곧 율법을 따라 사는 사람뿐 아니라 아브라함의 믿음을 따라 사는 사람들에게도 은혜로 이 약속을 보장해 주시기 위한 것입니다. 아브라함은 우리 모두의 조상입니다. 기록되기를 "내가 너를 많은 민족의 조상으로 세웠다"라고 한 것과 같습니다. 아브라함은 그가 믿은 하나님, 곧 죽은 사람을 살리시며 없는 것을 있는 것같이 부르시는 하나님 앞에서 우리의 조상이 됐습니다. 아브라함은 소망이 없는 가운데서도 소망을 갖고 믿었습니다. 이는 "네 후손이 이와 같을 것이다"라고 하신 말씀대로 많은 민족의 조상이 되게 하기 위한 것이었습니다. 아브라함은 100세나 돼 이미 자기 몸이 죽은 것 같고 사라의 태가 죽은 것 같음을 알고도 믿음이 약해지지 않았습니다. 그는 하나님의 약속을 믿고 의심하지 않았고 도리어 믿음이 굳건해져서 하나님께 영광을 돌리고 약속하신 그것을 또한 능히 이루실 것을 확신했습니다. 그러므로 이것이 그에게 의로 여겨졌습니다. "그에게 의로 여겨졌다"라는 말은 아브라함만을 위해 기록된 것이 아니라 의롭다는 인정을 받을 우리, 곧 우리 주 예수를 죽은 사람 가운데서 살리신 분을 믿는 우리도 위한 것입니다. 예수께서는 우리의 범죄로 인해 죽음에 넘겨지셨고 우리의 의를 위해 살리심을 받았습니다.

5 화평과 소망

그러므로 우리는 믿음으로 의롭다는 인정을 받아 우리 주 예수 그리스도로 인해 하나님과 더불어 화평을 누리고 있습니다. 또한 우리는 그분으로 인해 우리가 믿음으로 서 있는 이 은혜에 들어감을 얻었으며 하나님의 영광을 바라며 기뻐합니다. 이뿐만 아니라 우리는 또한 환난 가운데서도 기뻐합니다. 이는 환난은 인내를, 인내는 연단을, 연단은 소망을 이루는 줄을 알기 때문입니다. 이 소망은 우리를 낙심시키지 않습니다. 하나님께서 우리에게 주신 성령으로 인해 그분의 사랑을 우리 마음에 부어 주셨기 때문입니다. 우리가 아직 연약할 때 그리스도께서는 작정된 시기에 경건하지 않은 사람을 위해 죽으셨습니다. 의인을 위해 죽는 사람은 거의 없고 선한 사람을 위해 과감히 죽는 사람은 간혹 있기는 합니다. 그러나 우리가 아직 죄인이었을 때 그리스도께서 우리를 위해 죽으심으로 하나님께서는 우리에 대한 그분의 사랑을 나타내셨습니다. 그러므로 이제 우리가 그리스도의 피로써 의롭다는 인정을 받았으니 그리스도로 인해 하나님의 진노에서 확실히 구원받을 것입니다. 우리가 하나님과 원수 됐을 때 하나님의 아들이 죽으심으로 인해 그분과 화목하게 됐으니 화목하게 된 우리는 하나님의 생명으로 인해 확실히 구원을 받을 것입니다. 그뿐 아니라 이제 우리는 우리를 하나님과 화목하게 하신 우리 주 예수 그리스도로 인해 하나님 안에서 기뻐합니다.

아담으로 말미암은 사망과 그리스도로 말미암은 생명

그러므로 한 사람으로 인해 죄가 세상에 들어오고 또 죄로 인해 죽음이 들어온 것같이 모든 사람이 죄를 지었으므로 죽음이 모든 사람에게 이르렀습니다. 율법이 있기 전에도 죄가 세상에 있었으나 율법이 없을 때는 죄가 죄로 여겨지지 않았습니다. 그러나 아담 시대부터 모세 시대에 이르기까지 아담의 범죄와 같은 죄를 짓지 않은 사람들에게까지 죽음이 왕 노릇 했습니다. 아담은 오실 분의 모형입니다. 그러나 하나님이 그리스도를 통해 주시는 은사는 아담의 범죄와 같지 않습니다. 한 사람의 범죄로 인해 많은 사람이 죽었으나 하나님과 한 사람 예수 그리스도의 은혜로 인해 주어지는 선물은 더욱 많은 사람에게 넘쳤습니다. 또한 이 선물은 범죄한 한 사람으로 인해 생긴 결과와 같지 않습니다. 심판은 한 사람으로 인해 정죄에 이르렀으나 하나님이 그리스도를 통해 주시는 은사는 많은 범죄로 인해 의롭다 하심에 이르게 됩니다. 아담 한 사람의 범죄로 인해, 죽음이 바로 그 한 사람을 통해서 왕 노릇 했다면 은혜와 의의 선물을 넘치도록 받는 사람들은 한 분 예수 그리스도로 인해 생명 안에서 왕 노릇 할 것입니다. 그러므로 한 사람의 범죄로 인해 모든 사람이 정죄에 이른 것처럼 한 분의 의로운 행동으로 인해 모든 사람이 의롭다는 인정을 받아 생명에 이르렀습니다. 한 사람의 불순종으로 인해 많은 사람이 죄인이 된 것처럼 한 분의 순종으로 인해 많은 사람이 의인이 될 것입니다. 율법은 범죄를 더하게 하려고 들어왔습니다. 그러나 죄가 더한 곳에 은혜가 더욱 넘쳤습니다. 이것은 죄가 죽음 안에서 왕 노릇 한 것처럼 은혜도 의로 인해 왕 노릇

해 예수 그리스도 우리 주로 인해 영생에 이르게 하려는 것입니다.

죄에 대하여 죽고 그리스도 안에서 살다

6
그러면 우리가 무슨 말을 해야 하겠습니까? 은혜를 더하게 하려고 죄 가운데 머물러 있어야 하겠습니까? 결코 그럴 수 없습니다. 죄에 대해 죽은 우리가 어떻게 죄 가운데 그대로 살겠습니까? 그리스도와 연합해 세례를 받은 우리는 모두 그리스도의 죽으심과 연합해 세례를 받은 줄을 알지 못합니까? 그러므로 우리는 그리스도의 죽으심과 연합해 세례를 받음으로써 그분과 함께 묻혔습니다. 이는 그리스도께서 아버지의 영광으로 인해 죽은 자들 가운데서 살리심을 받은 것처럼 우리도 또한 새 생명 가운데서 살게 하려는 것입니다. 우리가 그리스도의 죽으심과 같은 죽음으로 그분과 연합한 사람이 됐다면 분명히 우리는 그리스도의 부활하심과 같은 부활로도 그분과 연합한 사람이 될 것입니다. 우리의 옛사람이 십자가에 못 박힌 것은 죄의 몸이 멸해져 우리가 더 이상 죄의 종이 되지 않게 하려는 것임을 압니다. 이는 죽은 사람은 이미 죄에서 벗어났기 때문입니다. 우리가 그리스도와 함께 죽었다면 또한 그분과 함께 살 것을 믿습니다. 우리가 알기로 죽은 사람 가운데서 살리심을 받은 그리스도께서는 다시 죽지 않으시고 죽음이 더 이상 그분을 지배하지 못합니다. 그리스도께서 죽으신 것은 죄에 대해 단번에 죽으신 것이요, 그분이 사시는 것은 하나님께 대해 사시는 것입니다. 이와 같이 여러분도 자신을 죄에 대해서는 죽은 자요,

하나님께 대해서는 그리스도 예수 안에서 산 자로 여기십시오. 그러므로 여러분의 죽을 몸에서 죄가 왕 노릇 하지 못하게 해 몸의 정욕에 순종하지 말고 또한 여러분의 지체를 불의의 무기로 죄에게 내주지 말고 오직 죽은 자 가운데서 다시 산 자처럼 여러분 자신을 하나님께 드리며 여러분의 지체를 의의 무기로 하나님께 드리십시오. 죄가 여러분을 지배하지 못할 것인데 여러분이 율법 아래 있지 않고 은혜 아래 있기 때문입니다.

의의 종

그러면 어떻게 해야 하겠습니까? 우리가 율법 아래 있지 않고 은혜 아래 있다고 해서 죄를 짓겠습니까? 결코 그럴 수 없습니다. 여러분이 자신을 종으로 드려 누구에게든지 순종하면 여러분은 여러분이 순종하는 그 사람의 종이 되는 줄을 알지 못합니까? 여러분은 죄의 종이 돼 죽음에 이르거나 아니면 순종의 종이 돼 의에 이릅니다. 그러나 하나님께 감사드립시다. 여러분이 전에는 죄의 종이었으나 이제는 여러분이 전해 받은 교훈의 본을 마음으로부터 순종함으로 죄에서 해방돼 의의 종이 됐습니다. 여러분의 육신이 연약하므로 내가 사람의 방식대로 말합니다. 여러분이 전에는 자기의 지체를 부정과 불법의 종으로 내주어 불법에 이른 것처럼 이제는 여러분의 지체를 의의 종으로 드려 거룩함에 이르십시오. 여러분이 죄의 종이었을 때는 의에 대해 자유스러웠습니다. 그러나 여러분은 그때 무슨 열매를 거두었습니까? 이제 여러분은 그런 일들을 부끄러워합니다. 이는 그것들의 마지막이 죽음이기 때문입니다. 그러나 이제 여러분은 죄에서 해방되고 하나님의 종이 돼 거룩함에 이르는 열매를 맺고 있습니다. 그 마지막은 영생입니다. 죄의 대가는 죽음이요, 하나님의 은사는 그리스도 예수 우리 주 안에 있는 영생입니다.

7 율법에서 벗어나 그리스도에게 매이다

형제들이여, 내가 율법을 알고 있는 사람들에게 말합니다. 여러분은 율법이 사람이 살아 있는 동안에만 그 사람을 지배한다는 것을 알지 못합니까? 결혼한 여자가 그 남편이 살아 있는 동안에는 법으로 남편에게 매여 있으나 그 남편이 죽으면 남편의 법에서 벗어나게 됩니다. 그러므로 남편이 아직 살아 있을 때 여자가 다른 남자에게 간다면 간음한 여자라 불릴 것입니다. 그러나 만일 남편이 죽으면 그 법에서 벗어나게 되므로 다른 남자에게 가더라도 간음한 여자가 되지 않습니다. 그러므로 내 형제들이여, 여러분도 그리스도의 몸으로 인해 율법에 대해 죽은 자가 됐습니다. 이것은 우리가 다른 분, 곧 죽은 자 가운데서 살아나신 분에게 속해 하나님을 위해 열매를 맺게 하려는 것입니다. 우리가 육신에 있을 때는 율법으로 인한 죄의 정욕이 우리 지체 속에서 작용해 죽음에 이르는 열매를 맺게 했습니다. 그러나 이제는 우리가 우리를 옭아매던 것에 대해 죽었으므로 율법에서 벗어났습니다. 그러므로 우리는 성령의 새로운 것으로 섬기고 문자에 의한 해묵은 것으로 섬기지 않습니다.

율법과 죄

그러면 우리가 무슨 말을 하겠습니까? 율법이 죄입니까? 결코 그럴 수 없습니다. 율법에 비춰 보지 않았다면 나는 죄를 알지 못했을 것입니다. 율법이 "탐내지 말라"고 하지 않았다면 나는 탐심을 알지 못했을 것입니다. 그러나 죄가 계명으로 인해 기회를 타서 내 안에 각종 탐심을 일으켰습니다. 율법이 없으면 죄는 죽은 것입니다. 전에 율법이 없었을 때는 내가 살아 있었지만 계명이 들어오자 죄는 살아나고 나는 죽었습니다. 생명에 이르게 할 그 계명이 나를 죽음에 이르게 하는 것이 됐습니다. 죄가 계명으로 인해 기회를 타서 나를 속이고 그 계명으로 나를 죽였습니다. 그러므로 율법도 거룩하고 계명도 거룩하고 의롭고 선합니다. 그러면 선한 것이 내게 죽음을 가져다주었다는 말입니까? 결코 그럴 수 없습니다. 오히려 죄가 죄로 드러나도록 하기 위해 그 선한 것으로 내게 죽음을 가져왔습니다. 이는 계명으로 인해 죄가 더욱 죄가 되게 하려는 것입니다. 우리는 율법이 신령한 줄 압니다. 그러나 나는 죄 아래 팔려 육신에 속해 있습니다. 나는 내가 행하는 것을 이해할 수 없습니다. 이는 내가 원하는 것은 행하지 않고 오히려 증오하는 것을 행하기 때문입니다. 내가 원하지 않는 것을 행한다면 나는 율법이 선하다는 것을 시인하는 것입니다. 그러나 지금 그것을 행하는 사람은 내가 아니라 내 안에 거하는 죄입니다. 나는 내 안, 곧 내 육신 속에 선한 것이 거하지 않는 줄을 압니다. 원함은 내게 있으나 선을 행하는 것은 없습니다. 내가 원하는 선은 행하지 않고 오히려 원하지 않는 악을 행합니다. 만일 내가 원하지 않는 것을 행한다면 그것을 행하는 사람은 내가 아니라 내 안에 거하는 죄입니다. 그러므로 나는 하나의 법칙을 깨달았습니다. 곧 선을 행하기 원하는 나에게 악이 함께 있다는 것입니다. 내가 속사람으로는 하나님의 법을 즐거워하지만 내 지체 안에서 하나의 다른 법이 내 마음의 법과 싸워 나를 내 지체 안에 있는 죄의 법의 포로로 잡아가는 것을 봅니다. 아, 나는 비참한 사람입니다! 이 사망의 몸에서 누가 나를 구해 내겠습니까? 우리 주 예수 그리스도로 인해 하나님께 감사드립니다. 그러므로 나 자신은 마음으로는 하나님의 법을, 육신으로는 죄의 법을 섬기고 있습니다.

8 **성령으로 말미암은 생명**

그러므로 이제 그리스도 예수 안에 있는 사람들은 정죄를 받지 않습니다. 이는 그리스도 예수 안에 있는 생명의 성령의 법이 죄와 죽음의 법에서 여러분을 해방했기 때문입니다. 율법이 육신으로 인해 연약해져서 할 수 없던 그 일을 하나님께서는 하셨습니다. 곧 하나님께서는 죄를 속량해 주시려고 자기 아들을 죄 있는 육신의 모습으로 보내셔서 육신 안에서 죄를 심판하셨습니다. 이는 육신을 따라 살지 않고 성령을 따라 사는 우리에게 율법의 요구가 이루어지게 하시려는 것입니다. 육신을 따라 사는 사람은 육신의 일을 생각하지만 성령을 따라 사는 사람은 성령의 일을 생각합니다. 육신의 생각은 죽음이지만 성령의 생각은 생명과 평안입니다. 육신의 생각은 하나님을 적대하는 것입니다. 그것은 하나님의 법에 복종하지 않을뿐더러 복종할 수도 없습니다. 육신 안에 사는 사람들은 하나님을 기쁘시게 할 수 없습니다. 그러나 하나님의 영이 여러분 안에 거하시면 여러분은 육신에 있지 않고 성령 안에 있습니다. 누구든지 그리스도의 영이 없으면 그리스도의 사람이 아닙니다. 그러나 그리스도가 여러분 안에 계시다면 몸은 죄로 인해 죽으나 영은 의로 인해 살아 있습니다. 예수를 죽은 사람 가운데서 살리신 분의 영이 여러분 안에 거하시면, 그리스도 예수를 죽은 사람 가운데서 살리신 분께서 여러분 안에 거하시는 자기 영으로 인해 여러분의 죽을 몸도 살리실 것입니다. 그러므로 형제들이여, 우리는 육신을 따라 살아야 하는 육신에 빚진 사람이 아닙니다. 만일 여러분이 육신을 따라 살면 반드시 죽을 것이지만 성령으로 몸의 행실을 죽이면 살 것입니다. 누구든지 하나님의 영으로 인도를 받는 사람들은 하나님의 아들들입니다. 여러분은 다시 두려움에 이르게 하는 종의 영을 받지 않고 양자의 영을 받았습니다. 우리는 그 영으로 '아바 아버지'라고 부릅니다. 성령은 친히 우리의 영과 더불어 우리가 하나님의 자녀임을 증언합니다. 우리가 자녀이면 또한 상속자입니다. 우리가 그리스도와 함께 영광을 받기 위해 그분과 더불어 고난을 받으면 우리는 하나님의 상속자요, 그리스도와 함께 상속자가 됩니다.

현재의 고난과 미래의 영광

현재의 고난은 앞으로 우리에게 나타날 영광과 족히 비교할 수 없다고 생각합니다. 피조물은 하나님의 아들들이 나타나기를 고대하고 있습니다. 피조물이 허무한 데 굴복하게 된 것은 자신의 뜻이 아니라 오직 굴복하게 하시는 분으로 인한 것입니다. 그러나 피조물도 소망 가운데 있으니 이는 피조물 자신도 썩어짐의 종노릇하는 데서 벗어나 하나님의 자녀가 누릴 영광의 자유에 이를 것이기 때문입니다. 우리는 모든 피조물이 지금까지 함께 탄식하며 함께 해산의 고통을 겪고 있다는 것을 알고 있습니다. 그뿐 아니라 또한 성령의 첫 열매를 가진 우리조차도 속으로 탄식하며 양자 됨, 곧 우리 몸의 구속을 기다리고 있습니다. 이는 우리가 이 소망 가운데 구원을 받았기 때문입니다. 그러나 눈에 보이는 소망은 소망이 아닙니다. 보이는 것을 누가 소망하겠습니까? 만일 우리가 보지 못하는 것을 소망한다면 참고 기다려야 합니다. 성령께서도 우리의 연약함을 도와주십니다. 우리는 마땅히 무엇을 기도해야 할지 알지 못하지만 오직 성령께서 친히 말로 할 수 없는 탄식으로 우리를 위해 간구하십니다. 마음을 살피시는 분께서 성령의 생각이 무엇인지 아십니다. 이는 성령께서 하나님의 뜻을 따라 성도를 위해 간구하시기 때문입니다. 우리는 하나님을 사랑하는 사람들, 곧 그분의 뜻을 따라 부르심을 받은 사람들에게는 모든 것이 합력해 선을 이루는 줄을 압니다. 하나님께서는 미리 아신 사람들을 자기 아들의 형상을 닮게 하시려고 또한 미리 정하셨습니다. 이는 그 아들이 많은 형제들 가운데 맏아들이 되게 하시기 위함입니다. 하나님께서는 미리 정하신 그들을 또한 부르시고 부르신 그들을 또한 의롭다 하시고 의롭다 하신 그들을 또한 영화롭게 하셨습니다.

넉넉히 이기다

그러면 이 일에 대해 우리가 무슨 말을 하겠습니까? 하나님께서 우리를 위하시면 누가 우리를 대적하겠습니까? 자기 아들을 아끼지 않으시고 우리 모두를 위해 내어 주신 분께서 어떻게 아들과 함께 모든 것을 우리에게 은혜로 주지 않으시겠습니까? 누가 하나님께서 택하신 자들을 고소할 수 있겠습니까? 의롭다고 인정하신 분은 하나님이십니다. 누가 정죄하겠습니까? 죽었을 뿐 아니라 살리심을 받으신 분은 그리스도 예수이십니다. 그분은 하나님 오른편에 계시며 우리를 위해 간구하십니다. 누가 우리를 그리스도의 사랑에서 끊을 수 있겠습니까? 환난이나 곤고나 핍박이나 배고픔이나 헐벗음이나 위험이나 칼이겠습니까? 기록되기를 "우리가 종일 주를 위해 죽임을 당하며 도살할 양같이 여김을 받았다"라고 한 것과 같습니다. 그러나 이 모든 일에 우리를 사랑하시는 분으로 인해 우리가 넉넉히 이깁니다. 나는 확신합니다. 죽음이나 생명도, 천사들이나 악마들도, 현재 일이나 장래 일이나 어떤 능력도, 높음이나 깊음이나 다른 어떤 피조물도 그리스도 예수 우리 주 안에 있는 하나님의 사랑에서 우리를 끊을 수 없습니다.

9 **이스라엘을 향한 바울의 고통**

나는 그리스도 안에서 진실을 말하고 거짓말을 하지 않습니다. 내 양심이 성령 안에서 내게 이것을 증언합니다. 곧 내게 큰 근심이 있다는 것과 내 마음에 끊임없는 고통이 있다는 것입니다. 나는 내 형제, 곧 육신을 따라 된 내 동족을 위해서라면 나 자신이 저주를 받아 그리스도에게서 끊어진다 할지라도 좋습니다. 내 동족은 이스라엘 사람입니다. 그들에게는 양자 됨과 영광과 언약들과 율법을 세우심과 예배와 약속들이 있고 조상도 그들의 것이요, 육신적으로는 그리스도도 그들에게서 나셨습니다. 그분은 만물 위에 계시고 영원토록 찬양받으실 하나님이십니다. 아멘.

하나님의 주권적인 선택

그러나 하나님의 말씀이 파기된 것 같지는 않습니다. 이스라엘에게서 난 사람들이라고 해서 다 이스라엘이 아니고 아브라함의 씨라고 해서 다 그의 자녀가 아니기 때문입니다. 오히려 "이삭에게서 난 자라야 네 씨라고 불릴 것이다"라고 하셨습니다. 곧 육신의 자녀가 하나님의 자녀가 아니라 오직 약속의 자녀가 씨로 여김을 받는다는 것입니다. 약속의 말씀은 이것입니다. "내년 이맘때 내가 올 것이니 사라에게 아들이 있을 것이다." 그뿐이 아닙니다. 리브가가 또한 우리 조상 이삭 한 사람으로 인해 임신했는데 그 자식들이 아직 태어나지도 않고 또 어떤 선이나 악을 행하기도 전에 택하심을 따라 되는 하나님의 뜻이, 행위로 인하지 않고 오직 부르시는 분으로 인해 서게 하시려고 리브가에게 말씀하시기를 "큰 자가 어린 자를 섬길 것이다"라고 하셨습니다. 기록되기를 "내가 야곱은 사랑하고 에서는 미워했다"라고 한 것과 같습니다. 그렇다면 우리가 무슨 말을 하겠습니까? 하나님이 불의하십니까? 결코 그럴 수 없습니다. 하나님께서 모세에게 말씀하시기를 "내가 긍휼히 여길 자를 긍휼히 여기고 내가 불쌍히 여길 자를 불쌍히 여길 것이다"라고 하셨습니다. 그러므로 이것은 원하는 사람에게 달려 있는 것도 아니고 달음질하는 사람에게 달려 있는 것도 아니고 오직 긍휼히 여기시는 하나님께 달려 있습니다. 성경에서 바로에게 말씀하시기를 "내가 이를 위해 너를 세웠으니 곧 너로 인해 내 능력을 나타내고 내 이름이 온 땅에 전파되게 하려는 것이다"라고 했습니다. 이와 같이 하나님께서는 원하시는 사람을 긍휼히 여기시고 원하시는 사람을 완악하게 하십니다. 그러면 그대는 내게 "그렇다면 하나님은 왜 여전히 책망하시는 것입니까? 누가 그분의 뜻을 거역하겠습니까?"라고 할 것입니다. 그러나 사람이 무엇이기에 감히 하나님께 말대답을 한단 말입니까? 지음을 받은 것이 지은 자에게 "왜 나를 이렇게 만들었습니까?"라고 대들 수 있겠습니까? 토기장이가 진흙 한 덩어리를 가지고 하나는 귀히 쓸 그릇을, 다른 하나는 막 쓸 그릇을 만들 권리가 없겠습니까? 만일 하나님께서 진노를 보이시고 능력을 알리시고자 멸망받도록 예비된 진노의 그릇에 대해 오래 참으심으로 관용하시고 영광을 받도록 예비하신 긍휼의 그릇에 대해 그분의 영광이 풍성함을 알게 하고자 하셨다면 어찌하겠습니까? 하나님께서 우리를 바로 이 그릇으로 부르셨으니, 곧 유대 사람 가운데에서뿐 아니라 이방 사람 가운데에서도 부르셨습니다. 호세아서에서도 하나님께서 말씀하시기를 "내가 내 백성이 아닌 자를 내 백성이라, 사랑받지 못한 자를 사랑받는 자라 부를 것이다" "그리고 '너희는 내 백성이 아니다'라고 그들에게 말한 그곳에서 그들이 살아 계신 하나님의 아들들이라 불릴 것이다"라고 한 것과 같습니다.

이사야도 이스라엘에 대해 부르짖기를 "비록 이스라엘 자손의 수가 바다의 모래알 같을지라도 오직 남은 자만 구원받을 것이다. 주께서 그 말씀하신 것을 땅 위에서 온전하고 신속히 이루실 것이다"라고 했습니다. 또한 이사야가 미리 말하기를 "만군의 주께서 우리에게 씨를 남겨 두지 않으셨더라면 우리는 소돔같이 되고 고모라같이 됐을 것이다"라고 한 것과 같습니다.

이스라엘의 불신앙

그렇다면 우리가 무슨 말을 하겠습니까? 의를 따르지 않은 이방 사람이 의, 곧 믿음으로 인한 의를 얻었으나 의의 율법을 따르던 이스라엘은 율법에 이르지 못했습니다. 그 이유가 무엇입니까? 이는 그들이 믿음에 의해서가 아니라 행위로 의를 얻는 것처럼 행했기 때문입니다. 그들은 걸림돌에 걸려 넘어지고 말았습니다. 기록되기를 "보라, 내가 시온에 걸림돌과 거치는 바위를 두리니 그를 믿는 자는 수치를 당하지 않을 것이다"라고 한 것과 같습니다.

10 형제들이여, 내 마음의 소원과 이스라엘을 위해 하나님께 기도하는 것은 그들이 구원을 받는 것입니다. 내가 그들에 대해 증언합니다. 그들은 하나님께 열심이 있으나 지식을 따른 것이 아닙니다. 그들은 하나님의 의를 알지 못하고 자기 의를 세우려고 애쓰면서 하나님의 의에 복종하지 않았습니다. 그리스도께서는 믿는 모든 사람들이 의에 이르게 하기 위해 율법의 마침

이 되셨습니다. 모세는 율법으로 인한 의에 대해 기록하기를 "율법을 행한 사람은 그것으로 살 것이다"라고 했습니다. 그러나 믿음으로 인한 의는 이렇게 말합니다. "너는 속으로 '누가 하늘로 올라가겠느냐?' 하지 말라." (이것은 그리스도를 모셔 내리려는 것입니다.) 혹은 "'누가 지옥에 내려가겠느냐?' 하지도 말라." (이것은 그리스도를 죽은 자 가운데서 모셔 올리려는 것입니다.) 그러면 그것은 무엇을 말합니까? "말씀이 네 가까이 있으니 네 입속에 있고 네 마음속에 있다"라고 했으니 이것은 우리가 전파하는 믿음의 말씀입니다. 만일 당신의 입으로 예수를 주라고 고백하고 또 하나님께서 그분을 죽은 사람 가운데서 살리신 것을 마음에 믿으면 구원을 받을 것입니다. 사람이 마음으로 믿어 의에 이르고 입으로 고백해 구원에 이릅니다. 성경은 "누구든지 그를 믿는 사람은 수치를 당하지 않으리라"라고 말합니다. 유대 사람이든 이방 사람이든 차별이 없습니다. 동일하신 주께서는 모든 사람의 주가 되셔서 그분을 부르는 모든 사람에게 부요하십니다. "주의 이름을 부르는 사람은 누구든지 구원을 받을 것이다." 그런데 그들이 믿지 않는 분을 어떻게 부르겠습니까? 듣지도 못한 분을 어떻게 믿겠습니까? 전하는 사람이 없이 어떻게 듣겠습니까? 또 보냄을 받지 않았으면 어떻게 전하겠습니까? 기록되기를 "좋은 소식을 전하는 사람들의 발이 얼마나 아름다운가!"라고 한 것과 같습니다. 그러나 그들 모두가 다 복음에 순종한 것은 아닙니다. 이사야는 "주여, 우리의 전한 것을 누가 믿었습니까?"라고 했습니다. 그러므로 믿음은 들음에서 나고 들음은 그리스도의 말씀에서 납니다.

그렇다면 내가 묻겠습니다. 그들이 듣지 못했습니까? 물론 그렇지 않습니다. "그들의 음성이 온 땅에 퍼졌고 그들의 말이 땅끝까지 이르렀다"라고 했습니다. 내가 다시 묻습니다. 이스라엘이 알지 못했습니까? 먼저 모세가 말하기를 "내가 백성이 아닌 자로 너희를 시기하게 하고 내가 미련한 백성으로 너희를 분노하게 할 것이다"라고 했습니다. 또 이사야가 아주 담대하게 말하기를 "나를 찾지 않는 자들을 내가 만나 주고 내게 구하지 않는 자들에게 내가 나타났다"라고 했습니다. 그러나 이스라엘에 관해서는 "내가 순종하지 않고 거역하는 백성에게 온종일 내 손을 내밀었다"라고 했습니다.

11 이스라엘의 남은 사람들

그러면 내가 묻겠습니다. 하나님께서 자기 백성을 버리셨습니까? 결코 그럴 수 없습니다. 나 자신도 이스라엘 사람이요, 아브라함의 씨에서 난 자요, 베냐민 지파에 속한 사람입니다. 하나님께서는 미리 아신 자기 백성을 버리지 않으셨습니다. 여러분은 성경이 엘리야에 관해 말한 것을 알지 못합니까? 그가 이스라엘을 고발해 하나님께 호소하기를 "주여, 그들이 주의 예언자들을 죽이고 주의 제단들을 부수었습니다. 오직 저만 남았는데 그들이 제 목숨도 찾고 있습니다"라고 했습니다. 그러나 하나님께서 그에게 무엇이라고 대답하셨습니까? "내가 나 자신을 위해 바알에게 무릎을 꿇지 않은 7,000명을 남겨 두었다"라고 하셨습니다. 그러므로 이와 같이 지금도 은혜로 선택을 받아 남은 사람이 있습니다. 그리고 만일 은혜로 된 것이면 행위로 인한 것이 아닙니다. 그렇지 않으면 은혜는 더 이상 은혜가 되지 못합니다. 그러면 무엇입니까? 이스라엘은 자기들이 찾던 것을 얻지 못했습니다. 오직 택하심을 받은 사람이 얻었고 나머지 사람들은 완악해졌습니다. 기록되기를 "하나님께서 오늘날까지 그들에게 혼미한 심령과 보지 못하는 눈과 듣지 못하는 귀를 주셨다"라고 한 것과 같습니다. 또 다윗도 말하기를 "그들의 밥상이 그들에게 덫과 올가미와 거치는 것과 보응이 되게 하시고 그들의 눈이 어두워져 볼 수 없게 하시고 그들의 등이 영원히 굽게 하소서"라고 했습니다.

접붙인 가지들

그러면 내가 묻겠습니다. 그들이 완전히 쓰러져 내버려야 할 정도로 넘어진 것입니까? 결코 그럴 수 없습니다. 도리어 그들의 넘어짐으로 구원이 이방 사람에게 이르러 이스라엘이 시기하게 하려는 것입니다. 그들의 넘어짐이 세상의 부요함이 되고 그들의 실패가 이방 사람의 부요함이 됐다면 그들의 충만함은 얼마나 더 큰 부요함을 가져오겠습니까? 이제 내가 이방 사람인 여러분에게 말합니다. 내가 이방 사람의 사도인 만큼 나는 내 직분을 영광스럽게 여깁니다. 이는 내가 어떻게든 내 동족에게 시기심을 일으켜 그들 가운데 다만 얼마라도 구원을 받게 하려는 것입니다. 하나님께서 그들을 버리신 것이 세상의 화목이 됐다면 하나님께서 그들을 받아들이시는 것은 죽은 사람 가운데서 살아나는 것이 아니고 무엇이겠습니까? 첫 열매로 바치는 반죽 덩어리가 거룩하면 반죽 덩어리 전체도 그러하고 뿌리가 거룩하면 가지도 그러합니다. 그런데 가지들 가운데 몇 개가 부러졌는데 돌올리브 나무인 그대가 그들 가운데 접붙임을 받아 참올리브 나무 뿌리의 자양분을 함께 나눠 받는 사람이 됐으니 그 가지들을 향해 자랑하지 마십시오. 자랑한다 할지라도 그대가 뿌리를 지탱하는 것이 아니라 뿌리가 그대를 지탱한다는 사실을 명심하십시오. 그러면 그대는 "가지들이 부러진 것은 나로 접붙임을 받게 하기 위한 것이었다"라고 말할 것입니다. 그렇습니다. 그들은 믿지 않으므로 부러졌고 당신은 믿음으로 서 있습니다. 마음에 교만을 품지 말고 오히려 두려워하십시오. 하나님께서 원가지들도 아끼지 않으셨으니 그대도 아끼지 않으실 것입니다. 그러므로 하나님의 인자하심과 준엄하심을 생각해 보십시오. 넘어진 사람들에게는 준엄하심이 있으나 만일 그대가 하나님의 인자하심 안에 머무르면 그분의 인자하심이 그대에게 있을 것입니다. 그렇지 않으면 그대 역시 잘려 나갈 것입니다. 또한 그들이 불신앙에 머물지 않는다면 다시 접붙임을 받을 것입니다. 하나님께서는 그들을 다시 접붙이실 수 있기 때문입니다. 그대가 본래 돌올리브 나무에서 잘려 나와 본성을 거슬러 참올리브 나무에 접붙임을 받았다면 하물며 원가지들인 이 사람들이야 얼마나 더 쉽게 자기 올리브 나무에 접붙임을 받을 수 있겠습니까?

온 이스라엘이 구원을 받을 것이다

형제들이여, 나는 여러분이 이 비밀에 대해 알기를 바랍니다. 이것은 여러분이 스스로 지혜 있다고 생각하지 못하게 하려는 것입니다. 이 비밀은 이방 사람의 충만한 수가 들어오기까지 이스라엘 가운데 일부가 완악하게 됐다는 것입니다. 그리하여 온 이스라엘이 구원을 받게 될 것입니다. 기록되기를 "구원자가 시온에서 나와 야곱에게서 경건치 않은 것을 제거하실 것이다. 이것은 그들과 맺은 내 언약이니 내가 그들의 죄를 없애 버릴 때 이루어질 것이다"라고 한 것과 같습니다. 복음의 관점에서 보면 그들은 여러분으로 인해 원수가 된 사람들이지만, 선택의 관점에서 보면 그들은 조상들로 인해 사랑을 받은 사람들입니다. 하나님의 은사와 부르심은 번복될 수 없습니다. 한때는 여러분이 하나님께 순종하지 않았으나 지금은 이스라엘의 불순종으로 긍휼히 여김을 받았습니다. 이와 같이 이스라엘이 지금 순종하지 않는 것은 여러분에게 베푸신 긍휼로 이제 그들도 긍휼히 여기심을 받게 하려는 것입니다. 하나님께서 모든 사람을 불순종 가운데 가두신 것은 모든 사람에게 긍휼을 베푸시기 위함입니다.

송영

깊도다! 하나님의 부요와 지혜와 지식이여, 그분의 판단은 헤아릴 수 없으며 그분의 길은 찾아낼 수 없도다. "누가 주의 마음을 알았는가? 누가 주의 조언자가 됐는가? 누가 주께 먼저 드려 주의 보상을 받겠는가?" 만물이 그분에게서 나오고 그분으로 인해 있고 그분에게로 돌아갑니다. 그분에게 영광이 영원토록 있기를 빕니다. 아멘.

12 산 제물

그러므로 형제들이여, 내가 하나님의 자비하심으로 여러분에게 권합니다. 여러분의 몸을 하나님께서 기뻐하시는 거룩한 산 제물로 드리십시오. 이것이 여러분이 드릴 영적 예배입니다. 여러분은 이 세대를 본받지 말고 오직 마음을 새롭게 함으로 변화를 받아 하나님의 선하시고 기뻐하시고 온전하신 뜻이 무엇인지 분별하도록 하십시오.

그리스도의 몸 안에서 겸손하게 섬기라

나는 내게 주신 은혜를 힘입어 여러분 각 사람에게 말합니다. 여러분은 마땅히 생각할 그 이상의 생각을 품지 말고 오직 하나님께서 각 사람에게 나눠 주신 믿음의 분량대로 분수에 맞게 생각하십시오. 우리가 한 몸에 많은 지체를 가졌으나 모든 지체가 같은 기능을 하는 것이 아닙니다. 이와 같이 우리 많은 사람들도 그리스도 안에서 한 몸을 이루었고 각 사람은 서로 지체가 됐습니다. 우리는 우리에게 주신 은혜를 따라 서로 다른 은사를 갖고 있습니다. 만일 예언이면 믿음의 분량대로, 섬기는 일이면 섬기는 일로, 가르치는 사람이면 가르치는 일로, 권면하는 사람은 권면하는 일로, 구제하는 사람은 순수한 마음으로, 지도하는 사람은 부지런함으로, 긍휼을 베푸는 사람은 기쁜 마음으로 해야 합니다.

사랑으로 행하라

사랑에는 거짓이 없어야 합니다. 악한 것을 미워하고 선한 것을 붙

드십시오. 형제의 사랑으로 서로 사랑하고 서로 먼저 존경하며 열심을 내 일하고 성령으로 뜨거워진 마음으로 주를 섬기십시오. 소망 가운데 기뻐하고 환난 가운데 참으며 기도에 항상 힘쓰십시오. 성도들의 쓸 것을 공급하고 나그네를 대접하는 일에 힘쓰십시오. 여러분을 핍박하는 사람들을 축복하십시오. 축복하고 저주하지 마십시오. 기뻐하는 사람들과 함께 기뻐하고 우는 사람들과 함께 우십시오. 서로 마음을 같이하고 교만한 마음을 품지 말며 오히려 비천한 사람들과 사귀고 스스로 지혜 있는 체 마십시오. 아무도 악을 악으로 갚지 말고 모든 사람 앞에서 선한 일을 힘써 행하십시오. 여러분이 할 수만 있으면 모든 사람들과 평화롭게 지내십시오. 사랑하는 형제들이여, 여러분이 스스로 원수를 갚지 말고 하나님의 진노하심에 맡기십시오. 기록되기를 "원수를 갚는 것이 내게 있으니 내가 갚아 주겠다"라고 주께서 말씀하십니다. "네 원수가 굶주려 있으면 먹이고 목말라하면 마실 것을 주어라. 이로써 네가 그의 머리 위에 숯불을 쌓을 것이다." 악에 지지 말고 선으로 악을 이기십시오.

13 세상 권세에 복종하라

각 사람은 위에 있는 권세들에 복종하십시오. 무슨 권세든 하나님께로부터 오지 않은 것이 없고 이미 있는 권세는 다 하나님께서 세우신 것입니다. 따라서 권세에 대항하는 사람은 하나님의 명을 거역하는 것이니 거역하는 사람들은 심판을 자초할 것입니다. 통치자에 대해서는, 선한 일 때문에 두려워할 것이 없고 악한 일 때문에 두려움의 대상이 됩니다. 권세자를 두려워하지 않기를 원합니까? 선을 행하십시오. 그러면 그에게 칭찬을 받을 것입니다. 그는 여러분에게 선을 이루기 위해 일하는 하나님의 일꾼입니다. 그러나 여러분이 악을 행한다면 두려워하십시오. 그는 공연히 칼을 가진 것이 아닙니다. 그는 하나님의 일꾼으로서 악을 행하는 사람에게 하나님의 진노를 집행하는 사람입니다. 그러므로 복종해야 할 필요가 있으니 진노 때문만이 아니라 양심을 위해서도 복종해야 할 것입니다. 여러분이 조세를 바치는 것도 바로 이 때문입니다. 그들은 하나님의 일꾼들로서 바로 이 일에 항상 힘쓰고 있습니다. 여러분은 모든 사람에게 의무를 다하십시오. 조세를 바쳐야 할 사람에게 조세를 바치고 관세를 바쳐야 할 사람에게 관세를 바치고 두려워해야 할 사람을 두려워하고 존경해야 할 사람을 존경하십시오.

사랑은 율법을 완성한다

서로 사랑하는 것 외에는 누구에게든지 아무 빚도 지지 마십시오. 남을 사랑하는 사람은 율법을 다 이루었습니다. "간음하지 말라, 살인하지 말라, 도둑질하지 말라, 탐내지 말라"라고 하는 계명과 그 밖에 다른 계명이 있을지라도 이 모든 계명들은 "네 이웃을 네 자신과 같이 사랑하라"라고 하는 이 말씀 가운데 다 요약돼 있습니다. 사랑은 이웃에게 악을 행하지 않습니다. 그러므로 사랑은 율법의 완성입니다.

그날이 가까이 왔다

여러분이 이 시기를 알고 있는 것처럼 벌써 잠에서 깨어야 할 때가 됐습니다. 이제 우리의 구원이 처음 믿을 때보다 가까이 왔기 때문입니다. 밤이 깊고 낮이 가까이 왔습니다. 그러므로 어두움의 일들을 벗어 버리고 빛의 갑옷을 입읍시다. 낮에 행동하듯이 단정하게 행동합시다. 방탕하거나 술 취하지 말고 음행하거나 호색하지 말며 다투거나 시기하지 말고 오직 주 예수 그리스도로 옷 입고 정욕을 채우려고 육신의 일을 애쓰지 마십시오.

14

연약한 사람들과 강한 사람들

여러분은 믿음이 약한 사람을 받아들이되 그의 견해를 논쟁거리로 삼지 마십시오. 어떤 사람은 모든 음식을 먹을 만한 믿음이 있으나 믿음이 연약한 사람은 채소만 먹습니다. 먹는 사람은 먹지 못하는 사람을 업신여기지 말고 먹지 못하는 사람은 먹는 사람을 판단하지 마십시오. 이는 하나님께서 그 사람을 받으셨기 때문입니다. 여러분이 누구기에 남의 종을 판단합니까? 그의 서고 넘어지는 것이 자기 주인에게 달려 있습니다. 주께서 그를 세우실 수 있으니 그가 세움을 받을 것입니다. 어떤 사람은 이날을 저 날보다 중요하게 생각하고 어떤 사람은 모든 날이 똑같다고 생각합니다. 각자 자기 마음에 확신을 가지십시오. 어떤 날을 중요하게 생각하는 사람은 주를 위해 중요하게 생각하고 먹는 사람도 주를 위해 먹으니 이는 그가 하나님께 감사하기 때문입니다. 먹지 않는 사람도 주를 위해 먹지 않고 하나님께 감사드립니다. 우리 중에 아무도 자기만을 위해 사는 사람이 없고 자기만을 위해 죽는 사람도 없습니다. 우리는 살아도 주를 위해 살고 죽어도 주를 위해 죽습니다. 그러므로 죽든지 살든지 우리는 주의 것입니다. 이를 위해 그리스도께서 죽었다가 다시 살아나셨으니 이는 죽은 사람과 산 사람의 주가 되시기 위함이었습니다. 그런데 그대는 왜 그대의 형제를 판단합니까? 왜 그대의 형제를 업신여깁니까? 우리가 모두 하나님의 심판대 앞에 설 텐데 말입니다. 기록되기를 "주께서 말씀하시기를 '내가 살아 있으니 모든 무릎이 내 앞에 꿇을 것이요, 모든 혀가 하나님께 찬양할 것이다'"라고 했습니다. 이와 같이 우리가 각각 자기의 일을 하나님께 사실대로 말씀드릴 것입니다. 그러므로 우리가 이제부터는 서로 남을 판단하지 맙시다. 형제 앞에 걸림돌이나 장애물을 두지 않기로 결심하십시오. 내가 주 예수 안에서 알고 확신하는 것은 이것입니다. 무엇이든지 그 자체로 부정한 것은 없고 다만 부정하다고 여기는 그 사람에게만 부정한 것입니다. 만일 음식 문제로 여러분의 형제가 근심하게 되면 그대는 더 이상 사랑을 따라 행하지 않는 것입니다. 그리스도께서 위해 죽으신 그 형제를 음식 문제로 망하게 하지 마십시오. 그러므로 여러분의 선한 것이 비방을 받지 않도록 하십시오. 하나님의 나라는 먹고 마시는 것이 아니라 성령 안에서 의와 평강과 기쁨입니다. 그리스도를 이렇게 섬기는 사람은 하나님을 기쁘시게 하고 사람에게도 인정을 받습니다. 그러므로 화평을 이루고 서로 세워 주는 일에 힘씁시다. 음식 문제로 인해 하나님의 일을 망치지 않도록 하십시오. 모든 것이 다 깨끗하나 다른 사람을 넘어지게 하면서 먹는 그 사람에게는 불결합니다. 고기도 먹지 않고 포도주도 마시지 않고 형제를 넘어지게 하는 어떤 일도 하지 않는 것이 좋습니다. 그대가 가지고 있는 믿음을 하나님 앞에서 스스로 견고히 지키십시오. 자신이 옳다고 생각하는 일을 하면서 스스로 자신을 정죄하지 않는 사람은 복이 있습니다. 그러나 의심하며 먹는 사람은 이미 정죄를 받았습니다. 이는 믿음에서 나온 것이 아니기 때문입니다. 믿음으로 하지 않는 것은 다 죄입니다.

15 우리 강한 사람들은 마땅히 연약한 사람들의 약점을 감싸주고 자기가 기뻐하는 대로 하지 않도록 해야 합니다. 우리 각 사람은 이웃을 기쁘게 해 선을 이루고 덕을 세워야 합니다. 그리스도께서도 자기를 기쁘게 하지 않으셨습니다. 기록되기를 "주를 욕하는 사람들의 그 욕이 내게 미쳤다"라고 한 것과 같습니다. 무엇이든지 이전에 기록된 것은 우리에게 교훈을 주기 위해 기록됐습니다. 이는 우리로 하여금 성경이 주는 인내와 위로로 인해 소망을 품게 하려는 것입니다. 이제 인내와 위로의 하나님께서 여러분으로 하여금 그리스도 예수를 본받아 서로 같은 뜻을 품게 하시고 한마음과 한입으로 하나님, 곧 우리 주 예수 그리스도의 아버지께 영광을 돌릴 수 있게 해 주시기를 빕니다. 그러므로 그리스도께서 하나님의 영광을 위해 우리를 받아 주신 것처럼 여러분도 서로 받으십시오. 내가 말하는 것은 이것입니다. 그리스도께서는 하나님의

진실하심을 위해 할례 받은 사람의 종이 되셨습니다. 이는 조상에게 주신 약속들을 확증하시고 이방 사람들도 그 긍휼하심을 받아 하나님께 영광 돌리게 하시려는 것입니다. 기록되기를 "그러므로 내가 이방 사람들 가운데서 주께 찬양을 드리며 주의 이름을 찬송합니다"라고 한 것과 같습니다. 또 말하기를 "이방 사람들아, 주의 백성과 함께 기뻐하라"라고 했고 또 말하기를 "모든 이방 사람들아, 주를 찬양하며 모든 백성들아, 그를 찬송하라"라고 했으며 또 이사야가 말하기를 "이새의 뿌리, 곧 이방 사람들을 다스리기 위해 일어나시는 이가 있으리니 이방 사람들이 그 안에 소망을 둘 것이다"라고 했습니다. 이제 소망의 하나님께서 여러분의 믿음 생활 가운데 모든 기쁨과 평강을 충만하게 하셔서 성령의 능력으로 소망이 흘러 넘치게 하시기를 빕니다.

이방 사람을 위한 사역자 바울

내 형제들이여, 나는 여러분 자신이 선으로 가득하고 모든 지식이 충만하므로 서로 권면할 수 있으리라고 확신합니다. 그러나 하나님께서 내게 주신 은혜로 인해 여러분에게 몇 가지를 담대하게 쓴 것은 여러분에게 다시 생각나게 하기 위함입니다. 이 은혜는 나로 이방 사람들을 위한 그리스도 예수의 일꾼이 되게 해서 하나님의 복음을 전하는 제사장 직무를 수행하게 하시려는 것입니다. 이로써 이방 사람을 제물로 드리는 일이 성령 안에서 거룩하게 돼서 받으실 만한 것이 되게 하시려는 것입니다. 그러므로 내가 그리스도 예수 안에서 하나님의 일에 대해 자랑할 것이 있습니다. 하지만 그리스도께서 이방 사람들을 순종하게 하시려고 나를 통해 이루신 일 외에는 감히 아무것도 말하지 않겠습니다. 그것은 말과 행동으로 표적과 기사의 능력으로 [하나님의] 성령의 능력으로 이뤄졌습니다. 그래서 나는 예루살렘에서 일루리곤까지 두루 다니며 그리스도의 복음을 널리 전파했습니다. 또한 나는 그리스도의 이름을 부르지 않는 곳에 복음 전하기를 열망했습니다. 이는 남의 터 위에 집을 짓지 않으려는 뜻에서였습니다. 기록되기를 "주의 소식을 받지 못한 사람들이 볼 것이요, 듣지 못한 사람들이 깨닫게 될 것이다"라고 한 것과 같습니다. 그래서 나는 여러분에게 여러 차례 가려고 했으나 길이 막혔습니다.

로마 방문을 위한 바울의 계획

그러나 이제는 내가 이 지역에서 더 이상 일할 곳이 없고 또 여러 해 동안 여러분을 만나 보고 싶은 소원이 있었으므로 내가 스페인에 갈 때 여러분을 방문하려고 합니다. 이것은 내가 지나는 길에 여러분에게 들러 얼마간 여러분과 기쁨을 나눈 후에 여러분의 후원으로 그곳에 가기를 원하기 때문입니다. 그러나 지금은 성도를 섬기는 일로 예루살렘으로 가는 길입니다. 이는 마케도니아와 아가야 사람들이 예루살렘의 가난한 성도들을 위해 기꺼이 얼마를 기부했기 때문입니다. 그들이 기쁨으로 그렇게 했지만 사실 그들은 예루살렘 성도들에게 빚진 사람들입니다. 만일 이방 사람들이 그들의 신령한 것들을 나눠 가졌으면 육신적인 것들로 그들을 섬기는 것이 마땅합니다. 그러므로 내가 이 일을 마치고 그들에게 이 열매를 확실히 전달한 후에 여러분에게 들렀다가 스페인으로 가려고 합니다. 내가 여러분에게 갈 때 그리스도의 충만한 복을 가지고 갈 줄을 압니다. 형제들이여, 내가 우리 주 예수 그리스도를 힘입고 성령의 사랑을 힘입어 여러분에게 부탁합니다. 나를 위해 여러분도 나와 함께 하나님께 열심히 기도해 주십시오. 내가 유대에 있는 순종치 않는 사람들에게서 구원을 받으며 또 예루살렘에 대한 내 봉사가 성도들에게 받을 만한 것이 되며 내가 하나님의 뜻에 따라 기쁨으로 여러분에게 가서 함께 휴식을 취할 수 있도록 기도해 주십시오. 평강의 하나님께서 여러분 모두와 함께하시기를 빕니다. 아멘.

16 **개인적인 문안 인사**

나는 겐그레아 교회의 일꾼이요, 우리의 자매인 뵈뵈를 여러분에게 추천합니다. 여러분은 성도의 합당한 예절로 주 안에서 뵈뵈를 영접하고 그가 필요로 하는 것은 무엇이든지 돕기 바랍니다. 이는 뵈뵈가 많은 사람들과 나를 돕는 사람이 됐기 때문입니다. 그리스도 예수 안에서 내 동역자들인 브리스가와 아굴라에게 안부를 전해 주십시오. 그들은 생명의 위험을 무릅쓰고 내 생명을 구해 주었습니다. 나뿐 아니라 이방 사람의 모든 교회들도 그들에게 감사하고 있습니다. 또한 그들의 가정에서 모이는 교회에도 안부를 전해 주십시오. 내가 사랑하는 에배네도에게 안부를 전해 주십시오. 그는 아시아에서 그리스도께 돌아온 첫 열매입니다. 여러분을 위해 많이 수고한 마리아에게 안부를 전해 주십시오. 내 친척이며 나와 함께 옥에 갇혔던 안드로니고와 유니아에게 안부를 전해 주십시오. 그들은 사도들 사이에서 뛰어난 사람들이며 나보다 먼저 그리스도 안에 있는 사람들입니다. 주 안에서 내가 사랑하는 암블리아에게 안부를 전해 주십시오. 그리스도 안에서 우리의 동역자인 우르바노와 내가 사랑하는 스다구에게 안부를 전해 주십시오. 그리스도 안에서 인정을 받은 아벨레에게 안부를 전해 주십시오. 아리스도불로의 집안사람들에게 안부를 전해 주십시오. 내 친척 헤로디온에게 안부를 전해 주십시오. 주 안에 있는 나깃수의 집안 사람들에게 안부를 전해 주십시오. 주 안에서 수고한 드루배나와 드루보사에게 안부를 전해 주십시오. 주 안에서 수고를 많이 한 사랑하는 버시에게 안부를 전해 주십시오. 주 안에서 택하심을 받은 루포와 그의 어머니에게 안부를 전해 주십시오. 그의 어머니는 곧 내 어머니이기도 합니다. 아순그리도, 블레곤, 허메, 바드로바, 허마와 그들과 함께 있는 형제들에게 안부를 전해 주십시오. 빌롤로고, 율리아, 네레오와 그의 자매와 올름바와 그들과 함께 있는 모든 성도에게 안부를 전해 주십시오. 거룩한 입맞춤으로 여러분은 서로 문안하십시오. 그리스도의 모든 교회가 여러분에게 문안합니다. 형제들이여, 내가 여러분에게 권합니다. 여러분은 배운 교훈에 역행해 분열을 일으키고 훼방하는 사람들을 경계하고 그들을 멀리하십시오. 그런 사람들은 우리 주 그리스도를 섬기지 않고 자기 배만 채우며 그럴듯한 말과 아첨하는 말로 순진한 사람들의 마음을 현혹합니다. 여러분의 순종이 모든 사람에게 알려지고 있어 나는 여러분으로 인해 기뻐합니다. 나는 여러분이 선한 일에는 지혜롭고 악한 일에는 순진하기를 바랍니다. 평강의 하나님께서 속히 사탄을 여러분의 발아래서 짓밟히게 하실 것입니다. 우리 주 예수의 은혜가 여러분과 함께하기를 빕니다. 내 동역자인 디모데와 내 친척들인 누기오, 야손, 소시바더가 여러분에게 안부를 전합니다. 이 편지를 받아쓰는 나 더디오도 주 안에서 여러분에게 안부를 전합니다. 나와 온 교회의 집주인인 가이오도 주 안에서 여러분에게 안부를 전합니다. 이 성의 재무관 에라스도와 형제 구아도도 여러분에게 안부를 전합니다. 하나님께서는 내가 전하는 복음과 예수 그리스도에 대한 선포를 따라, 그리고 비밀의 계시를 따라 능히 여러분을 견고하게 하실 수 있습니다. 이 비밀은 영원 전부터 감춰져 오다가 이제는 나타나게 됐으며 영원하신 하나님의 명령에 따라 예언자들의 글로 인해 믿고 순종하게 하시려고 모든 민족에게 알려지게 됐습니다. 오직 한 분이신 지혜로우신 하나님께 예수 그리스도로 인한 영광이 영원무궁하기를 빕니다. 아멘.

고린도전서
1 Corinthians

1 하나님의 뜻에 따라 그리스도 예수의 사도로 부르심을 받은 바울과 형제 소스데네는 고린도에 있는 하나님의 교회, 곧 그리스도 예수 안에서 거룩하게 돼 성도로 부르심을 받은 사람들과 또한 각처에서 우리 주 예수 그리스도의 이름을 부르는 모든 사람들에게 편지를 씁니다. 하나님 우리 아버지와 주 예수 그리스도께로부터 은혜와 평강이 여러분에게 있기를 빕니다.

감사

나는 그리스도 예수 안에서 여러분이 받은 하나님의 은혜로 인해 여러분에 대해 항상 내 아버지께 감사드립니다. 이는 여러분이 그리스도 안에서 모든 일, 곧 말과 모든 지식에 있어서 풍성하게 됐기 때문입니다. 그리스도의 증거가 여러분 안에 견고하게 돼 모든 은사에 부족함 없이 여러분은 우리 주 예수 그리스도께서 나타나시기를 기다리고 있습니다. 하나님께서 우리 주 예수 그리스도의 날에 책망받을 것이 없도록 여러분을 끝까지 견고하게 하실 것입니다. 하나님께서는 신실하신 분입니다. 여러분은 하나님의 신실하심으로 인해 그분의 아들 예수 그리스도 우리 주와 함께 교제하도록 부르심을 받았습니다.

교회의 분쟁

형제들이여, 나는 여러분 모두가 같은 말을 하고 여러분 가운데 분열이 없고 한마음 한뜻으로 굳게 연합하기를 우리 주 예수 그리스도의 이름으로 권면합니다. 내 형제들이여, 글로에의 집 사람들을 통해 여러분에 대한 말, 곧 여러분 가운데 다툼이 있다는 말을 내가 들었습니다. 내가 말하는 것은 이것입니다. 곧 여러분이 제각기 "나는 바울파다, 나는 아볼로파다, 나는 게바파다, 나는 그리스도파다"라고 하는 것입니다. 그리스도께서 나뉘었습니까? 바울이 여러분을 위해 십자가에 못 박혔습니까? 또 여러분이 바울의 이름으로 세례를 받았습니까? 내가 하나님께 감사하는 것은 여러분 가운데 그리스보와 가이오 외에는 내가 아무에게도 세례를 주지 않았다는 것입니다. 이는 여러분 가운데 아무도 내 이름으로 세례를 받았다고 말하지 못하게 하려는 것입니다. 내가 또한 스데바나의 집안사람들에게도 세례를 주었으나 그 외에 어느 누구에게도 세례를 준 기억이 없습니다. 그리스도께서는 세례를 주라고 나를 보내신 것이 아니라 복음을 전하라고 보내셨습니다. 또한 복음을 전할 때 말의 지혜로 하지 않도록 하셨는데 이는 그리스도의 십자가가 헛되지 않도록 하려는 것입니다.

십자가에 못 박히신 그리스도가 하나님의 능력과 지혜이다

십자가의 말씀이 멸망당하는 사람들에게는 어리석은 것이나 구원받는 우리에게는 하나님의 능력입니다. 기록되기를 "내가 지혜로운 사람들의 지혜를 멸하고 총명한 사람들의 총명을 폐할 것이다"라고 했습니다. 지혜로운 사람이 어디 있습니까? 학자가 어디 있습니까? 이 세대의 변론가가 어디 있습니까? 하나님께서 세상의 지혜를 어리석게 하신 것이 아닙니까? 하나님의 지혜에 있어서는 세상이 자신의 지혜를 통해 하나님을 알 수 없으므로 하나님께서는 어리석게 보이는 말씀 선포를 통해 믿는 사람들을 구원하시기를 기뻐하셨습니다. 유대 사람은 표적을 구하고 그리스 사람은 지혜를 찾지만 우리는 십자가에 못 박힌 그리스도를 전파합니다. 이것이 유대 사람에게는 마음에 걸리는 일이며 이방 사람에게는 어리석은 것이지만 부르심을 받은 사람들에게는 유대 사람이든 그리스 사람이든 그리스도는 하나님의 능력이며 하나님의 지혜입니다. 하나님의 어리석음이 사람의 지혜보다 더 지혜롭고 하나님의 연약함이 사람보다 더 강하기 때문입니다. 형제들이여, 여러분의 부르심을 생각해 보십시오. 육신적으로 지혜 있는 사람이 많지 않고 능력 있는 사람도 많지 않고 가문 좋은 사람도 많지 않습니다. 그러나 하나님께서는 지혜로운 사람들을 부끄럽게 하시려고 세상의 어리석은 것들을 택하셨고 강한 것들을 부끄럽게 하시려고 세상의 약한 것들을 택하셨습니다. 또한 하나님께서는 잘난 체하는 것들을 없애시려고 세상의 천한 것들과 멸시받는 것들과 아무것도 아닌 것들을 택하셨습니다. 이는 어떤 육체라도 그분 앞에서 자랑하지 못하게 하려는 것입니다. 여러분은 하나님께로부터 나서 그리스도 예수 안에 있는 사람들입니다. 예수는 하나님께로부터 와서 우리에게 지혜와 의와 거룩함과 구속함이 되셨습니다. 그러므로 기록되기를 "자랑하는 사람은 주 안에서 자랑하라" 함과 같습니다.

2 형제들이여, 내가 여러분에게 가서 하나님의 비밀을 전할 때 달변이나 지혜로 하지 않았습니다. 내가 여러분 가운데서 예수 그리스도, 곧 십자가에 못 박히신 그분 외에는 아무것도 알지 않기로 작정했기 때문입니다. 내가 여러분에게 갔을 때 나는 연약하고 두렵고 떨리는 가운데 있었습니다. 내 말과 내 선포는 지혜롭고 그럴듯한 말들로 한 것이 아니라 성령의 능력이 나타낸 증거로 한 것입니다. 이는 여러분의 믿음이 사람의 지혜에 있지 않고 하나님의 능력에 있게 하려고 한 것입니다.

하나님의 지혜가 성령에 의해 드러나다

그러나 우리는 성숙한 사람들 가운데서 지혜를 말합니다. 그런데 이것은 이 세대의 지혜도, 없어져 버릴 이 세상에서 다스리는 사람들의 지혜도 아닙니다. 오직 우리는 비밀로 감춰졌던 하나님의 지혜를 말합니다. 이것은 하나님께서 우리의 영광을 위해 영원 전에 미리 예정해 두신 것입니다. 이것은 이 세대를 다스리는 사람들 가운데는 누구도 알지 못했던 것입니다. 만일 그들이 알았더라면 영광의 주를 십자가에 못 박지 않았을 것입니다. 기록되기를 "눈으로 보지 못하고 귀로 듣지 못하고 사람의 마음에 떠오르지 않은 것들을 하나님께서는 자기를 사랑하는 사람들을 위해 예비해 주셨다"라고 한 것과 같습니다. 하나님께서는 성령을 통해 이것을 우리에게 깨달아 알게 해 주셨습니다. 성령께서는 모든 것, 곧 하나님의 깊은 것들까지도 자세히 살피시는 분이십니다. 만일 사람 속에 있는 그 사람의 영이 아니면 누가 그 사람의 생각을 알 수 있겠습니까? 이와 마찬가지로 하나님의 영이 아니면 아무도 하나님의 생각을 알 수 없습니다. 우리는 세상의 영을 받지 않고 하나님께로부터 온 영을 받았습니다. 이것은 하나님께서 우리에게 주신 은혜의 선물들을 깨달아 알게 하시려는 것입니다. 우리가 이 선물들에 대해 말하는 것은 사람의 지혜가 가르쳐 준 말들로 하는 것이 아니라 성령께서 가르치신 말씀들로 하는 것입니다. 곧 신령한 말로 신령한 일들을 설명하는 것입니다. 육에 속한 사람은 하나님의 영적인 일들을 받아들이지 않습니다. 그에게는 이런 것이 어리석고 이해할 수 없는 일들입니다. 이런 일들은 영적으로만 분별되기 때문입니다. 신령한 사람은 모든 것을 판단하나 자기는 아무에게도 판단을 받지 않습니다. "누가 주의 마음을 알아 그를 가르치겠습니까?" 그러나 우리는 그리스도의 마음을 가지고 있습니다.

3 교회와 지도자들

형제들이여, 내가 여러분에게 신령한 사람들에게 말하듯이 말할 수 없어서 육에 속한 사람들, 곧 그리스도 안에서 어린아이들에게 말하듯이 말했습니다. 나는 여러분에게 젖으로 먹이고 단단한 음식으로는 먹이지 않았습니다. 여러분이 감당할 수 없었기 때문입니다. 그런데 여러분은 지금도 여전히 감당할 수가 없습니다. 여러분은 여전히 육에 속한 사람들입니다. 여러분 가운데 시기와 다툼이 있으니 여러분이 육에 속한 사람들이 아니며 사람의 악한 본성을 따라 행하는 사람들이 아닙니까? 여러분 가운데 어떤 사람은

"나는 바울파다", 어떤 사람은 "나는 아볼로파다"라고 한다면 여러분은 육에 속한 사람들이 아닙니까? 그러면 아볼로는 무엇이고 바울은 무엇입니까? 여러분을 믿게 한 사역자들일 뿐입니다. 그들은 주께서 각각 맡겨 주신 대로 일할 뿐입니다. 나는 심고 아볼로는 물을 주었으나 자라게 하신 분은 하나님이십니다. 그러므로 심는 사람이나 물 주는 사람은 아무것도 아니요, 오직 하나님께서 자라게 하신 것입니다. 심는 사람과 물을 주는 사람은 하나이며 각각 자기의 수고한 대로 자기의 상을 받을 것입니다. 우리는 하나님의 동역자들이요, 여러분은 하나님의 밭이며 하나님의 건물입니다. 내게 주신 하나님의 은혜를 따라 내가 지혜로운 건축가처럼 기초를 닦았으며 다른 사람이 그 위에 건물을 세웁니다. 그러나 각각 그 위에 어떻게 세울 것인지 신중을 기해야 합니다. 아무도 이미 닦아 놓은 기초 외에 다른 어떤 기초도 놓을 수 없습니다. 그 기초는 곧 예수 그리스도이십니다. 만일 누가 이 기초 위에 금이나 은이나 보석이나 나무나 풀이나 짚으로 건물을 세우면 각 사람이 들인 정성과 힘이 드러날 것입니다. 이는 그날에 그것들이 불 가운데 나타나므로 밝히 드러날 것이기 때문입니다. 불은 각 사람이 들인 정성과 힘이 어떠한지 시험할 것입니다. 만일 누가 그 기초 위에 세워 놓은 일이 그대로 있으면 상을 받고 만일 누가 그 위에 세워 놓은 일이 불타 없어지면 해를 입을 것입니다. 그 자신은 구원을 받을 것이나 마치 불길을 간신히 피해 얻은 것과 같을 것입니다. 여러분은 자신이 하나님의 성전인 것과 하나님의 성령께서 여러분 안에 계시는 것을 알지 못합니까? 만일 누구든지 하나님의 성전을 파괴하면 하나님께서 그 사람을 멸하실 것입니다. 이는 하나님의 성전은 거룩하기 때문입니다. 여러분이 바로 하나님의 성전입니다. 아무도 자신을 속이지 마십시오. 만일 여러분 가운데 누가 이 세상에서 지혜 있다고 생각한다면 어리석은 사람이 되십시오. 그렇게 해야 진정 지혜 있는 사람이 될 것입니다. 이 세상의 지혜는 하나님 보시기에 어리석은 것입니다. 기록되기를 "하나님께서는 지혜로운 사람들을 자기 꾀에 넘어지게 하시는 분이십니다"라고 하고 또 기록되기를 "주님은 지혜로운 사람들의 생각이 허망한 것을 아신다"라고 한 것과 같습니다. 그러므로 누구든지 사람에 관한 것을 자랑하지 마십시오. 모든 것이 다 여러분의 것입니다. 바울이나 아볼로나 게바나 세상이나 생명이나 죽음이나 현재 일이나 미래 일이나 모든 것이 다 여러분의 것입니다. 그리고 여러분은 그리스도의 것이며 그리스도는 하나님의 것입니다.

4 참된 사도직의 본질

이와 같이 사람들은 우리를 그리스도의 일꾼이요, 하나님의 비밀을 맡은 사람들로 봐야 합니다. 그리고 맡은 사람들에게 요구되는 것은 그들의 신실함입니다. 내가 여러분에게 판단을 받든지 사람의 법정에서 판단을 받든지 그것은 내게 아주 작은 일입니다. 사실 나도 나 자신을 판단하지 않습니다. 나는 양심에 거리끼는 것이 전혀 없습니다. 그러나 이것으로 내가 의롭다는 것은 아닙니다. 나를 판단하시는 분은 주이십니다. 그러므로 여러분은 때가 되기

전, 곧 주께서 오실 때까지는 아무것도 판단하지 마십시오. 주께서는 어둠 속에 숨겨져 있는 것들을 밝히시고 마음의 동기를 드러내실 것입니다. 그때 하나님께서 각 사람을 칭찬하실 것입니다. 형제들이여, 나는 여러분을 위해 이것을 나 자신과 아볼로에게 적용해 설명했습니다. 이는 여러분이 우리를 통해 "기록된 말씀에서 벗어나지 마라"라고 한 것을 배워 어느 한쪽을 편들고 다른 쪽을 대적하는 교만에 빠지지 않게 하려는 것입니다. 누가 당신을 구별합니까? 당신이 가진 것 가운데 받지 않은 것이 무엇입니까? 당신이 받은 것이라면 왜 그렇지 않은 것처럼 자랑합니까? 여러분은 이미 배가 불렀고 이미 부유해졌고 우리 없이 왕 노릇 했습니다. 나는 여러분이 정말 왕처럼 다스렸으면 좋겠습니다. 그래서 우리도 여러분과 함께 왕 노릇 할 수 있었으면 좋겠습니다. 그러나 내가 생각하기에 하나님께서는 사도인 우리를 죽이기로 작정한 사람들같이 맨 끝자리에 두셨으니 우리가 세상과 천사들과 사람들에게 구경거리가 됐습니다. 우리는 그리스도로 인해 어리석지만 여러분은 그리스도 안에서 지혜롭고 우리는 약하지만 여러분은 강합니다. 여러분은 높고 귀하나 우리는 낮고 천합니다. 바로 이 시간까지도 우리는 굶주리고 목마르고 헐벗고 매 맞고 정처 없이 떠돌고 수고하며 우리 손으로 일합니다. 우리는 욕을 먹으면 오히려 축복해 주고 핍박을 당하면 참고 누가 우리를 비웃고 헐뜯으면 선한 말로 대답합니다. 지금까지 우리는 세상의 쓰레기처럼 만물의 찌꺼기처럼 됐습니다.

바울의 호소와 권면

내가 이렇게 쓰는 것은 여러분을 부끄럽게 하려는 것이 아니라 내 사랑하는 자녀들에게 훈계하려는 것입니다. 그리스도 안에서 여러분에게 1만 명의 선생이 있더라도 정작 아버지는 많지 않습니다. 나는 그리스도 예수 안에서 복음으로 여러분을 낳았습니다. 그러므로 내가 여러분에게 권합니다. 여러분은 나를 따라 행하십시오. 이를 위해 나는 주 안에서 내 사랑하는 신실한 아들 디모데를 여러분에게 보냅니다. 그가 여러분에게 내가 각처 각 교회에서 가르치는 대로 그리스도 예수 안에 있는 내 생활 방식을 생각나게 해 줄 것입니다. 여러분 가운데 어떤 사람들은 내가 그곳에 가지 못할 것이라 여기고 교만해졌습니다. 그러나 주께서 허락하시면 내가 여러분에게 속히 가서 그 교만해진 사람들의 말이 아니라 능력을 확인해 보겠습니다. 이는 하나님 나라는 말이 아니라 능력에 있기 때문입니다. 여러분은 무엇을 원합니까? 내가 매를 가지고 여러분에게 가면 좋겠습니까? 사랑과 온유한 마음을 가지고 가면 좋겠습니까?

5 근친상간의 경우를 다루다

심지어 여러분 가운데 음행이 있다는 소문이 들립니다. 심지어 누가 자기 아버지의 아내와 동거하는 사람까지 있다고 하니 이러한 음행은 이방 사람들에게도 없는 일입니다. 그런데도 여러분이 자만합니까? 오히려 여러분은 슬퍼하고 마음 아파하며 그런 짓을 행한 사람을 내쫓아야 하지 않겠습니까? 내가 비록 몸으로는 떠나 있으나 영으로는 여러분과 함께 있어 내가 마치 여러분과 함께 있는 것같이 그런 짓을 행한 사람을 이미 심판했습니다. 여러분이 우리 주 예수의 이름으로 모일 때 내 영이 우리 주 예수의 능력과 더불어 여러분과 함께 있으니 그런 사람을 사탄에게 넘겨주십시오. 이는 그 육신은 멸망하더라도 그 영은 주의 날에 구원을 얻게 하기 위함입니다. 여러분이 자랑하는 것은 옳지 않습니다. 여러분은 적은 누룩이 온 덩어리를 부풀게 하는 것을 알지 못합니까? 여러분은 새 반죽 덩이가 되기 위해 묵은 누룩을 제거해 버리십시오. 우리의 유월절 양이신 그리스도께서 희생되심으로 우리가 누룩 없는 반죽이 됐기 때문입니다. 그러므로 묵은 누룩, 곧 악하고 해로운 누룩이 든 빵으로 절기를 지키지 말고 오직 순결함과 진실함, 곧 누룩 없는 빵으로 지킵시다. 나는 내 편지에 여러분에게 음행하는 사람들과 어울리지 말라고 썼습니다. 이 말은 이 세상의 음행하는 사람들이나 탐욕을 부리는 사람들, 약탈하는 사람들이나 우상 숭배하는 사람들과 전혀 어울리지 말라는 뜻이 아닙니다. 만일 그렇게 하려면 여러분은 이 세상 밖으로 나가야 할 것입니다. 지금 내가 여러분에게 어울리지 말라고 쓴 것은 만일 형제라 불리는 어떤 사람이 음행하는 사람이거나 탐욕을 부리는 사람이거나 우상 숭배하는 사람이거나 중상모략하는 사람이거나 술꾼이거나 약탈하는 사람이면 그런 사람과는 함께 먹지도 말라는 것입니다. 교회 밖에 있는 사람들을 판단하는 것이 나와 무슨 상관이 있겠습니까? 여러분이 판단해야 할 사람은 교회 안에 있는 사람들이 아닙니까? 밖에 있는 사람들은 하나님께서 판단하실 것입니다. "그 악한 사람을 여러분 가운데서 내쫓으십시오."

6 성도들 간의 소송

여러분 가운데 누가 다른 사람에 대해 소송할 일이 있을 때 왜 성도들 앞에서 해결하려 하지 않고 세상의 불의한 사람들 앞에서 합니까? 여러분은 성도들이 세상을 심판할 것을 알지 못합니까? 세상이 여러분에게 심판을 받을 것인데 여러분이 아주 사소한 사건 하나도 판단할 능력이 없겠습니까? 여러분은 우리가 천사들을 판단할 것을 알지 못합니까? 그렇다면 하물며 이 세상일이겠습니까? 그런데 세상일로 소송할 것이 생겼을 때 여러분은 교회가 업신여기는 바깥 사람들을 재판관으로 세웁니까? 내가 이렇게 말하는 것은 여러분을 부끄럽게 하려는 것입니다. 여러분 가운데 믿는 사람들 사이의 일을 판단할 수 있는 지혜로운 사람이 이렇게 하나도 없습니까? 그래서 형제와 형제가 맞서 소송할 뿐 아니라 그것도 믿지 않는 사람들 앞에서 한다는 말입니까? 여러분이 서로 소송을 한다는 것은 여러분이 벌써 실패했다는 것을 뜻합니다. 왜 차라리 억울한 일을 당해 주지 못합니까? 왜 차라리 속아 주지 못합니까? 도리어 여러분은 불의를 행하며 속이고 있습니다. 그것도 형제들에게 그런 짓을 하고 있습니다. 여러분은 불의한 사람이 하나님 나라를 상속받지 못할 것을 알지 못합니까? 속지 마십시오. 음행하는 사람이나 우상을 숭배하는 사람이나 간음하는 사람이나 남창이나 동성연애를 하는 사람이나 도둑이나 탐욕을 부리는 사람이

나 술꾼이나 남을 헐뜯는 사람이나 속임수로 남을 해롭게 하는 사람이나 약탈하는 사람은 하나님 나라를 상속받지 못할 것입니다. 여러분 가운데도 그런 사람들이 더러 있었으나 주 예수 그리스도의 이름과 우리 하나님의 성령으로 씻음을 받고 거룩해져서 의롭다 함을 받았습니다.

음행

모든 것이 내게 허용돼 있습니다. 그러나 모든 것이 유익한 것은 아닙니다. 모든 것이 내게 허용돼 있습니다. 그러나 나는 아무것에도 얽매이지 않겠습니다. 음식은 배를 위해 있고 배는 음식을 위해 있습니다. 그러나 하나님께서는 이것도 저것도 다 없애 버리실 것입니다. 몸은 음행을 위해 있는 것이 아니라 주를 섬기라고 있는 것이며 주께서는 우리 몸을 위해 계십니다. 하나님께서 주를 살리셨으니 또한 그 능력으로 우리도 살리실 것입니다. 여러분은 여러분의 몸이 그리스도의 몸의 한 부분인 것을 알지 못합니까? 그런데 내가 그리스도의 지체를 떼 내어 창녀의 지체를 만들 수 있습니까? 결코 그럴 수 없습니다. 창녀와 연합하는 사람은 그녀와 한 몸인 것을 알지 못합니까? 말씀하시기를 "둘이 한 육체가 될 것이다"라고 했습니다. 그러나 주와 연합하는 사람은 영적으로 주와 하나가 됩니다. 음행을 피하십시오. 사람이 저지르는 죄마다 자기 몸 밖에 있으나 음행하는 사람은 자기 몸에 죄를 범하는 것입니다. 여러분의 몸은 성령의 전입니다. 여러분은 하나님께로부터 성령을 받아 여러분 안에 모시고 있습니다. 여러분은 자신의 몸이 자기 것이 아니라는 사실을 알지 못합니까? 하나님께서 값을 치르고 여러분을 사셨습니다. 그러므로 여러분의 몸으로 하나님께 영광을 돌리십시오.

7 결혼 생활에 관하여

이제 여러분이 써 보낸 질문에 대해 말하겠습니다. 남자가 여자를 성적으로 가까이하지 않는 것은 좋습니다. 그러나 음행에 빠지게 하는 유혹이 있기 때문에 남자마다 자기 아내를 두고 여자마다 자기 남편을 두십시오. 남편은 아내에게 남편으로서의 의무를 다하고 아내도 남편에게 그렇게 하십시오. 아내는 자기 몸을 자기 마음대로 하지 못하고 오직 남편에게 맡겨야 합니다. 이와 같이 남편도 자기 몸을 자기 마음대로 하지 못하고 오직 아내에게 맡겨야 합니다. 부부간에 서로 멀리하지 마십시오. 단, 기도에 전념하기 위해 얼마 동안 떨어져 있기로 합의한 경우는 예외입니다. 그러나 그 후에는 다시 합하십시오. 이는 여러분이 절제하지 못하는 틈을 타서 사탄이 여러분을 유혹할까 염려되기 때문입니다. 지금 내가 하는 이 말은 권면이지 명령은 아닙니다. 내가 바라기는 모든 사람이 나와 같았으면 좋겠습니다. 그러나 사람마다 하나님께 받은 은사가 달라 이런 사람도 있고 저런 사람도 있습니다. 내가 결혼하지 않은 사람들과 과부들에게는 나처럼 그냥 혼자 지내는 것이 좋겠다고 말하고 싶습니다. 그러나 만일 절제할 수 없다면 결혼하십시오. 정욕으로 불타는 것보다 결혼하는 것이 낫습니다. 결혼한 사람들에게 명령합니다. (이것은 내 명령이 아니라 주의 명령입니다.)

아내는 남편과 갈라서지 마십시오. (만일 갈라섰거든 재혼하지 말고 혼자 지내든지 그러지 않으려면 남편과 화해하십시오.) 남편도 아내를 버리지 마십시오. 내가 나머지 사람들에게 말합니다. (이것은 내 말이지 주의 말씀은 아닙니다.) 만일 어떤 형제에게 믿지 않는 아내가 있는데 그녀가 계속 그와 함께 살고 싶어 한다면 그녀를 버리지 마십시오. 또 어떤 자매에게 믿지 않는 남편이 있는데 그가 계속 그녀와 함께 살고 싶어 한다면 그를 버리지 마십시오. 믿지 않는 남편이 그 아내를 통해 거룩해지고 믿지 않는 아내가 그 남편을 통해 거룩해집니다. 그렇지 않다면 여러분의 자녀들도 깨끗하지 못할 것이나 이제 그들은 거룩합니다. 그러나 만일 믿지 않는 사람이 헤어지자고 한다면 그렇게 하게 하십시오. 이런 경우에는 형제나 자매나 얽매일 필요가 없습니다. 하나님께서는 여러분이 평화롭게 살도록 부르셨습니다. 아내여, 당신이 남편을 구원할는지 어떻게 알겠습니까? 남편이여, 당신이 아내를 구원할는지 어떻게 알겠습니까?

신분의 변화에 관하여

오직 주께서 나눠 주신 은사대로 또 하나님께서 부르신 대로 살아가십시오. 내가 모든 교회에 이 같은 원칙을 제시합니다. 할례를 받은 상태에서 부르심을 받은 사람이 있습니까? 할례의 흔적을 지워 할례를 받지 않은 사람이 되려고 하지 마십시오. 할례를 받지 않은 상태에서 부르심을 받은 사람이 있습니까? 일부러 할례를 받으려고 하지 마십시오. 할례를 받았든지 안 받았든지 그것은 문제가 아닙니다. 오직 하나님의 계명을 지키는 것이 중요합니다. 각 사람은 부르심을 받은 때의 상태 그대로 머무르십시오. 당신이 종으로 있을 때 부르심을 받았습니까? 걱정하지 마십시오. 그러나 자유를 얻을 수 있는 기회가 있다면 그것을 이용하십시오. 주 안에서 부르심을 받은 사람은 종이라도 주께 속한 자유인입니다. 마찬가지로 자유인으로서 부르심을 받은 사람은 그리스도의 종입니다. 여러분은 하나님께서 값을 치르고 사신 사람들입니다. 그러니 사람의 종이 되지 마십시오. 형제자매들이여, 각각 부르심을 받은 그대로 하나님과 함께 거하십시오.

결혼하지 않은 사람들에 관하여

결혼하지 않은 사람들에 대해서는 내가 주께 받은 명령이 없으나 주의 자비하심을 힘입은 사람으로서 여러분에게 믿을 만한 의견을 제시합니다. 나는 곧 닥쳐올 환난을 생각한다면 사람이 그냥 지내는 것이 좋다고 봅니다. 당신이 아내에게 매였으면 헤어지려고 하지 마십시오. 당신이 아내에게서 놓였으면 새로 아내를 얻으려고 하지 마십시오. 그러나 당신이 결혼하더라도 죄를 짓는 것은 아닙니다. 또 처녀가 결혼하더라도 죄를 짓는 것은 아닙니다. 그러나 이런 사람들은 육신에 고난을 당하게 될 것이므로 내가 여러분을 아끼는 마음에서 이런 말을 하는 것입니다. 형제자매들이여, 내가 말하고 싶은 것은 이것입니다. 때가 얼마 남지 않았으니 이제부터 아내 있는 사람들은 없는 사람처럼 하고 슬픈 사람들은 슬프지 않은 사람처럼 하고 기뻐하는 사람들은 기쁘지 않은 사람처럼 하고 물건을 사는 사람들은 그것을 가지지 않은 사람처럼 하고 세상의 것을 사

용하는 사람들은 다 사용하지 못하는 것처럼 하십시오. 이 세상의 모습은 사라져 가고 있기 때문입니다. 나는 여러분이 걱정 없이 살기를 바랍니다. 결혼하지 않은 남자는 어떻게 하면 주님을 기쁘시게 할까 하고 주의 일에 마음을 씁니다. 그러나 결혼한 남자는 어떻게 하면 자기 아내를 기쁘게 할까 하고 세상일을 걱정하므로 마음이 나뉩니다. 남편이 없는 여자나 처녀는 주의 일을 걱정해 몸과 영을 다 거룩하게 하나 결혼한 여자는 어떻게 하면 남편을 기쁘게 할까 해 세상일을 걱정합니다. 내가 이것을 말하는 것은 여러분의 유익을 위한 것이지 여러분을 제한하려는 것이 아닙니다. 오히려 나는 여러분이 이치에 맞게 마음에 혼돈 없이 오직 주만 섬기도록 하려는 것입니다. 그러나 누가 만일 자기의 처녀 딸을 시집보내지 않는 것이 이치에 맞지 않는다고 생각한다면 그리고 더구나 혼기도 지나고 마땅히 그렇게 해야 한다고 생각한다면 원하는 대로 하십시오. 이것은 죄를 짓는 것이 아니므로 그들이 결혼하게 하십시오. 그러나 그가 마음을 확고하게 정하고 부득이한 일도 없고 또 자기 뜻대로 할 권리가 있어서 자기의 처녀 딸을 그대로 두기로 마음에 작정했다면 그는 잘하는 것입니다. 그러므로 자기의 처녀 딸을 시집보내는 사람도 잘하는 것이지만 시집보내지 않는 사람은 더 잘하는 것입니다. 아내는 남편이 살아 있는 동안 남편에게 매여 있습니다. 그러나 남편이 죽으면 자기의 뜻대로 결혼할 자유가 있습니다. 단, 주 안에서만 그렇게 해야 합니다. 그러나 내 판단으로는 그녀가 그냥 지내는 것이 더 행복하다고 봅니다. 나에게도 하나님의 영이 계시다고 생각합니다.

8 우상에게 바쳐진 음식에 관하여

이제 우상에게 바쳐진 제물에 대해 말하겠습니다. 우리는 우리 모두가 지식이 있는 줄로 압니다. 그러나 지식은 사람을 교만하게 하고 사랑은 모두를 이롭게 합니다. 만일 누가 무엇을 안다고 자만하면 그는 아직도 마땅히 알아야 할 것을 알지 못하는 사람입니다. 그러나 하나님을 사랑하는 사람은 하나님께서 그를 알아주십니다. 그러므로 우상에게 바쳐진 제물을 먹는 일에 대해 말하자면 세상에 있는 우상은 아무것도 아니며 신은 하나님 한 분밖에 계시지 않는 것을 우리가 알고 있습니다. 비록 하늘이나 땅 위에서 신이라 불리는 것들이 있어 많은 신들과 많은 주들이 있으나 우리에게는 오직 한 하나님, 곧 아버지가 계실 뿐입니다. 만물이 그분으로부터 왔고 우리도 그분을 위해 있습니다. 또 한 분이신 주 예수 그리스도가 계시니 만물이 그분으로 인해 존재하고 우리도 그분으로 인해 살아갑니다. 그러나 모든 사람에게 지식이 있는 것은 아닙니다. 어떤 이들은 지금까지도 우상 숭배하는 습관에 젖어 있어서 우상에게 바쳐진 제물을 먹을 때 정말 우상의 것이라고 생각하고 먹으므로 그들의 양심이 약해지고 더러워집니다. 그러나 음식이 우리를 하나님 앞에 내세워 주지 못합니다. 우리가 먹지 않는다 해도 해로울 것이 없고 먹는다 해도 이로울 것이 없습니다. 그러므로 여러분의 이 자유가 연약한 사람들에게 걸림돌이 되지 않도록 조심하십시오. 지식이 있는 당신이 우상의 신전에 앉아서 먹는 것을 누가 보면 양심에 거리낌이 있으면서도 용기를 얻어 우상에게 바쳐진 제물을 먹지 않겠습니까? 그러면 그 연약한 사람은 당신의 지식 때문에 망하게 됩니다. 그리스도는 그 형제를 위해 죽으셨습니다. 이와 같이 여러분이 형제들에게 죄를 지어 그 약한 양심에 상처를 주는 것은 그리스도께 죄를 짓는 일입니다. 그러므로 음식이 내 형제를 넘어지게 한다면 나는 내 형제를 넘어지지 않게 하기 위해 영원히 고기를 먹지 않을 것입니다.

9 사도로서 바울의 권리

내가 자유인이 아닙니까? 내가 사도가 아닙니까? 내가 우리 주 예수를 보지 못했습니까? 주 안에서 행한 내 일의 열매가 여러분이 아닙니까? 다른 이들에게는 내가 사도가 아닐지라도 여러분에게는 분명 사도입니다. 여러분은 주 안에서 내 사도직을 보증하는 표이기 때문입니다. 나를 비판하는 사람들에 대해 나는 이렇게 대답합니다. 우리에게 먹고 마실 권리가 없습니까? 우리라고 다른 사도들이나 주의 형제들이나 게바처럼 그리스도를 믿는 아내를 데리고 다닐 권리가 없습니까? 또 나와 바나바만 일하지 않을 권리가 없습니까? 누가 자기의 돈을 들여 군인으로 복무하겠습니까? 누가 포도원을 만들고 그 열매를 먹지 않겠습니까? 누가 양 떼를 치면서 그 젖을 먹지 않겠습니까? 내가 단지 세상의 관습을 따라 말하는 것입니까? 율법도 이것을 말하지 않습니까? 모세의 율법에 기록되기를 "곡식을 밟아 떠는 소에게 망을 씌우지 마라"라고 했습니다. 이것이 하나님께서 소를 걱정해서 하신 말씀입니까? 아니면 다 우리를 위해 하시는 말씀입니까? 그것은 참으로 우리를 위해 기록된 것입니다. 밭을 가는 사람은 소망을 가지고 일하고 곡식을 타작하는 사람은 자기 몫을 얻을 것이라는 소망을 가지고 일하는 것이 당연합니다. 우리가 여러분에게 영적인 씨앗을 뿌렸다면 우리가 여러분에게서 물질적인 것을 거둔다고 해서 그것이 지나친 일이겠습니까? 다른 사람들도 여러분에게 이런 권리를 가졌다면 우리는 더욱 그렇지 않겠습니까? 그러나 우리는 이 권리를 사용하지 않았고 도리어 모든 것을 참고 있습니다. 이는 그리스도의 복음을 전하는 데 조금도 방해가 되지 않기 위해서입니다. 성전에서 일하는 사람들이 성전에서 나는 음식을 먹고 제단을 섬기는 사람들이 제물을 나누는 것을 여러분이 알지 못합니까? 이와 같이 주께서도 복음을 전하는 사람들에게 복음 전하는 일로 먹고 살라고 명하셨습니다. 그러나 나는 이런 권리를 일절 사용하지 않았습니다. 내가 이렇게 쓰는 것은 여러분이 내게 그렇게 해 달라는 뜻이 아닙니다. 그렇게 하느니 나는 차라리 죽는 편이 낫겠습니다. 아무도 이런 내 자부심을 헛되게 하지 못할 것입니다. 그러나 내가 복음을 전하는 것은 내게는 자랑할 것이 아닙니다. 그것은 내가 꼭 해야 할 일이기 때문입니다. 내가 복음을 전하지 않는다면 내게 화가 미칠 것입니다. 그러나 내가 자원해 이 일을 행한다면 내게 상이 있을 것입니다. 그러나 내가 자원해서 하지 않는다 할지라도 내게는 직무로 맡겨진 일입니다. 그렇다면 어떻게 해야 내게 상이 있겠습니까? 그것은 내가 복음을 전할 때 값없이 전하고 전도자로서 내 권리를 다 사용하지 않는 것입니다.

바울의 자유 사용

내가 모든 사람에 대해 자유로우나 스스로 모든 사람에게 종이 됐습니다. 이는 내가 더 많은 사람을 얻기 위해서입니다. 유대 사람들에게 내가 유대 사람처럼 된 것은 유대 사람을 얻기 위해서입니다. 나 자신이 율법 아래 있지 않지만 율법 아래 있는 사람들에게 내가 율법 아래 있는 사람처럼 된 것은 그들을 얻기 위해서입니다. 내가 그리스도의 율법 아래 있기 때문에 하나님의 율법을 떠난 사람이 아니지만 율법 없는 사람들에게 율법 없는 사람처럼 된 것은 그들을 얻기 위해서입니다. 연약한 사람들에게 내가 연약한 사람처럼 된 것은 연약한 사람들을 얻기 위해서입니다. 내가 여러 사람에게 여러 모양이 된 것은 어떻게든지 몇 사람이라도 더 구원하기 위함입니다. 내가 복음을 위해 이 모든 일을 하고 있습니다. 그것은 내가 복음이 주는 복에 참여하기 위함입니다.

자기 훈련의 필요성

경기장에서 경주자들이 모두 힘껏 달리지만 상을 받는 사람은 오직 한 사람뿐인 것을 여러분이 알지 못합니까? 이와 같이 여러분도 상을 받기 위해 달리십시오. 경기에 참가하는 사람은 누구나 모든 일에 절제합니다. 그들은 썩어 없어질 면류관을 얻으려고 절제하지만 우리는 썩지 않을 것을 얻으려고 절제합니다. 그러므로 나는 목표가 없는 것처럼 달리지 않고 허공을 치듯이 싸우지 않습니다. 내가 내 몸을 쳐 복종시키는 이유는 내가 다른 사람에게는 복음을 전하고 도리어 나 자신은 버림받지 않도록 하기 위함입니다.

10 이스라엘의 역사가 주는 교훈

형제들이여, 나는 여러분이 이 사실을 알기를 원합니다. 우리 조상들이 모두 구름 아래 있었고 바다 가운데로 지났고 모두가 구름과 바다에서 세례를 받고 모세와 연합했습니다. 그들은 모두 같은 신령한 음식을 먹었고 모두 같은 신령한 물을 마셨습니다. 그들은 자기들과 동행한 신령한 반석에서 나는 것을 마셨는데 그 반석은 그리스도이셨습니다. 그러나 하나님께서 그들 대부분을 기뻐하지 않으셨으므로 그들은 광야에서 멸망당하고 말았습니다. 이런 일들은 그들처럼 우리도 악을 즐기는 자가 되지 않게 하려고 우리에게 본보기가 된 것입니다. 여러분은 그들 가운데 어떤 이들처럼 우상 숭배자가 되지 마십시오. 기록되기를 "백성이 앉아서 먹고 마시며 일어나 춤을 추었다"라고 했습니다. 그들 가운데 어떤 이들은 음행하다가 하루에 2만 3,000명이 죽었습니다. 우리는 그들처럼 음행하지 맙시다. 그들 가운데 어떤 이들은 주를 시험하다가 뱀에 물려 죽었습니다. 우리는 그들처럼 시험하지 맙시다. 그들 가운데 어떤 이들은 원망하다가 파멸시키는 이에게 멸망당했습니다. 여러분은 그들처럼 원망하지 마십시오. 그들에게 일어난 이런 일들은 본보기로서 말세를 만난 우리를 위해 경고로 기록된 것입니다. 그러므로 선 줄로 생각하는 사람은 넘어지지 않도록 조심하십시오. 여러분은 사람이 감당할 수 없는 시험을 당한 적이 없습니다. 하나님은 신실하셔서 여러분이 감당치 못할 시험은 허락하지 않으시며 시험을 당할 때도 피할 길을 마련해 주셔서 여러분이 능히 감당할 수 있게 하십니다.

우상의 연회와 주의 만찬

그러므로 내 사랑하는 형제들이여, 우상 숭배를 피하십시오. 내가 지각 있는 사람들에게 말하듯이 말하니 여러분은 내가 하는 말을 스스로 판단해 보십시오. 우리가 감사드리며 마시는 축복의 잔은 그리스도의 피를 나눠 마시는 것이 아닙니까? 우리가 떼는 빵은 그리스도의 몸을 나눠 먹는 것이 아닙니까? 빵이 하나이므로 우리가 여럿일지라도 한 몸입니다. 이것은 우리 모두가 한 덩어리의 빵을 나눠 먹기 때문입니다. 이스라엘 백성의 관습을 생각해 보십시오. 제물을 먹는 사람들은 하나님의 제단에 참여하는 사람들이 아닙니까? 그러므로 내가 말하려는 것이 무엇입니까? 우상의 제물은 무엇이며 또 우상은 무엇입니까? 다만 제물로 바치는 것은 귀신에게 바치는 것이지 하나님께 바치는 것이 아닙니다. 나는 여러분이 귀신들과 교제하는 사람들이 되기를 원치 않습니다. 여러분은 주의 잔과 귀신의 잔을 동시에 마실 수 없고 주의 식탁과 귀신의 식탁에 동시에 참여할 수 없습니다. 우리가 주를 분노하시게 하겠습니까? 우리가 그분보다 더 강합니까?

성도의 자유

모든 것이 허용되나 모든 것이 유익한 것은 아닙니다. 모든 것이 허용되나 모든 것이 덕을 세우는 것은 아닙니다. 누구든 자기 유익을 구하지 말고 남의 유익을 구하십시오. 시장에서 파는 것은 어떤 것이든 양심에 거리낌이 생기지 않도록 묻지 말고 드십시오. 이는 땅과 거기 충만한 것이 다 주의 것이기 때문입니다. 만일 믿지 않는 사람들 가운데 어떤 사람이 여러분을 초대했는데 여러분이 가기를 원한다면 여러분 앞에 차려진 것은 무엇이든지 양심에 거리낌이 생기지 않도록 묻지 말고 드십시오. 그러나 만일 누가 여러분에게 "이것은 우상에게 바쳐진 제물입니다"라고 한다면 말해 준 사람과 양심을 위해서 먹지 마십시오. 내가 지금 말하는 양심은 당신 자신의 양심이 아니라 다른 사람의 양심입니다. "왜 내 자유가 남의 양심에 의해 판단을 받아야 합니까? 내가 감사하는 마음으로 식사에 참여한다면 왜 감사하는 것으로 인해 내가 비난을 받아야 합니까?"라고 반문할지도 모르겠습니다. 그러나 여러분은 먹든지 마시든지 무엇을 행하든지 모든 것을 하나님의 영광을 위해 하십시오. 여러분은 유대 사람에게든지 그리스 사람에게든지 하나님의 교회에든지 걸려 넘어지게 하는 사람이 되지 마십시오. 나도 모든 일에 모두를 기쁘게 하며 자신의 유익을 구하지 않고 많은 사람의 유익을 구합니다. 이는 그들이 구원을 받게 하려는 것입니다.

11 내가 그리스도를 본받는 것처럼 여러분은 나를 본받는 사람들이 되십시오.

머리에 무엇을 쓰고 예배하는 것에 관하여

여러분이 나에 대한 모든 것을 기억하고 있고 또 내가 여러분에게 전해 준 대로 전통을 굳게 지키므로 내가 여러분을 칭찬합니다. 이제 나는 여러분이 모든 남자의 머리는 그리스도이시며 여자의 머리는 남자이며 그리스도의 머리는 하나님이시라는 것을 깨닫기 원합니다. 누구든지 남자가 머리에 무엇을 쓰고 기도하거나 예언하는 것은 자기 머리를 부끄럽게 하는 것입니다. 또한 누구든지 여자가 머리에 무엇을 쓰지 않고 기도하거나 예언하는 것은 자기 머리를 부끄럽게 하는 것입니다. 이는 머리를 민 것이나 다름없기 때문입니다. 만일 여자가 머리에 아무것도 쓰지 않으려면 머리를 깎으십시오. 그러나 머리를 깎거나 미는 것이 부끄러운 일이라면 머리를 가리십시오. 남자는 머리에 무엇을 쓰면 안 됩니다. 이는 그가 하나님의 형상이요, 영광이기 때문입니다. 그러나 여자는 남자의 영광입니다. 남자가 여자에게서 난 것이 아니라 여자가 남자에게서 났기 때문입니다. 또 남자가 여자를 위해 창조된 것이 아니라 여자가 남자를 위해 창조됐습니다. 그러므로 여자는 천사들 때문에 그 머리 위에 권위의 표를 둬야 합니다. 그러나 주 안에서는 남자 없이 여자가 있을 수 없고 여자 없이 남자가 있을 수 없습니다. 여자가 남자에게서 난 것같이 남자도 여자의 몸에서 났기 때문입니다. 그러나 모든 것이 하나님께로서 났습니다. 여러분 스스로 판단해 보십시오. 여자가 머리에 쓰지 않고 하나님께 기도하는 것이 마땅한 일이겠습니까? 여러분의 본성 그 자체가 가르쳐 주듯이 남자가 긴 머리를 하는 것은 그에게 부끄러움이 되지만 여자가 긴 머리를 하는 것은 그녀에게 영광이 되지 않습니까? 이것은 긴 머리가 그녀에게 쓰는 것을 대신해 주어진 것이기 때문입니다. 이 문제에 대해 누가 논쟁하고 싶어 할지 모르나 그런 풍습은 우리에게도, 하나님의 교회에도 없는 것입니다.

주의 만찬을 바로잡으라

이제 내가 지시하려는 일에 관해 나는 여러분을 칭찬하지 않습니다. 이것은 여러분의 모임이 유익하지 않고 오히려 해롭기 때문입니다. 첫째는 여러분이 교회에 모일 때 여러분 가운데 분쟁이 있다는 말이 들리는데 나는 어느 정도 사실이라고 믿습니다. 여러분 가운데 옳다 인정받는 사람들이 드러나려면 여러분 가운데 분파도 있어야 할 것입니다. 그러므로 여러분이 분열돼 있으니 여러분이 함께 모인다 해도 그것은 주의 만찬을 먹기 위한 것이 아닙니다. 이는 먹을 때 사람마다 제각기 자기 음식을 먼저 먹어서 어떤 이는 배고프고 어떤 이는 술에 취하기 때문입니다. 여러분이 먹고 마실 집이 없습니까? 아니면 여러분이 하나님의 교회를 하찮게 여기고 가난한 사람들에게 창피를 주려는 것입니까? 내가 여러분에게 무슨 말을 해야 하겠습니까? 내가 여러분을 칭찬해야 하겠습니까? 이 일에 대해 나는 여러분을 칭찬할 수 없습니다. 내가 여러분에게 전한 것은 주께 받은 것입니다. 곧 주 예수께서는 잡히시던 밤에 빵을 들어 감사하시고 떼시며 말씀하셨습니다. "이것은 너희를 위해 주는 내 몸이니 이 예를 행해 나를 기념하라." 이와 같이 식사 후에 또한 잔을 들고 말씀하셨습니다. "이 잔은 내 피로 세운 새 언약이니 이 예를 행해 마실 때마다 나를 기념하라." 그러므로 여러분은 이 빵을 먹고 이 잔을 마실 때마다 주가 오실 때까지 그분의 죽으심을 선포하는 것입니다. 그러므로 누구든지 주의 빵이나 잔을 올바른 마음가짐 없이 먹고 마시는 사람은 주의 몸과 피를 짓밟는 죄를 저지르는 것입니다. 그러니 사람이 자기를 살핀 후에 빵을 먹고 잔을 받도록 하십시오. 주의 몸이 의미하는 것을 모르고 먹고 마시는 사람은 자기가 받을 심판을 먹고 마시는 것입니다. 이로 인해 여러분 가운데 몸이 약한 사람과 병든 사람이 많고 죽은 사람도 적지 않습니다. 우리가 우리 스스로를 살핀다면 심판을 받지 않을 것입니다. 그러나 지금 우리가 주께 심판을 받아 징계를 받는 것은 우리가 세상과 함께 정죄받지 않도록 하려는 것입니다. 그러므로 내 형제들이여, 여러분이 먹으려고 모일 때 서로 기다리십시오. 누구든지 배가 고프면 집에서 먼저 먹도록 하십시오. 이는 여러분의 모임이 심판받지 않게 하려는 것입니다. 나머지 문제들은 내가 가서 말하겠습니다.

12 **성령의 은사에 관하여**

형제들이여, 나는 여러분이 성령의 은사들에 대해 모르는 것을 원치 않습니다. 여러분이 잘 알듯이 여러분이 이방 사람이었을 때 여러분은 말 못하는 우상이 이끄는 대로 끌려다녔습니다. 그러므로 나는 여러분에게 알려 드립니다. 하나님의 영으로 말하는 사람은 아무도 "예수는 저주받은 사람이다"라고 할 수 없고 또 성령으로 말미암지 않고는 "예수는 주이시다"라고 할 수 없습니다. 은사는 여러 가지이나 성령은 같습니다. 직분상 맡은 임무는 여러 가지이나 섬기는 주는 같습니다. 사역은 여러 가지이나 모든 사람 안에서 모든 일을 행하시는 하나님은 같습니다. 각 사람에게 성령을 나타내시는 것은 성도 공동의 유익을 위한 것입니다. 어떤 이에게는 성령으로 지혜의 말씀을 주시고 어떤 이에게는 같은 성령으로 지식의 말씀을 주십니다. 어떤 이에게는 같은 성령으로 믿음을, 어떤 이에게는 같은 성령으로 치유의 은사를, 어떤 이에게는 능력 행하는 은사를, 어떤 이에게는 예언하는 은사를, 어떤 이에게는 영을 분별하는 은사를, 어떤 이에게는 여러 가지 방언하는 은사를, 또 어떤 이에게는 방언 통역하는 은사를 주십니다. 그러나 이 모든 것을 행하시는 이는 한 분이신 같은 성령이시며 그분이 원하시는 대로 각 사람에게 은사를 나눠 주시는 것입니다.

몸 안에서 통일성과 다양성

몸은 하나지만 많은 지체가 있고 또 몸에 지체가 많지만 모든 지체가 한 몸인 것처럼 그리스도께서도 이와 같으십니다. 우리는 유대 사람이든지 그리스 사람이든지, 종이든지 자유인이든지 모두 한 성령으로 세례를 받아 한 몸이 됐고 모두 한 성령을 마시게 됐습니다. 몸은 한 지체가 아니라 많은 지체로 이루어져 있습니다. 만일 발이 "나는 손이 아니니 몸에 속하지 않았다"라고 말한다 할지라도 발이 몸에 속하지 않은 것이 아닙니다. 또 귀가 말하기를 "나는 눈이 아니니 몸에 속하지 않았다"라고 말한다 할지라도 귀가 몸에 속하지 않은 것이 아닙니다. 만일 몸 전체가 눈이라면 듣는 곳은 어디겠습니까? 만일 몸 전체가 듣는 곳이라면 냄새 맡는 곳은 어디겠습니까? 그러나 하나님께서는 이제 지체들을 각각 그분이 원하시는 대로 몸에 두셨습니다. 만일 모든 것이 한 지체로 돼 있다면 몸은 어디에 있겠습니까? 이제 지체는 많으나 몸은 하나입니다. 그러므로 눈이 손에게 "나는 네가 필요 없다"라고 말하거나 머리가 발에게

"나는 네가 필요 없다"라고 말할 수 없습니다. 이뿐 아니라 더 약해 보이는 몸의 지체들이 오히려 중요합니다. 그리고 우리가 몸 가운데 덜 귀하다고 생각되는 지체들을 더 귀한 것으로 입혀 주어 우리의 볼품없는 지체들은 더 큰 아름다움을 갖게 됩니다. 우리의 아름다운 지체들에게는 그럴 필요가 없습니다. 하나님께서는 몸을 고르게 짜 맞추셔서 부족한 지체에게 더 큰 존귀를 주셨습니다. 그리하여 몸에서 분열이 없게 하시고 지체들이 서로 돌아보게 하셨습니다. 만일 한 지체가 고통을 당하면 모든 지체가 함께 고통을 당하고 한 지체가 영광을 얻으면 모든 지체가 함께 기뻐합니다. 여러분은 그리스도의 몸이요, 또한 그 몸의 지체입니다. 하나님께서는 교회에 몇 가지 은사를 주셨으니 첫째는 사도들이요, 둘째는 예언자들이요, 셋째는 교사들이요, 그다음은 능력을 행하는 사람들이요, 그다음은 병 고치는 은사를 받은 사람들이요, 돕는 일을 하는 사람들이요, 다스리는 일을 하는 사람들이요, 각종 방언을 하는 사람들입니다. 모두가 다 사도들이겠습니까? 모두가 다 예언자들이겠습니까? 모두가 다 교사들이겠습니까? 모두가 다 능력을 행하는 사람들이겠습니까? 모두가 다 병 고치는 은사들을 가졌겠습니까? 모두가 다 방언들을 말하겠습니까? 모두가 다 통역을 하겠습니까? 그러나 더 큰 은사들을 간절히 구하십시오.

사랑이 없으면 아무것도 아니다

이제 내가 여러분에게 가장 좋은 길을 보여 드리겠습니다.

13 내가 만일 사람의 언어와 천사들의 말을 한다 할지라도 내게 사랑이 없으면 울리는 징이나 소리 나는 꽹과리와 같을 뿐입니다. 내가 만일 예언하는 은사를 가지고 있고 모든 비밀과 모든 지식을 알고 또 산을 옮길 만한 믿음을 가지고 있다 할지라도 내게 사랑이 없으면 나는 아무것도 아닙니다. 내가 만일 내가 가진 모든 것으로 남을 돕고 또 내 몸을 불사르게 내줄지라도 내게 사랑이 없으면 나는 아무 소용이 없습니다. 사랑은 오래 참고 친절하며 사랑은 시기하지 않으며 자랑하지 않으며 교만하지 않으며 무례하지 않으며 자기 유익을 구하지 않으며 성내지 않으며 원한을 품지 않으며 불의를 기뻐하지 않으며 진리와 함께 기뻐하고 모든 것을 덮어 주고 모든 것을 믿으며 모든 것을 바라고 모든 것을 견딥니다. 사랑은 결코 없어지지 않습니다. 그러나 예언도 사라지고 방언도 그치고 지식도 사라질 것입니다. 우리는 부분적으로 알고 부분적으로 예언합니다. 그러나 완전한 것이 올 때는 부분적인 것은 사라지게 될 것입니다. 내가 어린아이였을 때는 어린아이같이 말하고 어린아이같이 이해하고 어린아이같이 생각했습니다. 그러나 어른이 돼서는 어린아이의 일들을 버렸습니다. 지금은 우리가 거울에 비추어 보듯 희미하게 보지만 그때에는 얼굴과 얼굴을 맞대어 볼 것입니다. 지금은 내가 부분적으로 알지만 그때는 주께서 나를 아신 것같이 내가 온전히 알게 될 것입니다. 그러므로 믿음, 소망, 사랑, 이 세 가지는 언제까지나 남아 있을 것인데 이 가운데 가장 위대한 것은 사랑입니다.

14 예배에서 알아듣게 말하라

사랑을 추구하십시오. 신령한 것들을 열심히 구하되 특히 예언하기를 간절히 구하십시오. 방언을 말하는 사람은 사람들에게 말하는 것이 아니라 하나님께 말하는 것입니다. 아무도 이것을 알아들을 수 없습니다. 이는 그가 영으로 비밀을 말하는 것이기 때문입니다. 그러나 예언하는 사람은 사람들을 세워 주고 격려와 위로의 말을 합니다. 방언하는 사람은 자신에게 도움이 됩니다. 그러나 예언하는 사람은 교회를 이롭게 합니다. 나는 여러분이 모두 방언을 말하기를 원하지만 그보다도 예언하기를 더욱 원합니다. 누가 방언을 통역해 교회를 이롭게 하지 못한다면 방언하는 사람보다 예언하는 사람이 더 훌륭합니다. 이제 형제들이여, 만일 내가 여러분에게 가서 방언만 하고 계시나 지식이나 예언이나 가르침을 전하지 않는다면 여러분에게 무슨 유익이 있겠습니까? 피리나 수금같이 생명이 없는 악기가 소리를 낼 때도 각기 뚜렷한 소리를 내지 않는다면 피리를 부는 것인지 수금을 타는 것인지 알 수 없지 않습니까? 또 나팔이 불분명한 소리를 낸다면 누가 전투를 준비하겠습니까? 이와 같이 여러분도 혀로 이해할 수 있는 말을 하지 않는다면 그 말을 어떻게 알 수 있겠습니까? 여러분은 허공에 대고 말하는 격이 될 것입니다. 세상에는 수많은 종류의 말소리가 있으나 뜻이 없는 말은 하나도 없습니다. 그러므로 만일 내가 그 말의 뜻을 알지 못한다면 그 말하는 사람에게 나는 외국 사람이 되고 그 말하는 사람도 내게 외국 사람이 될 것입니다. 이와 같이 여러분은 성령의 은사들을 간절히 원하는 사람들이니 교회를 위해 더욱 풍성하게 받기를 구하십시오. 그러므로 방언을 하는 사람은 통역할 수 있기를 기도하십시오. 만일 내가 방언으로 기도하면 내 영은 기도할지라도 내 이성은 이해하지 못합니다. 그러면 어떻게 해야 하겠습니까? 나는 영으로 기도하고 또한 이성으로 기도할 것입니다. 내가 영으로 찬미하고 또한 이성으로 찬미할 것입니다. 만일 그렇지 않고 여러분이 영으로만 감사한다면 은사를 받지 못한 사람은 여러분이 무슨 말을 하는지 알지 못하는데 어떻게 여러분의 감사에 "아멘" 할 수 있겠습니까? 여러분이 감사를 잘했다 할지라도 다른 사람에게는 도움이 되지 못합니다. 내가 여러분 모두보다 방언을 더 많이 하므로 하나님께 감사를 드립니다. 그러나 나는 교회에서 사람들을 가르치기 위해 방언으로 1만 마디 하는 것보다 깨달은 이성으로 다섯 마디 말하기를 원합니다. 형제들이여, 생각하는 데는 어린아이가 되지 마십시오. 악한 일에는 어린아이가 되고 생각하는 데는 어른이 되십시오. 율법에 기록되기를 "내가 방언을 말하는 사람들의 혀와 외국 사람의 입술을 통해 이 백성에게 말할지라도 그들은 내 말을 듣지 않을 것이다"라고 했습니다. 그러므로 방언은 믿는 사람들을 위한 것이 아니라 오직 믿지 않는 사람들을 위한 표적이며 예언은 믿지 않는 사람들을 위한 것이 아니라 믿는 사람들을 위한 것입니다. 그러므로 만일 온 교회가 모여 모두 방언으로 말한다면 은사를 받지 못한 사람들이나 믿지 않는 사람들이 들어와서 듣고 여러분에게 미쳤다고 하지 않겠습니까? 그러나 만일 모두가 예언을 하면 믿지 않는 사람들이나 은사를 받지 못한 사람들이 들어와서 듣고는 모든 사람에 의해 잘못을 질책받고 심판을 받아 그 마음속

에 숨은 것들이 드러나게 됩니다. 그래서 그들은 엎드려 하나님을 경배하며 "참으로 하나님께서는 여러분 가운데 계십니다"라고 인정할 것입니다.

질서 있게 예배하라

형제들이여, 그러면 어떻게 해야 하겠습니까? 여러분이 모일 때 각각 찬송도 있고 가르침도 있고 방언도 있고 계시도 있고 통역도 있으니 모든 것은 교회를 이롭게 하기 위해 하십시오. 누가 방언을 하려고 하면 두 사람이나 혹은 세 사람 정도가 말하되 차례대로 하고 한 사람은 통역을 하십시오. 만일 통역할 사람이 없다면 교회에서는 잠잠히 있고 자신과 하나님께만 말하십시오. 예언하는 사람은 둘이나 셋이서 말하고 다른 사람들은 그것을 분별하십시오. 만일 앉아 있는 다른 사람에게 계시가 내리면 먼저 말하던 사람은 잠잠히 계십시오. 그러면 모든 사람이 한 사람씩 차례로 예언을 할 수 있어 모두가 다 배우고 모두가 다 격려를 받게 될 것입니다. 예언하는 사람들의 영은 예언하는 사람들에 의해 통제를 받습니다. 하나님은 무질서의 하나님이 아니라 평화의 하나님이십니다. 성도들의 모든 교회에서 그렇게 하고 있듯이 여자들은 교회에서 잠잠히 계십시오. 여자들에게는 말하는 것이 허락돼 있지 않으니 율법에서도 말하는 것과 같이 여자들은 복종하십시오. 만일 무엇을 알기를 원한다면 집에서 남편에게 물어보십시오. 여자가 교회에서 말하는 것은 부끄러운 일이기 때문입니다. 하나님의 말씀이 여러분에게서 나왔습니까? 또는 여러분에게만 임했습니까? 만일 누구든지 자신을 예언자나 신령한 사람으로 생각한다면 그는 내가 여러분에게 쓰는 것이 주의 명령임을 아십시오. 만일 누구든지 이것을 인정하지 않으면 그도 인정을 받지 못할 것입니다. 그러므로 내 형제들이여, 예언을 간절히 구하며 방언으로 말하는 것을 막지 마십시오. 모든 일을 적절하게 하고 또 질서 있게 하십시오.

15 그리스도의 부활

형제들이여, 이제 내가 여러분에게 전한 복음을 되새겨 드리려고 합니다. 여러분은 이 복음을 전해 받았고 또한 그 안에 서 있습니다. 만일 여러분이 내가 여러분에게 전한 그 말씀을 굳게 잡고 헛되이 믿지 않았다면 여러분은 그 복음으로 구원을 받습니다. 내가 전해 받은 가장 중요한 것을 여러분에게 전했습니다. 그것은 그리스도께서 성경의 말씀대로 우리 죄를 위해 죽으시고 장사되셨다가 성경의 말씀대로 3일째 되던 날 다시 살리심을 받아 게바에게 나타나시고 그다음으로 열두 제자에게 그 후 500명이 넘는 형제들에게 동시에 나타나셨으니 그 가운데 대부분이 지금도 살아 있고 어떤 사람들은 잠들었습니다. 그 후에 야고보에게 나타나셨고 그다음으로 모든 사도들에게 마지막으로 달이 차지 못한 채 태어난 사람과 같은 내게도 나타나셨습니다. 나는 사도들 가운데 가장 작은 사람이요, 사도라 불릴 자격도 없는 사람입니다. 이는 내가 하나님의 교회를 핍박했기 때문입니다. 그러나 오늘날 내가 나 된 것은 하나님의 은혜로 된 것입니다. 내게 주신 그분의 은혜가 헛되지 않아 내가 어느 사도보다 더 많이 수고했습니다. 그러나 이것은 내가 한 것이 아니요, 오직 나와 함께하신 하나님의 은혜로 한 것입니다. 그러므로 나나 그들이나 우리가 이렇게 복음을 전파하고 있으며 여러분도 이렇게 믿었습니다.

죽은 사람들의 부활

그리스도가 죽은 사람들 가운데서 살아나셨다고 전파되고 있는데 왜 여러분 가운데 어떤 이들은 죽은 사람의 부활이 없다고 합니까? 죽은 사람의 부활이 없다면 그리스도께서도 다시 살리심을 받지 못하셨을 것입니다. 만일 그리스도께서 살리심을 받지 못했다면 우리가 전파하는 것도 헛되고 또 여러분의 믿음도 헛되며 또 우리가 하나님의 거짓 증인으로 드러날 것입니다. 만일 죽은 사람들이 다시 살지 못한다면 하나님께서 그리스도를 살리시지 않으셨을 것입니다. 만일 죽은 사람들이 다시 살지 못한다면 그리스도께서도 살리심을 받지 못하셨을 것입니다. 만일 그리스도께서 살리심을 받지 못하셨다면 여러분의 믿음도 헛되고 여러분은 여전히 자신의 죄 가운데 있고 그리스도 안에서 잠든 사람들도 멸망했을 것입니다. 만일 우리가 그리스도 안에서 가진 소망이 이 세상의 생명뿐이면 모든 사람들 가운데 우리가 가장 불쌍한 사람들일 것입니다. 그러나 이제 그리스도께서 죽은 사람들 가운데서 다시 살아나셔서 잠자는 사람들의 첫 열매가 되셨습니다. 한 사람으로 인해 죽음이 들어왔으니 한 사람으로 인해 죽은 사람들의 부활도 옵니다. 곧 아담 안에서 모든 사람이 죽은 것같이 그리스도 안에서 모든 사람이 생명을 얻을 것입니다. 그러나 각각 차례대로 될 것이니 먼저는 첫 열매인 그리스도이시요, 그다음은 그리스도께서 다시 오실 때 그분에게 속한 사람들입니다. 그다음에 세상의 마지막이 올 것인데 그때는 그분이 모든 권력과 권세와 권능을 멸하시고 그 나라를 하나님 아버지께 바칠 것입니다. 하나님께서 모든 원수들을 그리스도의 발아래 두실 때까지 다스리셔야 합니다. 멸망당할 마지막 원수는 죽음입니다. 성경에 이르기를 "하나님께서 만물을 그분의 발아래 두셨다"라고 했습니다. 그러나 만물을 발아래 둔다고 할 때 만물을 그분에게 복종하게 하신 분은 그 안에 들지 않은 것이 분명합니다. 만물을 그분께 복종하게 하신 때는 아들 자신도 만물을 복종하게 하신 분에게 복종하게 될 것입니다. 이는 하나님께서 만유의 주가 되시려는 것입니다. 만일 부활이 없다면 죽은 사람을 대신해서 세례 받은 사람들은 왜 그렇게 하는 것입니까? 만일 죽은 사람들이 전혀 다시 살아나지 못한다면 왜 그들을 위해 세례를 받는 것입니까? 그리고 왜 우리는 시시각각으로 위험을 무릅쓰겠습니까? 형제들이여, 내가 그리스도 예수 우리 주 안에서 가진 내 자랑인 여러분을 두고 단언합니다만 나는 날마다 죽습니다. 만일 내가 에베소에서 인간적인 동기로 맹수들과 싸웠다면 내게 무슨 유익이 있겠습니까? 만일 죽은 사람들이 살아나지 못한다면, "내일 죽을 것이니 먹고 마시자"라고 할 것입니다. 속지 마십시오. 나쁜 친구들이 좋은 습관을 망쳐 버립니다. 정신을 똑바로 차리고 죄를 짓지 마십시오. 하나님을 알지 못하는 사람들이 있으므로 여러분을 부끄럽게 하기 위해 내가 이런 말을 합니다.

부활의 몸

그러나 어떤 사람은 "죽은 사람들이 어떻게 살아나며 어떤 몸으로 옵니까?"라고 물을 것입니다. 어리석은 사람이여, 당신이 뿌리는 씨가 죽지 않고서는 살아날 수 없습니다. 당신이 뿌리는 것은 장차 생겨날 몸 그 자체가 아니라 밀이나 다른 곡식이든지 다만 씨앗을 뿌리는 것입니다. 그러나 하나님께서는 뜻하시는 대로 그 씨에 몸을 주십니다. 곧 각각의 씨에 각기 고유한 몸을 주십니다. 모든 육체가 다 같은 육체가 아닙니다. 사람의 육체가 다르고 짐승의 육체가 다르고 새의 육체가 다르고 물고기의 육체가 다릅니다. 또 하늘에 속한 몸들이 있고 땅에 속한 몸들이 있습니다. 그러나 하늘에 속한 몸들의 영광이 다르고 땅에 속한 몸들의 영광이 다릅니다. 해의 영광이 다르고 달의 영광이 다르고 별들의 영광이 다릅니다. 별과 별의 영광이 서로 다릅니다. 죽은 사람들의 부활도 이와 같습니다. 썩을 몸으로 묻히지만 썩지 않을 것으로 살아납니다. 비천한 가운데 묻히지만 영광 가운데 살아납니다. 약한 사람으로 묻히지만 강한 사람으로 살아납니다. 자연의 몸으로 묻히지만 영적인 몸으로 살아납니다. 자연의 몸이 있다면 영적인 몸도 있습니다. 기록되기를 "첫 사람 아담은 생명이 있는 영이 됐다"라고 한 것처럼 마지막 아담은 생명을 주는 영이 됐습니다. 그러나 신령한 것이 먼저가 아니라 자연에 속한 것이 먼저이며 그다음이 신령한 것입니다. 첫 사람은 땅에서 났으므로 흙에 속한 사람이나 둘째 사람은 하늘에서 왔습니다. 그 흙에 속한 사람과 같이 저 흙에 속한 사람들도 그러하고 그 하늘에 속한 사람과 같이 저 하늘에 속한 사람들도 그러합니다. 우리가 흙에 속한 사람의 형상을 입은 것처럼 또한 우리는 하늘에 속한 사람의 형상을 입을 것입니다. 형제들이여, 내가 말하고자 하는 것은 이것입니다. 곧 살과 피는 하나님 나라를 이어받을 수 없고 썩을 것은 썩지 않을 것을 이어받을 수 없습니다. 보십시오. 내가 여러분에게 비밀을 말합니다. 우리는 다 죽지 않고 모두 변화할 것입니다. 마지막 나팔 소리에 순식간에 다 그렇게 될 것입니다. 나팔 소리가 나면 죽은 사람들이 썩지 않을 몸으로 살아나고 우리도 변화할 것입니다. 이 썩을 몸이 썩지 않을 것을 입어야 하고 이 죽을 몸이 죽지 않을 것을 입어야 합니다. 이 썩을 몸이 썩지 않을 것을 입고 이 죽을 몸이 죽지 않을 것을 입을 때는 기록돼 있는 이 말씀이 이루어질 것입니다. "사망이 삼켜져 승리를 얻었도다. 사망아, 네 승리가 어디 있느냐? 사망아, 네 독침이 어디 있느냐?" 사망의 독침은 죄요, 죄의 권세는 율법입니다. 그러나 우리 주 예수 그리스도를 통해 우리에게 승리를 주시는 하나님께 감사를 드립니다. 그러므로 내 사랑하는 형제들이여, 굳게 서서 흔들리지 마십시오. 여러분의 수고가 주 안에서 헛되지 않음을 알고 항상 주의 일에 더욱 힘쓰는 사람들이 되십시오.

16 주의 백성을 위한 헌금

이제 성도를 위한 헌금에 관해서는 내가 갈라디아의 교회들에게 명한 것같이 여러분도 그렇게 하십시오. 매주 첫날에 여러분 각자가 수입에 따라 저축해서 내가 갈 때 헌금하는 일이 없게 해 주십시오. 그러면 내가 도착해서 여러분이 인정한 사람에게 내가 편지를 써 줘서 여러분의 선물을 예루살렘에 전하게 할 것입니다. 만일 나도 가는 것이 합당하다면 그들이 나와 함께 갈 것입니다.

개인적인 부탁

내가 마케도니아를 지날 것인데 그곳을 지난 후에는 여러분에게 갈 것입니다. 혹시 내가 여러분과 함께 머물며 겨울을 보내게 될 것도 같습니다. 그다음에는 여러분이 내가 가고자 하는 곳으로 나를 보내 주기를 바랍니다. 나는 지금 지나는 길에 잠깐 들러서 여러분을 보려고 하는 것이 아닙니다. 만일 주께서 허락하시면 얼마 동안 여러분과 함께 지내고 싶습니다. 그러나 나는 오순절까지 이곳 에베소에 머무르려고 합니다. 이는 내게 효과적으로 일할 수 있는 큰 문이 열렸기 때문입니다. 또한 나를 대적하는 사람들도 많습니다. 디모데가 가면 두려움 없이 여러분과 함께 지낼 수 있도록 돌봐 주십시오. 그도 나처럼 주의 일을 행하는 사람입니다. 그러므로 아무도 그를 업신여기지 말며 그를 평안히 보내 줘서 내게 올 수 있게 해 주십시오. 나는 형제들과 함께 그를 기다리고 있습니다. 이제 형제 아볼로에 관해서는 내가 그에게 형제들과 함께 여러분에게 갈 것을 여러 번 권했습니다. 그가 지금은 갈 마음이 전혀 없으나 적절한 시기가 오면 가게 될 것입니다. 깨어 있으십시오. 믿음에 굳게 서십시오. 남자답게 용감하고 강건하십시오. 모든 일을 사랑으로 행하십시오. 형제들이여, 내가 여러분에게 권면합니다. 여러분이 알다시피 스데바나의 가정은 아가야의 첫 열매요, 성도들을 섬기는 데 헌신한 사람들입니다. 그러므로 여러분은 이런 사람들과 또 함께 동역하며 수고하는 모든 사람에게 복종하십시오. 나는 스데바나와 브드나도와 아가이고가 온 것을 기뻐합니다. 이는 그들이 여러분을 대신해 내 허전함을 채워 주었기 때문입니다. 그들은 나와 여러분의 영을 시원하게 해 주었습니다. 그러므로 여러분은 이런 사람들을 인정해 주십시오.

마지막 문안 인사

아시아의 교회들이 여러분에게 안부를 전합니다. 아굴라와 브리스길라가 그들의 집에 모이는 교회와 함께 주 안에서 진심으로 여러분에게 따뜻한 안부를 전합니다. 여기 있는 모든 형제들이 여러분에게 안부를 전합니다. 거룩한 입맞춤으로 서로 인사하십시오. 나 바울은 친필로 안부를 전합니다. 누구든지 주를 사랑하지 않으면 저주가 있을 것입니다. 주여, 오시옵소서. 주 예수의 은혜가 여러분에게 있기를 빕니다. 그리스도 예수 안에서 내 사랑을 여러분 모두에게 보냅니다.

고린도후서
2 Corinthians

1 하나님의 뜻으로 그리스도 예수의 사도가 된 바울과 형제 디모
데는 고린도에 있는 하나님의 교회와 온 아가야에 있는 모든 성
도들에게 편지를 씁니다. 하나님 우리 아버지와 주 예수 그리스도
께로부터 은혜와 평화가 여러분에게 있기를 빕니다.

모든 위로의 하나님을 찬양하라

하나님, 곧 주 예수 그리스도의 아버지, 자비의 아버지, 모든 위로의 하나님께서는 찬양받으실 분입니다. 그분은 우리의 모든 환난 가운데서 우리를 위로하는 분이시기 때문입니다. 우리가 하나님께 받는 위로로 인해 우리도 환난 가운데 있는 사람들을 위로할 수 있게 하시는 분이십니다. 그리스도의 고난이 우리에게 넘치는 것같이 우리의 위로도 그리스도를 통해서 넘칩니다. 우리가 고난당하는 것도 여러분을 위로하고 구원하기 위한 것이요, 우리가 위로받는 것도 여러분을 위로하기 위한 것입니다. 이 위로가 여러분 가운데 역사함으로 여러분이 우리가 당하고 있는 것과 동일한 고난을 당할 때도 잘 견뎌 내게 된 것입니다. 여러분에 대한 우리의 소망은 굳건합니다. 여러분이 고난에 함께 참여하는 것처럼 위로에도 함께 참여하

는 것을 우리는 알고 있습니다. 형제들이여, 우리가 아시아에서 당한 환난에 대해 여러분이 알지 못하기를 원치 않습니다. 우리는 힘에 겹도록 심한 고난을 받아 살 소망까지 끊어질 지경이 됐습니다. 우리는 마음에 사형 선고를 내려야 했습니다. 그렇게 된 것은 우리 자신을 의지하지 않고 죽은 사람들을 살리시는 하나님만 의지하도록 하기 위함이었습니다. 그분은 우리를 과거에도 그렇게 큰 죽음에서 건지셨고 또 미래에도 건지실 분입니다. 또 우리는 하나님이 이후에도 건져 주실 것을 소망합니다. 여러분도 우리를 위해 기도로 협력해 주십시오. 이는 많은 사람의 기도로 우리가 받은 은사로 인해 우리 때문에 많은 사람이 하나님께 감사하게 하려는 것입니다.

바울의 계획이 변경되다

우리의 자랑은 이것입니다. 곧 우리의 양심이 증언하는 것인데 우리가 세상에서 행할 때, 특히 여러분에 대해 행할 때는 더욱더 하나님의 순수하심과 진실하심으로 행했고 육체의 지혜로 하지 않았고 하나님의 은혜로 행했다는 것입니다. 우리는 여러분이 읽고 아는 것 외에 아무것도 다른 것들을 쓰고 있는 것이 아닙니다. 그러므로 나는 여러분이 완전히 알 수 있기를 바랍니다. 여러분이 이미 부분적으로 우리를 알았습니다. 그러나 우리 주 예수의 날에는 여러분이 우리의 자랑거리이듯 우리는 여러분의 자랑거리가 될 것입니다. 나는 이런 확신이 있으므로 먼저 여러분에게 가기를 원했습니다. 이는 여러분으로 하여금 다시 두 번째 은혜를 받게 하기 위함입니다. 나는 여러분을 방문하고 마케도니아로 갔다가 다시 마케도니아에서 여러분에게로 돌아와 여러분의 파송을 받고 유대로 가고자 했습니다. 내가 이렇게 계획할 때 어찌 경솔히 행했겠습니까? 또 내가 이렇게 계획할 때 "예, 예"라고 했다가 금방 "아니요, 아니요"라고 하려고 육체를 따라 계획하고 있는 것입니까? 하나님은 신실하십니다. 우리가 여러분에게 한 말은 "예"가 "아니요"로 된 적이 없었다는 사실에 대해 하나님이 신실한 증인이십니다. 우리, 곧 나와 실루아노와 디모데를 통해서 여러분 가운데 전파된 하나님의 아들 예수 그리스도는 "예"가 "아니요"로 된 적이 없습니다. 그 안에는 오직 "예"만 있을 뿐입니다. 하나님의 약속은 그리스도 안에서 얼마든지 "예"가 됩니다. 그러므로 우리는 그를 통해 "아멘"으로 하나님께 영광을 돌립니다. 여러분과 함께 우리를 그리스도 안에서 굳건하게 하시고 또 우리에게 기름을 부어 주신 이는 하나님이십니다. 또한 그분은 우리를 인 치시고 보증으로 우리 마음속에 성령을 주셨습니다. 내가 내 목숨을 걸고 하나님을 증인으로 모시고 말하는데 내가 더 이상 고린도로 가지 않은 것은 여러분을 아끼기 때문입니다. 우리는 여러분의 믿음을 주관하려는 것이 아니라 다만 여러분의 기쁨을 돕는 사람이 되려는 것입니다. 여러분이 이미 믿음 위에 굳게 서 있기 때문입니다.

2 이제 나는 또다시 근심 가운데 여러분을 방문하지 않기로 결심했습니다. 만일 내가 여러분을 근심하게 한다면 나로 인해 근심하는 사람 외에 누가 나를 기쁘게 하겠습니까? 내가 이것을

쓴 것은 내가 갈 때에 마땅히 나를 기쁘게 해 줄 사람들에게 근심이 없게 하려는 것입니다. 나는 내 기쁨이 여러분 모두의 기쁨임을 확신합니다. 나는 큰 환난과 마음의 고통으로 인해 많은 눈물로 여러분에게 썼습니다. 이는 여러분을 근심하게 하려 한 것이 아니라 여러분에 대해 넘치는 사랑이 내게 있음을 알게 하려는 것입니다.

근심하게 한 사람을 용서하라

만일 누가 근심하게 했다면 그는 나를 근심하게 한 것이 아니라 일부 사람들을 근심하게 한 것입니다. 너무 심한 말을 하지 않으려고 '일부 사람들'이라고 했지만 사실은 여러분 모두를 근심하게 한 것입니다. 그러한 사람에게 여러분은 이미 충분한 벌을 내렸습니다. 그러니 여러분은 그가 더 큰 근심에 잠기지 않도록 오히려 그를 용서하고 위로하십시오. 그러므로 나는 여러분이 그에게 사랑을 나타내기를 권면합니다. 내가 편지를 쓰는 것은 여러분이 모든 일에 순종하는지 시험해 보려는 것입니다. 여러분이 누구에게 무슨 일에 대해 용서한다면 나도 용서합니다. 내가 무엇을 용서했다면 내가 용서한 것은 여러분을 위해 그리스도 앞에서 한 것입니다. 이는 우리가 사탄에게 속지 않으려는 것입니다. 우리는 사탄의 속셈을 모르는 것이 아닙니다.

새 언약의 일꾼들

내가 그리스도의 복음을 위해 드로아에 갔을 때 주 안에서 내게 문이 열렸습니다. 그러나 나는 내 형제 디도를 만나지 못하므로 내 심령이 편치 않아 그들과 작별하고 마케도니아로 갔습니다. 그러나 우리로 그리스도 안에서 항상 승리하게 하시며 우리를 통해서 모든 장소에서 그리스도를 아는 냄새를 나타낼 수 있게 하시는 하나님께 감사를 드립니다. 우리는 구원받는 사람들에게나 멸망하는 사람들에게나 하나님 앞에서 그리스도의 향기입니다. 그러나 어떤 사람들에게는 죽음에 이르게 하는 죽음의 냄새이나 어떤 사람들에게는 생명에 이르게 하는 생명의 냄새입니다. 누가 이런 일들을 감당할 수 있겠습니까? 우리는 많은 사람들처럼 하나님의 말씀을 혼탁하게 하지 않고 오직 진실한 마음으로 하나님께서 보내신 사람답게 그리스도 안에서 하나님 앞에서 말하고 있습니다.

3 우리가 또 우리 자신을 추천하기를 시작하고 있는 것입니까? 아니면 어떤 사람들처럼 우리가 여러분에게 추천서를 보내거나 여러분에게서 추천서를 받을 필요가 있겠습니까? 여러분이야말로 모든 사람들이 알고 있고 읽고 있는 우리 마음에 기록된 우리의 편지입니다. 여러분은 우리의 섬김을 통해 나타난 그리스도의 편지입니다. 이것은 먹으로 쓴 것이 아니라 살아 계신 하나님의 영으로 쓴 것이며 돌판에 쓴 것이 아니라 육체의 마음 판에 쓴 것입니다. 우리는 그리스도를 통해 하나님께 대해 이와 같은 확신을 갖고 있습니다. 그러나 우리는 무엇이 우리에게서 나온 것처럼 스스로 자격이 있다고 생각하지 않습니다. 우리의 자격은 오직 하나님께로부터 났습니다. 그분은 우리로 하여금 문자가 아니라 영으로 말미암는 새

언약의 일꾼이 되기에 충분한 자격을 갖추도록 하셨습니다. 문자는 죽이는 것이요, 영은 살리는 것이기 때문입니다.

새 언약의 더 큰 영광

죽음에 이르게 하는 돌에 새긴 문자의 직분도 영광스러워 모세 얼굴에 나타난 없어질 영광으로 인해 이스라엘 자손이 그의 얼굴을 주목할 수 없었다면 하물며 영의 직분에는 더욱더 영광이 넘치지 않겠습니까? 만일 정죄의 직분에도 영광이 있었다면 의의 직분은 더욱더 영광이 넘칠 것입니다. 이 경우 한때 영광스럽던 것이 더 큰 영광이 나타남으로 인해 더 이상 영광스럽지 못하게 된 것입니다. 사라져 버릴 것도 영광스러웠다면 영원한 것은 더욱 영광 가운데 있을 것입니다. 우리가 이러한 소망을 가지고 있으므로 더욱 담대하게 말합니다. 모세가 없어질 것의 결과에 이스라엘 자손이 주목하지 못하게 하기 위해 자신의 얼굴에 수건을 썼던 것과 같은 일을 우리는 하지 않습니다. 그러나 이스라엘 백성의 마음은 완고해졌습니다. 그들은 옛 언약을 읽을 때 오늘날까지도 수건을 벗지 못하고 계속 그대로 있습니다. 이것은 그리스도 안에서 벗겨지기 때문입니다. 오늘날까지도 모세의 글을 읽을 때마다 수건이 그들의 마음을 덮고 있습니다. 그러나 주께로 돌아갈 때마다 수건은 벗겨집니다. 주께서는 영이시며 주의 영이 계신 곳에는 자유가 있습니다. 우리는 다 벗은 얼굴로 주의 영광을 바라보는 가운데 그와 같은 형상으로 변화해 영광에서 영광에 이르게 됩니다. 이 일은 주의 영으로 말미암습니다.

4 현재의 약함과 부활 생명

그러므로 우리는 하나님의 자비하심을 힘입어 이 직분을 받은 사실을 생각해 낙심하지 않습니다. 오히려 우리는 숨겨진 수치스러운 일들을 버렸고 간교하게 행하지 않았고 하나님의 말씀을 혼탁하게 하지 않았습니다. 오히려 우리는 진리를 나타냄으로 하나님 앞에서 모든 사람들의 양심에 우리 스스로를 추천합니다. 우리의 복음이 가려져 있다면 그것은 멸망하는 사람들에게 가려져 있는 것입니다. 그들로 말하자면, 이 세상의 신이 믿지 않는 사람들의 마음을 혼미하게 해 하나님의 형상인 그리스도의 영광스러운 복음의 빛이 그들을 비추지 못하게 한 것입니다. 우리는 우리 자신을 전파하는 것이 아니라 그리스도 예수께서 주 되신 것과 예수 때문에 우리가 여러분의 종 된 것을 전파합니다. "어둠에서 빛이 비치라"고 명하신 하나님께서 우리의 마음에 예수 그리스도의 얼굴에 있는 하나님의 영광을 아는 빛을 비추셨기 때문입니다. 우리는 이 보배를 질그릇에 가지고 있는데 이는 능력의 지극히 큰 것이 하나님께 있고 우리에게서 난 것이 아니라는 것을 보여 주려는 것입니다. 그러므로 우리는 사방으로 환난을 당해도 절망하지 않고 답답한 일을 당해도 낙심하지 않습니다. 핍박을 당해도 버림받지 않고 넘어뜨림을 당해도 망하지 않습니다. 우리는 항상 예수의 죽으심을 몸에 짊어지고 다닙니다. 이는 예수의 생명 또한 우리의 죽을 몸에 나타나게 하려는 것입니다. 우리 살아 있는 사람들이 항상 예수 때문에 죽음에 넘겨지는 것은 예수의 생명 또한 우리의 죽을 육체 안에 나타나게 하려는 것입니다. 그러므로 죽음은 우리 안에서 역사하고 생명은 여러분 안에서 역사합니다. 성경에 기록되기를 "내가 믿었으므로 말했다"라고 한 것처럼 우리는 바로 그 믿음의 영을 가지고 있으므로 우리도 믿고 또한 말하기도 하는 것입니다. 주 예수를 살리신 이가 예수와 함께 우리도 살리시고 여러분과 함께 그 앞에 서게 하실 것을 우리가 알기 때문입니다. 모든 것은 여러분을 위한 것입니다. 이는 하나님의 은혜가 더 많은 사람들에게 풍성해져서 넘치는 감사로 하나님께 영광을 돌리게 하려는 것입니다. 그러므로 우리는 낙심하지 않습니다. 우리의 겉사람은 쇠할지라도 우리의 속사람은 날마다 새로워지고 있습니다. 우리가 잠시 당하는 가벼운 고난은 그것 모두를 능가하고도 남을 영원한 영광을 우리에게 이뤄 줄 것입니다. 우리가 주목하는 것은 보이는 것들이 아니라 보이지 않는 것들입니다. 보이는 것들은 잠깐이나 보이지 않는 것들은 영원하기 때문입니다.

5 새로운 몸을 기다림

우리는 땅 위에 있는 우리의 장막 집이 무너지면 하나님께서 지으신 집, 곧 손으로 지은 것이 아닌 하늘에 있는 영원한 집이 우리에게 있는 것을 알고 있습니다. 우리는 하늘로부터 오는 우리의 집으로 덧입기를 간절히 사모하며 이 장막 집에서 탄식하고 있습니다. 만일 우리가 이 장막을 벗을지라도 벗은 사람들로 발견되지 않을 것입니다. 우리는 이 장막에 살면서 무거운 짐을 지고 탄식하고 있습니다. 우리는 이 장막을 벗고자 하는 것이 아니라 그 위에 덧입고자 하는 것입니다. 이는 죽을 것이 생명에게 삼켜지게 하려는 것입니다. 우리를 위해 이것을 이뤄 주시고 우리에게 성령이라는 보증을 주신 분은 하나님이십니다. 그러므로 우리는 항상 담대합니다. 우리가 몸 안에 거하는 동안에는 주에게서 떠나 따로 거한다는 것을 압니다. 우리는 믿음으로 행하고 보는 것으로 행하지 않습니다. 우리가 담대하게 원하는 것은 차라리 몸을 떠나 주와 함께 거하는 것입니다. 그러므로 우리가 몸 안에 있든지 몸을 떠나 있든지 주를 기쁘게 하려고 힘씁니다. 우리 모두가 그리스도의 심판대 앞에 드러나야 하기 때문입니다. 그 결과 각기 선악 간에 몸으로 행한 것에 대해 보응을 받게 될 것입니다.

화목하게 하는 직분

그러므로 우리는 주께서 두려운 분이심을 알므로 사람들에게 권면합니다. 우리는 이미 하나님 앞에 드러나 있습니다. 나는 여러분의 양심에도 우리가 그렇게 드러나 있기를 바랍니다. 그렇다고 우리가 또다시 여러분에게 우리를 추천하려는 것이 아닙니다. 도리어 우리는 여러분에게 우리 때문에 자랑할 기회를 주려는 것입니다. 이는 마음으로 하지 않고 외모로 자랑하는 사람들에게 여러분이 대답할 말을 가지도록 하려는 것입니다. 우리가 미쳤어도 하나님을 위한 것이요, 정신이 온전해도 여러분을 위한 것입니다. 그리스도의 사랑이 우리를 강권하십니다. 우리가 확신하건대 한 사람이 모든 사람을 대신해 죽었으니 모든 사람이 죽은 것입니다. 그분이 모든 사람을 대신해 죽으신 것은 산 사람들로 더 이상 자신을 위해 살지 않고 자신을 대신해 죽었다가 살아나신 그분을 위해 살게 하시려는 것입니다. 그러므로 이제부터는 우리가 아무도 육체를 따라 알려고 하지 않습니다. 전에는 우리가 그리스도를 육체를 따라 알았으나 이제는 더 이상 그렇게 알지 않습니다. 그러므로 누구든지 그리스도 안에 있으면 새로운 피조물입니다. 옛것은 지나갔으니 보십시오. 새것이 됐습니다. 모든 것은 하나님께로부터 왔습니다. 하나님은 그리스도를 통해서 우리를 그분과 화목하게 하시고 또한 우리에게 화목하게 하는 직분을 맡겨 주셨습니다. 곧 하나님께서는 사람들의 죄를 그들에게 돌리지 않으시고 세상을 그리스도 안에서 그분과 화목하게 하셨으며 또한 우리에게 화목하게 하는 말씀을 맡겨 주신 것입니다. 그러므로 우리는 그리스도를 대신하는 사절이 돼 하나님께서 우리를 통해서 권면하시는 것같이 그리스도를 대신해 여러분에게 간곡히 부탁합니다. 여러분은 하나님과 화목하십시오.하나님께서는 죄를 알지도 못하신 분에게 우리 대신 죄를 짊어지게 하셨습니다. 이는 우리로 그리스도 안에서 하나님의 의가 되게 하시려는 것입니다.

6 하나님과 함께 일하는 우리가 여러분에게 권면합니다. 여러분은 하나님의 은혜를 헛되이 받지 마십시오. 말씀하시기를 "내가 은혜 베풀 만한 때에 네 말을 들었고 구원의 날에 너를 도왔다"라고 하셨기 때문입니다. 보십시오. 지금은 은혜받을 만한 때요, 지금은 구원의 날입니다.

바울의 환난

우리는 무슨 일이든 아무에게도 거리낌이 되지 않으려고 합니다. 이는 우리의 섬기는 일이 비난을 받지 않게 하려는 것입니다. 오히려 우리는 우리 자신을 모든 일에 하나님의 일꾼들로 추천하려고 애씁니다. 우리는 많은 인내와 환난과 궁핍과 곤란과 매 맞음과 감옥에 갇히는 것과 난동과 수고와 자지 못함과 배고픔 가운데 하나님의 일꾼들로 지냅니다. 또한 우리는 순결함과 지식과 오래 참음과 친절함과 성령과 거짓 없는 사랑과 진리의 말씀과 하나님의 능력으로 일합니다. 또 우리는 오른손과 왼손에 의의 무기를 들고 영광과 모욕, 비난과 칭찬을 동시에 겪으며 일합니다. 우리는 속이는 사람 같으나 진실하고 무명한 사람 같으나 유명하고 죽은 사람 같으나 보십시오! 살아 있습니다. 우리가 징벌을 받는 사람 같으나 죽임을 당하지 않고 근심하는 사람 같으나 항상 기뻐하고 가난한 사람 같으나 많은 사람을 부유하게 합니다. 아무것도 없는 사람 같으나 모든 것을 가진 사람입니다. 고린도 사람들이여, 우리의 입이 여러분을 향해 열려 있으며 우리의 마음이 넓게 열려 있습니다. 여러분이 우리의 마음 안에서 좁아진 것이 아니라 여러분의 마음이 스스로 좁아진 것입니다. 내가 자녀에게 말하듯이 말합니다. 여러분도 보답하는 양으로 마음을 넓히십시오.

우상 숭배에 대한 경고

여러분은 믿지 않는 사람들과 함께 멍에를 메지 마십시오. 의와 불법이 어떻게 함께 짝하며 빛과 어두움이 어떻게 사귈 수 있겠습니

까? 그리스도와 벨리알이 어떻게 하나가 되며 믿는 사람과 믿지 않는 사람이 어떻게 함께 몫을 나눌 수 있겠습니까? 하나님의 성전과 우상들이 어떻게 하나가 될 수 있겠습니까? 우리는 살아 계신 하나님의 성전이기 때문입니다. 이것은 하나님께서 말씀하신 바와 같습니다. "내가 그들 가운데 거하고 그들 가운데 행할 것이니 나는 그들의 하나님이 되고 그들은 내 백성이 될 것이다." "그러므로 너희는 그들 가운데서 나와 그들과 떨어져 있으라. 주께서 말씀하신다. 너희는 부정한 것을 만지지 말라. 그러면 내가 너희를 영접할 것이다." "나는 너희의 아버지가 되고 너희는 내 자녀들이 될 것이다. 전능하신 주께서 말씀하신다."

7 그러므로 사랑하는 여러분, 우리가 이 약속을 가지고 있으니 하나님을 두려워함으로 온전히 거룩함을 이루면서 육과 영의 모든 더러움에서 떠나 우리 자신을 깨끗하게 합시다.

고린도 교회의 회개로 인한 바울의 기쁨

여러분은 우리를 받아 주십시오. 우리는 아무에게도 부당한 일을 하지 않았습니다. 아무에게도 손해를 입히지 않았습니다. 아무에게도 속여 빼앗는 일을 하지 않았습니다. 내가 정죄하려고 말을 하는 것이 아닙니다. 내가 전에도 말했지만 여러분이 우리 마음에 있어 우리가 여러분과 함께 죽고 함께 살고자 하기 때문입니다. 나는 여러분에 대해 많은 신뢰감을 갖고 있고 여러분을 위해 자랑할 것도 많습니다. 우리의 온갖 환난 가운데서도 내게는 위로가 가득하고 기쁨이 넘칩니다. 우리가 마케도니아에 이르렀을 때 우리의 육체는 편치 못했고 사방으로는 환난을 당했습니다. 밖으로는 다툼이 있었고 안으로는 두려움이 있었습니다. 그러나 낙심한 사람들을 위로하시는 하나님께서 디도를 돌아오게 하심으로 우리를 위로해 주셨습니다. 그가 돌아온 것뿐만 아니라 그가 여러분에게서 받은 위로로 우리를 위로해 주었습니다. 여러분이 내게 대해 사모하는 것과 애통해 하는 것과 열심을 내는 것에 대해 그의 보고를 받고 나는 더욱 기뻤습니다. 내가 편지로 인해 여러분을 근심하게 했다 할지라도 지금은 후회하지 않습니다. 내 편지가 여러분을 잠시 상심하게 했다는 것을 내가 알고 후회하기는 했으나 지금은 내가 기뻐하고 있습니다. 왜냐하면 여러분을 근심하게 했기 때문이 아니라 여러분이 그 근심으로 회개하게 됐기 때문입니다. 여러분은 하나님의 뜻대로 근심한 것이므로 결국 여러분은 아무것도 손해를 본 것이 없습니다. 하나님의 뜻대로 하는 근심은 구원에 이르는 회개를 가져오므로 후회할 것이 없습니다. 그러나 세상 근심은 죽음을 가져옵니다. 보십시오. 하나님의 뜻대로 하는 이 근심이 여러분에게 얼마나 간절함을 불러일으키며 변호함과 의분과 두려움과 사모함과 열심과 응징의 마음을 불러일으켰습니까? 여러분은 모든 일에 여러분 자신의 깨끗함을 보여 주었습니다. 그러므로 내가 여러분에게 편지를 쓴 이유는 불의를 행한 사람이나 불의를 당한 사람을 위한 것이 아니라 우리에 대한 여러분의 간절함이 하나님 앞에서 여러분에게 밝히 드러나게 하려는 것입니다. 이로 인해 우리는 위로를 받았습니다. 또

한 우리가 받은 위로 위에 디도가 즐거워하는 것을 보고 우리는 더욱 기뻐하게 됐습니다. 그는 여러분 모두로 인해 심령에 새로운 힘을 얻었습니다. 내가 여러분에 대해 디도에게 무슨 자랑한 것이 있다 할지라도 나는 부끄럽지 않습니다. 우리가 여러분에게 말한 모든 것이 사실이었던 것처럼 우리가 디도에게 한 자랑도 사실이기 때문입니다. 디도는 여러분 모두가 두렵고 떨리는 마음으로 자기를 받아들여 주고 순종한 것을 기억하며 여러분에 대한 애정이 더욱 깊어졌습니다. 나는 여러분을 전적으로 신뢰할 수 있게 돼 기쁩니다.

8 **주의 백성을 위한 헌금**

형제들이여, 우리는 마케도니아 교회들에게 주신 하나님의 은혜를 여러분에게 알리고자 합니다. 그들은 수많은 시련 가운데서도 기쁨이 넘쳤고 극한 가난에도 불구하고 넘치는 헌금을 했습니다. 내가 증언하는데 그들은 힘닿는 대로 했을 뿐 아니라 힘에 부치도록 자진해서 했습니다. 그들은 이 은혜와 성도 섬김의 일에 참여할 수 있도록 우리에게 간곡히 부탁했습니다. 그들은 우리가 바라는 대로가 아니라 자신을 먼저 주께 드리고 하나님의 뜻을 따라 우리에게도 헌신했습니다. 그러므로 우리는 디도에게 이미 여러분 가운데 시작한 이 은혜로운 일을 성취하라고 권면했습니다. 여러분은 모든 일, 곧 믿음과 말씀과 지식과 모든 열심과 우리에 대한 사랑에 풍성한 것같이 이 은혜로운 일에도 풍성하도록 하십시오. 내가 명령으로 이 말을 하는 것이 아닙니다. 다만 다른 사람들의 열성을 통해 여러분의 사랑의 진실성을 증명해 보이려는 것입니다. 여러분이 우리 주 예수 그리스도의 은혜를 잘 알고 있듯이 그리스도께서는 부유하신 분으로서 여러분을 위해 가난하게 되셨습니다. 그분의 가난하심을 통해 여러분을 부유하게 하시려는 것입니다. 이 일에 대해 내가 조언합니다. 이 일은 여러분에게 유익하며 이미 1년 전부터 여러분이 원해서 행해 온 일입니다. 그러므로 이제 마무리를 잘 하십시오. 여러분이 자원해 하던 것을 마무리하되 여러분이 가지고 있는 것으로 하십시오. 만일 무엇보다 여러분에게 자원하는 마음이 있다면 하나님께서 그 가진 대로 받으실 것이요, 가지지 않은 것까지 받지는 않으실 것입니다. 이는 내가 다른 사람들은 편안하게 하고 여러분은 곤고하게 하려는 것이 아니라 도리어 공평하게 하려는 것입니다. 지금 여러분의 넉넉한 것으로 그들의 궁핍을 채워 주면 후에 그들의 넉넉한 것이 여러분의 궁핍을 채워 주어 서로 공평하게 될 것입니다. 기록되기를 "많이 거둔 사람도 남지 않았고 적게 거둔 사람도 모자라지 않았다"라고 한 것과 같습니다.

헌금을 수령하기 위해 디도를 보내다

여러분을 위해 디도의 마음에도 동일한 열심을 주시는 하나님께 감사를 드립니다. 디도는 우리의 요청을 받아들였을 뿐 아니라 더욱 열심을 내고 자진해 여러분에게로 갔습니다. 또 그와 함께한 형제를 보냈는데 그는 복음 전하는 일에 모든 교회로부터 칭찬을 받는 사람입니다. 더구나 그는 동일한 주의 영광과 우리의 선한 뜻을 나타내기 위해 여러 교회의 임명을 받고 우리와 함께 다니면서 우리가 행하는 이 은혜로운 일을 돕는 사람입니다. 우리는 이 거액의 헌금을 맡아 봉사하는 일에 아무에게도 비난을 받지 않으려고 조심합니다. 우리가 주 앞에서뿐 아니라 사람들 앞에서도 옳게 행하고자 하기 때문입니다. 우리는 그들과 함께 또 한 형제를 보냈습니다. 우리는 그가 모든 일에 열심을 내는 것을 확인했습니다. 지금 그는 여러분을 크게 신뢰하므로 더욱 열심을 내고 있습니다. 디도로 말하자면 그는 내 동료요, 여러분을 위한 내 동역자입니다. 우리 형제들로 말하자면 그들은 여러 교회의 사도들이요, 그리스도의 영광입니다. 그러므로 여러분은 여러 교회 앞에서 여러분의 사랑과 여러분에 대해 우리가 자랑하는 증거를 그들에게 보여 주십시오.

9 성도를 섬기는 이 일에 대해서는 내가 여러분에게 더 이상 쓸 필요가 없습니다. 그 이유는 여러분의 열심을 내가 알고 있기 때문입니다. 내가 마케도니아 사람들에게 여러분에 대해 자랑하기를 "아가야에서는 이미 1년 전부터 준비가 돼 있다"라고 했습니다. 그래서 여러분의 열심이 많은 사람을 분발하게 했습니다. 그러나 이 일에 대해 우리가 여러분을 자랑한 것이 헛되지 않고 여러분이 내가 말한 것같이 준비하게 하기 위해 내가 이 형제들을 보냈습니다. 만일 마케도니아 사람들이 나와 함께 가서 여러분이 준비되지 않은 것을 보게 된다면 여러분은 말할 것도 없고 우리가 이런 확신을 가진 것으로 인해 수치를 당하게 되지 않을까 염려됩니다. 그러므로 나는 그 형제들을 권면해 여러분에게 먼저 가서 여러분이 전에

약속한 헌금을 미리 준비하도록 하는 것이 필요하다고 생각했습니다. 이렇게 해야 이 준비된 것이 인색함으로 한 것이 아니라 자발적으로 한 것이 될 것입니다.

풍성한 헌금에 대한 격려

이것이 바로 적게 심는 사람은 적게 거두고 많이 심는 사람은 많이 거둔다는 말입니다. 각자 마음에 정한 대로 하되 아까워하거나 억지로 하지 마십시오. 하나님께서는 기쁨으로 내는 사람을 사랑하십니다. 하나님은 여러분에게 모든 은혜를 넘치게 하실 수 있는 분이십니다. 이는 여러분으로 하여금 모든 일에 항상 넉넉해서 모든 선한 일을 넘치도록 하게 하시려는 것입니다. 기록되기를 "그가 흩어 가난한 사람들에게 주셨으니 그의 의가 영원토록 있도다"라고 한 것과 같습니다. 심는 사람에게 씨와 먹을 양식을 주시는 하나님께서는 여러분에게 심을 씨를 주시고 풍성하게 하시고 많은 열매를 거두게 하실 것입니다. 여러분은 모든 일에 풍성하게 될 것입니다. 바로 그 풍성한 헌금이 우리를 통해 전달됨으로 사람들로 하여금 하나님께 감사드리게 할 것입니다. 이 봉사의 직무는 성도들의 궁핍을 채워 줄 뿐 아니라 하나님께 드리는 많은 감사로 인해 더욱 풍성하게 될 것입니다. 이 직무의 증거를 통해 그들은 여러분이 그리스도의 복음을 고백하고 순종한다는 것과 그들에게나 다른 모든 사람에게 대한 여러분의 넉넉한 헌금으로 인해 하나님께 영광을 돌릴 것입니다. 또한 그들은 여러분을 위해 간구하며 여러분에게 주신 하나님의 넘치는 은혜로 인해 여러분을 사모합니다. 말로 다할 수 없는 은사를 주시는 하나님께 감사를 드립니다.

10 **자신의 사도직을 변호하는 바울**

여러분과 얼굴을 마주 대하고 있을 때는 유순하나 떠나 있으면 여러분에 대해 강경한 나 바울은 이제 그리스도의 온유와 관용으로 친히 여러분에게 권면합니다. 내가 여러분에게 요청하는 것은 내가 여러분에게 갈 때 우리가 육체를 따라 행한다고 여기는 사람들에게 내가 단호히 대처하는 것같이 여러분을 강경한 태도로 대하지 않도록 해 달라는 것입니다. 비록 우리가 육체를 입고 살고 있지만 육체를 따라 싸우지 않기 때문입니다. 우리가 가지고 싸우는 무기는 육체에 속한 것이 아니라 견고한 요새를 무너뜨리는 하나님의 능력입니다. 우리는 모든 궤변을 무너뜨리고 하나님을 아는 지식을 대적해서 스스로 높아진 모든 주장을 무너뜨리고 모든 생각을 사로잡아 그리스도께 복종시킵니다. 이와 더불어 우리는 여러분의 순종이 온전하게 됐을 때 모든 순종치 않는 사람들을 벌하기 위해 준비하고 있습니다. 여러분의 눈앞에 있는 것들을 보십시오. 만일 어떤 사람이 자기 자신이 그리스도께 속한 사람이라고 확신한다면 그가 그리스도께 속한 것처럼 우리도 또한 그러하다는 것을 생각하게 하십시오. 만일 우리가 우리의 권세를 좀 지나치게 자랑한다 해도 그것은 여러분을 파멸시키기 위해서가 아니라 여러분을 세우기 위해 주께서 우리에게 주신 것이므로 우리는 부끄럽지 않을 것입니다. 나는 편지로 여러분을 두렵게 하려는 것처럼 보이고 싶지 않습니다. 어떤 사람들은 말하기를 "그의 편지들은 무게가 있고 힘이 있으나 직접 대해 보면 약하고 말도 시원치 않다"라고 말합니다. 그러나 이런 사람들은 떠나 있을 때 편지로 보는 그 모습이, 함께 있을 때 행하는 행동 그대로인 것을 알아야 합니다. 우리는 자화자찬하는 사람들의 아류가 되거나 그런 사람들과 비교하려 하지 않습니다. 그들은 자기들끼리 재고 자기들끼리 비교하니 지혜롭지 못합니다. 그러나 우리는 정도 이상으로 자랑하지 않고 오직 하나님께서 정해 주신 분량의 범위 안에서 자랑하려고 합니다. 우리의 자랑은 곧 우리가 여러분에게까지 다다른 정도입니다. 우리는 여러분에게 가지 못할 사람들로서 스스로 과신해 나아갔던 것이 아닙니다. 우리는 그리스도의 복음 안에서 여러분에게까지 갔던 것입니다. 또한 우리는 다른 사람의 수고를 가지고 분량 밖의 자랑을 하는 것이 아닙니다. 다만 우리가 바라는 것은 여러분의 믿음이 자라남으로 우리의 활동 영역이 여러분 가운데서 크게 확대되는 것입니다. 그래서 결국 여러분의 지역 너머까지 복음을 전파하기 위한 것이지 다른 사람의 영역에 이미 마련된 것들을 가지고 자랑하기 위한 것이 아닙니다. "자랑하는 사람은 주 안에서 자랑하도록 하십시오." 옳다 인정함을 받는 사람은 자화자찬하는 사람이 아니라 오직 주께서 칭찬하시는 사람입니다.

11 바울과 거짓 사도들

여러분은 내가 좀 어리석어 보이더라도 용납해 주시기 바랍니다. 꼭 나를 용납해 주십시오. 왜냐하면 나는 하나님의 열심으로 여러분을 위해 열심을 내고 있기 때문입니다. 나는 여러분을 순결한 처녀로 한 남편인 그리스도께 드리려고 약혼시켰습니다. 그러나 나는 뱀이 그의 간교한 꾀로 하와를 속인 것처럼 여러분의 마음이 그리스도께 대한 순전함과 정결함을 버리고 부패하게 될까 두렵습니다. 누가 여러분에게 와서 우리가 전파하지 않은 다른 예수를 전파하거나 여러분이 우리의 복음 전파를 통해 받지 않은 다른 영을 받게 하거나 여러분이 받지 않은 다른 복음을 받게 해도 여러분은 잘도 용납하고 있습니다. 나는 저 위대한 사도들보다 조금도 못하다고 생각하지 않습니다. 비록 내가 말에는 능하지 못하나 지식에는 그렇지 않습니다. 우리는 이 점을 모든 사람들 가운데서 여러 모양으로 여러분에게 나타내 보였습니다. 내가 여러분을 높이려고 나 자신을 낮춰 하나님의 복음을 값없이 여러분에게 전한 것이 죄를 지은 것입니까? 내가 여러분을 섬기기 위해 받은 비용은 다른 교회들로부터 강권해 타 낸 것입니다. 그리고 내가 여러분과 함께 있는 동안 빈곤했으나 아무에게도 폐를 끼치지 않은 것은 마케도니아에서 온 형제들이 내 필요를 채워 주었기 때문입니다. 나는 모든 일에 여러분에게 짐이 되지 않으려고 스스로 조심했거니와 앞으로도 조심할 것입니다. 그리스도의 진리가 내 안에 있는 한 내 이 자랑은 아가야 여러 지방에서 중지되지 않을 것입니다. 왜 그렇습니까? 내가 여러분을 사랑하지 않기 때문입니까? 하나님이 아십니다. 나는 내가 하는 일을 계속 할 것입니다. 그 목적은 우리와 똑같은 일을 한다고 자랑하기 위해 기회를 엿보는 사람들의 기회를 끊어 버리려는 것입니다. 그런 사람들은 거짓 사도들이요, 가증된 일꾼들이요, 자신을 그리스도의 사도들로 가장하는 사람들입니다. 그러나 놀랄 것이 없습니다. 그 이유는 사탄도 자신을 빛의 천사로 가장하기 때문입니다. 그러므로 사탄의 일꾼들이 의의 일꾼들인 양 가장하는 것은 대단한 일이 아닙니다. 그들의 결국은 그들이 행한 대로 될 것입니다.

바울이 자신의 고난을 자랑하다

내가 다시 말합니다. 아무도 나를 어리석은 사람으로 생각지 마십시오. 그러나 만일 여러분이 그렇게 못하겠다면 나를 어리석은 사람으로 받아들여 나로 하여금 조금 자랑하게 하십시오. 지금 내가 말하는 것은 주의 지시하심을 따라 말하는 것이 아니라 어리석은 사람같이 확신 가운데 자랑하는 것뿐입니다. 많은 사람이 육신을 따라 자랑하니 나 또한 자랑해 보겠습니다. 여러분이 스스로 지혜롭다고 생각하면서 어리석은 사람들을 잘도 용납하기 때문입니다. 여러분은 누가 여러분을 종으로 삼거나 누가 여러분을 삼켜 버리거나 누가 여러분을 이용하거나 누가 스스로 높이거나 누가 여러분의 뺨을 칠지라도 잘도 용납합니다. 우리의 약한 모습 그대로 내가 욕을 하듯이 말합니다. 그러나 누가 감히 무엇을 자랑한다면 나도 감히 어리석음을 무릅쓰고 자랑 좀 하겠습니다. 그들이 히브리 사람입니까? 나 역시 그렇습니다. 그들이 이스라엘 사람입니까? 나 역시 그렇습니다. 그들이 아브라함의 자손입니까? 나 역시 그렇습니다. 그들이 그리스도의 일꾼입니까? 내가 정신 나간 사람처럼 말

합니다만 나는 그 이상입니다. 나는 수고도 많이 하고 매도 수없이 맞고 감옥살이도 많이 하고 죽을 고비도 여러 번 넘겼습니다. 유대 사람들에게 40에 하나 감한 매를 다섯 번이나 맞았고 세 번 채찍으로 맞았고 한 번 돌로 맞았고 세 번이나 파선을 당했고 밤낮 꼬박 하루를 바다에서 헤맨 적도 있습니다. 나는 수차례에 걸친 여행에서 강의 위험과 강도의 위험과 동족의 위험과 이방 사람의 위험과 도시의 위험과 광야의 위험과 바다의 위험과 거짓 형제들의 위험을 겪었습니다. 나는 또 수고와 곤고와 종종 자지 못함과 배고픔과 목마름과 때로 굶주림과 추위와 헐벗음 가운데 지냈습니다. 그런데 이와 별도로 날마다 나를 억누르는 것이 있으니, 곧 내가 모든 교회를 위해 염려하는 것입니다. 누가 약해지면 나도 약해지지 않겠습니까? 누가 죄에 빠지면 내 마음이 타지 않겠습니까? 내가 자랑해야 한다면 나는 내 약한 것들을 자랑하겠습니다. 영원히 찬양받으실 하나님, 곧 주 예수의 아버지께서는 내가 거짓말하지 않는 것을 아십니다. 다메섹에서 아레다 왕의 관리가 나를 체포하려고 다메섹 성을 지켰으나 내가 창문으로 광주리를 타고 성벽을 내려가 그 손에서 벗어났습니다.

12 **바울의 환상과 가시**

내가 좀 더 자랑을 해야겠습니다. 이것은 유익하지 않은 일이지만 주께서 주신 환상과 계시에 대해 더 말해 보겠습니다. 내가 그리스도 안에 있는 한 사람을 압니다. 그는 14년 전에 셋째 하늘에까지 이끌려 올라갔던 사람입니다. (나는 그가 몸 안에 있었는지 몸 밖에 있었는지 알지 못하지만 하나님께서는 아십니다.) 내가 이런 사람을 압니다. (나는 그가 몸 안에 있었는지 몸과 분리돼 있었는지 알지 못하지만 하나님께서는 아십니다.) 그가 낙원으로 이끌려 올라가 말할 수 없는 말들을 들었으니, 곧 사람이 말해서는 안 되는 것들입니다. 내가 이런 사람을 위해 자랑할 것이나 나 자신을 위해서는 약한 것들 외에 자랑하지 않겠습니다. 만일 내가 자랑하고자 해도 어리석은 사람이 되지는 않을 것입니다. 그 이유는 내가 참말을 할 것이기 때문입니다. 그러나 나는 자랑을 그만두겠습니다. 이는 어느 누구도 나를 보는 것이나 내게 듣는 것 이상으로 나를 평가하지 않게 하기 위한 것입니다. 받은 계시들이 지극히 큰 것으로 인해 나로 교만하지 않게 하시려고 내 육체에 가시 곧 사탄의 사자를 주셨습니다. 이는 나를 쳐서 교만하지 않게 하시려는 것입니다. 나는 이것이 내게서 떠나도록 주께 세 번이나 간구했습니다. 그러나 그분은 내게 말씀하셨습니다. "내 은혜가 네게 족하다. 왜냐하면 내 능력이 약한 데서 온전해지기 때문이다." 그러므로 나는 내 약한 것들에 대해 크게 기뻐하며 자랑할 것입니다. 이는 그리스도의 능력이 내게 머물게 하기 위함입니다. 그러므로 나는 그리스도를 위해 약한 것들과 모욕과 궁핍과 핍박과 곤경 가운데 있으면서도 기뻐합니다. 왜냐하면 내가 약할 그때에 곧 강하기 때문입니다.

고린도 교인들에 대한 바울의 염려

내가 어리석은 사람이 되고 말았습니다. 왜냐하면 여러분이 나를 그렇게 강요했기 때문입니다. 그런데 사실 나는 여러분에게 인정을 받아 마땅합니다. 비록 내가 보잘것없는 사람이지만 저 위대한 사도들보다 못하지 않기 때문입니다. 진정한 사도의 표적들이 오래 참음과 표적과 기적과 능력과 더불어 여러분 가운데 나타났습니다. 나 자신이 여러분에게 폐를 끼치지 않은 것 외에 내가 다른 교회들보다 여러분에게 못해 준 것이 무엇입니까? 그것이 잘못이었다면 여러분은 이러한 내 잘못을 용서하십시오. 내가 이제 세 번째로 여러분에게 갈 준비가 돼 있으나 여러분에게 폐를 끼치지는 않을 것입니다. 내가 원하는 것은 여러분의 재물이 아니라 여러분 자신이기 때문입니다. 자녀가 부모를 위해 저축하는 것이 아니라 부모가 자녀를 위해 저축하는 것이 마땅합니다. 그러므로 나는 여러분의 영혼을 위해 내가 가진 것을 기쁘게 소비하고 나 자신도 다 소모할 정도로 희생할 것입니다. 내가 여러분을 더욱 사랑하면 내가 사랑을 덜 받겠습니까? 아무튼 나는 여러분에게 폐를 끼친 적이 없습니다. 그러나 그들은 내가 간교한 속임수로 여러분을 이용했다고 합니다. 내가 여러분에게 보낸 어떤 사람을 통해 여러분을 착취한 적이 있습니까? 내가 디도를 권해 한 형제와 함께 여러분에게 가게 했는데, 디도가 여러분을 착취했습니까? 우리가 같은 영으로 행하고 같은 방식으로 행하지 않았습니까? 여러분은 여전히 우리가 변명하고 있다고 생각합니다. 우리가 그리스도 안에서 말하는 것은 하나님 앞에서 하는 것입니다. 사랑하는 사람들이여, 이 모든 일은 여러분을 세우기 위한 것입니다. 내가 두려워하는 것은 내가 여러분에게 갈 때 여러분이 내 기대에 못 미치거나 내가 여러분의 기대에 못 미칠까 하는 것입니다. 그리고 여러분 가운데 다툼과 시기와 분노와 파당과 중상모략과 수군거림과 교만과 무질서가 있지 않을까 하는 것입니다. 또 내가 두려워하는 것은 내가 다시 여러분에게 갈 때 내 하나님께서 여러분 앞에서 나를 낮추시지 않을까 하는 것입니다. 그리고 전에 죄를 지은 많은 사람들이 그들이 행한 더러움과 음란과 호색을 회개하지 않으므로 내가 슬퍼하지 않을까 하는 것입니다.

13 마지막 경고

내가 이제 세 번째로 여러분을 방문하려고 합니다. 모든 사안은 두세 증인의 증언을 근거로 확정될 것입니다. 내가 두 번째 방문했을 때 전에 죄를 지은 사람들과 다른 모든 사람들에게 이미 말했던 것처럼 지금 내가 떠나 있으나 미리 말해 둡니다. 내가 다시 가면 그들을 그냥 두지 않겠습니다. 왜냐하면 여러분이 그리스도께서 내 안에서 말씀하신다는 증거를 요구하기 때문입니다. 그분은 여러분을 대해 약하시지 않고 도리어 여러분 가운데 강하십니다. 그리스도는 약한 가운데 십자가에 못 박히셨으나 하나님의 능력으로 살아나셨기 때문입니다. 우리도 그 안에서 약하나 여러분의 일에 대해 하나님의 능력으로 그분과 함께 살 것입니다. 여러분이 믿음 가운데 있는지 여러분 자신을 살피고 계속해서 시험해 보십시오. 예수 그리스도께서 여러분 안에 계심을 스스로 알지 못합니까? 그렇지 않으면 여러분은 하나님께 인정받지 못한 사람들입니다. 나는 여러분이 우리가 하나님께 인정받지 못한 사람들이 아니라는 것을 알기 바랍니다. 우리는 여러분이 아무 악한 일도 행치 않기를 기도합니다. 이는 우리가 하나님께 인정받는 사람들임을 나타내려는 것이 아니라 비록 우리가 하나님께 인정받지 못한 사람들처럼 보일지라도 여러분으로 하여금 선을 행하게 하려는 것입니다. 우리는 진리를 대적해 아무것도 할 수 없고 오직 진리를 위해서만 무언가를 할 수 있습니다. 우리가 약할지라도 여러분이 강하다면 우리는 기쁩니다. 우리가 여러분을 위해 기도하는 것은 여러분이 온전하게 되는 것입니다. 그러므로 내가 떠나 있는 동안 이것들을 쓰는 것은 내가 갔을 때 주께서 내게 주신 권위를 따라 여러분을 엄하게 대하지 않기 위함입니다. 이 권위는 여러분을 세우기 위한 것이지 무너뜨리기 위한 것이 아닙니다.

마지막 문안 인사

마지막으로 형제들이여, 기뻐하십시오. 온전하게 되기를 힘쓰십시오. 서로 격려하십시오. 같은 마음을 품으십시오. 화평하십시오. 그러면 사랑과 평강의 하나님께서 여러분과 함께하실 것입니다. 거룩한 입맞춤으로 서로 문안하십시오. 모든 성도들이 여러분에게 안부를 전합니다. 주 예수 그리스도의 은혜와 하나님의 사랑과 성령의 교통하심이 여러분 모두와 함께하시기를 빕니다.

갈라디아서

Galatians

1 사람들에게서 난 것도 아니요, 사람으로 인해 된 것도 아니요, 오직 예수 그리스도와 그분을 죽은 사람들 가운데서 살리신 하나님 아버지로 인해 사도가 된 나 바울과 나와 함께 있는 모든 형제들이 갈라디아에 있는 교회들에게 편지를 씁니다. 하나님 우리 아버지와 주 예수 그리스도의 은혜와 평강이 여러분에게 있기를 빕니다. 예수 그리스도는 하나님, 곧 우리 아버지의 뜻을 따라 이 악한 세대에서 우리를 건져 내시려고 우리 죄를 대신해 자신의 몸을 내주셨습니다. 하나님께 영광이 영원무궁하기를 빕니다. 아멘.

다른 복음은 없다

그리스도의 은혜로 여러분을 부르신 분을 여러분이 그렇게 쉽게 떠나 다른 복음을 좇는 것에 대해 나는 놀라지 않을 수 없습니다. 사실 다른 복음은 없습니다. 다만 어떤 사람들이 여러분을 혼란에 빠뜨려 그리스도의 복음을 변질시키려고 하는 것입니다. 그러나 우리든 하늘에서 온 천사든 우리가 여러분에게 전한 복음 이외의 것을 전한다면 그는 저주를 받아 마땅합니다. 우리가 전에도 말한 것처럼 내가 지금 다시 말합니다. 만일 누구든지 여러분이 받은 복음 이

외의 것을 전한다면 그는 저주를 받아 마땅합니다. 내가 지금 사람들을 좋게 하려고 합니까? 아니면 하나님을 좋게 하려고 합니까? 또는 내가 사람들에게 기쁨을 구하려고 애씁니까? 만일 내가 아직도 사람들에게 기쁨을 구하려고 애쓴다면 나는 그리스도의 종이 아닙니다.

바울이 하나님의 부름을 받다

형제들이여, 내가 전한 복음은 사람을 따라 된 것이 아니라는 것을 여러분에게 알려 드리겠습니다. 그 복음은 내가 사람에게 받은 것도 배운 것도 아닙니다. 그것은 오직 예수 그리스도의 계시를 통해 받은 것입니다. 내가 전에 유대교에 있을 때 한 행위에 관해 여러분이 이미 들었을 것입니다. 나는 하나님의 교회를 몹시 핍박했고 파괴하려고 했습니다. 나는 내 동족 가운데 나와 나이가 같은 또래의 많은 사람들보다 유대교를 믿는 데 앞장섰으며 내 조상들의 전통에 대해서도 매우 열성적이었습니다. 그러나 어머니의 태에서부터 나를 따로 세우시고 은혜로 나를 부르신 하나님께서 하나님의 아들을 이방 사람들에게 전하게 하시려고 하나님의 아들을 내 안에 나타내 보이셨습니다. 그때 나는 사람들과 의논하지도 않았고 나보다 먼저 사도가 된 사람들을 만나려고 예루살렘으로 올라가지도 않았습니다. 나는 곧장 아라비아로 갔다가 다시 다메섹으로 되돌아갔습니다. 3년 뒤 나는 게바를 만나려고 예루살렘으로 올라가서 그와 함께 15일을 지냈습니다. 그리고 사도들 가운데 주의 형제 야고보 외에는 어느 누구도 만나지 않았습니다. 내가 하나님 앞에서 장담

하건대 내가 여러분에게 쓰는 이것은 결코 거짓말이 아닙니다. 그 후 나는 시리아와 길리기아 지방으로 갔습니다. 그래서 내 얼굴이 그리스도 안에 있는 유대의 교회들에게는 알려지지 않았습니다. 다만 그들은 "전에 우리를 핍박하던 사람이 지금은 전에 그가 파괴하려고 하던 그 믿음을 전하고 있다" 하는 소문을 듣고 나로 인해 하나님께 영광을 돌렸습니다.

2 바울이 사도들에게 인정을 받다

그 후 14년이 지나서 나는 바나바와 함께 디도를 데리고 다시 예루살렘으로 올라갔습니다. 내가 예루살렘으로 올라간 것은 하나님의 계시를 따른 것으로 나는 이방 사람들에게 전파하는 복음을 그들에게도 제시했습니다. 다만 유명하다 하는 사람들에게는 개별적으로 복음을 제시했는데 이는 내가 달음질하고 있는 것이나 달음질한 것이 헛되지 않게 하기 위함이었습니다. 나와 함께 있는 디도는 그리스 사람이었지만 억지로 할례를 받도록 강요하지 않았습니다. 그 이유는 몰래 들어온 거짓 형제들 때문입니다. 그들은 우리를 종으로 삼고자 그리스도 예수 안에서 우리가 가지고 있는 자유를 엿보려고 몰래 들어온 사람들입니다. 그러나 우리는 그들에게 잠시도 굴복하지 않았습니다. 이는 복음의 진리가 여러분에게 머물러 있도록 하기 위함입니다. 그 유명하다는 사람들 가운데 어느 누구도 (그러한 사람들이 누구든 간에 내게는 상관이 없습니다. 하나님은 사람을 외모로 취하지 않으십니다.) 그 유명하다는 사람들은 내

게 아무것도 보태 준 것이 없습니다. 오히려 그들은 베드로가 할례 받은 사람에게 복음 전하는 일을 맡은 것처럼 내가 할례 받지 않은 사람에게 복음 전하는 일을 맡은 것을 알았습니다. 베드로가 할례 받은 사람의 사도가 되도록 역사하신 분이 내게도 역사하셔서 이방 사람의 사도가 되게 하셨기 때문입니다. 기둥같이 여김받는 야고보와 게바와 요한은 하나님께서 내게 주신 은혜를 인정하고 나와 바나바에게 교제의 악수를 청했습니다. 우리는 이방 사람에게로, 그들은 할례 받은 사람에게로 가도록 하기 위함입니다. 다만 그들은 우리에게 가난한 사람을 생각해 달라고 당부했는데 이것은 나 또한 힘써 행해 오던 일입니다.

바울이 게바를 책망하다

그러나 게바가 안디옥에 왔을 때 그에게 책망할 일이 있어서 얼굴을 마주 대하고 그를 책망했습니다. 게바는 야고보가 보낸 몇몇 사람들이 오기 전에 이방 사람들과 함께 음식을 먹고 있었습니다. 그러나 그들이 오자 그는 할례 받은 사람들을 두려워해 슬그머니 그 자리를 떠났습니다. 그러자 다른 유대 사람들도 게바와 함께 위선을 행했고 바나바까지도 그들의 위선에 휩쓸렸습니다. 나는 그들이 복음의 진리대로 바르게 행하지 않는 것을 보고 모든 사람 앞에서 게바에게 이렇게 말했습니다. "당신은 유대 사람으로서 유대 사람처럼 살지 않고 이방 사람처럼 살면서 어떻게 이방 사람에게 유대 사람처럼 살라고 강요합니까?" 우리는 본래 유대 사람이요, 이방 죄인들이 아닙니다. 그러나 사람이 의롭다고 인정받는 것이 율법의 행위로써가 아니라 예수 그리스도를 믿음으로 되는 것을 알기에 우리도 그리스도 예수를 믿었습니다. 이는 우리가 율법의 행위로가 아니라 그리스도를 믿음으로써 의롭다고 인정받으려는 것입니다. 율법의 행위로는 어떤 육체도 의롭다고 인정받을 수 없기 때문입니다. 그러나 우리가 그리스도 안에서 의롭다고 인정받으려 하다 우리 자신이 죄인으로 드러난다면 그리스도께서 죄를 짓게 하시는 분입니까? 결코 그럴 수 없습니다. 만일 내가 허물어 버린 것을 다시 세우려 한다면 나 스스로 율법을 어기는 사람임을 증명하는 것입니다. 나는 율법으로 인해 율법에 대해 죽었습니다. 이는 내가 하나님께 대해 살고자 함입니다. 나는 그리스도와 함께 십자가에 못 박혔습니다. 그러므로 이제 더 이상 내가 사는 것이 아니라 내 안에 그리스도께서 사시는 것입니다. 지금 내가 육체 안에 사는 것은 나를 사랑하셔서 나를 위해 자신의 몸을 내 주신 하나님의 아들을 믿는 믿음으로 사는 것입니다. 나는 하나님의 은혜를 헛되게 하지 않습니다. 만일 의롭다고 인정받는 것이 율법으로 말미암는다면 그리스도께서 헛되이 죽으신 것입니다.

3 **믿음으로냐, 율법의 행위로냐**
오 어리석은 갈라디아 사람들이여, 예수 그리스도께서 십자가에 못 박히신 것이 여러분의 눈앞에 분명히 드러나 있는데 누가 여러분을 미혹했습니까? 여러분에게 한 가지만 묻고 싶습니다. 여러분은 율법의 행위로 성령을 받았습니까? 아니면 복음을 듣고 믿음

으로 성령을 받았습니까? 여러분은 그렇게도 어리석단 말입니까? 성령으로 시작했다가 이제 와서 육체로 마치려고 합니까? 여러분은 그렇게 많은 고난을 헛되이 경험했단 말입니까? 정말 헛된 일이었습니까? 하나님께서 여러분에게 성령을 주시고 여러분 가운데서 능력을 행하시는 것이 여러분이 율법을 행하기 때문입니까? 아니면 복음을 듣고 믿기 때문입니까? 이와 같이 아브라함도 "그가 하나님을 믿었더니 이것이 하나님께 의로 여겨졌다"라고 했습니다. 그러므로 여러분은 믿음에서 난 사람들이 바로 아브라함의 자손임을 아십시오. 성경은 하나님께서 믿음으로 인해 이방 사람을 의롭다고 인정하실 것을 미리 알고 먼저 아브라함에게 복음을 선포했습니다. "모든 이방 사람이 네 안에서 복을 받을 것이다." 그러므로 믿음에서 난 사람들은 믿음이 있는 아브라함과 함께 복을 받습니다. 율법의 행위에 근거해 사는 사람들은 모두 저주 아래 있습니다. 기록되기를 "율법책에 기록된 모든 것을 항상 지켜 행하지 않는 사람은 다 저주를 받는다"라고 했기 때문입니다. 하나님 앞에서는 어느 누구도 율법으로 의롭다고 인정받지 못하는 것이 분명합니다. "의인은 믿음으로 살리라"라고 했기 때문입니다. 율법은 믿음에서 난 것이 아닙니다. 오히려 "율법을 행하는 사람은 율법 안에서 살리라"라고 했습니다. 그리스도께서는 우리를 위해 저주를 받으시고 율법의 저주에서 우리를 구속해 주셨습니다. 기록되기를 "나무에 달린 사람마다 저주를 받았다"라고 했기 때문입니다. 이는 아브라함의 복이 그리스도 예수 안에서 이방 사람에게 미치게 하고 우리도 믿음으로 성령의 약속을 받게 하기 위함입니다.

율법과 약속

형제들이여, 내가 사람의 예를 들어 말합니다. 사람의 언약이라도 한번 맺은 후에는 아무도 그것을 무효로 하거나 덧붙일 수 없습니다. 하나님께서 아브라함과 그의 자손에게 약속을 주실 때 여러 사람을 가리켜 "자손들에게"라고 하지 않으시고 오직 한 사람을 가리켜 "네 자손에게"라고 하셨는데 이는 곧 그리스도이십니다. 내가 말하고자 하는 것은 이것입니다. 430년 후에 생긴 율법이 하나님에 의해 미리 정해진 언약을 무효화해 그 약속을 취소할 수 없다는 것입니다. 만일 유업이 율법에서 난 것이라면 그것은 더 이상 약속에서 난 것이 아닙니다. 하나님께서는 은혜로 약속을 통해 아브라함에게 유업을 주셨습니다. 그러면 율법은 무엇입니까? 율법은 약속된 자손이 오시기까지 죄 때문에 더한 것입니다. 이 율법은 천사들을 통해 한 중보자의 손으로 주어졌습니다. 그 중보자는 한편만을 위한 중보자가 아닙니다. 그러나 하나님은 한 분이십니다. 그러면 율법이 하나님의 약속과 상반되는 것입니까? 결코 그럴 수 없습니다. 만일 율법이 생명을 줄 수 있는 것으로 주어졌다면 분명히 의는 율법에서 났을 것입니다. 그러나 성경은 모든 것을 죄 아래 가두었습니다. 이는 믿는 사람들에게 예수 그리스도를 믿는 믿음에 근거한 약속을 주시기 위함입니다.

하나님의 아들들

믿음이 오기 전에는 우리가 율법 아래 매여 장차 계시될 믿음의 때까지 갇혀 있었습니다. 그래서 율법은 그리스도의 때까지 우리를

인도하는 선생이 됐습니다. 이는 우리로 하여금 믿음으로 의롭다고 인정받게 하려는 것입니다. 그러나 이제는 믿음이 왔으므로 우리는 더 이상 율법이라는 선생 아래 있지 않습니다. 여러분은 모두 그리스도 예수 안에서 믿음으로 하나님의 아들들이 됐습니다. 그리스도와 합해 세례를 받은 사람은 모두 그리스도로 옷 입었기 때문입니다. 유대 사람도 없고 그리스 사람도 없고 종도 없고 자유인도 없고 남자도 없고 여자도 없습니다. 여러분 모두는 그리스도 예수 안에서 하나이기 때문입니다. 만일 여러분이 그리스도께 속한 사람이면 여러분은 아브라함의 자손이요, 약속을 따른 상속자입니다.

4 내가 또 말합니다. 상속자가 어린아이일 동안에는 비록 모든 것의 주인이지만 종과 다름이 없고 아버지가 정해 놓은 때가 되기까지 그는 후견인과 재산 관리자 아래 있습니다. 이와 같이 우리도 어린아이였을 때는 세상의 초보적인 것들 아래서 종노릇했습니다. 그러나 때가 차자 하나님께서는 자기 아들을 보내셔서 한 여자에게서 나게 하시고 율법 아래 나게 하셨습니다. 이는 율법 아래 있는 사람들을 구속하시고 우리로 하여금 아들의 신분을 얻게 하기 위함입니다. 여러분이 아들들이므로 하나님께서 자기 아들의 영을 우리 마음속에 보내셔서 "아바 아버지"라고 부르게 하셨습니다. 그러므로 여러분은 더 이상 종이 아니고 아들입니다. 그리고 여러분이 아들이면 또한 하나님으로 말미암는 상속자입니다.

갈라디아 성도들에 대한 바울의 염려

그러나 전에 여러분이 하나님을 알지 못했을 때는 본질적으로 하나님이 아닌 것들에게 종노릇했지만 이제는 여러분이 하나님을 알 뿐 아니라 오히려 하나님께서 아시는 사람이 됐습니다. 그런데 어째서 여러분은 다시 무력하고 천박한 초보적인 것들로 되돌아가 또다시 그것들에 종노릇하려는 것입니까? 여러분은 날과 달과 절기와 해를 잘도 지킵니다. 내가 여러분을 위해 수고한 것이 헛될까 두렵습니다. 형제들이여, 내가 여러분과 같이 됐으니 여러분도 나와 같이 되기를 바랍니다. 여러분은 내게 아무런 해도 끼치지 않았습니다. 여러분이 알다시피 내가 처음에 여러분에게 복음을 전하게 된 것은 육체의 연약함 때문이었습니다. 그리고 내 육체의 연약함이 여러분에게 시험거리가 될 만한 것이었는데도 여러분은 비웃거나 멸시하지 않았고 도리어 나를 하나님의 천사처럼, 그리스도 예수처럼 환영해 주었습니다. 그런데 여러분의 복이 어디에 있습니까? 나는 여러분에게 증언합니다. 여러분은 만약 할 수만 있었더라면 여러분의 눈이라도 빼서 내게 주었을 것입니다. 내가 여러분에게 진실을 말해서 여러분의 원수가 됐습니까? 그들이 여러분에게 열심을 내는 것은 좋은 뜻으로 하는 게 아니라 여러분을 이간하고자 함입니다. 이는 오직 여러분으로 하여금 그들을 열심히 따르게 하려고 하는 것입니다. 그러나 그들이 좋은 일로 여러분에게 열심을 내는 것은 내가 여러분과 함께 있을 때뿐 아니라 언제라도 좋습니다. 내 자녀들이여, 여러분 안에 그리스도의 형상이 이루어지기까지 나는 다시 여러분을 해산하는 고통을 겪습니다. 내가 지금 여러분과 함께

있어서 내 음성을 바꾸었으면 좋겠습니다. 이는 여러분에 대해 당혹감을 느끼고 있기 때문입니다.

하갈과 사라

율법 아래 있고자 하는 여러분, 내게 말해 보십시오. 여러분은 율법이 말하는 것을 듣지 못합니까? 아브라함에게 두 아들이 있었는데 한 사람은 여종에게서 났고 다른 한 사람은 자유가 있는 본처에게서 났다고 기록돼 있습니다. 여종에게서 난 사람은 육체를 따라 났고 자유가 있는 본처에게서 난 사람은 약속으로 인해 났습니다. 이것은 비유로 말한 것인데 이 여자들은 두 언약을 나타냅니다. 하나는 시내 산에서 비롯된 것으로 종노릇할 아들을 낳은 사람, 곧 하갈입니다. 이 하갈은 아라비아에 있는 시내 산을 뜻하는 것으로 지금의 예루살렘에 해당합니다. 이는 예루살렘이 자기 자녀들과 함께 종노릇하기 때문입니다. 그러나 위에 있는 예루살렘은 자유자이며 우리의 어머니입니다. 기록되기를 "임신하지 못하는 여자여, 기뻐하라. 해산의 고통을 모르는 여자여, 소리 높여 외치라. 홀로 사는 여자의 자녀들이 남편 있는 여자의 자녀들보다 훨씬 더 많을 것이다"라고 했습니다. 형제 여러분, 여러분은 이삭을 따르는 약속의 자녀들입니다. 그러나 그때 육체를 따라 난 사람이 성령을 따라 난 사람을 핍박한 것같이 지금도 그러합니다. 그런데 성경은 무엇이라고 말합니까? "여종과 그녀의 아들을 내쫓으라. 여종의 아들이 자유가 있는 본처의 아들과 함께 상속받지 못할 것이다"라고 했습니다. 그러므로 형제들이여, 우리는 여종의 자녀가 아니라 자유가 있는 본처의 자녀입니다.

5 그리스도 안에서의 자유

그리스도께서 우리를 해방시켜 주신 것은 자유를 누리게 하기 위함입니다. 그러므로 굳건히 서서 다시는 종의 멍에를 메지 마십시오. 나 바울은 여러분에게 말합니다. 만일 여러분이 할례를 받는다면 그리스도는 여러분에게 아무 유익이 없을 것입니다. 내가 할례를 받는 모든 사람에게 다시 증언합니다. 그런 사람은 율법 전체를 행해야 할 의무가 있습니다. 율법으로 의롭다고 인정받으려고 하는 사람은 그리스도에게서 끊어지고 은혜에서 떨어져 나갔습니다. 그러나 우리는 성령을 통해 믿음으로 인해 의의 소망을 간절히 기다리고 있습니다. 그리스도 예수 안에서는 할례를 받는 것이나 할례를 받지 않는 것이나 아무 소용이 없고 오직 사랑으로 역사하는 믿음뿐입니다. 여러분은 잘 달려왔습니다. 그런데 누가 여러분을 가로막고 진리에 순종치 못하게 했습니까? 그러한 권면은 여러분을 부르신 분에게서 온 것이 아닙니다. 적은 누룩이 반죽 전체를 부풀게 합니다. 나는 여러분이 다른 아무 생각도 품지 않을 것을 확신합니다. 그러나 누구든지 여러분을 혼란에 빠뜨리는 사람은 심판을 받을 것입니다. 형제들이여, 내가 여전히 할례를 전한다면 왜 아직도 핍박을 받겠습니까? 그랬다면 십자가의 걸림돌이 없어졌을 것입니다. 여러분을 선동하는 사람들은 차라리 스스로를 거세해 버렸으면 좋겠습니다.

성령이 인도하시는 삶

형제들이여, 하나님은 여러분을 부르셔서 자유하게 하셨습니다. 그러나 그 자유를 육체의 만족을 위한 기회로 삼지 말고 도리어 사랑으로 서로 종노릇하십시오. 왜냐하면 모든 율법이 "네 이웃을 네 자신과 같이 사랑하라"라고 하신 한마디 말씀 안에서 완성되기 때문입니다. 그러나 만일 여러분이 서로 물어뜯고 삼키면 피차 멸망할 것이니 조심하십시오. 내가 또 말합니다. 여러분은 성령을 따라 행하십시오. 그러면 결코 육체의 욕망을 채우려고 하지 않게 될 것입니다. 육체의 욕망은 성령을 거스르고 성령의 욕망은 육체를 거스릅니다. 이 둘은 서로 상반되기 때문에 여러분이 원하는 것들을 할 수 없게 합니다. 그러나 만일 여러분이 성령의 인도를 받는다면 여러분은 율법 아래 있지 않습니다. 육체의 일들은 명백합니다. 곧 음행과 더러움과 방종과 우상 숭배와 마술과 원수 맺음과 다툼과 시기와 분노와 이기심과 분열과 분파와 질투와 술 취함과 방탕과 또 이와 같은 것들입니다. 내가 전에 경고한 것처럼 지금도 경고합니다. 이런 일을 행하는 사람들은 하나님 나라를 상속받지 못할 것입니다. 그러나 성령의 열매는 사랑과 기쁨과 화평과 오래 참음과 친절과 선함과 신실함과 온유와 절제입니다. 이런 것들을 금지할 율법은 없습니다. 그리스도 예수께 속한 사람들은 육체와 함께 그 정욕과 욕망을 십자가에 못 박았습니다. 만일 우리가 성령으로 산다면 또한 성령을 따라 행합시다. 헛된 영광을 구해 서로 노엽게 하거나 질투하지 않도록 합시다.

6 모든 이들에게 선한 일을 하라

형제들이여, 어떤 사람이 무슨 범죄한 일이 드러나거든 영의 사람인 여러분은 온유한 마음으로 그런 사람을 바로잡아 주고 자기를 살펴 유혹에 빠지지 않도록 하십시오. 여러분은 서로 짐을 나눠지십시오. 그렇게 함으로 여러분은 그리스도의 법을 완성하게 될 것입니다. 만일 누가 아무것도 아니면서 무엇이라도 된 것처럼 생각한다면 그는 자기를 속이는 것입니다. 각 사람은 자기의 행위를 돌아보십시오. 그러면 자랑할 것이 자기 자신에게는 있어도 남에게까지 할 것은 없을 것입니다. 사람은 각자 자기의 짐을 져야 합니다. 말씀을 배우는 사람은 가르치는 사람과 모든 좋은 것을 함께 나눠야 합니다. 자기를 속이지 마십시오. 하나님은 결코 업신여김을 당하지 않으십니다. 사람이 무엇을 심든지 그대로 거둘 것입니다. 자기 육체를 위해 심는 사람은 육체로부터 썩어질 것을 거두고 성령을 위해 심는 사람은 성령으로부터 영생을 거둘 것입니다. 선한 일을 하다가 낙심하지 맙시다. 포기하지 않으면 때가 이르러 거두게 될 것입니다. 그러므로 기회가 닿는 대로 모든 사람에게 선한 일을 하되 특히 믿음의 가족들에게 합시다.

할례가 아니라 새롭게 창조되는 것이 중요하다

내 손으로 이렇게 큰 글씨로 여러분에게 쓴 것을 보십시오. 육체의 겉모양을 꾸미려고 하는 사람들이 여러분에게 할례를 강요하는 것은 다만 그리스도의 십자가 때문에 핍박을 받지 않으려는 것뿐입니다. 할례 받은 사람들이 스스로 율법을 지키지 않으면서 여러분

에게 할례를 강요하는 것은 여러분의 육체를 자랑하려는 것입니다. 그러나 내게는 우리 주 예수 그리스도의 십자가 외에는 결코 자랑할 것이 없습니다. 그리스도로 인해 세상이 내게 대해 십자가에 못 박혔고 나 또한 세상에 대해 그러합니다. 할례를 받든 할례를 받지 않든 아무것도 아니며 오직 새롭게 창조되는 게 중요합니다. 이 원리를 따라 사는 사람들에게 그리고 하나님의 이스라엘에게 평강과 긍휼이 있기를 빕니다. 이제부터는 누구든지 나를 괴롭게 하지 마십시오. 나는 내 몸에 예수의 흔적을 가졌습니다. 형제들이여, 우리 주 예수 그리스도의 은혜가 여러분의 심령에 있기를 빕니다. 아멘.

에베소서
Ephesians

1 하나님의 뜻을 따라 그리스도 예수의 사도가 된 나 바울은 에베소에 있는 성도들과 그리스도 예수 안에 있는 신실한 사람들에게 편지를 씁니다. 하나님 우리 아버지와 주 예수 그리스도의 은혜와 평강이 여러분에게 있기를 빕니다.

그리스도 안에 있는 신령한 복에 대한 찬양

하나님, 곧 우리 주 예수 그리스도의 아버지를 찬양합니다. 하나님은 그리스도 안에서 하늘에 속한 모든 신령한 복으로 우리에게 복을 주신 분이십니다. 하나님은 세상이 창조되기 전에 그리스도 안에서 우리를 선택하셔서 사랑 가운데 그 앞에 거룩하고 흠이 없게 하셨습니다. 하나님은 그분의 기뻐하시는 뜻을 따라 우리를 예정하셔서 예수 그리스도로 말미암아 하나님의 양자가 되게 하셨습니다. 이는 하나님이 그분의 사랑하시는 아들 안에서 우리에게 거저 주신 하나님 은혜의 영광을 찬미하게 하기 위한 것입니다. 그리스도 안에서 우리는 하나님의 은혜의 풍성함을 따라 그분의 피로 구속, 곧 죄 사함을 얻었습니다. 하나님은 우리에게 모든 지혜와 총명을 넘치게 하셔서 그리스도 예수 안에서 미리 세우신 하나님이 기뻐하시는 뜻을 따라 하나님의 뜻의 비밀을 우리에게 알리셨습니다. 이는 때가 차면 그리스도 안에서 하늘에 있는 것들과 땅에 있는 것들을 모두 통일시키고자 하는 것입니다. 그리스도 안에서 그분이 원하시는 의도대로, 모든 일을 행하시는 분의 계획에 따라 우리가 예정함을 입어 유업을 얻었는데 이는 그리스도 안에서 먼저 소망을 가진 우리로 하여금 하나님의 영광을 찬미하게 하기 위한 것입니다. 그리고 여러분도 그리스도 안에서 진리의 말씀, 곧 여러분을 위한 구원의 복음을 듣고 또한 그리스도 안에서 믿어 약속하신 성령으로 인치심을 받았습니다. 이 성령은 우리의 유업의 보증이 되시는데 이는 하나님의 소유된 백성을 구속하기 위함이며 또한 하나님의 영광을 찬미하도록 하기 위한 것입니다.

감사와 기도

그러므로 주 예수 안에 있는 여러분의 믿음과 모든 성도들을 향한 사랑의 소식을 나도 듣고 내가 기도할 때마다 여러분을 생각하며 여러분으로 인해 감사하기를 그치지 않습니다. 우리 주 예수 그리스도의 하나님, 영광의 아버지께서 여러분에게 지혜와 계시의 영을 주셔서 하나님을 알게 하시기를 기도합니다. 그가 여러분의 마음눈을 밝게 하셔서 하나님의 부르심의 소망이 무엇이며 성도 가운데 있는 하나님의 유업의 영광의 풍성함이 무엇이며 하나님의 힘의 능력의 역사하심을 따라 믿는 우리를 위해 베푸신 하나님의 지극히 크신 권능이 어떠한지 여러분으로 하여금 알게 하시기를 기도합니다. 하나님께서는 그리스도 안에서 그 권능을 행하셔서 그리스도를 죽은 사람들 가운데서 살리셨고 하늘에 있는 그분 오른편에 앉히셔서 모든 권력과 권세와 권능과 주권과 이 세대뿐 아니라 오는 세대에서 일컫는 모든 이름들보다 뛰어나게 하셨습니다. 그리고 하나님께서는 만물을 그리스도의 발아래 복종하게 하시고 그리스도를 만물 위에 교회의 머리로 삼으셨습니다. 교회는 그리스도의 몸이요, 만물 안에서 만물을 충만하게 하시는 분의 충만입니다.

2 그리스도 안에서 살리셨다

여러분 또한 여러분의 허물과 죄로 죽은 사람들이었습니다. 그때 여러분은 이 세상 풍속을 따라 허물과 죄 가운데 살았고 공중의 권세 잡은 자, 곧 지금 불순종하는 아들들 가운데 활동하고 있는 영을 따라 살았습니다. 그때는 우리도 다 그들 가운데 속해 육체와 마음이 원하는 것들을 행하며 육체의 욕망대로 살았습니다. 우리도 그들과 마찬가지로 태어날 때부터 진노의 자녀들이었습니다. 그러나 자비가 풍성하신 하나님이 우리를 사랑하신 그 크신 사랑으로 인해 허물로 죽은 우리를 그리스도와 함께 살리셨습니다. (여러분은 은혜로 구원을 받은 것입니다.) 그리고 그리스도 예수 안에서 함께 일으키시고 함께 하늘에 앉히셨습니다. 이는 그리스도 예수 안에서 다가오는 모든 세대에게 하나님의 은혜가 지극히 풍성함을 보여 주기 위한 것입니다. 여러분은 은혜로 인하여 믿음으로 구원받았습니다. 이것은 여러분에게서 나온 것이 아니요, 하나님의 선물입니다. 행위에서 난 것이 아니니 아무도 자랑하지 못하게 하려는 것입니다. 우리는 하나님께서 미리 예비하신 선한 일들을 위해 그리스도 예수 안에서 창조된 하나님의 피조물입니다. 하나님께서는 우리가 선한 일들을 행하며 살기를 원하십니다.

유대 사람들과 이방 사람들이 그리스도 안에서 화목하게 되다

그러므로 기억해 보십시오. 여러분은 육신적으로는 이방 사람들이었고 육체에 행한 할례를 받은 사람이라고 불리는 사람들에게 할례를 받지 않은 사람으로 불리는 사람들이었습니다. 그 당시 여러분은 그리스도 밖에 있었고 이스라엘 백성으로부터 제외된 사람들이며 약속의 언약들에 대해 생소한 사람들이며 세상에서 소망도 없고 하나님도 없는 사람들이었습니다. 그러나 그때는 하나님에게서 멀리 떨어져 있던 여러분이 이제는 그리스도 예수 안에서 그리스도의 피로 가까워졌습니다. 그리스도는 우리의 화평이시니 자기의 육체로 둘을 하나로 만드신 분이십니다. 그분은 중간에 막힌 담, 곧 원수 된 것을 헐어 내셨고 조문으로 된 계명의 율법을 폐하셨습니다. 이는 그리스도가 그분 안에서 이 둘로 한 새사람을 창조해 화평을 이루게 하시고 십자가를 통해 이 둘을 한 몸으로 하나님과 화목하게 하셔서 자기 안에서 원수 된 것을 없애 버리시기 위한 것입니다. 그리스도는 오셔서 먼 데 있는 여러분에게 화평을 전하셨을 뿐 아니라 가까운 데 있는 사람들에게도 화평을 전하셨습니다. 이것은 그리스도를 통해 우리 모두 한 성령 안에서 아버지께 나아갈 수 있게 하기 위한 것입니다. 그러므로 이제 여러분은 더 이상 낯선 사람들이거나 나그네들이 아니라 성도들과 동등한 시민이요, 하나님의 가족입니다. 여러분은 사도들과 예언자들의 기초 위에 세워진 사람들이요, 그리스도 예수께서 친히 모퉁잇돌이 되셨습니다. 그리스도 안에서 건물 전체가 서로 연결돼 주 안에서 함께 자라 거룩한 성전이 됩니다. 여러분도 성령 안에서 하나님께서 거하실 처소가 되기 위해 그리스도 안에서 함께 세워져 가고 있습니다.

3 **이방 사람을 향한 하나님의 놀라운 계획**

이러므로 그리스도 예수로 인해 이방 사람인 여러분을 위해 갇힌 몸이 된 나 바울이 말합니다. 여러분은 분명히 여러분을 위해 내게 주신 하나님의 은혜의 경륜에 대해 들었을 것입니다. 내가 이미 간략하게 기록한 것과 같이 하나님께서는 그 비밀을 내게 계시로 알려 주셨습니다. 여러분이 그것을 읽어 보면 내가 그리스도의 비밀을 깨달았다는 것을 알 수 있을 것입니다. 그 비밀은 지나간 다른 세대에서는 사람의 아들들에게 알려 주시지 않았지만 지금은 성령 안에서 사도들과 예언자들에게 계시해 주셨습니다. 그 비밀은 이방 사람들도 복음을 통해 그리스도 예수 안에서 함께 상속자들이 되고 함께 지체들이 되고 함께 약속의 참여자들이 되는 것입니다. 하나님의 능력의 역사하심으로 인해 내게 주신 하나님의 은혜의 선물을 따라 내가 일꾼이 됐습니다. 모든 성도들 가운데 가장 작은 사람보다 더 작은 내게 이 은혜를 주신 것은 헤아릴 수 없는 그리스도의 풍성함을 이방 사람들에게 전하게 하시고 만물을 창조하신 하나님 안에 영원 전부터 감추어져 온 비밀의 경륜이 어떠한지 모든 사람에게 드러내시기 위함입니다. 이는 이제 교회를 통해 하늘에 있는 권력들과 권세들에게 하나님의 무한한 지혜를 알리시려는 것이니 이것은 그리스도 예수 우리 주 안에서 이루신 하나님의 영원한 계획에 따른 것입니다. 우리는 그리스도 예수 안에서 그리스도를 믿음으로 확신 가운데 담대하게 나아갈 수 있습니다. 그러므로 여러분을 위해 내가 당한 환난 때문에 여러분이 낙심하지 않기를 당부합니다. 이는 여러분에게는 영광입니다.

에베소 성도들을 위한 기도

이러므로 아버지 앞에 내가 무릎을 꿇고 빕니다. 아버지께서는 하늘과 땅에 있는 모든 족속에게 이름을 주신 분이십니다. 하나님께서 여러분에게 그분의 영광의 풍성을 따라 성령으로 인해 여러분의 속사람을 능력으로 강건하게 하시고 믿음으로 인해 그리스도께서 여러분의 마음 가운데 거하게 하시기를 빕니다. 여러분이 사랑 안에서 뿌리가 박히고 터가 굳어짐으로 모든 성도들과 함께 능히 그리스도의 사랑의 너비와 길이와 높이와 깊이가 어떤지를 깨닫고 지식을 뛰어넘는 그리스도의 사랑을 알아 하나님의 모든 충만하심의 정도에까지 충만하게 되기를 기도합니다. 우리 안에서 역사하시는 능력을 따라 우리가 구하고 생각하는 모든 것보다 훨씬 더 넘치도록 하실 수 있는 분에게 교회 안에서와 그리스도 예수 안에서 영광이 대대로 영원무궁하기를 빕니다. 아멘.

4 **그리스도의 몸 안에서의 화합와 성숙**

그러므로 주를 위해 갇힌 몸인 나는 여러분에게 권면합니다. 여러분은 부르심을 받았으니 그 부르심에 합당하게 사십시오. 온전히 겸손하고 온유하게 행동하고 오래 참음으로 행동하되 사랑 가운데 서로 용납하고 화평의 매는 줄로 성령께서 하나 되게 하신 것을 힘써 지키십시오. 여러분이 부르심의 한 소망 안에서 부르심을 받은 것과 같이 몸도 하나요, 성령도 하나이며 주도 하나요, 믿음도 하나요, 세례도 하나요, 하나님도 한 분이시니, 곧 만유의 아버지이십니다. 하나님은 모든 것 위에 계시고 모든 것을 통해 계시고 모든 것 안에 계십니다. 그러나 우리 각 사람이 그리스도의 선물의 분량대로 은혜를 받았습니다. 그러므로 이렇게 말씀하셨습니다. "그가 높은 보좌에 올라가실 때 사로잡힌 사람을 사로잡고 사람들에게 선물을 주셨다." "올라가셨다" 하였으니 땅 아래로 내려오셨다는 뜻이 아니고 무엇이겠습니까? 또한 내려오셨던 그 자신이 하늘의 가장 높은 데로 오르셨으니 이는 그가 만물을 충만케 하시기 위함입니다. 그가 어떤 사람은 사도로, 어떤 사람은 예언자로, 어떤 사람은 복음 전도자로, 어떤 사람은 목사로, 어떤 사람은 교사로 삼으셨으니 이는 성도들을 섬기는 일을 준비하게 하며 그리스도의 몸을 세우려는 것입니다. 우리는 모두 하나님의 아들을 믿는 것과 아는 지식에 하나가 돼 온전한 사람을 이루어 그리스도께서 충만하신 정도에까지 도달해야 합니다. 우리는 더 이상 사람들의 속임수, 곧 거짓된 간계로 인한 술책에 넘어가 온갖 교훈의 풍조에 떠밀리고 휩쓸리는 어린아이가 되지 말고 사랑 가운데 진리를 말하며 범

사에 머리 되시는 그리스도에게까지 자라나야 합니다. 그리스도로부터 온몸이 각 마디를 통해 함께 연결되고 결합됩니다. 각 지체가 맡은 분량대로 기능하는 가운데 그 몸을 자라게 하며 사랑 가운데 스스로를 세워 갑니다.

그리스도인의 삶을 위한 명령들

그러므로 내가 주 안에서 이것을 당부합니다. 여러분은 이방 사람들이 마음의 허망한 것으로 사는 것같이 더 이상 그렇게 살지 마십시오. 그들은 지각이 어두워져 있고 무지함과 완악함이 그들 속에 있어 하나님의 생명에서 떠나 있습니다. 그들은 감각 없는 사람들이 돼 자신을 방탕에 내준 채 정욕으로 갖가지 더러운 일을 행했습니다. 그러나 여러분은 그리스도를 그렇게 배우지 않았습니다. 참으로 여러분은 진리가 예수 안에 있는 것같이 그분에게서 듣고 또한 그분 안에서 가르침을 받았습니다. 가르침의 내용은 거짓된 욕망을 따라 옛 습성을 좇아 썩고 있는 옛사람을 버리고 심령으로 새롭게 돼 하나님을 따라 의와 진리의 거룩함으로 지으심을 받은 새사람을 입으라는 것입니다. 그러므로 여러분은 거짓을 버리고 각자 자기 이웃과 더불어 진실을 말하십시오. 왜냐하면 우리가 서로 한 몸의 지체들이기 때문입니다. "화를 내어도 죄를 짓지 마십시오." 해가 지도록 화를 품지 말며 마귀에게 틈을 주지 마십시오. 도둑질하는 사람은 더 이상 도둑질하지 말고 도리어 가난한 사람에게 나눠 줄 것이 있도록 자기 손으로 선한 일을 해 수고의 땀을 흘리십시오. 더러운 말은 어떠한 것도 여러분의 입 밖에 내지 말고 오직 성도를 세워 주는 데 필요한 대로 선한 말을 해서 듣는 사람들에게 은혜를 끼치도록 하십시오. 또 하나님의 성령을 슬프게 하지 마십시오. 여러분은 성령 안에서 구속의 날까지 인 치심을 받았습니다. 모든 악독과 분노와 화내는 것과 고함치는 것과 비방하는 것을 모든 악의와 함께 내버리십시오. 서로 친절하고 인자하며 하나님이 그리스도 안에서 여러분을 용서하신 것처럼 서로 용서하십시오.

5 그러므로 여러분은 사랑을 받는 자녀답게 하나님을 본받는 사람이 되고 그리스도께서 우리를 사랑하셔서 우리를 위해 자신을 향기로운 예물과 희생제물로 하나님께 드리신 것처럼 여러분도 사랑으로 행하십시오. 음행과 온갖 더러운 것과 탐욕의 말은 여러분의 입 밖에도 내지 마십시오. 그렇게 하는 것이 성도에게 합당합니다. 더러운 말과 어리석은 말과 희롱의 말은 어울리지 않습니다. 오히려 감사의 말을 하십시오. 여러분은 이 점을 확실히 알아두십시오. 음행하는 사람이나 더러운 일을 행하는 사람이나 탐욕을 가진 사람은 우상 숭배를 하는 사람으로 모두 그리스도와 하나님의 나라에서 유업을 받을 수 없습니다. 아무도 허황된 말로 여러분을 현혹하지 못하게 하십시오. 이런 것들로 인해 불순종하는 사람들에게 하나님의 진노가 임합니다. 그러므로 여러분은 그들의 행위에 동참하는 사람들이 되지 마십시오. 여러분이 전에는 어둠이었지만 이제는 주 안에서 빛입니다. 빛의 자녀들답게 사십시오. 빛의 열매는 모든 선함과 의로움과 진실함에 있습니다. 여러분은 주를 기

뻐시게 할 것이 무엇인지를 분별하십시오. 여러분은 열매 없는 어둠의 일에 상관하지 말고 오히려 그것을 꾸짖으십시오. 그들이 은밀히 행하는 일들은 입에 담기조차 부끄럽습니다. 그러나 책망을 받는 모든 것들은 빛에 의해 드러납니다. 이는 드러나는 것마다 모두 빛이기 때문입니다. 그러므로 이렇게 말씀하셨습니다. "잠자는 사람이여, 깨어나라. 죽은 사람 가운데서 일어나라. 그리스도께서 네게 비추시리라." 그러므로 여러분은 어떻게 행할 것인지 주의 깊게 살펴 어리석은 사람들같이 살지 말고 지혜로운 사람들같이 사십시오. 세월을 아끼십시오. 때가 악합니다. 그러므로 지각없는 사람이 되지 말고 주의 뜻이 무엇인지 분별하십시오. 또한 술에 취하지 마십시오. 잘못하면 방탕에 빠지기 쉽습니다. 오히려 성령으로 충만하게 되십시오. 여러분은 시와 찬미와 신령한 노래들로 서로 화답하고 마음으로 주께 찬송하며 우리 주 예수 그리스도의 이름으로 모든 일에 항상 하나님 아버지께 감사하고

그리스도인 가정을 위한 명령들

그리스도를 경외함으로 서로 복종하십시오. 아내들이여, 남편에게 복종하기를 주께 순종하듯 하십시오. 이는 그리스도께서 교회의 머리 되심같이 남편은 아내의 머리이기 때문입니다. 그리스도가 바로 몸의 구주십니다. 교회가 그리스도께 복종하듯 아내들도 모든 일에 남편에게 복종하십시오. 남편들이여, 아내 사랑하기를 그리스도께서 교회를 사랑하시고 교회를 위해 자신을 내어 주심같이 하십시오. 그리스도께서 이렇게 하신 것은 말씀을 통해 교회를 물로

씻어 깨끗하게 해서 거룩하게 하시고 티나 주름이나 다른 지저분한 것들이 없이 교회를 자기 앞에서 영광스러운 모습으로 서도록 해서 오직 거룩하고 흠이 없게 하기 위한 것입니다. 이와 같이 남편들도 자기 아내 사랑하기를 자기 몸을 사랑하듯이 해야 합니다. 자기 아내를 사랑하는 것은 바로 자신을 사랑하는 것입니다. 자기의 육체를 미워하는 사람은 없습니다. 누구나 자신을 먹이고 보살피기를 그리스도께서 교회를 위해 하시듯 합니다. 이는 우리가 그리스도 몸의 지체들이기 때문입니다. "이러므로 사람이 부모를 떠나 그의 아내와 연합해 둘이 한 육체가 될 것이다." 이 비밀이 큽니다. 나는 지금 그리스도와 교회에 관해 말하고 있습니다. 그러나 여러분도 각자 자기 아내 사랑하기를 자기 사랑하듯 하고 아내는 남편을 존경하십시오.

6 자녀들이여, 주 안에서 부모에게 순종하십시오. 이것이 옳은 일입니다. "네 아버지와 어머니를 공경하라." 이것은 약속 있는 첫 계명으로 "그러면 네가 잘되고 땅에서 장수하리라"라고 약속돼 있습니다. 아버지들이여, 여러분의 자녀들을 노엽게 하지 말고 주의 교훈과 훈계로 양육하십시오. 종들이여, 육신의 주인에게 순종하기를 두려움과 떨림과 성실한 마음으로 주께 하듯 하십시오. 사람을 즐겁게 하는 사람들처럼 눈가림만 하지 말고 그리스도의 종들처럼 마음으로 하나님의 뜻을 행하고 성실히 섬기되 주를 섬기듯 하고 사람에게 하듯 하지 마십시오. 이는 종이든 자유인이든 모든 사람

이 무슨 선을 행하면 주께로부터 다시 이것을 받을 줄 알기 때문입니다. 주인들이여, 여러분도 협박을 그치고 종들에게 그와 같이 행하십시오. 이는 여러분이 알다시피 그들과 여러분의 주가 하늘에 계시며 주는 사람을 외모로 판단하시지 않기 때문입니다.

하나님의 전신 갑주

마지막으로 여러분은 주 안에서 그리고 주의 힘의 능력으로 강건해지십시오. 마귀의 계략에 대적해 설 수 있도록 하나님의 전신 갑주를 입으십시오. 우리의 싸움은 혈과 육에 대한 것이 아니라 권력들과 권세들과 이 어둠의 세상 주관자들과 하늘에 있는 악한 영들에 대한 것이기 때문입니다. 그러므로 하나님의 전신 갑주를 입으십시오. 이는 여러분이 악한 날에 능히 대적하고 모든 것을 행한 후에 굳건히 서기 위한 것입니다. 그러므로 여러분은 굳건히 서서 진리로 허리띠를 띠고 의의 가슴받이를 붙이고 예비한 평화의 복음의 신을 신고 모든 일에 믿음의 방패를 가지고 이것으로 악한 자의 모든 불화살을 소멸시키며 구원의 투구와 성령의 검, 곧 하나님의 말씀으로 무장하십시오. 모든 기도와 간구로 항상 성령 안에서 기도하고 이를 위해 늘 깨어서 모든 일에 인내하며 성도를 위해 간구하십시오. 또 나를 위해 기도하기를 내게 말씀을 주셔서 입을 열어 복음의 비밀을 담대하게 알릴 수 있게 해 달라고 기도해 주십시오. 내가 이것을 위해 사슬에 매인 사신이 됐습니다. 그러므로 내가 복음 안에서 마땅히 해야 할 말을 담대하게 말할 수 있도록 기도해 주십시오.

마지막 문안 인사

주 안에서 사랑받는 형제이며 신실한 일꾼인 두기고가 내 사정, 곧 내가 무엇을 하는지 여러분도 알 수 있도록 모든 것을 여러분에게 알려 줄 것입니다. 내가 두기고를 여러분에게 보낸 것은 여러분이 우리의 형편을 알도록 하고 또한 여러분의 마음을 위로하도록 하기 위한 것입니다. 하나님 아버지와 주 예수 그리스도께로부터 평강과 믿음을 겸한 사랑이 형제들에게 있기를 빕니다. 변함없이 우리 주 예수 그리스도를 사랑하는 모든 사람들에게 은혜가 있기를 빕니다.

빌립보서
Philippians

1 그리스도 예수의 종 바울과 디모데는 빌립보에 사는 그리스도 예수 안에 있는 모든 성도들과 감독들과 집사들에게 편지를 씁니다. 하나님 우리 아버지와 주 예수 그리스도의 은혜와 평강이 여러분에게 있기를 빕니다.

감사와 기도

나는 여러분을 생각할 때마다 내 하나님께 감사를 드립니다. 또한 여러분 모두를 위해 항상 기도할 때마다 기쁨으로 간구합니다. 이는 여러분이 첫날부터 지금까지 복음에 동참해 주었기 때문입니다. 여러분 안에서 선한 일을 시작하신 분이 그리스도 예수의 날까지 그 일을 성취하실 것을 나는 확신합니다. 여러분 모두에 대해 내가 이렇게 생각하는 것이 마땅한 것은 내가 여러분을 마음에 품고 있기 때문입니다. 이는 내가 사슬에 매였을 때나 복음을 변호하고 확증할 때나 여러분 모두가 나와 함께 은혜에 동참한 사람들이 되었기 때문입니다. 내가 그리스도 예수의 마음으로 여러분 모두를 얼마나 사모하는지 하나님께서 내 증인이십니다. 나는 여러분의 사랑이 지혜와 모든 총명으로 더욱 풍성하게 돼서 최선의 것이 무엇인지 분별할 수 있게 되기를 기도합니다. 그래서 여러분이 그리스도의 날까지 순결하고 흠이 없이 지내 예수 그리스도로 인한 의의 열매로 충만해져서 하나님께 영광과 찬송을 돌리게 되기를 기도합니다.

바울의 매임이 복음 전파에 진전이 되다

형제들이여, 내가 당한 일이 오히려 복음의 진보를 가져온 사실을 여러분이 알기 바랍니다. 내가 이렇게 사슬에 매인 것이 온 친위대와 다른 모든 사람들에게 그리스도 안에서 분명히 드러나게 돼 많은 형제들이 내가 매임으로 인해서 주를 신뢰함으로 두려움 없이 더욱 담대하게 하나님의 말씀을 전했습니다. 어떤 이들은 시기와 다툼으로, 또 어떤 이들은 좋은 뜻으로 그리스도를 전파합니다. 좋은 뜻으로 전하는 사람들은 내가 복음을 변호하기 위해 세움받은 줄을 알고 사랑으로 전파하지만 시기와 다툼으로 전하는 사람들은 내가 갇힌 것에 괴로움을 더하게 하려고 순수하지 못하게 다툼으로 그리스도를 전파합니다. 그렇지만 어떻습니까? 가식으로 하든 진실로 하든 전파되는 것은 그리스도니 나는 이것으로 인해 기뻐하고 또 기뻐할 것입니다. 나는 여러분의 간구와 예수 그리스도의 영의 도우심으로 내가 풀려나리라는 것을 알고 있습니다. 내가 간절히 기대하고 소망하는 것은, 내가 어떤 일에도 부끄러워하지 않고 항상 그랬듯이 지금도 담대하게 원하는 것은 살든지 죽든지 내 몸을 통해서 그리스도가 위대하게 되시는 것입니다. 이는 내게 사는 것이 그리스도니 죽는 것도 유익하기 때문입니다. 그러나 육신 안에 사는 이것이 내게 열매 맺을 일이라면 내가 무엇을 택해야 할지 모르겠습니다. 나는 둘 사이에 끼어 있습니다. 나로서는 몸을 떠나 그리스도와 함께 사는 삶이 훨씬 더 좋습니다. 그러나 여러분을 위해 내가 육신에 머무는 것이 더 필요하다고 생각합니다. 여러분의 믿음의 진보와 기쁨을 위해 내가 여러분 모두와 함께 머물고 함께할 것을 확신합니다. 이는 내가 여러분에게 다시 갈 때 나로 인해 그리스도 예수 안에서 여러분의 자랑거리가 많아지게 하려는 것입니다.

복음에 합당하게 생활하라

여러분은 그리스도의 복음에 합당한 생활을 하십시오. 이것은 내가 가서 여러분을 보든지 떠나 있든지 여러분이 한 성령 안에 굳건히 서서 한마음으로 복음 안에서의 믿음 생활을 위해 함께 달려 나간다는 소식을 듣기 위함이며 또한 대적자들의 그 어떤 엄포에도 놀라지 않는다는 소식을 듣기 위함입니다. 이것이 그들에게는 멸망의 증거요, 여러분에게는 구원의 증거입니다. 이것은 하나님께로부터 나온 것입니다. 여러분은 그리스도를 위해 살아야 할 책임, 곧 그분을 믿을 뿐 아니라 그분을 위해 고난도 받아야 할 책임을 받았습니다. 여러분도 나와 동일한 싸움을 싸우고 있습니다. 여러분은 이것을 내 안에서 보았고 아직도 내가 싸우고 있다는 것을 듣고 있습니다.

2

그리스도의 겸손을 본받으라

그러므로 그리스도 안에 무슨 격려나 사랑의 무슨 위로나 성령의 무슨 교제나 무슨 자비와 긍휼이 있거든 같은 생각을 품고 같은 사랑을 나타내며 한마음으로 같은 것을 생각함으로 내 기쁨을 충만하게 하십시오. 무엇을 하든지 이기심이나 허영으로 하지 말고 서로 겸손한 마음으로 다른 사람들을 자기보다 낫게 여기십시오. 여러분은 각자 자기 자신의 일을 돌아볼뿐더러 다른 사람의 일도 돌아보십시오. 여러분 안에 이 마음을 품으십시오. 이것은 그리스도 예수 안에 있던 마음이기도 합니다. 그분은 본래 하나님의 본체셨으나 하나님과 동등 됨을 기득권으로 여기지 않으시고 오히려 자신을 비워 종의 형체를 가져 사람의 모양이 되셨습니다. 그리고 그분은 자신을 낮춰 죽기까지 순종하셨으니, 곧 십자가에 달려 죽으신 것입니다. 그러므로 하나님께서는 그를 지극히 높여 모든 이름 위에 뛰어난 이름을 주셨습니다. 이는 하늘과 땅과 땅 아래 있는 모든 사람들이 예수의 이름 앞에 무릎을 꿇게 하시고 모든 입으로 예수 그리스도를 주라 시인하게 하셔서 하나님 아버지께 영광을 돌리게 하시려는 것입니다.

모든 일을 불평 없이 하라

그러므로 내 사랑하는 사람들이여, 여러분이 항상 순종했던 것처럼 내가 여러분과 함께 있을 때뿐 아니라 지금 내가 없을 때도 두렵고 떨리는 마음으로 여러분의 구원을 이루십시오. 여러분 안에서 하나님의 기쁘신 뜻에 따라 결단하게 하시고 행동하게 하시는 분은 하나님이시기 때문입니다. 무슨 일을 하든지 여러분은 불평이나 분쟁 없이 하십시오. 이는 여러분이 흠 없고 순전한 사람들이 돼 뒤틀리고 타락한 세대 가운데서 책망받을 것이 없는 하나님의 자녀들로서 세상에서 하늘의 별들처럼 빛나게 하려는 것입니다. 생명의 말씀을 꼭 붙들어 그리스도의 날에 내게 자랑이 되게 하십시오. 이는 내가 헛되이 달음질하거나 헛되이 수고한 것이 아니기 때문입니다. 이제 내가 여러분의 믿음의 제사와 예배에 내 피를 붓는 일이 있을지라도 나는 기뻐하고 여러분 모두와 함께 기뻐할 것입니다. 여러분도 함께 기뻐하고 나와 함께 기뻐하십시오.

디모데와 에바브로디도

내가 주 예수 안에서 디모데를 여러분에게 빨리 보내고자 하는 것은 나도 여러분의 형편을 알고 마음에 시원함을 얻으려는 것입니다. 디모데와 같은 마음을 품고 여러분의 형편을 진정으로 돌볼 사람이 내게는 아무도 없습니다. 모든 사람이 자기 자신의 일에만 몰두하고 그리스도의 일에는 관심이 없습니다. 여러분은 디모데의 연단을 알고 있습니다. 자녀가 아버지에게 하듯이 그는 복음을 위해 나를 섬겼습니다. 그러므로 나는 내 형편이 허락하는 대로 즉시 그를 보내고 싶습니다. 그리고 나 자신도 곧 가게 되리라고 주 안에서 확신합니다. 그러나 나는 내 형제이며 동역자이며 함께 군사 된 사람이며 또한 여러분의 사도이며 내 필요를 섬기는 사람인 에바브로디도를 여러분에게 돌려보내는 것이 필요하다고 생각했습니다. 그는 여러분 모두를 늘 사모하며 또 자기가 아프다는 소식을 여러분이 들은 줄 알고 늘 걱정하고 있었습니다. 사실 그가 병이 나서 거의 죽게 되었으나 하나님께서 그에게 긍휼을 베푸셨고 내게도 긍휼을 베풀어 주셨습니다. 이는 나로 하여금 근심 위에 근심을 갖지 않게 하시기 위함이었습니다. 그러므로 나는 여러분이 그를 다시 만나 봄으로 기뻐하고 나 또한 마음의 고통을 덜기 위해 그를 급히 보냈습니다. 여러분은 주 안에서 큰 기쁨으로 그를 맞아 주고 그와 같은 사람들을 귀하게 여기십시오. 이는 그가 그리스도의 일을 위해 거의 죽을 지경에 이르렀어도 자기 목숨을 돌보지 않고 여러분이 나를 섬기는 일에 부족한 것을 그가 채우려 했기 때문입니다.

3 **육체를 신뢰하지 아니하다**
마지막으로 내 형제들이여, 주 안에서 기뻐하십시오. 여러분에게 같은 말을 쓰는 것이 나는 힘들지 않고 여러분에게는 안전합니다. 개들을 조심하고 악을 행하는 사람들을 조심하고 거짓 할례를 받은 사람들을 조심하십시오. 하나님의 영으로 섬기고 그리스도 예수를 자랑하며 육체를 내세우지 않는 우리가 참할례를 받은 사람들입니다. 비록 나도 육체를 내세울 것이 있지만 그렇게 하지 않습니다. 어떤 이가 육체를 신뢰할 만하다고 생각한다면 나는 더욱 그러합니다. 나는 난 지 8일 만에 할례를 받았고 이스라엘 족속이요, 베냐민 지파이며 히브리 사람 중의 히브리 사람이요, 율법으로 말하자면 바리새 사람이며 열성으로 교회를 핍박했고 율법의 의로는 흠 없는 사람입니다. 그러나 내게 유익하던 것들을 나는 그리스도 때문에 다 해로운 것으로 여깁니다. 내가 참으로 모든 것을 해로 여기는 것은 내 주 그리스도 예수를 아는 지식이 가장 고상하기 때문입니다. 그분으로 인해 내가 모든 것을 잃어버리고 심지어 배설물로 여기는 것은 내가 그리스도를 얻고 그 안에서 발견되기 위한 것입니다. 내가 가진 의는 율법에서 난 의가 아니요, 그리스도를 믿음으로써 얻는 의, 곧 믿음으로 인해 하나님께로서 난 의입니다. 나는 그리스도와 그분의 부활의 능력을 알고 그분의 죽으심을 본받아 그분의 고난에 동참하는 것이 무엇인지 알기 위해 어떻게 해서든지 죽은 사람들 가운데서 살아나는 부활에 이르고자 합니다. 나는 이미 얻었거나 이미 온전해진 것이 아닙니다. 나는 그것을 붙잡으려고 좇아갑니다. 이는 나도 그리스도 예수께 붙잡혔기 때문입니다. 형제들이여, 나는 그것을 붙잡았다고 생각하지 않습니다. 그러나 이 한 가지만은 말할 수 있는데, 곧 뒤에 있는 것은 잊어버리고 앞에 있는 것을 붙잡으려고 그리스도 예수 안에서 하나님께서 위에서 부르신 그 부르심의 상을 위해 푯대를 향해서 좇아갑니다.

바울의 본을 따르라

그러므로 온전한 사람들은 이렇게 생각하십시오. 여러분이 혹시 무슨 다른 것을 생각한다면 이것 또한 하나님께서 여러분에게 나타내시리라는 것입니다. 우리가 어디까지 이르렀든지 그대로 그 길을 좇아갑시다. 형제들이여, 모두 함께 나를 본받는 사람들이 되십시오. 그리고 여러분이 우리를 본받는 것처럼 그렇게 행하는 사람들을 눈여겨보십시오. 내가 여러분에게 여러 차례 말했던 것처럼 지금도 눈물을 흘리며 말하지만 많은 사람들이 그리스도의 십자가의 원수로 살아가고 있습니다. 그들의 마지막은 멸망입니다. 그들의 신은 배요, 그들의 영광은 자신의 수치에 있으며 그들은 땅의 것을 생각하는 사람들입니다. 그러나 우리의 시민권은 하늘에 있습니다. 우리는 그곳으로부터 구원자, 곧 주 예수 그리스도를 기다립니다. 그분은 만물을 그분에게 복종시킬 수 있는 능력으로 우리의 천한 몸을 그분의 영광스러운 몸과 같은 형상으로 변화시켜 주실 것입니다.

4 **화합과 부동에 대한 마무리 호소**

그러므로 내 사랑하고 사모하는 형제들이여, 내 기쁨이며 면류관인 내 사랑하는 여러분이여, 이와 같이 주 안에서 굳건히 서십시오. 내가 유오디아에게 간청하고 순두게에게 간청하니 주 안에서 같은 마음을 가지십시오. 그리고 나와 멍에를 같이한 진실한 동역자여, 내가 당신에게도 부탁하는데 이 여인들을 도우십시오. 이들은 클레멘트와 그 밖의 내 동역자들과 함께 복음을 위해 나와 함께 달음질하던 사람들이며 그들의 이름이 생명책에 기록돼 있습니다.

마지막 권면

주 안에서 항상 기뻐하십시오. 내가 다시 말합니다. 기뻐하십시오. 여러분의 관용을 모든 사람에게 나타내십시오. 주께서 가까이 계십니다. 아무것도 염려하지 말고 오직 모든 일에 기도와 간구로 여러분이 구할 것을 하나님께 감사함으로 아뢰십시오. 그리하면 모든 생각을 뛰어넘는 하나님의 평강이 그리스도 예수 안에서 여러분의 마음과 생각을 지켜 주실 것입니다. 마지막으로 형제들이여, 무엇이든지 진실하고 무엇이든지 경건하고 무엇이든지 의롭고 무엇이든지 거룩하고 무엇이든지 사랑할 만하고 무엇이든지 칭찬할 만한 일이 있다면 거기에 무슨 덕이나 무슨 기림이 있든지 이것들을 생각하십시오. 여러분은 내게서 배우고 받고 듣고 본 이것들을 실천하십시오. 그러면 평강의 하나님께서 여러분과 함께 계실 것입니다.

선물에 대한 감사

내가 주 안에서 크게 기뻐하는 것은 여러분이 나를 위해 생각하던 것이 이미 싹이 났기 때문입니다. 이에 대해 여러분이 관심은 있었지만 표현할 기회가 없었습니다. 내가 궁핍하므로 이런 말을 하는 것이 아닙니다. 나는 어떤 처지에 있든지 자족하는 법을 배웠습니다. 나는 궁핍에 처할 줄도 알고 풍부에 처할 줄도 압니다. 나는 배부르든 배고프든, 풍족하든 궁핍하든, 모든 형편에 처하는 비결을 배웠습니다. 내게 능력 주시는 분 안에서 내가 모든 일을 감당할 수 있습니다. 여러분이 내 환난에 함께 참여했으니 잘했습니다. 빌립보 사람들이여, 여러분이 알다시피 복음 전파 활동 초기에 내가 마케도니아를 떠날 때 나를 위해 주고받는 일에 동참한 교회는 오직 여러분밖에 없습니다. 내가 데살로니가에 있을 때도 여러분은 한두 번 내가 필요한 것들을 보내 주었습니다. 내가 선물을 구하는 것이 아닙니다. 오직 여러분의 봉사에 열매가 풍성하기를 바랍니다. 지금 나는 모든 것이 풍족하고 넉넉합니다. 여러분에게서 온 에바브로디도를 통해 받은 것으로 인해 풍족하니 이것은 하나님께서 기뻐 받으실 향기로운 제물입니다. 내 하나님께서 그리스도 예수 안에서 영광 가운데 그분의 풍성하심을 따라 여러분의 모든 필요를 채워 주실 것입니다. 하나님 우리 아버지께 영광이 무궁하시기를 빕니다. 아멘.

마지막 문안 인사

그리스도 예수 안에 있는 모든 성도들에게 안부를 전해 주십시오. 나와 함께 있는 형제들이 여러분에게 안부를 전합니다. 모든 성도들, 특히 가이사 집안사람들이 여러분에게 안부를 전합니다. 주 예수 그리스도의 은혜가 여러분의 심령에 함께하기를 빕니다. 아멘.

골로새서
Colossians

1 하나님의 뜻으로 그리스도 예수의 사도가 된 나 바울과 형제 디모데는 골로새에 있는 성도들, 곧 그리스도 안에 있는 신실한 형제들에게 편지를 씁니다. 우리 아버지 하나님께로부터 여러분에게 은혜와 평강이 있기를 빕니다.

감사와 기도

우리가 여러분을 위해 기도할 때마다 우리 주 예수 그리스도의 하나님 아버지께 감사를 드립니다. 이는 그리스도 예수 안에 있는 여러분의 믿음과 모든 성도를 향한 여러분의 사랑을 우리가 들었기 때문입니다. 여러분의 믿음과 사랑은 여러분을 위해 하늘에 쌓아 둔 소망에서 비롯된 것입니다. 이 소망은 진리의 말씀, 곧 복음 안에서 여러분이 이미 들은 것입니다. 이 복음이 여러분에게 전해져 여러분이 듣고 진리 안에서 하나님의 은혜를 깨닫게 된 날부터 여러분 가운데서와 같이 온 세상에서도 열매를 맺으며 점점 자라나고 있습니다. 여러분은 이 복음을 우리와 함께 종 된 사랑하는 에바브라에게서 배웠습니다. 그는 여러분을 위한 그리스도의 신실한 일꾼이요, 성령 안에서 행하는 여러분의 사랑을 우리에게 알려 준 사람입니다. 그러므로 우리도 소식을 들은 날부터 여러분을 위해 쉬지 않고 기도하며 간구합니다. 우리는 여러분이 모든 영적 지혜와 통찰로 하나님의 뜻을 아는 지식으로 충만하게 되고 주께 합당히 행해서 모든 일에 주를 기쁘시게 하고 모든 선한 일에 열매를 맺으며 하나님을 아는 지식에서 자라고 하나님의 영광의 권능을 따라 모든 능력으로 힘 있게 돼 기쁨으로 모든 것을 참고 견딜 수 있게 되기를 기도합니다. 그래서 빛 가운데 있는 성도의 유업의 몫을 받기에 합당한 자격을 여러분에게 주신 아버지께 감사하게 되기를 바랍니다. 아버지께서는 우리를 어둠의 권세에서 구해 내셔서 그분이 사랑하는 아들의 나라로 옮기셨습니다. 하나님의 아들 안에서 우리는 구속, 곧 죄 사함을 받았습니다.

만물의 으뜸이신 하나님의 아들

하나님의 아들은 보이지 않는 하나님의 형상이요, 모든 피조물보다 먼저 나신 분이십니다. 이는 하늘과 땅에 있는 모든 것들, 곧 보이는 것들과 보이지 않는 것들, 보좌들과 주권들과 권력들과 권세들이 하나님의 아들 안에서 창조됐기 때문입니다. 만물이 아들로 인해 창조됐고 아들을 위해 창조됐습니다. 하나님의 아들은 만물보다 먼저 계시고 만물은 그분 안에 함께 서 있습니다. 또 하나님의 아들은 그분의 몸인 교회의 머리십니다. 그분은 근본이시요, 죽은 사람들 가운데서 먼저 살아나신 분이십니다. 이는 그분이 친히 만물 가운데 으뜸이 되시려는 것입니다. 이것은 아버지께서 모든 충만으로 아들 안에 거하게 하시기를 기뻐하셨고 그 아들의 십자가의 피로 평화를 이뤄 만물, 곧 땅에 있는 것이든 하늘에 있는 것이든 모든 것이 아들로 인해 자기와 화목하게 되기를 기뻐하셨기 때문입니다. 전에 악한 행실로 단절되고 마음으로 원수가 됐던 여러분을 이제는 그리스도의 죽으심으로 인해 그분의 육신의 몸으로 화목하게 하셔서 여러분을 거룩하고 흠이 없고 나무랄 것이 없는 사람들로 하나님 앞에 세우고자 하셨습니다. 그러므로 여러분은 믿음 안에 거하고 튼튼한 터 위에 굳게 서서 여러분이 들은 복음의 소망에서 떠나지 않아야 합니다. 복음은 천하 모든 피조물에게 선포됐고 나 바울은 이 복음의 일꾼이 됐습니다.

교회를 위한 바울의 수고

이제 나는 여러분을 위해 받은 고난을 기뻐하며 그리스도의 남은 고난을 그분의 몸 된 교회를 위해 내 육체에 채웁니다. 하나님의 말씀을 전파하기 위해 내게 주신 하나님의 경륜을 따라 내가 여러분을 위해 교회의 일꾼이 됐습니다. 하나님의 말씀은 모든 시대와 세대에 걸쳐 감춰져 온 비밀이었는데 이제는 성도들에게 나타났습니다. 하나님께서는 이 비밀의 영광이 얼마나 풍성한지 성도들에게 알리고자 하셨습니다. 이 비밀은 여러분 안에 계시는 그리스도, 곧 영광의 소망이십니다. 우리는 그리스도를 전파해서 모든 사람을 권하고 지혜를 다해 모든 사람을 가르칩니다. 이는 그리스도 안에서 모든 사람을 온전한 사람들로 세우기 위함입니다. 이 일을 위해 나도 내 안에서 능력으로 활동하시는 분의 역사를 따라 열심히 수고하고 있습니다.

2 여러분과 라오디게아에 있는 사람들과 내 얼굴을 직접 본 적이 없는 사람들을 위해 내가 얼마나 수고하고 있는지 여러분이 알기를 원합니다. 이는 그들이 마음으로 위로를 받고 사랑 가운데 연합해 깨달음에 근거한 확실한 이해의 모든 풍성에 이르러 하나님의 비밀인 그리스도를 온전히 알게 하려는 것입니다. 그리스도 안에는 지혜와 지식의 모든 보화가 감춰져 있습니다. 내가 이 말을 하는 것은 아무도 교묘한 말로 여러분을 속이지 못하게 하기 위함입니다. 내가 비록 육신으로는 떨어져 있으나 영으로는 여러분과 함께 있어 여러분이 질서 있는 삶을 사는 것과 그리스도를 믿는 여러분의 믿음이 굳건한 것을 보고 기뻐합니다.

그리스도 안에 있는 영적 충만

그러므로 여러분은 그리스도 예수를 주로 영접한 것처럼 주 안에서 사십시오. 여러분은 주 안에 뿌리를 내리고 세움을 받으며 가르침을 받은 대로 믿음 안에 굳게 서서 감사가 넘치게 하십시오. 아무도 여러분을 철학과 헛된 속임수로 사로잡지 못하도록 조심하십시오. 이런 것들은 사람의 전통과 세상의 초등 학문을 따른 것이요, 그리스도를 따른 것이 아닙니다. 그리스도 안에는 신성의 모든 충만이 육체의 모습으로 거합니다. 그리고 여러분도 그리스도 안에서 충만하게 됐습니다. 그리스도는 모든 권력과 권세의 머리이십니다. 그리스도 안에서 여러분은 육신의 몸을 벗어 버리는 그리스도의 할례, 곧 손으로 하지 않은 할례를 받았습니다. 또한 여러분은 세례로 그리스도와 함께 장사됐고 죽은 사람들 가운데서 그리스도를 살리신 하나님의 능력을 믿음으로 그리스도 안에서 그리스도와 함께 다시 살아났습니다. 여러분은 죄와 육체의 무할례로 죽었으나 하나님께서 우리의 모든 죄를 용서하심으로 여러분을 그리스도와 함께 살리셨습니다. 하나님께서는 우리를 거슬러 대적하는 조문들이 담긴 채무 증서를 제거하시고 그것을 십자가에 못 박아 우리 가운데서 없애 버리셨습니다. 또한 십자가로 권력들과 권세들을 무장 해제시키시고 그들을 공개적인 구경거리가 되게 하셨습니다.

인간의 규례에서 자유

그러므로 여러분은 먹고 마시는 일이나 절기나 초승달 축제나 안식일과 관련된 문제로 아무도 여러분을 판단하지 못하게 하십시오. 이런 것들은 앞으로 올 것들의 그림자일 뿐이요, 그 실체는 그리스도께 속해 있습니다. 아무도 거짓된 겸손과 천사 숭배를 주장해서 여러분의 상을 빼앗지 못하도록 하십시오. 그런 사람은 자기가 본 것들에 집착해 육신의 생각으로 헛되게 교만해져서 머리를 굳게 붙들지 않습니다. 온몸이 머리이신 그리스도로부터 마디와 힘줄을 통해 영양을 공급받고 서로 결합돼 하나님께서 자라게 하시는 대로 자라납니다. 여러분은 세상의 초등학문에 대해 그리스도와 함께 죽었는데, 왜 세상에 속해 사는 것처럼 헛된 규정들에 굴복합니까? ("붙잡지도 말라, 맛보지도 말라, 만지지도 말라" 하면서 말입니다. 이것들은 모두 사용되다가 없어질 것이요.) 사람들의 계명과 가르침에 따른 것입니다. 이런 규정들은 꾸며 낸 경건과 거짓 겸손과 육체를 괴롭히는 데는 지혜 있는 모양을 가지지만 육신의 욕망을 억제하는 데는 아무런 유익이 없습니다.

3 그리스도 안에서 살리심을 받은 사람들의 삶

그러므로 여러분이 그리스도와 함께 살리심을 받았으니 위에 있는 것들을 추구하십시오. 거기에는 그리스도께서 하나님의 오른편에 앉아 계십니다. 위에 있는 것들을 생각하고 땅에 있는 것들을 생각하지 마십시오. 여러분은 이미 죽었고 여러분의 생명은 그리스도와 함께 하나님 안에 감춰져 있기 때문입니다. 여러분의 생명이신 그리스도께서 나타나실 때 여러분도 그리스도와 함께 영광 가운데 나타날 것입니다. 그러므로 땅에 속한 지체들을 죽이십시오. 그것들은 음행과 더러운 것과 정욕과 악한 욕망과 탐심입니다. 탐심은 우상 숭배입니다. 이것들로 인해 하나님의 진노가 불순종의 아들들에게 임합니다. 여러분도 전에 그것들 가운데 살 때는 그것들 안에서 행했습니다. 그러나 이제 여러분 스스로 그 모든 것, 곧 분노와 증오와 악의와 비방과 여러분의 입에서 나오는 더러운 말을 제거하십시오. 서로 거짓말을 하지 마십시오. 여러분은 옛사람을 그 행위와 함께 벗어 버리고 새사람을 입으십시오. 이 새사람은 자기를 창조하신 분의 형상을 따라 끊임없이 새로워져서 참지식에 이르게 됩니다. 거기에는 그리스 사람이나 유대 사람이나, 할례를 받은 사람이나 할례를 받지 않은 사람이나, 야만인이나 스구디아 사람이나, 종이나 자유인이 따로 없습니다. 오직 그리스도는 모든 것이요, 모든 것 안에 계십니다. 그러므로 여러분은 하나님께서 택하신 사람들, 곧 거룩하고 사랑하심을 받은 사람들같이 긍휼과 친절과 겸손과 온유와 오래 참음으로 옷 입으십시오. 누가 누구에게 불평거리가 있더라도 서로 용납하고 서로 용서해 주십시오. 주께서 여러분을 용서하신 것같이 여러분도 그렇게 하십시오. 그리고 이 모든 것 위에 사랑을 더하십시오. 사랑은 온전하게 묶는 띠입니다. 그리스도의 평강이 여러분의 마음을 지배하게 하십시오. 이 평화를 위해 여러분은 한 몸으로 부르심을 받았습니다. 또한 여러분은 감사하는 사람이 되십시오. 그리스도의 말씀이 여러분 안에 풍성히 거하게 하십시오. 모든 지혜로 서로 가르치고 권면하며 시와 찬미와 신령한 노래를 부르며 하나님께 감사하는 마음으로 찬양하십시오. 그리고 말이든 일이든 무엇을 하든지 그 모든 것을 주 예수의 이름으로 하고 그분을 통해 하나님 아버지께 감사하십시오.

그리스도인 가정을 위한 명령들

아내들이여, 남편에게 복종하십시오. 이것이 주 안에서 합당한 일입니다. 남편들이여, 아내를 사랑하고 괴롭게 하지 마십시오. 자녀들이여, 모든 일에 부모에게 순종하십시오. 이것이 주를 기쁘시게 하는 일입니다. 아버지들이여, 여러분의 자녀들을 화나게 하지 마십시오. 그들이 낙심하지 않도록 하십시오. 종들이여, 육신의 주인에게 모든 일에 순종하십시오. 사람을 기쁘게 하는 사람들처럼 눈가림만 하지 말고 주를 경외함으로 진실한 마음으로 하십시오. 무슨 일을 하든지 사람에게 하듯 하지 말고 주께 하듯 마음을 다해 하십시오. 이는 여러분이 주께 유업의 상을 받을 줄을 알기 때문입니다. 여러분이 섬기는 분은 주 그리스도이십니다. 불의를 행하는 사람은 자기 행위의 대가를 받을 것입니다. 거기에는 외모로 사람을 차별하는 일이 없습니다.

4 주인들이여, 의와 공평으로 종들을 대하십시오. 여러분에게도 하늘에 주인이 계시다는 것을 아시기 바랍니다.

부가적인 권면

항상 기도에 힘쓰고 기도 가운데 감사함으로 깨어 있으십시오. 또 하나님께서 우리에게 전도의 문을 열어 주셔서 그리스도의 비밀을 말할 수 있도록 우리를 위해서도 기도해 주십시오. 나는 이 일 때문에 매여 있습니다. 내가 마땅히 해야 할 말로 그리스도의 비밀을 나타낼 수 있도록 기도해 주십시오. 외부 사람들을 대할 때는 지혜롭게 행하고 기회를 선용하십시오. 여러분은 언제나 소금으로 맛을 내는 것같이 은혜롭게 말하십시오. 그러면 여러분은 각 사람에게 어떻게 말할 것인지 알게 될 것입니다.

마지막 문안 인사

나에 대한 모든 소식은 두기고가 여러분에게 전해 줄 것입니다. 그는 주 안에서 사랑하는 형제요, 신실한 일꾼이요, 함께 종 된 사람입니다. 내가 두기고를 여러분에게 보낸 것은 바로 이 목적을 위해서입니다. 곧 여러분이 우리의 사정을 알고 또 두기고로 하여금 여러분의 마음을 위로하게 하려는 것입니다. 신실하고 사랑받는 형제인 오네시모도 함께 보냅니다. 오네시모는 여러분에게서 온 사람입니다. 그들이 이곳 사정을 여러분에게 자세히 알려 드릴 것입니다. 나와 함께 감옥에 갇혀 있는 아리스다고와 바나바의 조카 마가가 여러분에게 안부를 전합니다. (마가가 여러분에게 가면 그를 잘 영접하라는 지시를 여러분이 이미 받았을 줄 압니다.) 또 유스도라 하는 예수도 안부를 전합니다. 할례를 받은 사람들 가운데 오직 이들만이 하나님 나라를 위해 일하는 동역자들이요, 내게 위로가 돼 준 사람들입니다. 여러분에게서 온 그리스도 예수의 종 에바브라가 여러분에게 안부를 전합니다. 그는 여러분이 하나님의 모든 뜻 가운데 온전하게 서고 완전한 확신에 이르도록 하려고 여러분을 위해 항상 힘써 기도합니다. 에바브라가 여러분과 라오디게아에 있는 사람들과 히에라볼리에 있는 사람들을 위해 많이 수고하는 것을 나는 증언합니다. 사랑하는 의사 누가와 데마도 여러분에게 안부를 전합니다. 라오디게아에 있는 형제들과 눔바와 그녀의 가정 교회에 안부를 전합니다. 여러분이 이 편지를 읽은 후에는 라오디게아에 있는 교회에서도 읽을 수 있도록 하십시오. 또한 여러분도 라오디게아에서 오는 편지를 읽으십시오. 그리고 아킵보에게 "주 안에서 받은 임무를 유의해 완수하라"고 일러 주십시오. 나 바울은 친필로 안부를 전합니다. 여러분은 내가 갇힌 것을 기억하십시오. 은혜가 여러분에게 있기를 빕니다.

데살로니가전서

1 Thessalonians

1 바울과 실루아노와 디모데는 하나님 아버지와 주 예수 그리스도 안에 있는 데살로니가 사람의 교회에 편지를 씁니다. 은혜와 평강이 여러분에게 있기를 빕니다.

데살로니가 성도들의 믿음에 대한 감사

우리가 기도할 때 여러분을 말하며 여러분 모두로 인해 항상 하나님께 감사합니다. 이는 끊임없이 여러분의 믿음의 행위와 사랑의 수고와 우리 주 예수 그리스도에 대한 소망의 인내를 우리 하나님 아버지 앞에서 기억하기 때문입니다. 하나님의 사랑을 받은 형제들이여, 우리는 여러분이 택하심을 받았다는 것을 압니다. 이는 우리의 복음이 여러분에게 단순히 말로만 전해진 것이 아니라 능력과 성령과 큰 확신 가운데 전해졌기 때문입니다. 우리가 여러분 가운데서 여러분을 위해 어떤 사람이 됐는지는 여러분이 잘 알고 있습니다. 또 여러분은 많은 환난 가운데서 성령이 주신 기쁨으로 말씀을 받아 우리와 주를 본받는 사람들이 됐습니다. 그리하여 여러분은 마케도니아와 아가야의 모든 믿는 사람들에게 본이 됐습니다. 주의 말씀이 여러분에게서 시작돼 마케도니아와 아가야에 널리 퍼지게 된 것은 물론 하나님을 믿는 여러분의 믿음의 소문이 방방곡곡에 알려지게 됐습니다. 그러므로 우리는 아무것도 말할 필요가 없습니다. 그들은 우리가 여러분에게 어떻게 환영을 받았는지 우리에 대해 친히 보고하고 또한 여러분이 어떻게 우상들을 버리고 하나님께 돌아와 살아 계시고 참되신 하나님을 섬기며 하늘로부터 임할 그분의 아들을 기다리는지 보고합니다. 이 아들은 하나님께서 죽은 사람들 가운데서 살리신 분이시며 다가올 진노에서 우리를 구원해 내실 예수이십니다.

2 데살로니가에서 바울의 사역

형제들이여, 여러분 자신은 우리가 여러분을 방문한 것이 헛되지 않다는 것을 알 것입니다. 여러분도 알다시피 우리가 전에 빌립보에서 고난과 모욕을 당했으나 많은 반대에 부딪히면서도 우리 하나님 안에서 담대하게 하나님의 복음을 전했습니다. 우리의 권면은 잘못된 생각이나 불순한 동기에서 비롯된 것이 아니며 속임수에서 비롯된 것도 아닙니다. 오히려 우리는 하나님께 인정을 받아 복음 전할 부탁을 받은 사람들로서 말합니다. 이는 사람들을 기쁘게 하려는 것이 아니라 우리의 마음을 살피시는 하나님을 기쁘시게 하려는 것입니다. 여러분도 알다시피 우리는 어느 때든지 아부하는 말을 하거나 탐심의 탈을 쓴 적이 없습니다. 하나님이 증인이 되십니다. 우리는 여러분에게든 다른 사람에게든 사람에게는 영광을 구하지 않았습니다. 우리는 그리스도의 사도로서 권위를 세울 수도 있었습니다. 그러나 우리는 여러분 가운데서 유순한 사람들이 돼 유모가 자기 아이들을 돌보는 것같이 했습니다. 여러분을 이토록 사랑해 하나님의 복음은 물론 우리의 생명까지도 여러분에게 주기를 기뻐했습니다. 이는 여러분이 우리에게 사랑받는 사람들이 됐기 때문입니다. 형제들이여, 여러분은 우리의 수고와 고생을 기억할 것입니다. 우리는 여러분 가운데 누구에게도 짐이 되지 않으려고 밤낮으로 일하면서 여러분에게 하나님의 복음을 전했습니다. 우리가 믿게 된 여러분 가운데서 얼마나 거룩하고 의롭고 흠 없이 행했는지 여러분이 증인이며 하나님도 그러하십니다. 여러분도 알다시피 우리는 여러분 한 사람 한 사람을 대할 때 아버지가 자기 자식을 대하듯 여러분을 권면하고 위로하고 당부했습니다. 이는 여러분을 불러 자기의 나라와 영광에 들어가게 하시는 하나님께 합당하게 행하게 하기 위한 것입니다. 또한 우리가 하나님께 끊임없이 감사드리는 것은 여러분이 우리에게서 들은 하나님의 말씀을 받을 때 사람의 말로 받지 않고 실제 하나님의 말씀으로 받아들였기 때문입니다. 이 말씀이 또한 믿는 여러분 안에서 역사하고 있습니다. 형제들이여, 여러분은 그리스도 예수 안에서 유대에 있는 하나님의 교회들을 본받는 사람들이 됐습니다. 이는 그들이 유대 사람들에게 고난을 받았듯이 여러분도 여러분의 동족에게 고난을 받았기 때문입니다. 유대 사람들은 주 예수와 예언자들을 죽이고 우리를 박해하고 하나님을 기쁘시게 하지 않고 모든 사람들을 배척했습니다. 그들은 우리가 이방 사람들에게 구원을 받도록 말씀 전파하는 것을 훼방해 자기의 죄를 항상 가득하게 합니다. 그러므로 마침내 그들

위에 진노가 임했습니다.

데살로니가 교인들 보기를 열망하는 바울

형제들이여, 우리가 잠시 여러분을 떠난 것은 얼굴이요, 마음이 아니니 우리가 여러분의 얼굴 보기를 더욱 열정으로 힘썼습니다. 그러므로 우리는 여러분에게 가고자 했고 특히 나 바울은 여러 번 가려고 했습니다. 그러나 사탄이 우리를 막았습니다. 우리 주 예수 그리스도께서 다시 오실 때 그분 앞에서 우리의 소망이나 기쁨이나 자랑의 면류관이 무엇이겠습니까? 여러분이 아니겠습니까? 여러분이야말로 우리의 영광이요, 기쁨입니다.

3 그러므로 우리가 더 이상 참지 못하고 우리만 아테네에 남는 것을 좋게 여겨 우리의 형제요, 그리스도의 복음 안에서 하나님의 동역자인 디모데를 여러분에게 보냈습니다. 이는 여러분을 견고하게 하고 여러분의 믿음을 격려함으로 아무도 이 환난 가운데서 요동하지 않게 하려는 것입니다. 여러분은 우리가 이런 일을 위해 세우심을 받은 것을 잘 압니다. 우리가 여러분과 함께 있을 때 우리가 환난당할 것을 여러분에게 예고했는데 실제로 그렇게 됐고 여러분도 그것을 잘 알고 있습니다. 그러므로 나는 더 이상 참지 못해서 여러분의 믿음을 알아보려고 디모데를 보냈습니다. 이는 혹 시험하는 자가 여러분을 시험해서 우리의 노력을 헛수고로 만들지 못하게 하려는 것입니다.

디모데가 전해 준 기쁜 소식

그러나 지금은 디모데가 여러분에게서 돌아와 여러분의 믿음과 사랑에 대해 기쁜 소식을 우리에게 전하고 또 여러분이 우리에 대해 항상 좋은 기억을 갖고 있고 우리가 여러분을 보고 싶어 하듯이 여러분도 우리를 간절히 보고 싶어 한다고 전했습니다. 그러므로 형제들이여, 우리가 모든 궁핍과 환난 가운데 여러분의 믿음으로 인해 위로를 받았습니다. 여러분이 주 안에서 굳게 서 있다니 우리가 이제 살 것 같습니다. 우리가 우리 하나님 앞에서 여러분으로 인해 기뻐하는 모든 기쁨에 대해 우리가 하나님께 여러분에 대해 어떤 감사를 드릴 수 있겠습니까? 우리는 여러분의 얼굴을 보고 여러분의 믿음에 부족한 것을 온전케 하기 위해 밤낮으로 간절히 기도합니다. 이제 우리 하나님 아버지와 우리 주 예수께서 친히 우리의 길을 여러분에게로 바로 인도해 주시고 우리가 여러분을 사랑한 것처럼 주께서 여러분 서로 간에 모든 사람에 대한 사랑이 넘치게 하시고 풍성하게 하셔서 우리 주 예수께서 그분의 모든 성도들과 함께 다시 오실 때 하나님 우리 아버지 앞에서 여러분의 마음을 거룩하고 흠 없이 세우시기를 빕니다.

4 하나님을 기쁘시게 하는 삶

마지막으로 형제들이여, 우리는 주 예수 안에서 여러분에게 부탁하며 권면합니다. 여러분은 마땅히 어떻게 행할 것과 어떻게 하나님을 기쁘시게 할 것인지에 대해 우리에게서 배운 대로 하십시오. 여러분이 행하고 있는 대로 더욱 풍성히 행하십시오. 여러분은 우리가 주 예수를 통해 여러분에게 준 명령들이 무엇인지 알고 있습니다. 하나님의 뜻은 이것이니 여러분이 거룩하게 되는 것입니다. 곧 음행을 멀리하고 각기 거룩함과 존귀함으로 자기 아내를 취할 줄 알고 하나님을 모르는 이방 사람들처럼 욕정에 빠지지 말고 이런 일로 자기 형제를 해하거나 기만하지 말라는 것입니다. 이는 우리가 이미 여러분에게 말하고 엄히 경고한 대로 주께서는 이 모든 행위에 대해 징벌하는 분이시기 때문입니다. 하나님께서 우리를 부르신 것은 부정한 삶을 위해서가 아니라 거룩한 삶을 위한 것입니다. 그러므로 거룩함을 저버리는 사람은 사람을 저버리는 것이 아니라 여러분에게 성령을 주신 하나님을 저버리는 것입니다. 이제 형제 사랑에 대해서는 여러분에게 더 이상 쓸 필요가 없습니다. 이는 여러분 자신이 하나님께로부터 서로 사랑하라는 가르침을 받았기 때문입니다. 그리고 여러분은 실제로 마케도니아 전역에 있는 모든 형제들에게 사랑을 행하고 있습니다. 그러나 형제들이여, 우리가 여러분에게 권면하는 것은 여러분이 더욱 풍성히 행하고 우리가 여러분에게 명한 것같이 조용한 삶을 살며 자신의 일을 행하며 여러분의 손으로 일하기를 힘쓰라는 것입니다. 이는 여러분이 외부 사람들에 대해 품위 있게 행동하고 또한 아무것도 궁핍함이 없게 하려는 것입니다.

그리스도 안에서 죽은 사람들

형제들이여, 이제 우리는 여러분이 잠든 사람들에 대해 알지 못하기를 원하지 않습니다. 이는 여러분이 소망이 없는 다른 사람들처럼 슬퍼하지 않게 하려는 것입니다. 예수께서 죽었다가 다시 사신 것을 우리가 믿는다면 이와 같이 하나님께서 예수로 인해 잠자는 사람들도 그분과 함께 데리고 오실 것입니다. 우리는 주의 말씀을 따라 여러분에게 이것을 말합니다. 주께서 오실 때까지 우리 살아남아 있는 사람들이 잠자는 사람들보다 결코 앞서지 못할 것입니다. 주께서 호령과 천사장의 소리와 하나님의 나팔 소리와 함께 친히 하늘에서 내려오실 것인데 그리스도 안에서 죽은 사람들이 먼저 일어나고 그다음에 우리 살아남아 있는 사람들이 그와 함께 구름 속으로 들려 올라가 공중에서 주를 만나게 될 것입니다. 그리고 우리는 영원히 주와 함께 있을 것입니다. 그러므로 여러분은 이 말씀들로 서로 위로하십시오.

5 **주의 날**

형제들이여, 시기와 날짜에 대해서는 여러분에게 쓸 것이 없습니다. 이는 주의 날이 밤에 도둑이 오는 것처럼 올 것을 여러분 스스로 잘 알고 있기 때문입니다. 그들이 "평안하다, 안전하다" 할 때에 임신한 여인에게 해산의 고통이 찾아오는 것처럼 멸망이 갑자기 닥칠 것인데 그들이 결코 피하지 못할 것입니다. 그러나 형제들이여, 여러분은 어둠에 있지 않으므로 도둑이 강탈해 가는 것처럼 그 날이 여러분에게 이르지 못할 것입니다. 여러분은 모두 빛의 아들들이요, 낮의 아들들이기 때문입니다. 우리는 밤이나 어두움에 속

하지 않았습니다. 그러니 우리는 다른 사람들처럼 자지 말고 오직 깨어 정신을 차립시다. 잠자는 사람들은 밤에 자고 술 취하는 사람들도 밤에 취합니다. 그러나 우리는 낮에 속한 사람들이니 정신을 차리고 믿음과 사랑의 가슴받이 갑옷을 입고 구원의 소망의 투구를 씁시다. 하나님께서 우리를 세우신 것은 진노를 당하게 하시려는 것이 아니요, 우리 주 예수 그리스도로 인해 구원을 얻게 하시려는 것입니다. 그리스도께서 우리를 위해 죽으셨으니 이는 우리가 깨어 있든 자고 있든 그분과 함께 살게 하시려는 것입니다. 그러므로 여러분은 지금 하고 있는 그대로 서로 권면하고 서로 세워 주십시오.

마지막 권면

형제들이여, 우리는 여러분 가운데서 수고하고 주 안에서 여러분을 지도하며 권면하는 사람들을 알아줄 것을 여러분에게 부탁합니다. 그리고 그들의 사역으로 인해 사랑으로 그들을 존귀히 여기십시오. 여러분은 서로 화목하십시오. 또 형제들이여, 우리는 여러분에게 권면합니다. 여러분은 게으른 사람들에게 경고하고 낙심한 사람들을 위로하며 연약한 사람들을 도와주고 모든 사람에 대해 오래 참으십시오. 여러분은 아무도 악을 악으로 갚지 못하게 하고 오직 서로에게 그리고 모든 사람에 대해 항상 선을 좇으십시오. 항상 기뻐하십시오. 쉬지 말고 기도하십시오. 모든 일에 감사하십시오. 이는 그리스도 예수 안에서 여러분을 향하신 하나님의 뜻입니다. 성령을 소멸하지 마십시오. 예언을 멸시하지 마십시오. 모든 것을 분별하고 선한 것을 취하십시오. 악은 어떤 모양이라도 피하십시오.

평강의 하나님께서 친히 여러분을 온전히 거룩하게 하시고 우리 주 예수 그리스도께서 오실 때 여러분의 영과 혼과 몸을 다 흠이 없게 지켜 주시기를 빕니다. 여러분을 부르시는 분은 신실하시니 그분이 또한 이루실 것입니다. 형제들이여, 우리를 위해 기도해 주십시오. 거룩한 입맞춤으로 모든 형제에게 문안하십시오. 내가 주를 의지해 여러분에게 명합니다. 이 편지가 모든 형제에게 읽혀지도록 하십시오. 우리 주 예수 그리스도의 은혜가 여러분과 함께 있기를 빕니다.

데살로니가후서
2 Thessalonians

1 바울과 실루아노와 디모데는 하나님 우리 아버지와 주 예수 그리스도 안에 있는 데살로니가 사람의 교회에 편지를 씁니다. 하나님 아버지와 주 예수 그리스도께로부터 은혜와 평강이 여러분에게 있기를 빕니다.

감사와 기도

형제들이여, 우리는 여러분으로 인해 하나님께 항상 감사하지 않을 수 없습니다. 이렇게 하는 것이 마땅합니다. 이는 여러분의 믿음이 점점 자라나고 여러분 모두가 각자 서로에게 나타내는 사랑이 풍성하기 때문입니다. 그러므로 우리는 여러분이 당한 모든 핍박과 환난 가운데 보여 준 여러분의 인내와 믿음으로 인해 친히 하나님의 교회들 가운데 자랑합니다. 이것은 여러분을 하나님 나라에 합당한 사람들이 되게 하시려는 하나님의 공의로우신 심판의 표입니다. 그 나라를 위해 여러분도 고난을 받고 있습니다. 하나님의 공의는 여러분에게 환난을 주는 사람들에게는 환난으로 갚으시고 환난을 당하는 여러분에게는 주 예수께서 그분의 능력의 천사들과 함께 하늘로부터 불꽃 가운데 나타나실 때 우리와 함께 안식으로 갚으실 것입니다. 하나님을 알지 못하는 사람들과 우리 주 예수의 복음에 복종하지 않는 사람들에게 형벌을 내리실 것입니다. 그런 사람들은 주의 얼굴과 그분의 영광스러운 능력에서 떠나 영원한 멸망의 형벌을 받을 것입니다. 그날에 주께서 오셔서 그분의 거룩한 백성들 가운데서 영광을 받으시고 모든 믿는 사람 가운데서 높임을 받으실 것입니다. (이는 여러분이 여러분에게 전한 우리의 증거를 믿었기 때문입니다.) 그러므로 우리는 항상 여러분을 위해 우리 하나님께서 여러분을 부르심에 합당한 사람이 되게 하시고 또한 모든 선한 뜻과 믿음으로 하는 일을 그분의 능력으로 이루어 주시기를 기도합니다. 이렇게 함으로 우리 하나님과 주 예수 그리스도의 은혜에 따라 우리 주 예수의 이름이 여러분 가운데서 영광을 받으시고 여러분도 그리스도 안에서 영광을 얻게 되기를 원합니다.

2

불법의 사람

형제들이여, 우리 주 예수 그리스도께서 오실 것과 우리가 함께 그 앞에서 모일 것에 관해 여러분에게 간청합니다. 여러분은 영으로나 말로나 혹 우리에게서 받았다고 하는 편지로나 주의 날이 임박했다고 생각하고 쉽게 동요하거나 놀라지 마십시오. 아무도 여러분을 어떤 방식으로든 속이지 못하게 하십시오. 이는 먼저 배교하는 일이 발생하고 불법의 사람, 곧 멸망의 아들이 나타나지 않는 한 그날은 오지 않을 것이기 때문입니다. 그는 신이나 혹은 경배의 대상이라고 일컬어지는 모든 것을 대적해 자신을 높이고 하나님의 성전에 앉아 자신을 하나님이라고 주장할 것입니다. 내가 여러분과 함께 있을 때 여러분에게 이런 말을 한 것을 기억하지 못하겠습니까? 여러분은 그가 자신의 때에 자신을 나타내도록 지금 그를 막는 것이 있다는 것을 알고 있습니다. 불법의 비밀은 이미 활동하고 있습니다. 다만 지금 저지하는 자가 있어 그가 물러날 때까지는 그렇게 할 것입니다. 그때에 불법자가 자신을 드러낼 것이나 주 예수께서 그분의 입 기운으로 그를 제거하시고 오셔서 나타나심으로 그를 멸망시키실 것입니다. 그 불법자는 사탄의 활동을 따라 나타나서 갖가지 능력과 거짓 표적들과 기적들과 모든 불의의 속임수와 함께 멸망받을 사람들에게 이를 것입니다. 이것은 그들이 구원을 얻기 위해 진리의 사랑을 받아들이기를 거부했기 때문입니다. 그러므로 하나님께서는 미혹의 영을 그들에게 보내셔서 그들로 거짓된 것을 믿게 하십니다. 이는 진리를 믿지 않고 불의를 기뻐하는 모든 사람들이 심판을 받게 하시려는 것입니다.

굳건하게 서라

그러나 주의 사랑을 받는 형제들이여, 우리는 여러분으로 인해 하나님께 항상 감사할 뿐입니다. 이는 하나님께서 여러분을 택하셔서 여러분으로 성령의 거룩하게 하심과 진리의 믿음 가운데 구원 얻는 첫 열매가 되게 하셨기 때문입니다. 이를 위해 하나님께서 우리의 복음을 통해 여러분을 부르셨으니 이는 우리 주 예수 그리스도의 영광을 얻게 하시려는 것입니다. 그러므로 형제들이여, 굳게 서서 우리의 말이나 편지를 통해 여러분이 배운 전통들을 굳게 지키

십시오. 우리 주 예수 그리스도와 우리를 사랑하시며 은혜 가운데 영원한 위로와 선한 소망을 주시는 하나님 우리 아버지께서 친히 여러분의 마음을 위로하시고 모든 선한 일과 말에 강건하게 해 주시기를 빕니다.

3 기도를 부탁하다

마지막으로 형제들이여, 주의 말씀이 여러분에게서와 같이 속히 전파돼 영광스럽게 되고 또한 우리를 불의하고 사악한 사람들로부터 구원해 주시도록 우리를 위해 기도해 주십시오. 이는 믿음은 모든 사람들의 것이 아니기 때문입니다. 주께서는 신실하시니 여러분을 강하게 하시고 악한 자로부터 보호해 주실 것입니다. 여러분에 관해서는 우리가 명령한 것들을 여러분이 행하고 있고 또 계속 행할 것을 주 안에서 확신합니다. 주께서 여러분의 마음을 인도하셔서 하나님의 사랑과 그리스도의 인내에 이르게 하시기를 빕니다.

게으름에 대한 경고

형제들이여, 우리가 우리 주 예수 그리스도의 이름으로 여러분에게 명령합니다. 여러분은 게을리 행하고 우리에게서 받은 전통을 따라 살지 않는 모든 형제를 멀리하십시오. 여러분은 우리를 어떻게 본받아야 할 것인지 스스로 알고 있습니다. 우리는 여러분과 함께 있을 때 게을리 행하지 않았고 아무에게서도 음식을 값없이 먹지 않았고 도리어 여러분 가운데 어느 누구에게도 짐이 되지 않으려고 수고하고 고생하며 밤낮으로 일했습니다. 이는 우리가 권한이 없어서가 아니라 우리 스스로 여러분에게 본을 보여 우리로 본을 삼게 하기 위한 것입니다. 우리가 여러분과 함께 있을 때도 여러분에게 명령하기를 "누구든지 일하기 싫으면 먹지도 말라"고 했습니다. 내가 들으니 여러분 가운데 몇몇 사람들이 게을리 행하고 아무 일도 하지 않고 참견이나 한다고 합니다. 그런 사람들에게 우리는 주 예수 그리스도 안에서 명령하고 또 권면합니다. 조용히 일해 자신의 양식을 먹도록 하십시오. 그러나 형제들이여, 선을 행하다가 낙심하지 마십시오. 누구든지 이 편지에서 한 우리의 말을 순종치 않거든 그를 지목해 그와 어울리지 마십시오. 그리하여 그로 부끄러움을 느끼게 하십시오. 그러나 그를 원수처럼 여기지 말고 형제같이 권고하십시오.

마지막 문안 인사

평강의 주께서 친히 여러분에게 온갖 방식으로 항상 평강 주시기를 빕니다. 주께서 여러분 모두와 함께하시기를 원합니다. 나 바울은 친필로 문안합니다. 이것이 모든 편지의 표가 되므로 내가 이렇게 씁니다. 우리 주 예수 그리스도의 은혜가 여러분 모두와 함께하시기를 빕니다.

디모데전서
1 Timothy

1 우리 구주 하나님과 우리의 소망이신 그리스도 예수의 명령을
따라 그리스도 예수의 사도가 된 바울은 믿음 안에서 참된 아
들인 디모데에게 편지를 쓴다. 하나님 아버지와 그리스도 예수 우리
주께서 은혜와 긍휼과 평강을 네게 베푸시기를 빈다.

거짓 선생들을 대적하는 사명을 받은 디모데

내가 마케도니아로 떠날 때 네게 당부한 대로 너는 에베소에 머물러 있어라. 이는 어떤 사람들을 명해 그들로 다른 교훈을 가르치지 못하게 하고 신화와 끝없는 족보에 마음을 빼앗기지 못하게 하기 위한 것이다. 이런 것들은 믿음 안에서 하나님의 경륜을 이루기보다는 오히려 쓸데없는 논쟁만을 불러일으킬 뿐이다. 이 명령의 목적은 깨끗한 마음과 선한 양심과 거짓 없는 믿음에서 나오는 사랑을 이루는 데 있다. 어떤 사람들은 이에서 벗어나 쓸데없는 논쟁에 빠졌다. 그들은 율법 선생이 되려 하지만 자기가 말하는 것이나 자기가 확신을 갖고 주장하는 것이 무엇인지 제대로 알지도 못한다. 그러나 우리가 아는 것은 어떤 사람이 율법을 바르게 사용한다면 그 율법은 선하다는 것이다. 율법은 의로운 사람을 위해 세워진 것이

아니라 법을 어기는 사람과 불순종하는 사람과 경건하지 않은 사람과 죄인과 거룩하지 않은 사람과 세속적인 사람과 아버지를 죽인 사람과 어머니를 죽인 사람과 살인하는 사람과 음란한 짓을 하는 사람과 남색하는 사람과 사람을 유괴하는 사람과 거짓말하는 사람과 거짓 맹세하는 사람과 그 외에 건전한 교훈을 거스르는 사람 때문에 세워진 것이다. 내게 맡겨 주신 이 교훈은 복되신 하나님의 영광스러운 복음을 따른 것이다.

바울에게 베푸신 주의 은혜

나는 내게 능력을 주신 그리스도 예수 우리 주께 감사드린다. 이는 주께서 나를 믿고 내게 직분을 맡겨 주셨기 때문이다. 내가 전에는 훼방꾼이요, 핍박자요, 폭행자였으나 오히려 긍휼히 여김을 받은 것은 내가 믿지 않을 때 알지 못하고 행했기 때문이다. 우리 주의 은혜가 그리스도 예수 안에 있는 믿음과 사랑과 함께 넘치도록 풍성했다. 이 말씀은 믿을 만한 것이요, 또한 모든 사람이 받을 만한 말씀이다. 곧 그리스도 예수께서 죄인을 구원하시려고 세상에 오셨다는 것이다. 죄인 가운데 내가 가장 악한 사람이다. 그러나 내가 긍휼히 여김을 받은 까닭은 그리스도 예수께서 내게 먼저 끝없는 인내를 보이심으로써 앞으로 주를 믿어 영생 얻을 사람들의 본보기로 삼으시려는 것이었다. 영원하신 왕, 곧 없어지지 않으시고 보이지 않으시는 오직 한 분 하나님께 존귀와 영광이 영원토록 있기를 빈다. 아멘.

디모데에게 준 사명을 새롭게 함

아들 디모데야, 전에 네게 주어진 예언을 따라 내가 네게 이렇게 명령한다. 너는 그 예언을 따라 선한 싸움을 싸우고 믿음과 선한 양심을 가져라. 어떤 사람들은 선한 양심을 버렸고 그 믿음에 관해서는 파선했다. 그들 가운데 후메내오와 알렉산더가 있는데 내가 그들을 사탄에게 내어 주었다. 이것은 그들이 징계를 받아 다시는 하나님을 모독하지 못하게 하기 위한 것이다.

2 **예배에 관한 교훈**

그러므로 무엇보다 내가 권하는 것은 모든 사람을 위해 간구와 기도와 중보의 기도와 감사를 하라는 것이다. 왕들과 높은 지위에 있는 모든 사람을 위해서도 그렇게 하여라. 이는 우리가 모든 경건함과 거룩함 가운데 조용하고 평화로운 생활을 하려는 것이다. 이것은 우리 구주 하나님이 보시기에 선하고 받으실 만한 것이다. 그분은 모든 사람이 구원을 받으며 진리를 깨닫게 되기를 원하신다. 하나님은 한 분이시고 하나님과 사람 사이의 중보자도 한 분이시니, 곧 사람이신 그리스도 예수이시다. 그분은 모든 사람을 위해 자신을 대속물로 내어 주셨는데 이것은 적절한 때 주어진 증거다. 이것을 위해 내가 믿음과 진리 안에서 전파하는 사람과 사도, 곧 이방 사람의 선생으로 세움을 입었다. 이것은 진실이요, 거짓말이 아니다. 그러므로 나는 각 곳에서 남자들이 분노와 다툼 없이 거룩한 손을 들고 기도하기를 바란다. 이와 같이 여자들도 단정한 옷을 차려입고 겸손과 정절로 자기를 치장하고 땋은 머리나 금이나 진주나 값비싼 옷으로 하지 말고 오직 착한 행실로 치장하기를 바란다. 이는 하나님을 공경한다고 고백하는 여자들에게 마땅한 것이다. 여자는 온전히 순종하며 조용히 배워라. 나는 여자가 가르친다거나 남자를 지배하는 것을 허락하지 않는다. 여자는 조용히 있어야 한다. 이것은 아담이 먼저 창조됐고 하와는 그다음에 창조됐기 때문이며 아담이 속은 것이 아니라 여자가 속임을 당하고 죄에 빠졌기 때문이다. 그러나 여자가 정숙해서 믿음과 사랑과 거룩함에 거하면 자녀를 낳음으로 구원을 받을 것이다.

3 **감독과 집사의 자격**

이것은 믿을 만한 말이다. 곧 '사람이 감독의 직분을 간절히 사모한다면 그는 선한 일을 열망하고 있다'는 것이다. 그러므로 감독은 비난받을 일이 없고 한 아내의 남편이며 절제하며 신중하며 단정하며 나그네를 잘 대접하며 가르치기를 잘하며 술을 즐기지 않으며 폭력적이지 않으며 온유하며 싸우지 않으며 돈을 사랑하지 않으며 자기 집안을 잘 다스리며 자녀들을 모든 단정함 가운데 복종하게 하는 사람이어야 한다. (사람이 자기 집안을 다스릴 줄 알지 못하면 어떻게 하나님의 교회를 돌볼 수 있겠는가?) 또 개종한 지 얼마 되지 않은 사람도 안 된다. 이것은 그가 교만해져서 마귀의 정죄에 빠질 우려가 있기 때문이다. 또한 믿지 않는 사람들에게서도 좋은 평판을 받는 사람이라야 한다. 이는 그가 비방과 마귀의 덫에 걸리지 않게 하기 위한 것이다. 마찬가지로 집사들도 존경할 만하고 한 입으로 두 말을 하지 않으며 술에 중독되지 않고 부당한 이득을 탐내지 않으며 깨끗한 양심에 믿음의 비밀을 간직한 사람이라야 한다. 이런 사람들은 먼저 시험해 보고 그 후에 책망할 것이 없으면 집사의 직분을 맡게 하여라. 이와 같이 여자들도 존경할 만하고 남을 헐뜯지 않으며 절제하고 모든 일에 믿을 만한 사람이라야 한다. 집사들은 한 아내의 남편이며 자녀와 자기 집안을 잘 다스리는 사람이어야 한다. 집사의 직분을 잘 수행한 사람들은 자기들을 위해 훌륭한 지위를 얻게 되고 그리스도 예수 안에 있는 믿음 안에서 큰 확신을 얻게 된다.

바울이 쓴 교훈의 이유

내가 당장이라도 네게 가기를 바라면서 이렇게 네게 편지를 쓰는 것은 내가 늦어질 경우 네가 하나님의 집에서 어떻게 행할 것인지 알게 하기 위한 것이다. 이 집은 살아 계신 하나님의 교회요, 진리의 기둥과 터다. 참으로 이 경건의 비밀이 위대하다. 그분은 육체로 나타나셨고 성령으로 의롭다 함을 얻으셨다. 천사들에게 보이셨고 나라들 가운데 전파되셨다. 세상이 그분을 믿었고 그분은 영광 가운데 올라가셨다.

4 성령께서 밝히 말씀하시기를 "마지막 때에 어떤 사람들이 믿음에서 떠나 속이는 영들과 귀신들의 가르침을 따를 것이다"라

고 하신다. 그런 가르침은 양심에 낙인찍힌 거짓말쟁이들의 속임수에서 나오는 것이다. 그들은 결혼을 못하게 하고 어떤 음식들을 피하라고 할 것이다. 그러나 음식은 하나님께서 믿는 사람들과 진리를 아는 사람들이 감사함으로 받게 하려고 창조하신 것이다. 하나님께서 창조하신 것은 모두 선하므로 감사하는 마음으로 받으면 버릴 것이 하나도 없다. 그것은 하나님의 말씀과 기도로 거룩해진다. 네가 이런 것들을 그 형제들에게 가르친다면 그리스도의 선한 일꾼이 되어 믿음의 말씀과 네가 따르는 선한 가르침으로 양육받게 될 것이다. 저속하고 헛되게 꾸며 낸 이야기를 버리고 오직 경건에 이르도록 너 자신을 단련하여라. 육체를 단련하는 것은 조금은 유익하나 경건은 모든 일에 유익하며 이 세상과 앞으로 올 세상의 생명을 약속한다. 이 말은 진실하며 모든 사람이 받을 만하다. 이것을 위해 우리가 수고하며 애쓰고 있다. 이는 우리가 살아 계신 하나님께 소망을 두고 있기 때문이다. 하나님은 모든 사람 특히 믿는 사람들의 구주이시다. 너는 이런 것들을 명령하고 가르쳐라. 네가 젊다고 해서 누구라도 너를 업신여기지 못하게 하고 오직 말과 행실과 사랑과 믿음과 순결에 대해 믿는 사람들의 본이 되어라. 내가 갈 때까지 너는 성경 낭독과 설교와 가르치는 일에 전념하여라. 네 속에 있는 은사, 곧 장로들의 모임에서 안수받을 때 예언을 통해 받은 은사를 소홀히 여기지 마라. 이것들을 실천하고 이것들을 꾸준히 행하여라. 그래서 네 진보가 모든 사람에게 나타나게 하여라. 너 자신과 가르침에 주의하고 그 일들을 계속하여라. 이렇게 함으로 너는 너뿐 아니라 네 말을 듣는 모든 사람들을 구원할 것이다.

5 과부들, 장로들, 종들

너는 나이가 많은 남자를 꾸짖지 말고 아버지에게 하듯 권면하여라. 청년들에게는 형제들을 대하듯이 권면하여라. 나이 많은 여자들에게는 어머니를 대하듯이 권면하고 젊은 여자들에게는 자매를 대하듯이 오직 순수함으로 권면하여라. 참과부인 과부를 존대하여라. 그러나 어떤 과부에게 자녀나 손자가 있다면 그들로 하여금 먼저 자기 집에서 신앙적 의무를 다하는 것과 부모에게 보답하는 것을 배우게 하여라. 이것이 하나님께서 원하시는 일이다. 참과부로서 외로운 사람은 자기의 소망을 하나님께 두고 밤낮으로 기도와 간구에 전념한다. 향락을 좋아하는 여자는 살아 있으나 죽은 것이다. 또한 너는 이것들을 명령해서 그들로 비난받는 일이 없도록 하여라. 누구든지 자기 친척 특히 자기 가족을 돌보지 않는 사람은 믿음을 저버린 사람이요, 믿지 않는 사람보다 더 악한 사람이다. 과부로 명부에 올릴 사람은 60세 이상이어야 하고 한 남편의 아내였던 사람이어야 한다. 또 그는 선한 행실들로 인정을 받는 사람이어야 한다. 곧 자녀를 잘 부양했든지 나그네를 잘 대접했든지 성도들의 발을 씻겼든지 환난당한 사람들을 구제했든지 모든 선한 일에 헌신한 사람이어야 한다. 그러나 젊은 과부는 거절하여라. 이는 그들이 그리스도를 거슬러 정욕에 사로잡히게 되면 결혼하고 싶어 할 것이고 그럴 경우 처음 믿음을 저버렸기 때문에 심판을 받게 될 것이다. 또한 그들은 이 집 저 집 돌아다니며 게으름을 배우고 게으를 뿐 아니라 수다를 떨며 남의 일을 참견하고 마땅히 해서는 안 될 말을 할 것이다. 그러므로 나는 젊은 과부들은 결혼해서 아이를 낳고 집안일을 돌봄으로 대적자에게 비난할 기회를 아예 주지 않기를 바란다. 실제로 어떤 사람들은 이미 떠나 사탄에게로 갔다. 만일 믿는 여자에게 과부 친척이 있다면 자기가 그 과부를 도와주고 교회에 부담을 주지 않도록 하여라. 이는 교회가 참과부를 도와주도록 하기 위한 것이다. 잘 다스리는 장로들은 두 배나 존경을 받게 하여라. 특히 설교와 가르치는 일에 수고하는 사람들을 더욱 그렇게 하여라. 성경에서 말하기를 "곡식을 밟아 떠는 소의 입에 망을 씌우지 말라"고 했고, "일꾼이 자기의 품삯을 받는 것은 마땅하다"고 했다. 장로에 대한 고소는 두세 사람의 증인이 없으면 받지 마라. 죄를 지은 사람은 모든 사람 앞에서 꾸짖어 다른 사람들도 두려워하게 하여라. 내가 하나님과 그리스도 예수와 택하심을 받은 천사들 앞에서 엄숙히 명령한다. 너는 이것들을 편견 없이 지키고 아무 일도 불공평하게 처리하지 마라. 아무에게나 경솔하게 안수하지 마라. 다른 사람들의 죄에 동참하지 말고 너 자신을 깨끗하게 지켜라. 이제부터는 물만 마시지 말고 네 위장과 잦은 병을 생각해 포도주도 조금씩 먹도록 하여라. 어떤 사람들의 죄는 분명해서 먼저 심판을 받고 또한 어떤 사람들의 죄는 그다음에 심판을 받는다. 이와 같이 선한 일들도 명백히 드러나고 그렇지 않은 것들도 숨길 수 없다.

6 종의 멍에를 메고 있는 사람은 누구든지 모든 일에 존경심으로 주인을 대하라. 이는 하나님의 이름과 교훈이 비방을 받지 않게 하기 위한 것이다. 믿는 주인을 섬기는 사람들은 그 주인을 형

제라고 해서 소홀하게 대하지 말고 도리어 더 잘 섬기라. 이는 그 섬김을 통해 유익을 얻는 사람들이 믿는 사람들이며 또한 사랑을 받는 사람들이기 때문이다.

거짓 선생들과 돈을 사랑함

너는 이런 것들을 가르치고 권면하여라. 누구든지 다른 교리를 가르치고 우리 주 예수 그리스도의 건전한 말씀과 경건에 부합한 교훈을 따르지 않으면 그는 교만해져서 아무것도 이해하지 못하고 오히려 쓸데없는 논쟁과 말싸움만 좋아하게 된다. 그러다가 결국 시기와 분쟁과 비방과 사악한 의심이 일어나고 마음이 부패하게 되고 진리를 상실해 경건을 이익의 수단으로 여기는 사람들 사이에 다툼이 일어난다. 그러나 스스로 만족하는 마음이 있으면 경건은 큰 유익이 된다. 우리가 세상에 아무것도 갖고 온 것이 없으니 떠날 때도 아무것도 갖고 갈 수 없다. 우리가 먹을 것과 입을 것이 있으면 이것으로 만족해야 한다. 부자가 되기를 원하는 사람들은 유혹과 올무와 여러 가지 어리석고 해로운 욕심에 떨어지고 만다. 이런 것들은 사람을 파멸과 멸망에 빠지게 한다. 돈을 사랑하는 것은 모든 악의 뿌리다. 돈을 사모하는 어떤 사람들은 믿음에서 떠나 많은 고통으로 자기를 찔렀다.

디모데에게 주는 마지막 권면

오, 하나님의 사람아! 너는 이것들을 멀리하여라. 의와 경건과 믿음과 사랑과 인내와 온유를 추구하여라. 믿음의 선한 싸움을 싸워라.

영원한 영생을 붙들어라. 네가 이것을 위해 부르심을 받았고 또 많은 증인들 앞에서 선한 고백을 했다. 나는 만물에 생명을 주시는 하나님 앞과 본디오 빌라도에게 선한 고백으로 증언하신 그리스도 예수 앞에서 네게 명령한다. 너는 우리 주 예수 그리스도께서 나타나실 때까지 흠도 없고 책망받을 것도 없이 이 명령을 지켜라. 때가 되면 하나님께서 예수 그리스도의 나타나심을 보이실 것이다. 하나님은 복되시고 홀로 하나이신 주권자이시며 만왕의 왕이시요, 만주의 주이시다. 오직 그분만이 죽지 않으시고 가까이 갈 수 없는 빛 가운데 거하시며 아무 사람도 보지 못했고 볼 수도 없는 분이시다. 그분께 존귀와 영원한 능력이 있기를 빈다. 아멘. 너는 이 세상의 부유한 사람들에게 명령해서 교만하지 말고 덧없는 재물에 소망을 두지 말며 오직 우리에게 모든 것을 풍성히 주어 누리게 하시는 하나님께 소망을 두게 하여라. 또한 선을 행하고 좋은 일을 많이 하고 아낌없이 베풀고 기꺼이 나누어 주게 하여라. 그렇게 함으로 그들이 자신들을 위해 기초를 든든히 쌓아 앞날에 참된 생명을 얻게 하여라. 디모데야, 네게 부탁한 것을 지키고 거짓된 지식에서 나오는 속된 말과 논쟁들을 피하여라. 어떤 사람들은 이것을 주장하다가 믿음에서 떠났다. 은혜가 너와 함께 있기를 빈다.

디모데후서

2 Timothy

1 하나님의 뜻으로 인해 그리스도 예수 안에 있는 생명의 약속을
따라 그리스도 예수의 사도 된 바울은 사랑하는 아들 디모데
에게 편지를 쓴다. 하나님 아버지와 그리스도 예수 우리 주께서 은
혜와 긍휼과 평강을 네게 베푸시기를 빈다.

감사

나는 밤낮으로 기도하는 가운데 항상 너를 기억하며 깨끗한 양심으로 조상 때부터 섬겨 오는 하나님께 감사를 드린다. 네 눈물을 기억하며 너를 만나 보기를 간절히 원한다. 그러면 나는 기쁨이 가득할 것이다. 나는 네 안에 있는 거짓 없는 믿음을 기억한다. 그것은 먼저 네 외할머니 로이스와 어머니 유니게 안에 있던 것으로 지금 네 안에도 있는 줄을 내가 확신한다.

바울과 복음에 충성할 것을 권고함

그러므로 내가 너를 일깨워서 내 안수를 통해 네가 받은 하나님의 은사를 다시 불 일 듯 일으켜 주고자 한다. 하나님께서 우리에게 주신 것은 두려움의 영이 아니라 능력과 사랑과 절제의 영이다. 그러므로 너는 우리 주에 대해 증언하는 일이나 주를 위해 내가 죄수

가 된 것을 부끄러워하지 말고 하나님의 능력으로 복음을 위해 고난을 받아라. 하나님께서는 우리를 구원하시고 거룩한 부르심으로 불러 주셨다. 그것은 우리의 행위에 따른 것이 아니라 오직 하나님의 계획과 은혜에 따른 것이다. 이 은혜는 영원 전에 이미 그리스도 예수 안에서 우리에게 주신 것인데 이제는 우리 구주 그리스도 예수의 나타나심으로 인해 드러나게 되었다. 예수께서는 죽음을 폐하시고 복음으로써 생명과 썩지 않을 것을 밝히 드러내셨다. 그리고 이 복음을 위해 나를 선포자와 사도와 선생으로 세우셨다. 이로 인해 내가 다시 이러한 고난을 당하지만 나는 부끄러워하지 않는다. 내가 믿고 있는 분을 알기 때문이며 내가 맡은 것을 그분께서 그날까지 지켜 주실 수 있음을 확신하기 때문이다. 너는 그리스도 예수 안에서 믿음과 사랑으로 내게서 들은 건전한 말씀을 표준으로 삼아라. 우리 안에 거하시는 성령의 도움을 받아 네게 부탁한 선한 일들을 지키도록 하여라.

배신과 충성의 예

너도 알다시피 아시아 지방의 모든 사람이 나를 버렸다. 그중에 부겔로와 허모게네가 있다. 주께서 오네시보로의 집에 긍휼을 베푸시기를 빈다. 그는 내게 자주 기쁨을 주었고 또 내가 쇠사슬에 매인 것을 부끄러워하지 않았다. 그가 로마에 있을 때는 더욱 열심히 나를 찾아와 만나 주었다. (그날에 주께서 그에게 주의 긍휼을 베푸시기를 빈다. 너는 그가 에베소에서 나를 얼마나 많이 도왔는지 잘 알고 있다.)

2 **새롭게 권고함**

그러므로 내 아들아, 너는 그리스도 예수 안에 있는 은혜로 굳세어라. 그리고 너는 많은 증인 앞에서 내가 말한 것을 들었으니 이를 신실한 사람들에게 맡겨라. 그러면 그들이 또 다른 사람들을 가르칠 수 있을 것이다. 너는 그리스도 예수의 선한 군인답게 함께 고난을 받아라. 군 복무를 하는 사람은 아무도 자기의 사사로운 일에 얽매이지 않는다. 이는 자기를 군인으로 불러 모은 사람을 기쁘게 하기 위한 것이다. 또한 운동 경기를 하는 사람은 규칙대로 경기를 하지 않으면 월계관을 받지 못한다. 열심히 일하는 농부가 수확물의 첫 몫을 받는 것이 마땅하다. 내가 말하는 것을 곰곰이 생각해 보아라. 주께서 모든 일에 네게 총명을 주실 것이다. 내가 복음을 통해 전한 바와 같이 다윗의 자손으로 나시고 죽은 사람 가운데서 살아나신 예수 그리스도를 기억하여라. 그 복음으로 인해 내가 범죄자처럼 사슬에 매이기까지 고난을 당할지라도 하나님의 말씀은 매이지 않는다. 그러므로 나는 택함을 받은 사람들을 위해 모든 것을 참고 견딘다. 이것은 그들 또한 그리스도 예수 안에 있는 구원을 영원한 영광과 함께 얻게 하려는 것이다. 이 말은 신실하다. 우리가 주와 함께 죽었으면 또한 주와 함께 살 것이다. 우리가 참고 견디면 또한 주와 함께 다스릴 것이다. 우리가 주를 부인하면 또한 주께서도 우리를 부인하실 것이다. 우리가 신실하지 못할지라도 그분은 언제나 신실하시다. 그분은 자신을 부인하실 수 없기 때문이다.

거짓 선생들을 다루는 법

너는 그들에게 이것을 기억하게 하고 말다툼을 하지 말라고 하나님 앞에서 엄히 명령하여라. 그것은 아무 유익이 없고 오히려 듣는 사람들을 해칠 뿐이다. 너는 진리의 말씀을 바로 가르치는 부끄러울 것이 없는 일꾼으로 하나님께 인정받는 사람이 되기를 힘써라. 속된 잡담을 피하여라. 이런 말을 하는 사람들은 경건함에서 점점 더 멀어지고 그들의 가르침은 암처럼 퍼져 나갈 것이다. 그중에는 후메내오와 빌레도가 있다. 그들은 진리에서 멀리 떠나 버렸고 부활이 이미 일어났다고 말하며 몇몇 사람들의 믿음을 파괴시키고 있다. 그러나 하나님의 견고한 터는 굳건히 서 있고 거기에는 "주께서 자기 백성을 아신다"라는 말씀과 "주의 이름을 부르는 사람은 누구든지 악에서 떠나라"라는 말씀이 새겨져 있다. 큰 집에는 금그릇과 은그릇뿐 아니라 나무그릇과 질그릇도 있어서 어떤 것은 귀하게 사용되고 어떤 것은 막 사용되기도 한다. 그러므로 누구든지 이러한 것에서 자신을 깨끗하게 하면 그는 주인이 모든 좋은 일에 요긴하게 사용하는 귀하고 거룩한 그릇이 될 것이다. 또한 너는 청년의 정욕을 피하고 순결한 마음으로 주를 부르는 사람들과 함께 의와 믿음과 사랑과 화평을 추구하여라. 어리석고 무식한 논쟁을 피하여라. 너도 알다시피 그것은 다툼을 일으킬 뿐이다. 주의 종은 다투지 말아야 하고 모든 사람에 대해 온유하며 가르치기를 잘하고 참을성이 있어야 하며 반대하는 사람들을 온유함으로 바로잡아 주어야 한다. 이는 하나님께서 그들을 회개시켜 진리를 깨닫도록 하실지도 모른다는 기대 때문이고 마귀에게 붙잡혀 마귀의 뜻을 따르던 그들이 정신을 차리고 마귀의 올무에서 벗어나게 될지도 모른다는 기대 때문이다.

3 너는 이것을 알아라. 말세에 어려운 때가 올 것이다. 사람들은 자기를 사랑하고 돈을 사랑하고 잘난 척하고 교만하고 하나님을 모독하고 부모에게 순종하지 않고 감사할 줄 모르고 거룩하지 않고 무정하고 화해하지 않고 남을 헐뜯고 무절제하고 난폭하고 선한 것을 좋아하지 않고 배반하고 무모하고 자만하고 하나님을 사랑하기보다 쾌락을 더 사랑하고 경건의 모양은 있으나 경건의 능력은 인정하지 않게 될 것이다. 너는 이런 사람들을 멀리하여라. 그들 가운데는 남의 집에 살며시 들어가 어리석은 여자들을 유인하는 사람들이 있을 것이다. 그런 여자들은 죄를 무겁게 지고 온갖 종류의 욕심에 이끌려 항상 배우기는 하지만 결코 진리의 지식에 도달할 수 없다. 얀네와 얌브레가 모세를 대적했던 것처럼 그들도 진리를 대적한다. 그들은 마음이 타락한 사람들이요, 믿음에 실패한 사람들이다. 그러나 그들은 더 나아가지 못할 것이다. 이는 그 두 사람의 경우처럼 그들의 어리석음이 모든 사람에게 명백히 드러날 것이기 때문이다.

디모데에게 주는 마지막 권면

너는 내 가르침과 행실과 의향과 믿음과 오래 참음과 사랑과 인내를 본받으며 안디옥과 이고니온과 루스드라에서 내가 겪었던 것과 같은 핍박과 고난을 함께 겪었다. 그러한 핍박을 내가 겪었으나 주께서 이 모든 것에서 나를 구해 주셨다. 그리스도 예수 안에서 경건한 삶을 살고자 하는 사람들은 모두 핍박을 당할 것이다. 악한 사람들과 속이는 사람들은 더욱 악해져서 속이기도 하고 속기도 할 것이다. 그러나 너는 배우고 확신한 것 안에 머물러라. 너는 그것을 누구에게서 배웠는지 알고 있다. 또 너는 어려서부터 성경을 알고 있다. 성경은 네게 그리스도 예수 안에 있는 믿음으로 인해 구원에 이르는 지혜를 줄 수 있다. 모든 성경은 하나님의 감동으로 된 것으로 교훈과 책망과 바르게 함과 의로 교육하기에 유익하니 이는 하나님의 사람으로 모든 선한 일을 위해 온전히 준비되게 한다.

4 하나님 앞과 산 사람과 죽은 사람을 심판하실 그리스도 예수 앞에서 그분의 나타나실 것과 그분의 나라를 두고 내가 엄숙히 명령한다. 너는 말씀을 전파하여라. 때를 얻든지 못 얻든지 항상 힘써라. 끝까지 오래 참고 가르치며 책망하고 경계하고 권면하여라. 때가 오면 사람들이 바른 교훈을 받지 않고 오히려 욕심을 따라 귀를 즐겁게 하는 말을 하는 스승들을 많이 모아들일 것이다. 또 그들은 진리에서 돌이켜 허황된 이야기에 귀를 기울일 것이다. 그러나 너는 모든 일에 정신을 차리고 고난을 받으며 전도자의 일을 하며 네 임무를 다하여라. 나는 이미 부어 드리는 제물과 같이 제물로 드려졌고 세상을 떠날 때가 되었다. 나는 선한 싸움을 싸우고 경주를 마치고 믿음을 지켰다. 이제 나를 위해 의의 면류관이 준비되었으

니 주, 곧 의로우신 재판장이 그날에 내게 주실 것이다. 그리고 나뿐 아니라 주의 나타나심을 사모하는 모든 사람에게도 주실 것이다.

개인적인 부탁

너는 속히 내게로 와라. 데마는 이 세상을 사랑해 나를 버리고 데살로니가로 갔고 그레스게는 갈라디아로 디도는 달마디아로 갔으며 누가만 나와 함께 있다. 너는 올 때 마가를 데리고 와라. 그는 내 사역에 도움이 되는 사람이다. 내가 두기고를 에베소로 보냈다. 네가 올 때 드로아 가보의 집에 두고 온 내 겉옷을 가져오고 책은 특별히 양피지에 쓴 것을 가져와라. 구리세공인 알렉산더가 내게 많은 해를 입혔다. 주께서는 그가 행한 대로 갚아 주실 것이다. 너도 그를 주의하여라. 그가 우리의 말을 심히 대적했다. 내가 처음 변론할 때 아무도 내 곁에 있지 않았고 모두 나를 남겨 두고 떠나갔다. 나는 그들에게 허물이 돌아가지 않기를 바란다. 그러나 주께서 내 곁에 서서 내게 힘을 주셨다. 이는 나로 하여금 말씀을 온전히 전파하게 하고 모든 이방 사람들이 그것을 듣게 하시기 위함이었다. 내가 사자의 입에서 구출되었다. 주께서 나를 모든 악한 공격에서 건져 내시고 구원하셔서 그분의 하늘나라에 들어가게 하실 것이다. 그분께 영광이 영원무궁하기를 빈다. 아멘.

마지막 문안 인사

브리스가와 아굴라 그리고 오네시보로의 집안사람들에게 안부를 전하여라. 에라스도는 고린도에 머물러 있고 드로비모는 병이 들어

밀레도에 두고 왔다. 너는 겨울이 되기 전에 서둘러 내게로 와라. 으불로와 부데와 리노와 글라우디아와 모든 형제들이 그대에게 안부를 전한다. 나는 주께서 네 심령에 함께 계시기를 빈다. 은혜가 너희와 함께 있기를 빈다.

디도서
Titus

1 하나님의 종이요, 예수 그리스도의 사도인 바울이 편지를 쓴다. 내가 사도가 된 것은 하나님이 택하신 사람들의 믿음과 경건에 이르는 진리를 아는 지식을 위한 것이요 또한 영생의 소망 때문이다. 이 영생은 거짓이 없으신 하나님께서 영원 전부터 약속하신 것이다. 그분은 하나님의 때에 복음 전파를 통해 자기의 말씀을 밝히 드러내셨는데 나는 우리 구주 하나님의 명령을 따라 이 복음 전파의 일을 맡았다. 같은 믿음을 따라 참아들이 된 디도에게 이 편지를 쓴다. 하나님 아버지와 그리스도 예수 우리 구주께서 은혜와 평강을 베푸시기를 빈다.

선한 일을 좋아하는 장로들을 세우라

내가 그대를 크레타에 남겨 둔 까닭은 그대가 남은 일을 바로잡고 내가 그대에게 지시한 대로 각 성에 장로들을 세우게 하려 함이었다. 장로는 흠 없고 한 아내의 남편이며 방탕하다는 비난을 받거나 불순종하는 일이 없는 믿음의 자녀를 둔 사람이라야 한다. 감독은 하나님의 청지기로서 흠 없고 제 고집대로 하지 않으며 쉽게 화를 내지 않으며 술을 즐기지 않으며 난폭하지 않으며 부당한 이득

을 탐하지 않으며 오히려 나그네를 잘 대접하며 선한 것을 좋아하며 분별력이 있으며 의로우며 경건하며 자제하며 배운 대로 신실한 말씀을 굳게 지키는 사람이라야 할 것이다. 이는 그가 바른 교훈으로 권면하고 반대하는 사람들을 꼼짝 못하게 할 수 있도록 하려는 것이다.

선한 일을 하지 않는 사람들을 꾸짖으라

복종하지 않고 헛된 말을 하며 속이는 사람들이 많은데 특히 할례받은 사람들이 그러하니 그들의 입을 막아야 할 것이다. 그런 사람들은 부당한 이득을 챙기려고 가르쳐서는 안 되는 것을 가르쳐서 가정들을 온통 뒤집어 놓는다. 그들 가운데 어떤 사람, 곧 그들의 예언자가 말하기를 "크레타 사람들은 항상 거짓말쟁이요, 악한 짐승들이며 먹기를 탐하는 게으름뱅이들이다"라고 했으니 이 말이 맞다. 그러므로 그대는 그들을 따끔하게 꾸짖어라. 이는 그들로 하여금 믿음 안에서 온전하게 하고 유대 사람들의 허황된 신화와 진리를 거부하는 사람들의 명령에 주의를 기울이지 않게 하려는 것이다. 깨끗한 사람들에게는 모든 것이 깨끗하지만 부패해져서 믿지 않는 사람들에게는 아무것도 깨끗한 것이 없고 도리어 그들의 마음과 양심이 더러워졌다. 그들이 하나님을 안다고 주장하지만 행위로는 부인하니 그들은 가증스러운 사람들이요, 불순종하는 사람들이며 모든 선한 일을 행하기에 부적합한 사람들이다.

2 **복음을 위하여 선한 일에 힘쓰라**

그대는 오직 바른 교훈에 맞는 것을 말하여라. 나이 든 남자들에게는 자제하며 경건하며 신중하며 온전한 믿음과 사랑과 인내를 갖도록 가르쳐라. 나이 든 여자들에게는 이와 같이 행실이 거룩하며 남을 헐뜯지 않으며 지나치게 술의 종이 되지 않으며 도리어 좋은 것을 가르치는 사람들이 되도록 가르쳐라. 그리하여 그들이 젊은 여자들을 가르쳐서 자기 남편과 자녀들을 사랑하고 신중하며 순결하며 집안 살림을 잘하며 선하고 자기 남편에게 순종하는 사람들이 되게 하여라. 이는 하나님의 말씀이 모욕을 당하지 않게 하기 위한 것이다. 이와 같이 그대는 젊은 남자들을 권면해 분별력 있는 사람이 되게 하여라. 그대는 스스로 모든 일에 선한 행실의 본을 보이되 가르치는 일에 성실과 진지함을 보이고 비난할 것이 없는 온전한 말을 하여라. 이는 우리를 대적하는 사람이 우리에게 험담할 것이 없으므로 부끄러움을 당하게 하려는 것이다. 종들에게는 모든 일에 자기 주인들에게 복종해 말대꾸하지 않고 그들을 기쁘게 하도록 가르치며 주인의 것을 훔치지 않게 하고 오직 착한 마음으로 모든 일에 충성을 다하도록 가르쳐라. 이는 그들로 모든 일에 우리 구주 하나님의 교훈을 빛낼 수 있게 하려는 것이다. 모든 사람에게 구원을 주시는 하나님의 은혜가 나타나 우리를 교훈하심으로 경건하지 않은 것과 세상의 정욕을 버리고 신중함과 의로움과 경건함 가운데 이 세상에서 살며 복된 소망과 위대하신 하나님과 우리 구주 예수 그리스도의 영광이 나타날 것을 기다리며 살도록 하셨다. 그리스도께서 우리를 위해 자기를 내주셨으니 이는 우리를 모든 불법

에서 구속하시고 정결하게 하셔서 선한 일에 열심을 내는 자기 백성이 되게 하시려는 것이다. 그대는 모든 권위로 이것을 말하고 권면하며 책망해 그 누구도 그대를 무시하지 못하게 하여라.

3 선한 일을 위하여 구원을 받다

그대는 그들을 일깨워서 다스리는 사람들과 권세 있는 사람들에게 복종하고 순종하게 하며 모든 선한 일을 할 준비를 하게 하고 남을 헐뜯거나 다투지 않고 모든 사람에 대해 너그러움과 진정한 온유를 나타내게 하여라. 우리도 전에는 어리석었고 순종하지 않았으며 속임을 당했으며 온갖 정욕과 쾌락에 종노릇했으며 악독과 질투 속에 살았으며 가증스러웠으며 서로 미워했다. 그러나 우리 구주 하나님의 자비와 사랑이 나타났을 때 그분이 우리를 구원하셨다. 이는 우리의 의로운 행위 때문이 아니라 오직 그분의 자비 때문이다. 그분은 거듭나게 씻어 주시고 성령의 새롭게 하심으로 인해 구원하셨다. 우리 구주 예수 그리스도로 인해 그분이 우리에게 성령을 풍성하게 부어 주셨는데 이는 우리가 그분의 은혜로 의롭게 돼 영생의 소망을 따라 상속자들이 되게 하려는 것이다. 이것은 믿을 만한 말씀이다. 나는 그대가 이런 것에 대해 확신을 갖고 말하기를 바란다. 이는 하나님을 믿는 사람들이 오직 선한 일에 힘쓰게 하기 위한 것이다. 선한 일은 아름다우며 사람들에게 유익하다. 그대는 어리석은 논쟁과 족보 이야기와 분쟁과 율법에 대한 언쟁을 피하여라. 이런 것은 무익하고 헛될 뿐이다. 이단에 속한 사람은 한두 번 경고한 후에 멀리하여라. 그런 사람은 그대도 알다시피 타락하고 죄를 지어 스스로 양심의 가책을 받는다.

마지막 부탁

내가 아데마나 두기고를 그대에게 보내면 그때 그대는 곧바로 니고볼리에 있는 내게로 와라. 내가 거기서 겨울을 나기로 작정했다. 그대는 율법사 세나와 아볼로를 빨리 먼저 보내어라. 이는 그들에게 아무것도 부족함이 없게 하려는 것이다. 또 우리에게 속한 사람들도 절실히 필요한 것을 마련하기 위해 그리고 열매 없는 사람들이 되지 않기 위해 선한 일에 몰두하기를 배워야 한다. 나와 함께 있는 모든 사람들이 그대에게 안부를 전한다. 그대도 믿음 안에서 우리를 사랑하는 사람들에게 안부를 전하여라. 은혜가 그대에게 있기를 빈다.

빌레몬서
Philemon

1 그리스도 예수를 위해 갇힌 사람이 된 바울과 형제 디모데는 우리의 사랑하는 사람이며 동역자인 빌레몬과 자매 압비아와 우리와 함께 군사가 된 아킵보와 그대의 가정 교회에 편지를 씁니다. 하나님 우리 아버지와 주 예수 그리스도의 은혜와 평강이 여러분에게 있기를 빕니다.

감사와 기도

내가 기도할 때 그대를 기억하고 내 하나님께 항상 감사드리는 것은 주 예수와 모든 성도에 대한 그대의 사랑과 믿음에 대해 들었기 때문입니다. 그대가 믿음 안에서 교제하므로 우리 가운데 있는 모든 선한 것을 깨달아 그리스도께 이르게 되기를 바랍니다. 형제여, 나는 그대의 사랑으로 큰 기쁨과 위로를 얻었습니다. 이는 성도들의 마음이 그대로 인해 새 힘을 얻었기 때문입니다.

오네시모를 위한 바울의 간청

그러므로 나는 그리스도 안에서 그대가 마땅히 행할 것을 매우 담대하게 명령할 수도 있지만 오히려 사랑으로 인해 간곡하게 부탁합니다. 이렇게 나이가 많고 또 지금은 예수 그리스도를 위해 갇힌 사람이 된 나 바울은 갇힌 중에서 낳은 내 아들 오네시모를 위해 그대에게 간곡히 부탁합니다. 전에는 그가 그대에게 무익한 사람이었으나 이제는 그대와 내게 유익한 사람이 되었습니다. 내가 그를 그대에게 돌려보내는데 그는 내 심장입니다. 나는 그를 내 곁에 머물게 해서 내가 복음을 위해 갇혀 있는 동안 그대 대신 나를 돕게 하고 싶었습니다. 그러나 그대의 동의 없이는 내가 아무것도 하고 싶지 않습니다. 이는 그대의 선한 일이 억지에 의해서가 아니라 자발적으로 하는 일이 되게 하기 위한 것입니다. 그가 잠시 그대 곁을 떠나게 되었던 것은 이 일로 인해 그대가 그를 영원히 얻기 위한 것이었는지도 모릅니다. 이제부터는 그가 더 이상 종과 같지 않고 종 이상, 곧 사랑받는 형제 같은 사람입니다. 특히 내게 그렇다면 그대에게는 육신으로나 주 안에서나 더욱 그렇지 않겠습니까? 그러니 그대가 나를 동역자로 생각한다면 내게 대하듯 그를 받아 주십시오. 만일 그가 그대에게 무슨 잘못을 저질렀거나 빚진 것이 있다면 그것을 내게로 돌리십시오. 나 바울이 이렇게 친필로 씁니다. 내가 그것을 갚아 주겠습니다. 그대도 내게 빚을 지고 있다는 것을 나는 그대에게 말하지 않겠습니다. 형제여, 진실로 나는 주 안에서 그대로 인해 기쁨을 얻고 싶습니다. 내 마음이 그리스도 안에서 새 힘을 얻게 해 주십시오. 나는 그대의 순종을 확신하며 그대에게 씁니다. 나는 그대가 내가 부탁한 것보다도 더 행할 줄 압니다. 또한 그대는 나를 위해 방을 하나 준비해 주십시오. 나는 여러분의 기도로 여러분에게 갈 수 있게 되기를 바랍니다. 그리스도 예수 안에서 나와 함께 갇힌 사람이 된 에바브라가 그대에게 안부를 전합니다. 그리고 내 동역자들인 마가와 아리스다고와 데마와 누가도 안부를 전합니다. 우리 주 예수 그리스도의 은혜가 여러분의 영과 함께 있기를 빕니다.

히브리서
Hebrews

1 하나님의 마지막 말씀 : 아들

옛날에 여러 차례 여러 모양으로 예언자들을 통해 조상들에게 말씀하신 하나님께서 이 마지막 날에 아들을 통해 우리에게 말씀하셨습니다. 하나님께서는 그 아들을 만물의 상속자로 세우시고 또한 그를 통해 모든 세상을 지으셨습니다. 그 아들은 하나님의 영광의 광채이시며 하나님의 본체의 형상이십니다. 또한 그분은 그분의 능력 있는 말씀으로 만물을 붙드시며 그 자신을 통해 죄를 깨끗케 하는 일을 하시고 높은 곳에 계시는 존귀한 분의 오른편에 앉으셨습니다. 그 아들이 천사들보다 훨씬 뛰어나게 되셨으니 이는 그들보다 뛰어난 이름을 상속받았기 때문입니다.

천사들보다 뛰어나신 아들

하나님께서 언제 천사들 가운데 누구에게라도 "너는 내 아들이다. 오늘 내가 너를 낳았다"라거나 또다시 "나는 그의 아버지가 되고 그는 내 아들이 될 것이다"라고 말씀하신 적이 있습니까? 그리고 또 그 맏아들을 이 세상에 이끌어 오실 때 "하나님의 모든 천사들은 그에게 경배하라" 하고 말씀하셨습니다. 천사들에 대해서는 "그는 그의 천사들을 바람으로, 그의 일꾼들을 불꽃으로 삼으신다"라고 하셨으나 아들에 대해서는 "하나님, 주의 보좌는 영원무궁하며 주의 나라의 규는 의로운 규입니다. 주께서는 의를 사랑하시고 불법을 미워하셨습니다. 그러므로 하나님, 곧 주의 하나님께서 기쁨의 기름을 주께 부어 주의 동류들보다 높이 뛰어나게 하셨습니다"라고 하셨고 또 "주여, 태초에 주께서 땅을 세우셨고 하늘도 주의 손으로 지으신 것입니다. 그것들은 부서질지라도 주께서는 영원히 계실 것이요, 모든 것은 옷과 같이 낡을 것입니다. 주께서 그것들을 겉옷처럼 말아 올리실 것이니 그것들이 옷처럼 변할 것이나 주는 한결같으시며 주의 세월은 끝이 없을 것입니다"라고 하셨습니다. 그러나 하나님께서 언제 천사들 가운데 누구에게 "내가 네 원수들을 네 발판이 되게 할 때까지 내 오른편에 앉아 있어라"라고 말씀하셨습니까? 모든 천사들은 구원을 상속할 사람들을 섬기라고 하나님께서 보내신 섬기는 영들이 아닙니까?

2 **더욱 유념해야 함에 대한 권면**

그러므로 우리가 잘못된 길로 가지 않도록 들었던 모든 것에 더욱 주의를 기울여야 합니다. 천사들을 통해 하신 말씀도 효력이 있어 모든 범죄와 불순종이 마땅한 징벌을 받았는데 우리가 이 큰 구원을 무시한다면 어떻게 징벌을 피할 수 있겠습니까? 이 구원은 처음에 주께서 말씀하신 것이며 들은 사람들이 우리에게 확증해 준 것입니다. 하나님께서도 표적과 놀라운 일들과 여러 가지

기적들 그리고 그분의 뜻에 따라 나눠 주신 성령의 은사들로 함께 증언하셨습니다.

온전한 인간이 되신 예수

하나님께서는 우리가 말하는 앞으로 올 세상을 천사들에게 다스리라고 하신 것이 아닙니다. 그러나 누군가가 어디에 증언하며 말했습니다. "사람이 무엇이기에 그를 생각해 주시며 인자가 무엇이기에 그를 돌보십니까? 주께서 그를 잠시 동안 천사들보다 낮아지게 하시고 그에게 영광과 존귀의 관을 씌우셨습니다. 주께서는 만물을 그의 발아래 복종하게 하셨습니다." 하나님께서는 만물을 그의 발아래 복종하게 하심으로 그에게 복종하지 않는 것을 하나도 남기지 않으셨습니다. 그러나 지금은 우리가 아직 만물이 그에게 복종하는 것을 보지 못합니다. 다만 우리는 천사들보다 잠시 낮아지신 분, 곧 죽음의 고난을 통해 영광과 존귀로 관을 쓰신 예수를 바라봅니다. 이는 그분이 하나님의 은혜로 모든 사람을 위해 죽음을 맛보려 하심입니다. 모든 것을 만드시고 모든 것을 보존하시는 하나님께서는 많은 아들들을 영광에 이르게 하시려고 그들의 구원의 창시자를 고난을 통해 완전케 하시는 것이 마땅합니다. 거룩하게 하시는 분과 거룩하게 된 사람들이 모두 한 분에게서 나왔습니다. 그러므로 예수께서는 이들을 형제들이라고 부르기를 부끄러워하지 않으시고 말씀하시기를 "내가 주의 이름을 내 형제들에게 선포하고 교회 가운데서 주를 찬양할 것입니다" 하시고 다시 "내가 그를 의지하리라" 하시고 또다시 "보라. 나와 하나님께서 내게 주신 자녀들이다"

라고 하셨습니다. 이와 같이 자녀들은 피와 살을 함께 나눈 사람들이므로 그 자신도 이와 같이 그들과 함께 속하셨습니다. 이는 죽음으로 인해 죽음의 권세를 가진 자, 곧 마귀를 멸하시기 위함이며 또한 죽음이 두려워 평생 노예로 매여 사는 사람들을 풀어 주시기 위함입니다. 물론 그는 천사들을 붙들어 주시려는 것이 아니라 아브라함의 씨를 붙들어 주시려는 것입니다. 이러므로 그는 모든 것에서 형제들과 같아지셔야만 했습니다. 이는 하나님 앞에서 자비롭고 신실한 대제사장이 되셔서 백성의 죄를 대속하시기 위함입니다. 그는 몸소 시험을 받으시고 고난당하셨기에 시험받는 사람들을 도우실 수 있습니다.

3 **모세보다 더욱 존귀하신 예수**

그러므로 함께 하늘의 부르심을 받은 거룩한 형제 여러분, 우리가 고백하는 사도이시며 대제사장이신 예수를 깊이 생각하십시오. 그분은 자신을 세우신 분에게 충성하기를 마치 모세가 하나님의 온 집에서 한 것과 같이 하셨습니다. 그러나 마치 집을 지은 사람이 그 집보다 더 존귀한 것같이 그분은 모세보다 더 큰 영광을 받기에 합당하십니다. 집마다 누군가 지은 사람이 있듯이 모든 만물을 지으신 분은 하나님이십니다. 또한 모세는 장차 하나님께서 말씀하실 것을 증언하기 위해 하나님의 온 집에서 종으로 충성했습니다. 그러나 그리스도께서는 하나님의 집에서 아들로서 충성하셨습니다. 우리가 소망에 대한 확신과 긍지를 굳게 잡으면 우리는 곧 그분의 가족입니다.

믿지 않는 사람들에 대한 경고

그러므로 성령께서 이렇게 말씀하셨습니다. "오늘 너희가 그의 음성을 들으면 광야에서 시험받던 날에 반역한 것처럼 너희 마음을 완고하게 하지 말라. 너희 조상들이 거기서 40년 동안 나를 불신해 시험했다. 또한 내가 행한 일들을 보았다. 그러므로 내가 진노해 그 세대를 향해 말했다. '그들은 항상 마음이 미혹돼 내 길들을 알지 못했다.' 내가 진노해 맹세한 것처럼 그들은 결코 내 안식에 들어오지 못할 것이다." 형제 여러분, 여러분 가운데 누구든지 살아 계신 하나님을 떠나려는 악한 불신의 마음을 품지 않도록 조심하십시오. 도리어 아직 '오늘'이라 일컬을 수 있는 그날그날에 여러분 가운데 누구라도 죄의 속임수로 완고해지지 않도록 서로를 격려하십시오. 이는 우리가 처음에 확신한 것을 끝까지 굳게 잡으면 그리스도와 함께 나누는 사람들이 되기 때문입니다. "오늘 너희가 그의 음성을 들으면 광야에서 시험받던 날에 반역한 것처럼 너희 마음을 완고하게 하지 말라"라고 말씀하실 때 듣고도 반역한 사람들이 누구였습니까? 모세를 통해 이집트에서 나온 모든 사람들이 아닙니까? 또 하나님께서 40년 동안 누구에게 진노하셨습니까? 죄를 저지르고 시체가 돼 광야에 쓰러진 사람들에게 아닙니까? 또한 하나님께서 누구에게 그분의 안식에 들어가지 못할 것이라고 맹세하셨습니까? 불순종한 사람들이 아니고 누구입니까? 이로써 우리는 그들이 불신앙 때문에 들어갈 수 없었던 것을 봅니다.

4 하나님의 백성을 위한 안식

그러므로 그분의 안식에 들어가리라는 약속이 남아 있을 동안에 여러분 가운데 혹 누구라도 거기에 이르지 못하는 사람이 있을까 두려워합시다. 그들처럼 우리도 복음 증거를 받은 사람들입니다. 그러나 들은 말씀이 그들에게 무익했던 것은 그들이 들은 말씀과 믿음을 연합시키지 않았기 때문입니다. 그런데 믿는 우리들은 그 안식에 들어갑니다. 이는 하나님께서 "내가 진노해 맹세한 것처럼 그들은 결코 내 안식에 들어오지 못하리라"라고 하신 것과 같습니다. 사실 세상이 창조된 이래로 그분의 일들이 이뤄져 왔습니다. 어디엔가 제7일에 관해 이렇게 말씀하셨습니다. "그리고 하나님께서 일곱째 날에 그분의 모든 일을 쉬셨다." 그런데 여기서는 다시 "그들은 결코 내 안식에 들어오지 못할 것이다"라고 하십니다. 이와 같이 이제 어떤 이들에게는 저 안식에 들어갈 기회가 남아 있지만 복음을 먼저 전해 들은 사람들은 불순종으로 인해 들어가지 못했습니다. 그러므로 이미 인용한 것처럼 하나님께서 다시 오랜 후에 어느 한 날을 정해 '오늘'이라 하시고 다윗을 통해 말씀하셨습니다. "오늘 너희가 그의 음성을 듣거든 너희 마음을 완고하게 하지 말라." 만일 여호수아가 그들에게 안식을 주었더라면 하나님께서 나중에 다른 날에 대해 말씀하시지 않았을 것입니다. 그러므로 하나님의 백성에게는 안식이 남아 있습니다. 이는 하나님의 안식에 들어간 사람은 하나님께서 자신의 일을 쉬셨던 것처럼 그 자신도 자기의 일을 쉬기 때문입니다. 그러므로 누구든지 이와 같이 불순종의 본을 따라 멸망하지 않도록 우리가 저 안식에 들어가기를 힘씁시다. 하나님의 말씀은 살아 있고 힘이 있으며 양날 선 어떤 칼보다도 더 예리해 혼과 영과 관절과 골수를 찔러 쪼개기까지 하며 마음의 생각과 의도를 분별해 냅니다. 그러므로 어떤 피조물이라도 하나님 앞에 숨을 수 없고 오히려 모든 것은 우리에게서 진술을 받으실 그분의 눈앞에 벌거벗은 채 드러나 있습니다.

위대한 대제사장이신 예수

이와 같이 우리에게 하늘로 올라가신 위대한 대제사장, 곧 하나님의 아들 예수가 계시니 우리가 고백한 신앙을 굳게 지킵시다. 이는 우리에게 계신 대제사장은 우리의 연약함을 동정하지 못하시는 분이 아니며 또한 모든 면에서 우리와 동일하게 시험을 당하셨으나 죄가 없으신 분이기 때문입니다. 그러므로 자비하심을 얻고 필요할 때 도우시는 은혜를 얻기 위해 은혜의 보좌 앞으로 담대히 나아갑시다.

5 모든 대제사장은 사람들 가운데서 뽑혀 사람을 위해 하나님 앞에 있는 사람입니다. 곧 대제사장은 예물을 드리고 또 속죄의 희생제사를 드립니다. 그가 무지하고 미혹된 사람들을 불쌍히 여길 수 있는 것은 자신도 연약에 싸여 있기 때문입니다. 그러므로 그는 백성을 위해서뿐 아니라 자신을 위해서도 속죄제사를 드려야 합니다. 또한 이 명예는 아무나 스스로 얻는 것이 아니라 아론과 같이 하나님의 부르심을 받아서 얻는 것입니다. 이와 같이 그리스도

께서도 스스로 영광을 취하셔서 대제사장이 되신 것이 아니라 오직 그분에게 말씀하시는 분이 "너는 내 아들이다. 내가 오늘 너를 낳았다"라고 하시고 또 다른 곳에서도 이와 같이 "너는 멜기세덱의 계열을 따르는 영원한 제사장이다"라고 하셨던 것입니다. 예수께서 육체 가운데 계실 때 자신을 죽음에서 구원하실 수 있는 분께 통곡과 눈물로 기도와 간구를 올리셨고 그의 경외하심으로 인해 응답을 받으셨습니다. 그분은 아들이신데도 고난을 당하심으로 순종을 배우셨습니다. 또한 그분은 완전케 되셔서 그분을 순종하는 모든 사람들에게 영원한 구원의 근원이 되시고 멜기세덱의 계열을 따르는 대제사장으로 하나님께 임명을 받으셨습니다.

타락에 대한 경고

멜기세덱에 대해 우리가 할 말이 많으나 여러분이 듣는 일에 둔하므로 설명하기가 어렵습니다. 여러분은 지금쯤 선생이 돼 있어야 마땅한데 누군가 다시 여러분에게 하나님의 말씀의 초보 원리들을 가르쳐야 할 형편입니다. 그래서 여러분은 젖만 먹고 단단한 음식은 먹지 못하는 사람들이 됐습니다. 젖을 먹는 사람은 모두 의의 말씀에 익숙하지 못합니다. 그러나 단단한 음식은 성숙한 사람의 것입니다. 그들은 끊임없는 훈련으로 연단된 분별력을 지니고 있어 선과 악을 분별할 줄 아는 사람들입니다.

6 그러므로 우리는 그리스도에 관한 초보적 가르침을 넘어서서 완전한 데로 나아갑시다. 죽은 행실로부터 회개하는 것과 하나님께 대한 믿음과 세례에 대한 교훈과 안수, 죽은 사람의 부활과 영원한 심판에 관한 교훈의 기초를 다시 닦지 말고 온전한 데로 나아갑시다. 하나님께서 허락하신다면 우리가 그렇게 할 수 있습니다. 곧 한 번 비춤을 받고 하늘의 은사도 맛보고 성령님과 함께하고 하나님의 선한 말씀과 오는 세상의 능력을 맛보고도 타락한 사람들은 회개에 이르도록 다시 새롭게 할 수 없습니다. 왜냐하면 그들은 스스로 하나님의 아들을 다시 십자가에 못 박고 공개적으로 욕되게 하기 때문입니다. 땅이 그 위에 자주 내리는 비를 흡수해 경작하는 사람들에게 유익한 작물을 내면 하나님께 복을 받습니다. 반면에 가시와 엉겅퀴를 내면 쓸모없이 돼서 저주에 가깝게 되고 그 마지막은 불사름이 됩니다. 그러나 사랑하는 여러분, 우리가 이렇게 말하지만 여러분에게는 구원에 이르게 하는 더 좋은 것들이 있다고 확신합니다. 이는 하나님이 불의하시지 않으므로 여러분이 성도들을 섬겼을 때와 또한 섬길 때 여러분의 행위와 여러분이 하나님의 이름을 위해 보여 준 사랑을 잊지 않으십니다. 그래도 우리는 여러분 각자가 소망의 완성에 이르기까지 동일한 열심을 나타내기를 간절히 원합니다. 여러분은 게으른 사람이 되지 말고 믿음과 인내로 약속을 상속받은 사람들을 본받는 사람이 되십시오.

하나님의 약속의 확실성

하나님께서 아브라함에게 약속하실 때 맹세를 위해 그분보다 더 큰

분이 계시지 않았기에 자신을 걸고 맹세해 말씀하셨습니다. "내가 반드시 네게 복을 주고 또한 너를 번성케 할 것이다." 아브라함은 이와 같이 오래 참고 견딘 후에 그 약속을 받았습니다. 사람들은 자기보다 더 큰 자를 걸고 맹세합니다. 맹세는 그들에게 모든 논쟁을 그치고 확정에 이르게 합니다. 하나님께서는 약속의 상속자들에게 자신의 뜻이 불변함을 명확히 보여 주시려고 맹세로 보증하셨습니다. 이는 하나님께서는 거짓말을 하실 수 없는 이 두 가지 불변의 사실로 인해 앞에 있는 소망을 굳게 잡으려고 피해 가는 우리가 힘 있는 위로를 얻게 하시기 위함입니다. 우리가 가진 이 소망은 안전하고 확실한 영혼의 닻과 같아서 휘장 안으로 들어가게 합니다. 예수께서는 우리를 위해 앞서 달려가신 분으로 그곳으로 들어가셔서 멜기세덱의 계열을 따르는 영원한 대제사장이 되셨습니다.

7 제사장 멜기세덱

이 멜기세덱은 살렘 왕으로 지극히 높으신 하나님의 제사장입니다. 그는 왕들을 이기고 돌아오는 아브라함을 만나 축복했습니다. 아브라함은 모든 것의 10분의 1을 그에게 주었습니다. 그의 이름의 뜻은 첫째로 '의의 왕'이고 다음으로 '살렘 왕', 곧 '평화의 왕'입니다. 그는 아버지도 없고 어머니도 없고 족보도 없습니다. 생애의 시작도 없고 생명의 끝도 없지만 하나님의 아들을 닮아 항상 제사장으로 있습니다. 그가 얼마나 위대한지 생각해 보십시오. 족장 아브라함도 그에게 10분의 1을 바쳤습니다. 레위 자손 가운데 제사장 직분을 받은 사람들은 자기 형제인 백성들도 아브라함의 허리에서 나왔지만 율법을 따라 그들에게서 10분의 1을 거두라는 명령을 받았습니다. 그러나 이들로부터 나오지 않은 이 멜기세덱은 아브라함에게서 10분의 1을 취했고 약속을 받은 그를 축복했습니다. 두말할 필요 없이 축복은 윗사람이 아랫사람에게 하는 것입니다. 앞의 경우는 죽게 될 사람들이 10분의 1을 받았고 뒤의 경우는 살아 있다는 증거를 받은 사람이 10분의 1을 받은 것입니다. 말하자면 10분의 1을 받는 레위도 아브라함을 통해 10분의 1을 바쳤다고 할 수 있습니다. 이는 멜기세덱이 아브라함을 만났을 때 레위는 아직 조상의 허리에 있었기 때문입니다.

멜기세덱과 같은 예수

만일 레위 계열의 제사장 직분을 통해 완전함을 얻을 수 있었다면 (그런데 백성들은 이것을 근거로 율법을 받았습니다) 아론의 계열을 따르지 않고 멜기세덱의 계열을 따르는 다른 한 제사장을 세워야 할 필요가 있었겠습니까? 제사장직이 변하면 율법도 반드시 변하게 됩니다. 이것들은 그분과 관련해 언급됐습니다. 그분은 다른 지파에 속했는데 그 지파에서는 아무도 제단에서 섬긴 적이 없었습니다. 우리 주께서는 유다 지파에서 나오신 것이 분명합니다. 그런데 그 지파에 관해서는 모세가 제사장직과 관련해 아무것도 말한 적이 없습니다. 그리고 이 사실은 멜기세덱과 흡사한 다른 한 제사장이 일어난 것을 볼 때 더욱 분명합니다. 그는 육체에 속한 규례, 곧 율법을 따라 제사장이 되신 것이 아니라 썩지 않는 생명의 힘을 따라 되신 것입니다. 그렇기 때문에 "너는 영원히 멜기세덱의 계열을 따르는 제사장이다"라고 선포됐습니다. 전에 있던 계명은 약하고 효력이 없어 폐지됐습니다. (이는 율법이 아무것도 완전하게 할 수 없기 때문입니다.) 그러므로 더 나은 소망이 들어왔고 이를 통해 우리가 하나님께 가까이 나아가는 것입니다. 예수께서는 맹세 없이 제사장이 되신 것이 아닙니다. 레위 계통의 사람들은 맹세 없이 제사장이 됐습니다. (그러나 그는 자기에게 말씀하시는 분의 맹세로 제사장이 되셨습니다. "주께서 맹세하셨으니 그분은 마음을 바꾸지 않으실 것이다. 너는 영원히 제사장이다.") 이와 같이 예수께서는 더 좋은 언약을 보증해 주시는 분이 되셨습니다. 레위 계통의 제사장들은 죽음 때문에 그 직책을 계속 수행할 수 없었기 때문에 그 수가 많았습니다. 그러나 예수께서는 영원히 사시는 분이시므로 제사장직을 영원히 누리십니다. 그러므로 예수께서는 자신을 통해서 하나님께 나아오는 사람들을 온전히 구원하실 수 있습니다. 그는 항상 살아 계셔서 그들을 위해 중보 기도를 하십니다. 이러한 대제사장이야말로 우리에게 합당합니다. 그분은 거룩하고 순결하고 흠이 없고 죄인들과 구별되시며 하늘보다 높은 곳으로 오르신 분이십니다. 그분은 다른 제사장들처럼 먼저 자신의 죄를 위해, 그다음에 백성들의 죄를 위해 날마다 제사를 드릴 필요가 없습니다. 이는 그분이 자신을 드려 단번에 이 일을 이루셨기 때문입니다. 율법은 연약함을 가진 사람을 대제사장으로 세웠으나 율법 후에 주어진 맹세의 말씀은 영원히 완전케 되신 아들을 대제사장으로 세웠습니다.

8 새 언약의 대제사장

우리가 말하고자 하는 요지는 우리에게 이러한 대제사장이 계시다는 것입니다. 그분은 하늘에 계신 존귀하신 분의 보좌 오른편에 앉아 계십니다. 또한 그분은 사람이 세운 것이 아니라 주께서 세우신 성소와 참된 장막에서 섬기십니다. 대제사장마다 예물과 제물을 드리기 위해 세움을 받았습니다. 그러므로 이 대제사장에게도 무엇인가 드릴 것이 있어야 합니다. 만일 그분이 세상에 계셨다면 제사장이 되지 못하셨을 것입니다. 왜냐하면 세상에는 율법을 따라 예물을 드리는 사람들이 있기 때문입니다. 그들이 섬기는 곳은 하늘에 있는 것들의 모형이며 그림자입니다. 이것은 모세가 장막을 세우려고 할 때 지시를 받은 것과 같습니다. 말씀하시기를 "산에서 네게 보여 준 모형대로 모든 것을 만들라"고 하셨습니다. 그러나 이제 그분은 더 뛰어난 직분을 받으셨습니다. 그분은 참으로 더 나은 약속 위에 세워진 더 나은 언약의 중보자이십니다. 만일 저 첫 언약에 흠이 없었다면 두 번째 언약을 요구할 필요가 없었을 것입니다. 하나님께서 그들에게서 허물을 발견하시고 말씀하셨습니다. "주께서 말씀하신다. '보라. 날들이 이를 것이다. 내가 이스라엘 집과 유다 집과 더불어 새 언약을 세울 것이다.' 주께서 말씀하신다. '그것은 내가 그들의 조상들의 손을 잡고 이집트 땅에서 이끌어 낼 때 그들과 세운 언약과 같지 않다. 그들이 내 언약 안에 머물러 있지 않았고 그래서 나도 그들을 돌보지 않았다.' 주께서 말씀하신다. '이것은 그날 후에 내가 이스라엘 집과 세울 언약이다. 내가 내 율법을 그들의 생각 속에 넣어 주고 그들의 마음에 새길 것이다. 나는 그들의 하나님이 되고 그들은 내 백성이 될 것이다. 그래서 그들은 각각 자기 이웃이나 자기 형제에게 결코 "주를 알라"고 가르치지 않을 것이다. 이는 그들 가운데 낮은 사람으로부터 높은 사람에 이르기까지 모두 나를 알 것이기 때문이다. 내가 그들의 불의를 긍휼히 여기고 그들의 죄를 더 이상 기억하지 않을 것이다.' '새 언약'이라고 말씀하실 때 하나님께서는 첫 언약을 낡은 것으로 만드신 것입니다. 낡고 오래된 것은 곧 사라지게 됩니다.

9 지상 장막에서 행한 예배

첫 언약에도 예배 규례들과 세상에 속한 성소가 있었습니다. 첫 번째 장막이 세워졌는데 그 안에는 촛대와 상과 진설병이 있었습니다. 이곳은 '성소'라고 불립니다. 그리고 두 번째 휘장 뒤에는 '지성소'라고 불리는 장막이 있습니다. 이곳에는 금으로 만든 분향제단과 전부를 금으로 입힌 언약궤가 놓여 있습니다. 이 언약궤 안에는 만나를 담은 금항아리와 아론의 싹 난 지팡이와 언약의 돌판들이 있습니다. 그리고 그 위에는 속죄의 자리를 덮고 있는 영광의 그룹들이 있는데 이것들에 대해 지금 자세히 말할 수는 없습니다. 이 모든 것이 이렇게 갖춰졌고 제사장들은 항상 첫 번째 장막으로 들어가 제사를 행합니다. 그러나 두 번째 장막 안에는 대제사장만이 1년에 단 한 번 들어가는데 피가 없이는 절대로 들어가지 못합니다. 이 피는 그 자신을 위하고 또한 백성이 알지 못하고 지은 죄를 위한 것입니다. 이것을 통해 성령께서는 첫 번째 장막이 서 있는 동안에는 지성소로 들어가는 길이 아직 열리지 않은 사실을 보여 주십니다. 이 장막은 현 세대를 위한 비유입니다. 이에 따라 드려진 예물과 제물은 제사하는 사람의 양심을 온전케 할 수 없습니다. 그것들은 먹고 마시는 것과 여러 가지 씻는 의식들과 관련된 것들로서 단지 개혁의 때까지 부과된 육체를 위한 규례들에 지나지 않습니다.

그리스도의 피

그러나 그리스도께서는 이미 이뤄진 좋은 것들의 대제사장으로 오셨습니다. 그는 손으로 짓지 않은, 곧 피조물에 속하지 않은 더 크고 더 완전한 장막으로 들어가셨습니다. 그는 염소와 송아지의 피가 아닌 자신의 피로 단번에 지성소로 들어가셔서 영원한 구속을 완성하셨습니다. 만일 염소와 황소의 피와 암송아지의 재를 뿌려 부정한 사람들을 거룩하게 함으로 그 육체를 정결하게 한다면 하물며 영원하신 성령을 통해 흠 없는 자신을 하나님께 드리신 그리스도의 피가 더욱 우리의 양심을 죽은 행실에서 깨끗하게 해 살아 계신 하나님을 섬기게 하지 않겠습니까? 그러므로 그리스도께서는 새 언약의 중보자이십니다. 그분은 첫 언약 아래서 저지른 죄들을 대속하려고 죽으심으로써, 영원한 유업을 얻기 위해 부름받은 사람들로 하여금 약속을 받게 하셨습니다. 유언이 있는 곳에는 그 유언한 사람의 죽음이 있어야 합니다. 이는 유언은 죽음이 있어야 효력을 나타낼 수 있고 유언한 사람이 살아 있는 동안에는 아무 효력이 없기 때문입니다. 그러므로 첫 언약도 피 없이 맺어진 것이 아닙니다. 그래서 모세가 율법을 따라 모든 계명을 백성에게 말할 때 그는 물과 붉은 양털과 우슬초와 함께 송아지의 피와 염소의 피를 취해 언약책과 모든 백성에게 뿌렸습니다. 그리고 그는 "이것은 하나님께서 여러분에게 명령하신 언약의 피입니다"라고 말했습니다. 마찬가지로 그는 장막과 제사에 사용하는 모든 그릇에도 피를 뿌렸습니다. 율법에 따르면 거의 모든 것이 피로 깨끗해집니다. 참으로 피 흘림이 없으면 죄 사함도 없습니다. 하늘에 있는 것들의 모형들은 이런 것들로 정결하게 될 필요가 있었습니다. 그러나 하늘에 있는 것들은 이런 것들보다 더 나은 제사로 정결하게 돼야 합니다. 그리스도께서는 참된 것들의 모형들인 손으로 지은 성소로 들어가지 않으셨습니다. 그분은 이제 우리를 위해 하나님 앞에 나타나시려고 바로 하늘 그 안으로 들어가셨습니다. 이는 대제사장이 해마다 다른 것의 피를 들고 지성소로 들어가는 것처럼 자신을 여러 번 드리시지 않기 위함입니다. 만일 그래야 한다면 그는 세상이 창조된 이후 여러 번 고난을 당하셨어야 했을 것입니다. 그러나 이제 그는 자신을 제물로 드려 죄를 제거하시려고 세상 끝에 단 한 번 나타나셨습니다. 한 번 죽는 것은 사람들에게 정해진 일이며 그 후에는 심판이 있습니다. 이와 같이 그리스도께서도 많은 사람의 죄를 담당하시려고 자신을 단번에 드리셨습니다. 그리고 그분은 그분을 고대하는 사람들을 구원하시기 위해 죄와 상관없이 두 번째 나타나실 것입니다.

10 **모두를 위해 단번에 드린 그리스도의 희생제사**

율법은 다가올 좋은 것들의 그림자일 뿐 그것이 실체의

형상 그 자체는 아닙니다. 그러므로 그것은 해마다 끊이지 않고 드리는 똑같은 제사들을 통해 나아오는 사람들을 결코 온전하게 할 수 없습니다. 그렇게 할 수 있었다면 바치는 일이 그치지 않았겠습니까? 왜냐하면 섬기는 사람들이 단번에 정결케 돼 더 이상 죄를 의식하는 일이 없었을 것이기 때문입니다. 그러나 이 제사들에는 해마다 죄를 생각나게 하는 것이 있습니다. 이는 황소나 염소의 피가 죄를 제거하지 못하기 때문입니다. 그러므로 그리스도께서 세상에 오시면서 이렇게 말씀하셨습니다. "주께서는 제물과 헌물을 원하지 않으시고 오히려 나를 위해 한 몸을 예비하셨습니다. 주께서는 번제와 속죄제를 기뻐하지 않으셨습니다. 그래서 내가 말했습니다. '보십시오. 하나님! 저에 대해 두루마리 책에 기록된 대로 제가 주의 뜻을 행하러 왔습니다.'" 앞에서 "주께서는 제물과 헌물과 번제와 속죄제를 원하지도 않으시고 기뻐하지도 않으십니다" (그런데 그것들은 율법을 따라 드리는 것들입니다)라고 말씀하실 때 그는 "보십시오. 내가 주의 뜻을 행하러 왔습니다"라고 덧붙이셨습니다. 그리스도께서 첫 번째 것을 폐기하신 것은 두 번째 것을 세우기 위함이었습니다. 이러한 뜻 가운데 예수 그리스도께서 단번에 자기의 몸을 드리심으로 우리가 거룩하게 됐습니다. 모든 제사장은 날마다 서서 섬기며 반복해 똑같은 제사를 드립니다. 그러나 그것들은 결코 죄를 제거할 수 없습니다. 그러나 그리스도께서는 죄에 대해 단번에 영원한 제사를 드리시고 하나님 오른편에 앉으셨습니다. 그 후 그분의 원수들이 그분의 발아래 굴복할 때까지 기다리고 계십니다. 그분은 단 한 번의 제물로 거룩하게 된 사람들을 영원히 온전하게 만드셨습니다. 그런데 성령께서도 우리에게 증언하십니다. 말씀하시기를 "'이것은 그날 후에 내가 그들과 맺을 언약이다. 내가 내 율법을 그들의 마음에 두고 그것을 그들의 생각에 새겨 줄 것이다' 주께서 말씀하신다"라고 하신 후에 덧붙여 말씀하시기를 "내가 그들의 죄와 그들의 불법을 다시는 기억하지 않을 것이다"라고 하십니다. 이와 같이 죄와 불법이 용서된 곳에서는 더 이상 죄를 위한 헌물이 필요 없습니다.

믿음 안에서 인내하라

그러므로 형제 여러분, 우리는 예수의 피로 인해 지성소에 들어갈 담대한 마음을 갖게 됐습니다. 그 길은 예수께서 우리를 위해 휘장을 통해 열어 놓으신 새롭고 산 길입니다. 그런데 이 휘장은 바로 그분의 육체입니다. 또한 우리에게는 하나님의 집을 다스리는 위대한 제사장이 계십니다. 우리가 죄악 된 양심으로부터 마음을 깨끗이 씻고 맑은 물로 몸을 씻었으므로 확신에 찬 믿음과 참된 마음으로 하나님께 나아갑시다. 우리가 고백하는 소망의 믿음을 단단히 붙잡읍시다. 이는 약속하신 분이 신실하시기 때문입니다. 또한 우리는 사랑과 선한 일들을 격려하기 위해 서로 돌아봅시다. 어떤 사람들의 습관과 같이 우리들 스스로 모이는 일을 소홀히 하지 말고 오히려 서로 권면합시다. 또한 그날이 다가오는 것을 볼수록 더욱 그렇게 합시다. 만일 우리가 진리에 대한 지식을 받아들인 후에 일부러 죄를 지으면 속죄하는 제사가 더 이상 남아 있지 않습니다. 오히려 떨리는 마음으로 심판을 기다리는 것과 대적하는 사람들을 삼켜 버릴 맹렬한 불만 남아 있습니다. 모세의 율법을 거부했던 사람도 두세 증인의 증언에 의해 동정을 받지 못하고 죽게 됩니다. 하물며 하나님의 아들을 짓밟고 자기를 거룩하게 한 언약의 피를 부정하게 여기고 은혜의 성령을 모독한 사람이 당연히 받을 형벌이 얼마나 더 가혹하겠는가를 생각해 보십시오. “원수 갚는 것은 내게 속한 것이니 내가 갚아 주겠다”라고 말씀하시고 또다시 “주께서 자기 백성을 심판하실 것이다”라고 말씀하신 분을 우리는 알고 있습니다. 살아 계신 하나님의 손에 빠져들어 가는 것은 무서운 일입니다. 여러분은 빛을 받은 후에 고난 가운데 큰 싸움을 이겨 낸 지난날들을 기억하십시오. 여러분은 때로 비방과 환난을 당함으로 공개적인 구경거리가 되기도 했고 또 때로는 이렇게 살아가는 사람들의 동료가 되기도 했습니다. 또한 감옥에 갇힌 사람들과 함께 아파하고 여러분의 재물을 빼앗기는 것도 기쁨으로 감당했습니다. 이는 여러분이 보다 나은 영원한 재물이 있는 줄 알았기 때문입니다. 그러므로 여러분은 담대함을 버리지 마십시오. 이는 그 담대함이 큰 상을 가져올 것이기 때문입니다. 여러분이 하나님의 뜻을 행한 후에 약속을 받기 위해서는 인내가 필요합니다. “잠시 잠깐 후면 오실 그분이 오실 것이니 지체하지 않으실 것이다. 그러나 내 의인은 믿음으로 말미암아 살 것이다. 누구든지 뒤로 물러서면 내 영이 그를 기뻐하지 않을 것이다.” 그러나 우리는 뒤로 물러나 멸망에 이르는 사람들이 아니라 믿음을 갖고 생명을 얻을 사람들입니다.

11 **행동하는 믿음**

믿음은 바라는 것들의 실체이며 보지 못하는 것들의 증거입니다. 참으로 조상들은 이 믿음으로 인정을 받았습니다. 믿음으로 우리는 온 세상이 하나님의 말씀으로 창조됐고 따라서 보이는 것은 나타난 것으로 말미암아 지어지지 않은 것을 압니다. 믿음으로 아벨은 가인보다 더 나은 제사를 하나님께 드렸고 이로써 그는 의롭다는 인정을 받았습니다. 하나님께서 그의 예물에 대해 인정해 주셨습니다. 그는 죽었지만 믿음으로 여전히 말하고 있습니다. 믿음으로 에녹은 죽음을 보지 않고 들림을 받았습니다. 하나님께서 그를 데려가셨기 때문에 그는 더 이상 보이지 않았습니다. 들려 가기 전에 그는 하나님을 기쁘시게 하는 사람이라는 인정을 받았습니다. 믿음이 없이는 하나님을 기쁘시게 할 수 없습니다. 그러므로 하나님께 나아가는 사람은 하나님이 계신 것과 하나님은 그분을 간절히 찾는 사람들에게 상 주시는 분임을 믿어야 합니다. 믿음으로 노아는 아직 보지 못하는 일들에 대해 경고를 받고 자기 집안의 구원을 위해 경외함으로 방주를 지었으며 이로 인해 그는 세상을 단죄했습니다. 또한 그는 믿음으로 인해 의의 상속자가 됐습니다. 믿음으로 아브라함은 부르심을 받았을 때 순종해 장차 유업으로 받을 곳으로 나아갔습니다. 그런데 그는 어디로 가는지 알지 못하고 나아갔습니다. 믿음으로 그는 약속의 땅에서 다른 나라에 사는 이방 사람처럼 잠시 머물렀는데 그는 동일한 약속을 함께 받은 이삭과 야곱과 더불어 장막에 거했습니다. 이것은 그가 하나님께서 친히 설계하시고 건축하신 견고한 터 위에 세워진 도시를 고대했기 때문입니다. 믿음으로 아브라함은 비록 그 자신이 너무 늙고 사라도 단산됐지만 임신할 수 있는 능력을 얻었습니다. 이는 그가 약속하신 분을 신실한 분으로 여겼기 때문입니다. 이렇게 해서 죽은 사람이나 다름없는 한 사람에게서 하늘의 수많은 별과 같이 그리고 바닷가의 셀 수 없는 모래와 같이 수많은 자손들이 태어났습니다. 이 모든 사람들은 믿음을 따라 살다가 죽었습니다. 그들은 약속하신 것들을 받지 못했지만 그것들을 멀리서 보고 환영했으며 세상에서는 외국 사람이며 나그네임을 고백했습니다. 이렇게 말하는 사람들은 자신들이 본향을 찾는 사람들임을 분명히 보여 줍니다. 만일 그들이 떠나온 곳을 생각하고 있었다면 돌아갈 기회가 있었을 것입니다. 그러나 그들은 이제 더 나은 곳을 사모하는데 그것은 하늘에 있는 것입니다. 그러므로 하나님께서도 그들의 하나님이라 불리는 것을 부끄러워하지 않으시고 그들을 위해 한 도시를 예비하셨습니다. 믿음으로 아브라함은 시험을 받을 때 이삭을 바쳤습니다. 그는 약속들을 받은 사람이면서도 자기 외아들을 기꺼이 바치려 했습니다. 하나님께서 전에 말씀하시기를 "네 자손이라고 불릴 사람은 이삭으로 말미암을 것이다"라고 하셨습니다. 아브라함은 하나님께서 죽은 사람도 살리실 수 있다고 생각했습니다. 그러므로 비유로 말하자면 그는 이삭을 죽은 사람들로부터 돌려받은 것입니다. 믿음으로 이삭은 장래 일을 두고 야곱과 에서를 축복했습니다. 믿음으로 야곱은 죽을 때 요셉의 아들들을 각각 축복했으며 자기 지팡이 머리에 몸을 기대며 하나님께 경배했습니다. 믿음으로 요셉은 죽을 때에 이스라엘 자손이 이집트에서 떠날 것에 대해 말했고 자기의 뼈에 대해 지시했습니다. 믿음으로 모세의 부모는 모세가 출생했을 때 그 아이를 석 달 동안 숨겼습니다. 이는 그 아이가 남다른 것을 보고 왕의 명령을 무서워하지 않았기 때문입니다. 믿음으로 모세는 다 자란 후에 바로의 딸의 아들이라 불리는 것을 거부했습니다. 그는 잠시 죄의 쾌락을 즐기는 것보다 오히려 하나님의 백성과 함께 고난받기를 더 좋아했습니다. 그는 그리스도를 위해 당하는 수모를 이집트의 보화보다 더 가치 있는 것으로 여겼습니다. 이는 그가 상을 바라보았기 때문입니다. 믿음으로 모세는 왕의 진노를 두려워하지 않고 이집트를 떠났습니다. 그는 보이지 않는 분을 보는 것같이 여기고 인내했습니다. 믿음으로 그는 유월절과 피 뿌리는 의식을 행해 처음 난 것들을 죽이는 자가 그들을 해치지 못하도록 했습니다. 믿음으로 이스라엘 백성은 마른 땅을 건너듯 홍해를 건넜습니다. 그러나 이집트 사람들은 똑같이 행하려다가 물에 빠져 죽었습니다. 믿음으로 이스라엘 백성이 7일 동안 여리고 성을 돌자 그 성벽이 무너져 내렸습니다. 믿음으로 창녀 라합은 정탐꾼들을 평안히 맞아들여 불순종한 사람들과 함께 죽지 않았습니다. 그리고 또 내가 무슨 말을 더 하겠습니까? 기드온, 바락, 삼손, 입다, 다윗 그리고 사무엘과 예언자들에 대해 이야기하자면 시간이 모자랄 것입니다. 그들은 믿음으로 나라들을 정복하기도 하고 의를 행하기도 하고 약속들을 받기도 하고 사자들의 입을 막기도 하고 불의 능력을 꺾기도 하고 칼날을 피하기도 하고 연약한 데서 강하게 되기도 하고 전쟁에서 용맹한 사람들이 되기도 하고 이방 군대를 물리치기도 했습니다. 여인들은 자신의 죽은 사람들을 부활로 되돌려 받기도 했습니다. 또 어떤 이들은 고문을 당했지만 더 나은 삶으로 부활하기 위해 풀려나기를 원하지 않았습니다. 또 어떤 사람들은 조롱과 채찍질을 당했으며 심지어 결박되고 투옥되기까지 했습니다. 그들은 돌에 맞았고 톱질을 당했고 칼로 죽임을 당했습니다. 그들은 양가죽과 염소 가죽을 입고 떠돌아다녔으며 그들은 가난했고 고난을 당했고 학대를 받았습니다. (세상은 그들에게 가치가 없었습니다.) 그래서 그들은 광야와 산과 동굴과 땅굴 등에서 떠돌며 살았습니다. 그런데 이들은 모두 믿음으로 증거를 받았지만 약속하신 것을 받지 못했습니다. 하나님께서는 우리를 위해 더 나은 것을 예비해 놓으심으로 우리 없이는 그들이 온전해지지 못하도록 하신 것입니다.

12 이와 같이 우리를 둘러싼 구름같이 많은 증인들이 있으니 모든 짐과 얽매이기 쉬운 죄를 벗어 버리고 인내로써 우리 앞에 놓인 경주를 합시다. 믿음의 창시자요, 완성자이신 예수를 바라봅시다. 그는 자기 앞에 놓여 있는 기쁨을 위해 부끄러움을 개의치 않으시고 십자가를 참으셨습니다. 그래서 그는 하나님의 보좌 오른편에 앉게 되셨습니다. 여러분, 거역하는 죄인들을 참으신 분을 생각하십시오. 그리하여 지쳐 낙심하지 마십시오.

하나님은 아들들을 연단하신다

여러분이 죄와 싸웠지만 아직 피를 흘릴 정도로 대항하지는 않았습니다. 또한 여러분은 하나님께서 아들들을 대하듯이 여러분에게 하신 권면의 말씀을 잊었습니다. 이르시기를 "내 아들아, 주의 훈계를 가볍게 여기지 말고 그가 책망하실 때 낙심하지 마라. 주께서는 사랑하시는 사람을 연단하시고 아들로 받으신 사람들마다 채찍질하신다"라고 하셨습니다. 연단을 견뎌 내십시오. 하나님께서는 여러분을 아들들같이 대하십니다. 아버지가 연단하지 않는 아들이 어디 있습니까? 아들이 받는 모든 연단을 여러분이 받지 않는다면 여러분은 사생자며 아들이 아닙니다. 우리는 우리를 연단하는 육신의 아버지를 모시고 그분들을 존경합니다. 그러니 우리가 모든 영의 아버지께 더욱 복종하며 살아야 하지 않겠습니까? 육신의 아버지는 자기가 좋다고 생각하는 대로 우리를 잠시 연단하지만 영의 아버지께서는 우리의 유익을 위해 그분의 거룩하심에 참여하도록 연단하십니다. 모든 연단이 당시에는 즐거움이 아니라 괴로움으로 보이지만 나중에는 그것을 통해 연단된 사람들에게 의로운 평화의 열매를 맺게 합니다. 그러므로 여러분은 피곤한 팔과 연약한 무릎을 강하게 하십시오. 그리고 여러분의 발을 위해 길을 곧게 하십시오. 그래서 절뚝거리는 다리로 어긋나지 않게 하고 오히려 치유를 받게 하십시오.

경고와 격려

모든 사람과 더불어 화평과 거룩함을 추구하십시오. 이것 없이는 아무도 주를 보지 못할 것입니다. 하나님의 은혜에 이르지 못하는 사람이 없도록 주의하십시오. 또한 쓴 뿌리가 돋아나 문제를 일으키고 그로 인해 많은 사람들이 더럽혀지지 않도록 조심하십시오.

또한 음행하는 사람이나 음식 한 그릇에 자신의 장자권을 판 에서와 같이 세속적인 사람이 없도록 살피십시오. 여러분이 알다시피 에서는 후에 복을 상속받고 싶어 했지만 거절당했습니다. 그가 눈물로 복을 구했지만 회개할 기회를 얻지 못했습니다.

두려움의 산과 기쁨의 산

여러분이 나아가 도착한 곳은 시내 산 같은 곳이 아닙니다. 곧 손으로 만질 수 있고 불이 타오르며 어둡고 깜깜하며 폭풍과 나팔 소리와 말씀하시는 음성이 들리는 곳과 같지 않습니다. 그 음성을 들은 사람들은 하나님께서 자기들에게 더 이상 말씀하지 않기를 애원했습니다. 그들이 "짐승이라도 그 산에 닿으면 돌에 맞아 죽게 하라"라고 하신 명령을 감당하지 못했기 때문입니다. 그 광경이 얼마나 무서웠던지 모세도 "나는 너무 두렵고 떨린다"라고 말했습니다. 그러나 여러분이 나아가 다다른 곳은 시온 산, 곧 살아 계신 하나님의 도시인 하늘의 예루살렘입니다. 또한 여러분은 잔치에 운집한 수많은 천사들의 무리와 하늘에 등록된 장자들의 교회와 만물의 심판주이신 하나님과 완전하게 된 의인들의 영들과 새 언약의 중보자이신 예수와 아벨의 피보다 더 나은 소식을 전해 준 예수께서 뿌리신 피에 이르렀습니다. 여러분은 말씀하시는 분을 거역하지 않도록 조심하십시오. 만일 땅에서 경고하신 분을 거역한 그들이 피하지 못했다면 하물며 우리가 하늘로부터 경고하시는 분을 배척하고 어찌 피할 수 있겠습니까? 그때는 그 음성이 땅을 흔들었지만 이제는 그분이 약속해 말씀하셨습니다. "내가 또 한 번 땅뿐 아니라 하늘까지도 흔들 것이다." 이 '또 한 번'이라 함은 흔들리지 않는 것들을 남겨 두려고 흔들리는 것들, 곧 피조물들을 제거해 버리시려는 것을 뜻합니다. 그러므로 우리가 흔들리지 않는 나라를 받았으니 감사합시다. 이렇게 해 경건함과 두려움으로 하나님을 합당하게 섬깁시다. 우리 하나님께서는 태워 없애는 불이시기 때문입니다.

13 마지막 권고

형제 사랑하기를 지속하십시오. 나그네 대접하기를 소홀히 하지 마십시오. 어떤 사람들은 나그네를 대접하다가 자기도 모르게 천사들을 대접했습니다. 여러분은 자신이 함께 갇혀 있는 것처럼 감옥에 갇힌 사람들을 기억하십시오. 여러분도 몸을 가진 사람들이니 학대받는 사람들을 기억하십시오. 모든 사람은 결혼을 귀하게 여기고 잠자리를 더럽히지 마십시오. 하나님께서는 음란한 사람들과 간음하는 사람들을 심판하실 것입니다. 돈을 사랑하며 살지 말고 지금 갖고 있는 것으로 만족하십시오. 주께서는 친히 "내가 결코 너를 떠나지 않겠고 또 결코 버리지 않을 것이다"라고 말씀하셨습니다. 그러므로 우리는 담대히 말합니다. "주는 나를 돕는 분이시니 나는 두려워하지 않을 것이다. 사람이 나를 어찌하겠는가?" 하나님의 말씀을 여러분에게 전해 준 여러분의 지도자들을 기억하십시오. 그들이 산 삶의 결과를 살펴보고 그 믿음을 본받으십시오. 예수 그리스도께서는 어제나 오늘이나 영원토록 한결같으신 분입니다. 여러분은 갖가지 이상한 가르침에 끌려다니지 마십시오. 마음은 음식이 아니라 은혜로 견고하게 하는 것이 좋습니다. 음식에 집착한 사람들은 유익을 얻지 못했습니다. 우리에게는 한 제단이 있습니다. 그런데 장막에서 섬기는 사람들은 그 제단에서 먹을 권한이 없습니다. 이는 그 짐승의 피는 죄를 위해 대제사장이 지성소로 갖고 들어가고 그 몸은 진 밖에서 불태워지기 때문입니다. 이와 같이 예수께서도 자신의 피로 백성을 거룩하게 하시려고 성문 밖에서 고난을 당하셨습니다. 그러므로 우리도 그분의 치욕을 짊어지고 진 밖으로 그분에게 나아갑시다. 우리는 이 땅 위의 영원한 도시가 아니라 다만 장차 올 도시를 갈망하고 있기 때문입니다. 그러므로 우리가 그분을 통해 항상 하나님께 찬양의 제사를 드립시다. 이것은 그분의 이름을 고백하는 입술의 열매입니다. 그리고 선행과 나눔을 소홀히 하지 마십시오. 하나님께서는 이런 제사를 기뻐하십니다. 여러분을 인도하는 사람들을 신뢰하고 순종하십시오. 이는 그들이 여러분의 영혼을 위해 마치 자신들이 하나님께 아뢰야 할 사람들인 것처럼 깨어 있기 때문입니다. 그들로 하여금 기쁨으로 이 일을 행하게 하고 근심함으로 행하지 않게 하십시오. 그러지 않으면 여러분에게 유익이 되지 못할 것입니다. 우리를 위해 기도해 주십시오. 우리는 모든 일을 올바르게 행하며 선한 양심을 갖고 있다고 확신합니다. 내가 여러분에게 더 빨리 돌아갈 수 있도록 더욱 열심히 기도해 주십시오.

축도와 마지막 문안 인사

평강의 하나님, 곧 양들의 큰 목자이신 우리 주 예수를 죽은 사람 가운데서 영원한 언약의 피로 이끌어 내신 분이 그분의 뜻을 행할 수 있도록 모든 선한 것으로 여러분을 온전케 해 주시기를 원합니다. 또한 하나님께서 예수 그리스도로 말미암아 그분에게 기쁨이 되는 것을 우리 안에서 행하시기를 원합니다. 하나님께 영광이 영원무궁하기를 빕니다. 아멘. 형제 여러분, 내가 여러분에게 권합니다. 이 권면의 말을 용납하십시오. 내가 여러분에게 간단히 썼습니다. 우리 형제 디모데가 석방된 것을 알려 드립니다. 그가 속히 오면 내가 그와 함께 여러분을 만나 보게 될 것입니다. 여러분을 지도하는 모든 사람들과 온 성도들에게 안부를 전해 주십시오. 이탈리아에서 온 사람들이 여러분에게 안부를 전합니다. 은혜가 여러분 모두와 함께하기를 빕니다.

야고보서
James

1 하나님과 주 예수 그리스도의 종 야고보는 흩어져 있는 열두
지파에게 안부를 전합니다.

시험과 유혹

내 형제들이여, 여러 가지 시험을 만나거든 온전히 기쁘게 여기십시
오. 여러분이 알다시피 여러분의 믿음의 연단은 인내를 이룹니다.
인내를 온전히 이루십시오. 그러면 여러분이 온전하고 성숙하게 돼
아무것에도 부족한 것이 없게 될 것입니다. 여러분 가운데 누구든
지 지혜가 부족하면 모든 사람에게 후히 주시고 꾸짖지 않으시는
하나님께 구하십시오. 그러면 주실 것입니다. 오직 믿음으로 구하고
조금도 의심하지 마십시오. 의심하는 사람은 바람에 밀려 요동하는
바다 물결 같습니다. 그런 사람은 주께 무엇을 받을 것이라고 기대
하지 마십시오. 그는 두 마음을 품은 사람으로 그의 모든 길은 정
함이 없습니다. 어려운 처지에 있는 형제는 자신의 높은 위치를 자
랑하고 부자는 자신의 낮은 위치를 자랑하십시오. 이는 부자는 풀
의 꽃처럼 사라져 버릴 것이기 때문입니다. 해가 떠 뜨거워져 풀을
말리면 꽃은 떨어지고 그 아름다움을 잃고 맙니다. 이처럼 부자도

그의 행하는 일 가운데 소멸될 것입니다. 시험을 견디는 사람은 복이 있습니다. 이는 그가 인정을 받은 후에 하나님을 사랑하는 사람들에게 약속된 생명의 면류관을 받을 것이기 때문입니다. 누구든지 시험을 당할 때 "내가 하나님께 시험을 받고 있다"라고 말하지 마십시오. 하나님은 악에게 시험을 받지도 않으시고 친히 누구를 시험하지도 않으십니다. 각 사람이 시험을 당하는 것은 자신의 욕심에 이끌려 유혹에 빠지기 때문입니다. 욕심이 잉태해 죄를 낳고 죄가 자라 사망을 낳습니다. 내 사랑하는 형제들이여, 속지 마십시오. 온갖 좋은 선물과 온전한 은사는 위로부터 오며 빛들의 아버지께로부터 내려옵니다. 그분에게는 변함도, 회전하는 그림자도 없으십니다. 그분은 우리를 창조하신 것 가운데 첫 열매가 되게 하시려고 그분의 뜻에 따라 진리의 말씀으로 우리를 낳으셨습니다.

듣기와 행하기

내 사랑하는 형제들이여, 이것을 명심하십시오. 사람마다 듣기는 빨리하고 말하기는 천천히 하며 노하기도 천천히 하십시오. 사람이 화내는 것이 하나님의 의를 이루지 못하기 때문입니다. 그러므로 모든 더러운 것과 넘치는 악을 벗어 버리고 마음에 심긴 말씀을 온유함으로 받으십시오. 이 말씀은 능히 여러분의 영혼을 구원할 수 있습니다. 여러분은 말씀을 실천하는 사람이 되고 듣기만 해 자신을 속이는 사람이 되지 마십시오. 만일 누가 말씀을 듣기만 하고 실천하지 않는다면 이 사람은 자기의 생긴 얼굴을 거울에 비춰 보는 사람과 같습니다. 그는 거울을 보고 돌아서서는 자신의 모습이 어떠한지 금방 잊어버립니다. 그러나 자유하게 하는 온전한 율법을 자세히 살피고 율법 안에 거하는 사람은 듣고 잊어버리는 사람이 아니라 실천하는 사람입니다. 이 사람은 자신이 행하는 일에 복을 받을 것입니다. 만일 누가 스스로 경건하다고 생각하며 자기 혀를 제어하지 않고 자기 마음을 속이면 이 경건은 아무 소용이 없습니다. 하나님 아버지 앞에서 정결하고 흠이 없는 경건은 환난 가운데 있는 고아와 과부를 돌보며 세상으로부터 자신을 지켜 물들지 않도록 하는 것입니다.

2 차별을 금하라

내 형제들이여, 영광의 우리 주 예수 그리스도를 믿는 믿음을 겉모습으로 판단하지 마십시오. 만일 여러분의 회당에 금반지를 끼고 화려한 옷을 입은 사람이 들어오고 또 누더기 옷을 걸친 가난한 사람이 들어올 때 화려한 옷을 입은 사람을 보고는 "여기 좋은 자리에 앉으시오"라고 말하고 가난한 사람에게는 "거기 섰든지 내 발판 아래 앉으시오"라고 말한다면 이는 여러분이 스스로 차별하며 악한 생각을 따라 판단하는 사람이 된 것 아닙니까? 내 사랑하는 형제들이여, 들으십시오. 하나님께서는 세상에서 가난한 사람들을 택해 믿음에 부요한 사람이 되게 하시고 하나님을 사랑하는 사람들에게 약속하신 그 나라의 상속자가 되게 하지 않으셨습니까? 그러나 여러분은 가난한 사람을 멸시했습니다. 부자들은 여러분을 학대하며 여러분을 법정으로 끌고 가지 않습니까? 그들은 여

러분이 받은 아름다운 이름을 모독하지 않습니까? 여러분이 성경대로 "네 이웃을 네 몸과 같이 사랑하라"는 최상의 법을 지킨다면 잘하는 것입니다. 그러나 만일 여러분이 겉모습으로 사람을 판단한다면 죄를 짓는 것이며 율법이 여러분을 범죄자로 판정할 것입니다. 누구든지 율법 전체를 지키다가 어느 하나를 범하면 율법 전체를 범하는 셈이 되기 때문입니다. "간음하지 말라"고 하신 이가 또한 "살인하지 말라"고 하셨기 때문에 비록 간음하지 않았더라도 살인했다면 율법을 어긴 사람이 되는 것입니다. 여러분은 자유의 율법으로 심판받을 사람인 것처럼 말하고 행동하십시오. 긍휼을 베풀지 않는 사람에게는 긍휼 없는 심판이 있을 것입니다. 긍휼은 심판을 이깁니다.

믿음과 행함

내 형제들이여, 만일 누가 믿음이 있다고 하면서 행함이 없으면 무슨 소용이 있겠습니까? 그런 믿음이 자신을 구원하겠습니까? 만일 형제나 자매가 헐벗고 매일 먹을 양식도 없는데 여러분 가운데 누가 그들에게 "잘 가라. 따뜻하게 지내고 배불리 먹으라"고 말하며 육신에 필요한 것을 주지 않는다면 무슨 소용이 있겠습니까? 이와 같이 믿음도 행함이 없으면 그 자체가 죽은 것입니다. 혹 어떤 사람이 이렇게 말할 것입니다. "당신은 믿음이 있고 나는 행함이 있습니다. 당신의 행함 없는 믿음을 내게 보여 주십시오. 그러면 나도 당신에게 나의 행함으로 믿음을 보여 드리겠습니다." 당신은 하나님이 한 분이신 사실을 믿습니까? 잘하십니다. 귀신들도 믿고 두려워 떱니다. 아, 허망한 사람이여! 당신은 행함이 없는 믿음이 헛되다는 것을 압니까? 우리 조상 아브라함이 자기 아들 이삭을 제단에 바칠 때 행함으로 의롭다고 인정받지 않았습니까? 당신이 알다시피 믿음이 그의 행함과 함께 일하고 행함으로 믿음이 온전하게 된 것입니다. 그래서 "아브라함이 하나님을 믿으니 이것이 그에게 의로 여겨졌다"라고 한 성경이 이뤄졌고 그는 하나님의 친구라고 불렸습니다. 여러분이 보다시피 사람이 행함으로 의롭다고 인정받는 것이지 믿음으로만은 아닙니다. 이와 같이 창녀 라합도 첩자들을 숨겨 주고 다른 길로 가게 했을 때 행함으로 의롭다고 인정받지 않았습니까? 마치 영혼 없는 몸이 죽은 것같이 행함이 없는 믿음도 죽은 것입니다.

3 혀를 제어하라

내 형제들이여, 더 큰 심판을 받을 줄 알고 너도나도 선생이 되려고 나서지 마십시오. 우리는 모두 실수가 많기 때문입니다. 만일 누가 말에 실수가 없다면 그는 자기의 온몸도 제어할 수 있는 완벽한 사람입니다. 우리는 말들을 길들이려고 그 입에 재갈을 물려서 말들을 다 끌고 갑니다. 보십시오. 그렇게 큰 배들이 거센 바람에 밀려가지만 항해사는 작은 키 하나로 방향을 잡아 갑니다. 이와 같이 혀도 작은 지체이지만 큰 것을 자랑합니다. 보십시오. 작은 불씨가 얼마나 많은 나무를 태웁니까? 혀는 불입니다. 혀는 우리 지체 안에 있는 불의의 세계이며 온몸을 더럽히며 인생의 바퀴를 불사르며

지옥 불에 의해 불살라집니다. 모든 종류의 짐승이나 새나 벌레나 바다 생물은 길들여질 수 있어 사람에게 길들여져 왔습니다. 그러나 혀는 아무도 길들일 수 없습니다. 혀는 지칠 줄 모르는 악이요, 죽이는 독이 가득한 것입니다. 우리는 혀로 주와 아버지를 찬양하기도 하고 또 그것으로 하나님의 형상을 따라 지음받은 사람을 저주하기도 합니다. 찬양과 저주가 한 입에서 나오니 내 형제들이여, 그래서는 안 됩니다. 샘이 어떻게 한 구멍에서 단물과 짠물을 낼 수 있습니까? 내 형제들이여, 무화과나무가 올리브 열매를 맺거나 포도나무가 무화과 열매를 맺을 수 있습니까? 이처럼 짠물 내는 샘이 단물을 낼 수 없습니다.

두 종류의 지혜

여러분 가운데 지혜롭고 분별력 있는 사람이 누구입니까? 선한 행실을 통해 지혜에서 나오는 온유함으로 자기의 행위를 보이십시오. 그러나 여러분의 마음에 지독한 시기심과 야심이 있다면 자랑하거나 진리를 대적해 거짓말하지 마십시오. 이 지혜는 하늘에서 오는 게 아니라 세상적이고 정욕적이며 마귀적입니다. 시기심과 야심이 있는 곳에 혼란과 온갖 악한 행위가 있습니다. 그러나 하늘에서 오는 지혜는 무엇보다도 성결하고 또한 화평하며 관용하고 양순하며 긍휼과 선한 열매가 가득하며 편견과 위선이 없습니다. 의의 열매는 화평하게 하는 사람들이 화평의 씨를 뿌려 거두는 것입니다.

4 하나님께 복종하라

여러분 가운데 싸움이 어디서 오며 다툼이 어디서 옵니까? 여러분의 지체 속에 있는 싸우는 정욕에서 오는 것 아닙니까? 여러분이 욕심을 내도 얻지 못하고 살인하고 시기해도 얻을 수 없습니다. 여러분이 다투고 싸우지만 구하지 않기 때문에 얻지 못하는 것입니다. 그런데 구해도 얻지 못하는 것은 여러분이 정욕에 쓰려고 잘못된 동기로 구하기 때문입니다. 간음하는 여자들이여, 세상과 친구가 되는 것이 하나님의 원수인 것을 알지 못합니까? 누구든지 세상과 친구가 되고자 하는 사람은 하나님의 원수가 되는 것입니다. 여러분은 여러분 안에 계신 성령께서 시기하기까지 사모하신다고 한 성경 말씀을 헛된 것으로 생각합니까? 하나님께서는 더 큰 은혜를 주십니다. 그러므로 말씀하십니다. "하나님께서는 교만한 사람을 물리치시고 겸손한 사람에게 은혜를 주신다." 그러므로 하나님께 복종하고 마귀를 대적하십시오. 그러면 마귀가 여러분을 피할 것입니다. 하나님을 가까이하십시오. 그러면 하나님께서 여러분에게 가까이 오실 것입니다. 죄인들이여, 손을 깨끗이 하십시오. 두 마음을 품은 사람들이여, 마음을 정결하게 하십시오. 슬퍼하고 탄식하며 통곡하십시오. 여러분의 웃음을 탄식으로, 기쁨을 슬픔으로 바꾸십시오. 주 앞에서 겸손하십시오. 그러면 여러분을 높여 주실 것입니다. 형제들이여, 서로 비방하지 마십시오. 형제를 비방하거나 자기 형제를 판단하는 사람은 율법을 비방하고 판단하는 것입니다. 당신이 율법을 판단한다면 당신은 율법을 행하는 사람이 아니라 심판하는 사람입니다. 율법을 주신 이와 심판하시는 이는 오직 한 분

이십니다. 그분은 능히 구원하기도 하시고 멸망시키기도 하시는 분입니다. 그런데 이웃을 판단하는 당신은 누구입니까?

내일에 대한 자랑

자, 이제 오늘이나 내일 어느 도시에 가서 1년 동안 지내며 돈을 벌겠다고 말하는 사람들이여, 여러분은 내일 무슨 일이 일어날지 모르며 여러분의 생명이 무엇인지 알지 못합니다. 여러분은 잠깐 있다 없어지는 안개입니다. 그러니 여러분은 "주의 뜻이면 우리가 살기도 하고 이런저런 일을 할 것이다"라고 말하십시오. 그런데 여러분은 교만한 마음으로 자랑합니다. 이러한 자랑은 모두 악한 것입니다. 그러므로 누구든지 선을 행할 줄 알면서도 행하지 않으면 이것은 죄를 짓는 일입니다.

5 **부유한 압제자들에 대한 경고**

부자들이여, 여러분에게 닥칠 고난으로 인해 슬퍼하며 통곡하십시오. 여러분의 재물은 썩었고 여러분의 옷은 좀먹었습니다. 여러분의 금과 은은 녹슬어 여러분에게 증거가 될 것이며 불처럼 여러분의 살을 삼켜 버릴 것입니다. 여러분은 마지막 날에도 재물을 쌓았습니다. 보십시오. 여러분이 밭을 가는 일꾼들에게 지불하지 않은 품삯이 소리를 지르며 추수하는 사람들의 울부짖는 소리가 만군의 주의 귀에 들렸습니다. 여러분은 땅에서 사치하며 잘살았습니다. 여러분은 도살의 날에 여러분의 마음을 살찌웠습니다. 여러분은 의로운 사람을 정죄하고 죽였습니다. 그러나 그는 여러분에게 대항하지 않았습니다.

고난 중의 인내

그러므로 형제들이여, 주께서 오실 때까지 오래 참고 기다리십시오. 보십시오. 농부는 땅의 열매를 참고 기다리며 이를 위해 이른 비와 늦은 비가 내리기까지 기다립니다. 여러분도 오래 참고 여러분의 마음을 굳건히 하십시오. 주의 강림이 가까이 왔기 때문입니다. 형제들이여, 심판을 받지 않으려면 서로 불평하지 마십시오. 보십시오. 심판자가 문 앞에 서 계십니다. 형제들이여, 주의 이름으로 말씀을 전한 예언자들을 고난과 인내의 본으로 삼으십시오. 보십시오. 우리가 인내하는 사람을 복되다고 말합니다. 여러분이 욥의 인내를 들었고 주께서 주신 결과를 보았습니다. 주는 자비와 긍휼이 많은 분이십니다. 내 형제들이여, 무엇보다도 맹세하지 마십시오. 하늘이나 땅이나 다른 어느 것을 두고도 맹세하지 마십시오. 여러분이 "그렇다" 할 것은 "그렇다" 하고 "아니다" 할 것은 "아니다" 해서 심판을 받지 않도록 하십시오.

믿음의 기도

여러분 가운데 고난당하는 사람이 있으면 기도하십시오. 즐거운 사람이 있으면 찬송하십시오. 여러분 가운데 병든 사람이 있으면 교회의 장로들을 초청해 주의 이름으로 기름을 붓고 그를 위해 기도하게 하십시오. 믿음의 기도는 병든 사람을 낫게 할 것이며 주께서 그를 일으키실 것입니다. 비록 그가 죄를 지었을지라도 용서받을 것입니다. 그러므로 서로 죄를 고백하고 병 낫기를 위해 서로 기도하십시오. 의인의 기도는 역사하는 힘이 큽니다. 엘리야는 우리와 본성이 똑같은 사람이었습니다. 그러나 그가 비가 오지 않기를 간절히 기도했더니 3년 반 동안 땅에 비가 내리지 않았습니다. 그리고 다시 기도했더니 하늘에서 비가 내리고 땅이 열매를 냈습니다. 내 형제들이여, 여러분 가운데 유혹을 받아 진리에서 떠난 사람을 누가 돌아서게 하면 여러분은 아십시오. 죄인을 유혹의 길에서 돌아서게 한 사람은 그의 영혼을 죽음에서 구하고 많은 죄를 덮을 것입니다.

베드로전서
1 Peter

1 예수 그리스도의 사도 베드로는 본도와 갈라디아와 갑바도기
아와 아시아와 비두니아 지역에 흩어져 사는 나그네, 곧 하나
님 아버지의 미리 아심을 따라 성령의 거룩하게 하심으로 예수
그리스도께 대한 순종과 그분의 피 뿌림을 얻기 위해 택하심을 받
은 사람들에게 편지를 씁니다. 은혜와 평강이 여러분에게 더욱 풍
성하기를 빕니다.

산 소망을 주신 하나님을 찬양하라
우리 주 예수 그리스도의 아버지 하나님을 찬양합니다. 하나님께
서는 그분의 풍성하신 긍휼을 따라 우리를 거듭나게 하시고 예수
그리스도를 죽은 사람들로부터 살리시어 산 소망을 얻게 하심으로
여러분을 위해 하늘에 쌓아 둔 썩지 않고 더러워지지 않고 쇠하지
않는 유업을 얻게 하셨습니다. 여러분은 마지막 때 나타내려고 예
비하신 구원을 얻기 위해 믿음으로 인해 하나님의 능력으로 보호
하심을 받고 있습니다. 그러므로 여러분은 이제 온갖 시험을 당해
잠시 근심하게 됐으나 오히려 크게 기뻐합니다. 그것은 여러분이
당하는 믿음의 시련이 불로 단련해도 없어질 금보다 더 귀해 예수

그리스도께서 나타나실 때 칭찬과 영광과 존귀를 얻게 하려는 것입니다. 여러분은 그리스도를 보지 못했으나 사랑합니다. 지금도 여러분은 그분을 보지 못하지만 믿고, 말할 수 없는 영광스러운 기쁨으로 즐거워합니다. 이는 여러분이 믿음의 결과로 영혼의 구원을 받기 때문입니다. 이 구원에 관해서는 여러분이 받을 은혜에 대해 예언한 예언자들이 열심히 찾고 연구했습니다. 그들은 자기 안에 계신 그리스도의 영이 그리스도께서 당하실 고난과 그 뒤에 받으실 영광에 대해 미리 증언하실 때 그리스도의 영이 무엇을 가리키며 어느 때를 지시하는지 알아보려고 살폈습니다. 예언자들이 섬긴 이 일은 자기들을 위한 것이 아니라 여러분을 위한 것임이 그들에게 계시됐습니다. 이제 이 일은 하늘에서 보내신 성령 안에서 복음을 전하는 사람들로 인해 여러분에게 전파된 것이며 천사들도 살펴보기를 간절히 바라는 것입니다.

거룩하라

그러므로 여러분은 마음의 허리를 동이고 정신을 차려 예수 그리스도께서 나타나실 때 여러분에게 주실 은혜를 끝까지 바라보십시오. 여러분은 순종하는 자녀로서 전에 무지한 가운데 따라 살던 욕망을 본받지 말고 여러분을 부르신 분이 거룩하신 것처럼 여러분도 모든 행실에 거룩한 사람들이 되십시오. 기록되기를 "내가 거룩하니 너희도 거룩하라"라고 하셨습니다. 또한 여러분이 사람을 외모로 취하지 않고 각자의 행위대로 판단하시는 분을 아버지라고 부르고 있으니 나그네로 사는 때를 두려움으로 지내십시오. 여러분이 알다시피 조상들로부터 물려받은 헛된 생활 방식에서 여러분이 해방된 것은 은이나 금같이 썩어질 것으로 된 것이 아니요, 오직 흠도 없고 점도 없는 어린양 같은 그리스도의 보배로운 피로 된 것입니다. 그리스도는 창세전부터 미리 알려지셨고 여러분을 위해 마지막 때에 나타나셨습니다. 여러분은 그리스도로 인해 하나님을 믿는 사람들입니다. 하나님은 그리스도를 죽은 사람들 가운데서 살리시고 그분에게 영광을 주셨습니다. 그러므로 여러분의 믿음과 소망은 하나님께 있습니다. 여러분은 진리에 순종함으로 여러분의 영혼을 깨끗하게 해 거짓 없이 형제를 사랑하기에 이르렀으니 청결한 마음으로 서로 깊이 사랑하십시오. 여러분이 거듭난 것은 썩어질 씨로 된 것이 아니라 썩지 않을 씨로 된 것이니, 곧 하나님의 살아 있고 항상 있는 말씀으로 된 것입니다. 그러므로 "모든 육체는 풀과 같고 그의 모든 영광은 풀의 꽃과 같도다. 풀은 시들고 꽃은 떨어지나 주의 말씀은 영원토록 있도다"라고 했습니다. 이것이 바로 여러분에게 전파된 말씀입니다.

2 그러므로 여러분은 모든 악의와 모든 거짓과 위선과 시기와 모든 비방의 말을 버리십시오. 갓난아기들같이 신령하고 순전한 젖을 사모하십시오. 이는 여러분이 구원에 이르도록 자라게 하려는 것입니다. 여러분이 주의 인자하심을 맛보았으면 그렇게 하십시오.

산 돌과 택하신 백성

사람에게는 버림을 당하셨으나 하나님께는 택하심을 받은 보배로운 산 돌이신 예수께 나아가 여러분 자신도 산 돌들처럼 신령한 집으로 세워지십시오. 그래서 예수 그리스도로 인해 하나님께서 기쁘게 받으실 만한 제사를 드리는 거룩한 제사장이 되십시오. 성경에 기록되기를 "보라. 내가 택한 보배롭고 요긴한 모퉁잇돌을 시온에 둔다. 그를 믿는 사람은 결코 수치를 당하지 않을 것이다"라고 했습니다. 그러므로 믿는 여러분에게는 보배이지만 믿지 않는 사람들에게는 "건축자들의 버린 돌이 모퉁이의 머릿돌이 됐다"라고 했고 또한 "거치는 돌과 넘어지게 하는 바위가 됐다"라고 했습니다. 그들이 말씀에 순종하지 않으므로 넘어지니 이는 그들이 그렇게 되도록 정하셨기 때문입니다. 그러나 여러분은 택하신 족속이요, 왕 같은 제사장들이요, 거룩한 나라요, 그분의 소유된 백성이니 이는 여러분을 어둠에서 불러내어 그분의 놀라운 빛으로 들어가게 하신 분의 덕을 선포하게 하기 위한 것입니다. 여러분이 전에는 백성이 아니었으나 이제는 하나님의 백성이며 전에는 자비를 얻지 못했으나 이제는 자비를 얻은 사람들입니다.

이방 사람 중에서 경건한 삶

사랑하는 사람들이여, 나는 외국 사람과 나그네 같은 여러분에게 영혼을 대적해 싸우는 육체의 정욕을 멀리할 것을 권면합니다. 여러분은 이방 사람 가운데 선한 행실을 나타내십시오. 그러면 그들이 여러분을 악을 행하는 사람들이라고 비방하다가 여러분의 선한 일들을 보고 하나님께서 돌아보시는 날에 하나님께 영광을 돌리게 될 것입니다. 주를 위해 사람의 모든 제도에 순복하십시오. 권세를 가진 왕에게, 또한 악을 행하는 사람들을 징벌하고 선을 행하는 사람들을 칭찬하기 위해 왕이 보낸 총독들에게 순복하십시오. 선을 행해 어리석은 사람들의 무식한 말을 잠잠하게 하는 것이 하나님의 뜻이기 때문입니다. 여러분은 자유인으로 사십시오. 그러나 그 자유를 악행의 구실로 사용하지 말고 하나님의 종으로 사십시오. 모든 사람을 존경하고 형제들을 사랑하며 하나님을 두려워하고 왕을 공경하십시오. 종들이여, 여러분은 모든 일에 두려워함으로 주인에게 복종하십시오. 선하고 너그러운 사람들뿐 아니라 까다로운 사람들에게도 그렇게 하십시오. 어떤 사람이 억울하게 고난을 당하고 하나님을 생각하며 슬픔을 참으면 이것은 은혜입니다. 여러분이 죄를 지어 매를 맞고 참으면 무슨 칭찬이 있겠습니까? 그러나 여러분이 선을 행하다 고난을 받고 참으면 이것은 하나님 앞에서 은혜입니다. 여러분은 이것을 위해 부르심을 받았습니다. 그리스도께서도 여러분을 위해 고난을 당하시고 여러분에게 본을 남겨 주심으로 그분의 발자취를 따르게 하셨습니다. 그분은 죄를 지으신 일도 없고 그 입에는 거짓이 없었으며 그분은 모욕을 당하셨으나 모욕으로 갚지 않으셨고 고난을 당하셨으나 위협하지 않으셨고 공의로 심판하시는 분에게 자신을 맡기셨습니다. 그분이 친히 나무에 달려 자기 몸으로 우리의 죄를 짊어지셨으니 이는 우리가 죄에 대해 죽고 의에 대해 살게 하려는 것입니다. 그분이 채찍에 맞음으로 여러분이 나음을 얻었습니다. 여러분이 전에는 길 잃은 양과 같았으나 이제는

여러분 영혼의 목자 되시며 감독자 되신 분에게로 돌아왔습니다.

3 아내들이여, 이와 같이 자기 남편에게 복종하십시오. 이는 말씀에 순종하지 않는 남편일지라도 말이 아닌 아내의 행실로 인해 구원을 얻게 하려는 것입니다. 그들이 두려움으로 행하는 여러분의 깨끗한 행실을 보고 그렇게 될 것입니다. 여러분은 머리를 땋아 내리거나 금장식을 달거나 옷을 화려하게 차려입음으로 외모를 단장하지 말고 오히려 마음에 숨은 사람을 온유하고 고요한 심령의 썩지 않을 것으로 단장하십시오. 이것은 하나님 앞에서 아주 귀한 일입니다. 전에 하나님께 소망을 두었던 거룩한 여인들도 이처럼 자기 남편에게 복종함으로 스스로 단장했습니다. 이는 사라가 아브라함을 주라 부르며 그에게 순종한 것과 같습니다. 여러분은 선을 행하고 아무리 무서운 일에도 두려워하지 않는 사라의 딸들이 됐습니다. 남편들이여, 이와 같이 아내는 더 연약한 그릇인 것을 알고 그녀와 함께 살아야 합니다. 또한 생명의 은혜를 함께 상속할 사람으로 알아 귀하게 여기십시오. 이는 여러분의 기도가 막히지 않게 하려는 것입니다.

선을 행함으로 받는 고난

마지막으로, 여러분은 모두 한마음을 품고 서로 동정하며 형제를 사랑하며 불쌍히 여기며 겸손하십시오. 악을 악으로 갚거나 욕을 욕으로 갚지 말고 도리어 축복하십시오. 이는 여러분이 복을 유업으로 받기 위해 부르심을 받았기 때문입니다. 그러므로 말씀하시기를 "누구든지 생명을 사랑하고 좋은 날 보기를 원하는 사람은 혀를 금해 악한 말을 하지 못하게 하고 입술로 거짓을 말하지 못하게 하며 악에서 돌이켜 선을 행하고 화평을 따르고 화평을 이루라. 이는 주의 눈이 의인들을 향하시고 주의 귀는 그들의 기도에 기울이시나 주의 얼굴은 악을 행하는 사람들을 대적하시기 때문이다"라고 했습니다. 여러분이 열심히 선을 행하는 사람이 되면 누가 여러분을 해치겠습니까? 그러나 여러분이 의를 위해 고난을 당하면 여러분은 복 있는 사람들입니다. 그들의 위협에 두려워하지 말고 불안해하지 마십시오. 오직 여러분의 마음에 그리스도를 주로 삼아 거룩하게 하고 여러분이 가진 소망에 관한 이유를 묻는 모든 사람에게 대답할 것을 항상 준비하되 온유와 두려움으로 하고 선한 양심을 가지십시오. 이는 여러분이 비방을 받을 때 그리스도 안에서 행한 여러분의 선한 행실을 비방하는 사람들로 하여금 수치를 당하게 하려는 것입니다. 하나님의 뜻이면 선을 행하다 고난을 당하는 것이 악을 행하다 고난을 당하는 것보다 낫습니다. 이는 여러분을 하나님께로 인도하기 위해 그리스도께서도 한 번 죄를 위해 고난을 당하시고 의인으로서 불의한 사람을 대신하셨기 때문입니다. 그는 육체로는 죽임을 당하셨으나 영으로는 살리심을 받으셨습니다. 또한 주께서는 영으로 옥에 갇혀 있는 영들에게 가서 선포하셨습니다. 그들은 전에 노아가 방주를 예비하는 동안 하나님께서 오래 참고 기다리실 때 끝내 불순종했던 사람들입니다. 물로 심판하실 때 구원받은 사람이 적으니 단 8명뿐이었습니다. 이제 물은 여러분을 구원하는 표인 세례를 의미합니다. 세례는 육체의 더러움을 없애는 것이 아니라 예수 그리스도의 부활로 인해 선한 양심이 하나님을 향해 응답하는 것입니다. 그리스도께서는 하늘로 올라가 하나님의 오른편에 계시니 천사들과 권세들과 능력들이 그분께 복종합니다.

4 **하나님을 위한 삶**

그리스도께서 육체의 고난을 받으셨으니 여러분도 같은 마음으로 무장하십시오. 이는 육체의 고난을 받으신 분이 죄를 끊으셨기 때문입니다. 그분은 우리가 더 이상 인간의 욕심을 따라 살지 않고 하나님의 뜻을 따라 육체의 남은 때를 살기 원하십니다. 과거에 여러분이 이방 사람의 뜻을 따라 음란과 정욕과 술 취함과 방탕과 향락과 가증한 우상 숭배에 빠졌던 것은 그것으로 충분합니다. 이방 사람들은 여러분이 그 같은 극한 방탕에 휩쓸리지 않는 것을 이상하게 여기고 비방하지만 그들은 산 사람과 죽은 사람을 심판하기 위해 예비하시는 분에게 바른대로 고하게 될 것입니다. 이 때문에 죽은 사람들에게도 복음이 전파됐는데 이것은 그들이 육체로는 사람들을 따라 심판을 받지만 영으로는 하나님을 따라 살게 하려는 것입니다. 만물의 마지막이 가까이 왔습니다. 그러므로 여러분은 정신을 차리고 깨어 기도하십시오. 무엇보다도 서로 깊이 사랑하십시오. 사랑은 허다한 죄를 덮습니다. 서로 대접하기를 불평 없이 하십시오. 각자 은사를 받은 대로 하나님의 각양 은혜를 맡은 선한 청지기같이 서로 섬기십시오. 누구든지 말을 하려면 하나님께서 말씀하시는 것같이 하고 누구든지 섬기려면 하나님께서 공급하시는 힘으로 하는 것같이 하십시오. 이는 모든 일에 하나님께서 예수 그리스도로 인해 영광을 받으시게 하려는 것입니다. 영광과 능력이 세세 무궁토록 그분께 있기를 빕니다. 아멘.

그리스도의 사람으로 받는 고난

사랑하는 사람들이여, 여러분을 시험하려고 오는 불 같은 시험이 있더라도 무슨 이상한 일이 여러분에게 일어난 것처럼 여기지 말고 오히려 여러분이 그리스도의 고난에 참여하게 된 것을 기뻐하십시오. 이는 그분의 영광이 나타날 때 여러분이 크게 기뻐하고 즐거워하게 하려는 것입니다. 여러분이 그리스도의 이름으로 인해 모욕을 당하면 여러분은 복 있는 사람들입니다. 이는 영광의 영, 곧 하나님의 영이 여러분 위에 계시기 때문입니다. 여러분 가운데 누구라도 살인하는 사람이나 도둑질하는 사람이나 범죄하는 사람이나 다른 사람의 일에 참견하는 사람으로 인해 고난을 받지 않도록 하십시오. 그러나 여러분이 그리스도의 사람으로 고난을 받는다면 부끄러워하지 말고 도리어 그 이름으로 하나님께 영광을 돌리십시오. 이는 하나님의 집에서 심판을 시작할 때가 됐기 때문입니다. 만일 심판이 우리에게서 시작된다면 하나님의 복음에 순종하지 않는 사람들의 결국이 어떠하겠습니까? 또 의인이 겨우 구원을 받는다면 경건하지 못한 사람과 죄인은 어떻게 되겠습니까? 그러므로 하나님의 뜻을 따라 고난을 받는 사람들은 계속 선한 일을 행하는 가운데 자기의 영혼을 신실하신 창조주께 맡기십시오.

5 **장로들과 무리들에게**
함께 장로가 된 사람이요, 그리스도의 고난의 증인이며 또한 나타날 영광에 동참할 사람인 나는 여러분 가운데 장로로 있는 사람들에게 권면합니다. 여러분 가운데 있는 하나님의 양 떼를 치되 억지로 하지 말고 하나님의 뜻을 따라 자진해서 하십시오. 더러운 이익을 위해 하지 말고 즐거운 마음으로 하며 맡겨진 사람들에게 군림하는 자세로 하지 말고 오직 양 떼의 모범이 되십시오. 그렇게 하면 목자장이 나타나실 때 여러분은 시들지 않는 영광의 면류관을 받게 될 것입니다. 청년들이여, 이와 같이 장로들에게 순복하십시오. 여러분 모두 서로를 향해 겸손으로 옷 입으십시오. "하나님께서 교만한 사람들을 대적하시고 겸손한 사람들에게는 은혜를 주신다"라고 했습니다. 그러므로 하나님의 능력의 손 아래서 겸손하십시오. 때가 되면 하나님께서 여러분을 높이실 것입니다. 여러분의 모든 근심을 주께 맡기십시오. 주께서 여러분을 돌보십니다. 정신을 차리고 깨어 있으십시오. 여러분의 원수 마귀는 우는 사자처럼 두루 다니며 삼킬 사람을 찾습니다. 믿음 안에 굳게 서서 마귀를 대적하십시오. 여러분이 알다시피 여러분의 형제들도 세상에서 같은 고난을 겪고 있습니다. 그러면 모든 은혜의 하나님, 곧 그리스도 예수 안에서 여러분을 그분의 영원한 영광 가운데로 부르신 분이 잠시 고난받는 여러분을 친히 온전하게 하시고 굳건히 세우시고 강하게 하시고 견고하게 하실 것입니다. 권세가 영원무궁토록 하나님께 있기를 빕니다. 아멘.

마지막 문안 인사

내가 신실한 형제로 여기는 실루아노의 도움을 받아 여러분에게 간단히 썼습니다. 이는 여러분을 격려하고 이것이 하나님의 참된 은혜임을 증언해 여러분으로 하여금 그 은혜 안에 견고히 서게 하려는 것입니다. 함께 택하심을 받은 바벨론에 있는 교회와 내 아들 마가가 여러분에게 안부를 전합니다. 여러분은 사랑의 입맞춤으로 서로 인사하십시오. 그리스도 안에 있는 여러분 모두에게 평강이 있기를 빕니다.

베드로후서

2 Peter

1 예수 그리스도의 종이며 사도인 시몬 베드로는 우리 하나님과 구주 예수 그리스도의 의로 인해 우리와 똑같이 보배로운 믿음을 받은 여러분에게 하나님과 우리 주 예수를 아는 지식으로 인해 은혜와 평강이 더욱 풍성하기를 빕니다.

부르심과 택하심을 굳게 하라

그리스도께서 하나님의 신성한 능력을 따라 생명과 경건에 속한 모든 것을 우리에게 주셨습니다. 이는 하나님의 영광과 덕으로 우리를 부르신 그분을 아는 지식으로 말미암은 것입니다. 그분은 우리에게 보배롭고 지극히 큰 약속들을 주셨는데 이는 이것들을 통해 여러분이 세상의 정욕 가운데 썩어져 가는 것을 피하고 신의 성품에 참여하는 사람들이 되게 하려는 것입니다. 그러므로 여러분은 더욱 힘써 믿음에 덕을, 덕에 지식을, 지식에 절제를, 절제에 인내를, 인내에 경건을, 경건에 형제 우애를, 형제 우애에 사랑을 공급하십시오. 이런 것들이 여러분에게 있고 또 풍성하면 여러분은 우리 주 예수 그리스도를 알기에 게으르거나 열매 없는 사람들이 되지 않을 것입니다. 그러나 이런 것들이 없는 사람은 앞을 볼 수 없는 눈먼 사람이며 자기 과거의 죄가 깨끗하게 된 사실을 잊어버린 사람입니다.

그러므로 형제들이여, 더욱 힘써 여러분의 부르심과 택하심을 굳건히 하십시오. 여러분이 이것들을 행하면 결코 넘어지지 않을 것입니다. 이렇게 하면 우리 주이시며 구주이신 예수 그리스도의 영원한 나라에 여러분이 넉넉히 들어가게 하실 것입니다.

성경의 예언

그러므로 여러분이 이것들을 알고 또 여러분이 이미 받은 진리 안에 굳게 서 있다 해도 나는 여러분들로 하여금 항상 이것들을 기억하게 하려 합니다. 내가 이 육신의 장막에 사는 동안에는 여러분을 일깨워 기억하게 하는 것이 옳다고 생각합니다. 이는 우리 주 예수 그리스도께서 내게 보여 주신 대로 내가 곧 내 장막을 떠날 것을 알기 때문입니다. 나는 내가 떠난 뒤에도 여러분이 항상 이것들을 기억하게 하려고 힘쓰고 있습니다. 우리가 우리 주 예수 그리스도의 능력과 그분이 오실 것에 대해 여러분에게 알게 한 것은 교묘히 꾸며 낸 신화를 따른 것이 아닙니다. 우리는 그분의 크신 위엄을 직접 본 사람들입니다. 그리스도는 지극히 큰 영광 가운데 “이는 내 사랑하는 아들이니 내가 그를 기뻐한다”라는 음성이 자기에게 들릴 때 하나님 아버지로부터 존귀와 영광을 받으셨습니다. 우리는 그 거룩한 산에서 그분과 함께 있을 때 하늘로부터 들려오는 이 음성을 들었습니다. 또 우리에게는 더 확실한 예언의 말씀이 있으니 여러분은 동이 터서 여러분의 마음속에 샛별이 떠오를 때까지 어두운 곳을 비추는 등불처럼 이 말씀에 주목하는 것이 좋겠습니다. 여러분은 무엇보다도 이것을 알아야 합니다. 곧 성경의 모든 예언을 자기 마음대로 해석해서는 안 된다는 것입니다. 예언은 언제나 사람의 뜻을 따라 나온 것이 아니라 성령의 감동하심을 받은 사람들이 하나님께 받은 말씀을 전한 것이기 때문입니다.

2 거짓 선생들과 멸망

그러나 백성 가운데 거짓 예언자들이 일어난 것같이 여러분 가운데서도 거짓 선생들이 나타날 것입니다. 그들은 파멸로 인도할 이단을 슬그머니 끌어들이고 자기들을 값 주고 사신 주를 부인함으로 임박한 멸망을 자초합니다. 많은 사람이 그들의 방탕한 길을 따를 것입니다. 그래서 그들 때문에 진리의 도가 모독을 당하게 될 것입니다. 또한 그들은 탐욕으로 인해 꾸며 낸 말로써 여러분을 이용하려 할 것입니다. 그들이 받을 심판은 옛적부터 지체된 적이 없으며 그들의 멸망은 잠자고 있지 않습니다. 하나님께서는 범죄한 천사들을 용서하지 않으시고 지옥에 던져 심판 때까지 어두운 구덩이에 가두어 놓으셨습니다. 하나님께서는 옛 세상을 용서하지 않으시고 경건치 않은 사람들의 세상을 홍수로 덮으셨습니다. 그때 오직 의의 선포자인 노아의 여덟 식구만 지켜 주셨습니다. 또한 그분은 소돔과 고모라 성을 심판하시고 멸망시켜 잿더미가 되게 하심으로 경건하지 못한 사람들에게 닥칠 일의 본보기로 삼으셨습니다. 그러나 무법한 사람들의 음란한 행실로 인해 고통받는 의인 롯은 구해 내셨습니다. (이 의인은 그들과 함께 살면서 날마다 무법한 사람들의 행실을 보고 들음으로 그의 의로운 영혼에 상처를 입었습니다.)

주께서는 경건한 사람들을 시험에서 구해 내시고 불의한 사람들을 심판 날까지 형벌 아래 가두실 것을 아시는 분이십니다. 특히 더러운 정욕에 빠져 육체를 따라 행하는 사람들과 주의 권세를 무시하는 사람들을 그렇게 하실 것입니다. 그들은 당돌하고 거만해 영광스러운 존재들을 주저함 없이 모독합니다. 더 큰 힘과 능력을 가진 천사들이라도 주 앞에서 그들을 대적해서 모독하는 고발을 하지 않습니다. 그러나 이들은 본래 잡혀 죽기 위해 태어난 이성 없는 짐승 같아서 알지도 못하는 일들을 모독합니다. 그러다가 그들은 결국 멸망을 당하고 말 것입니다. 그들은 자기들이 저지른 불의의 대가로 해를 당할 것입니다. 그들은 대낮에 흥청거리는 것을 기쁨으로 여깁니다. 그들이 여러분과 함께 잔치를 벌일 때도 속이기를 꾀하고 그것을 즐거워하니 그들은 점이요, 흠입니다. 그들은 음욕이 가득한 눈을 가지고 범죄하기를 쉬지 않습니다. 그들은 연약한 영혼들을 유혹하며 탐욕에 연단된 마음을 소유한 저주받은 자식들입니다. 그들은 유혹을 받아 바른길을 떠나서 브올의 아들 발람의 길을 따라가는 사람들입니다. 발람은 불의의 대가를 사랑하다가 자신의 범죄로 인해 꾸지람을 들었습니다. 말 못하는 당나귀가 사람의 음성으로 말해 이 예언자의 미친 행동을 저지했습니다. 이들은 물 없는 샘이요, 폭풍에 밀려가는 안개입니다. 그들에게는 칠흑 같은 어둠만이 예비돼 있습니다. 이들은 헛된 자랑의 말을 해 미혹 가운데 행하는 사람들에게서 겨우 빠져나온 사람들을 육체의 정욕, 곧 음란으로 유혹합니다. 이들은 그들에게 자유를 준다고 약속하지만 정작 자기들은 멸망의 종들입니다. 누구든지 패배한 사람은 승리한 사람의 종입니다. 만약 그들이 우리 주이시며 구주이신 예수 그리스도를 앎으로 세상의 더러움에서 벗어났다가 다시 이것들에 얽매이고 지면 그들의 결국은 처음보다 훨씬 악화될 것입니다. 그들이 의의 길을 알고도 자기들이 받은 거룩한 명령을 저버린다면 차라리 이보다 알지 못하는 편이 그들에게 더 나을 것입니다. "개는 자기가 토한 것을 도로 먹는다" 그리고 "돼지는 씻었다가 도로 진창에서 뒹군다"는 속담이 그들에게 그대로 들어맞았습니다.

3 **주의 날**

사랑하는 사람들이여, 이것은 이제 내가 여러분에게 두 번째 쓰는 편지입니다. 나는 이 두 편지로 여러분의 진실한 마음을 일깨워 생각나게 함으로 거룩한 예언자들이 미리 예언한 말씀들과 주 되신 구주께서 여러분의 사도들을 통해 주신 계명을 기억하게 하려고 합니다. 무엇보다도 여러분은 이것을 알아야 합니다. 마지막 때 조롱하는 사람들이 나타나 자기 정욕을 따라 행하고 조롱하며 말하기를 "그가 재림하신다는 약속이 어디 있느냐? 조상들이 잠든 이래로 만물이 처음 창조될 때와 똑같이 이렇게 그대로 있다"라고 할 것입니다. 그들은 하늘이 하나님의 말씀으로 인해 옛적부터 있었고 땅이 물에서 나와 물로써 형성된 것과 그때 물이 넘침으로 세상이 멸망한 것을 일부러 잊으려 합니다. 그러나 현재의 하늘과 땅은 동일한 말씀에 의해 간수돼 경건하지 않은 사람들의 심판과 멸망의 날까지 보존될 것입니다. 그러나 사랑하는 사람들이여, 이 한 가지를 잊지 마십시오. 주께는 하루가 천년 같고 천년이 하루 같습니다. 약속하신 주께서는 어떤 사람들이 더디다고 생각하는 것처럼 더딘 분이 아닙니다. 오히려 여러분을 위해 아무도 멸망하지 않고 모두 회개에 이르기를 바라십니다. 그러나 주의 날이 도둑같이 올 것입니다. 그때 하늘은 큰 소리를 내며 떠나가고 그 구성 물질들은 불에 타 해체되며 땅과 그 안에 있는 모든 것이 드러날 것입니다. 이 모든 것이 이렇게 해체될 것이니 여러분은 어떤 사람이 돼야 하겠습니까? 여러분은 거룩한 행실과 경건함으로 하나님의 날이 임하기를 바라며 간절히 사모하십시오. 그날에 하늘이 불에 타 해체되고 그 구성 물질들이 불에 녹아 버릴 것입니다. 그러나 우리는 그의 약속대로 의가 지배하는 새 하늘과 새 땅을 바라봅니다. 그러므로 사랑하는 사람들이여, 여러분은 이 일들을 고대하고 있으니 점도 없고 흠도 없이 주 앞에서 평강 가운데 드러나기를 힘쓰십시오. 또한 우리 주의 오래 참으심이 구원이 될 줄로 여기십시오. 사랑하는 우리 형제 바울도 그가 받은 지혜를 따라 이와 같이 여러분에게 썼습니다. 그는 그의 모든 편지에서 이것들에 관해 언급했는데 그 가운데는 더러 이해하기 어려운 것들이 있습니다. 무식하고 굳세지 못한 사람들이 다른 성경들처럼 이것들을 억지로 풀다가 스스로 멸망에 이르고 있습니다. 그러므로 사랑하는 사람들이여, 여러분은 이미 이 사실을 알았으니 불의한 사람들의 속임수에 이끌려 여러분의 견고함을 잃지 않도록 주의하십시오. 도리어 우리 주이시며 구주이신 예수 그리스도의 은혜와 그를 아는 지식 안에서 성장해 가십시오. 영광이 이제와 영원토록 그분께 있기를 빕니다. (아멘.)

요한일서
1 John

1 성육신하신 생명의 말씀

이 글은 생명의 말씀에 관한 것입니다. 생명의 말씀은 태초부터
있었고 우리가 들었고 우리 눈으로 보았으며 우리가 주목했고 손으
로 만져 본 것입니다. 그 생명이 나타나셨습니다. 우리는 아버지와
함께 계시다가 우리 앞에 나타나신 그 영원한 생명을 보았습니다.
그래서 우리는 여러분에게 영원한 생명을 증언하고 전파합니다. 우
리가 보고 들은 것을 여러분에게도 전파합니다. 이는 여러분과 우
리가 서로 사귐이 있게 하려는 것입니다. 우리의 사귐은 아버지와
그의 아들 예수 그리스도와 함께하는 사귐입니다. 우리가 이 글을
쓰는 것은 우리 서로의 기쁨이 가득 차고 넘치게 하려는 것입니다.

빛과 어둠, 죄와 용서

우리가 그리스도에게서 듣고 여러분에게 전하는 소식은 이것입니
다. 곧 하나님은 빛이시니 하나님 안에는 어둠이 전혀 없습니다. 만
일 우리가 하나님과 사귐이 있다고 하면서 여전히 어둠 가운데 행
한다면 우리는 거짓말하는 것이며 진리를 따라 사는 것이 아닙니
다. 그러나 하나님께서 빛 가운데 계신 것처럼 우리가 빛 가운데 행

하면 우리에게는 서로 사귐이 있고 하나님의 아들 예수의 피가 우리를 모든 죄에서 깨끗하게 해 주십니다. 만일 우리가 죄가 없다고 말한다면 우리는 자신을 속이는 것이며 진리가 우리 안에 없습니다. 만일 우리가 우리의 죄를 자백하면 하나님은 신실하고 의로우신 분이시므로 우리 죄를 용서하시고 모든 불의에서 우리를 깨끗하게 해 주실 것입니다. 만일 우리가 죄를 짓지 않았다고 말한다면 우리는 하나님을 거짓말쟁이로 만드는 것이며 하나님의 말씀이 우리 안에 있지 않습니다.

2 내 자녀들이여, 내가 이 편지를 여러분에게 쓰는 것은 여러분이 죄를 짓지 않도록 하려는 것입니다. 그러나 만일 누가 죄를 짓더라도 아버지 앞에서 변호해 주시는 분이 계시는데 그분은 곧 의로우신 예수 그리스도이십니다. 그분은 우리 죄를 대속하는 화목제물이십니다. 그리고 우리 죄뿐 아니라 온 세상의 죄를 위한 제물이십니다.

형제를 사랑함과 미워함

우리가 하나님의 계명을 지키면 이것으로 우리가 하나님을 정말로 알고 있다는 것을 확인하게 됩니다. 하나님을 안다고 말하면서 하나님의 계명을 지키지 않는 사람은 거짓말쟁이며 진리가 그 사람 안에 있지 않습니다. 그러나 누구든지 하나님의 말씀을 지키면 하나님의 사랑이 참으로 그 사람 안에서 완전히 이뤄집니다. 이로써 우리가 하나님 안에 있음을 알게 됩니다. 누구든지 하나님 안에서 살아간다면 그리스도께서 행하신 것과 같이 자신도 그렇게 행해야 합니다. 사랑하는 여러분, 내가 여러분에게 쓰는 것은 새 계명이 아니라 여러분이 처음부터 갖고 있던 옛 계명입니다. 이 옛 계명은 여러분이 처음부터 들었던 말씀입니다. 그러나 내가 다시 여러분에게 새 계명을 씁니다. 이 새 계명은 하나님께도 참되고 여러분에게도 참된 것입니다. 어둠이 지나가고 이미 참빛이 비치고 있기 때문입니다. 누구든지 빛 가운데 있다고 하면서 자기 형제를 미워하는 사람은 아직 어둠 속에 있는 것입니다. 자기 형제를 사랑하는 사람은 빛 가운데 거하고 그 사람 안에는 그를 넘어뜨릴 장애물이 없습니다. 그러나 자기 형제를 미워하는 사람은 어둠 가운데 있고 어둠 가운데 행하며 자기가 어디로 가는지 알지 못합니다. 어둠이 그의 눈을 가렸기 때문입니다.

기록 이유

자녀들이여, 내가 여러분에게 쓰는 것은 여러분의 죄가 그리스도의 이름으로 용서됐기 때문입니다. 아버지들이여, 내가 여러분에게 쓰는 것은 여러분이 태초부터 계시는 분을 알기 때문입니다. 청년들이여, 내가 여러분에게 쓰는 것은 여러분이 악한 자를 이겼기 때문입니다. 아이들이여, 내가 여러분에게 쓴 것은 여러분이 아버지를 알았기 때문입니다. 아버지들이여, 내가 여러분에게 쓴 것은 여러분이 태초부터 계시는 분을 알았기 때문입니다. 청년들이여, 내가 여러분에게 쓴 것은 여러분이 강하고 하나님의 말씀이 여러분 안에

거하시며 여러분이 그 악한 자를 이겼기 때문입니다.

세상을 사랑하지 말라

여러분은 이 세상이나 세상에 있는 것들을 사랑하지 마십시오. 누구든지 세상을 사랑하면 아버지의 사랑이 그 사람 안에 있지 않습니다. 이는 세상에 있는 모든 것들, 곧 육신의 탐욕과 안목의 정욕과 세상살이의 자랑은 아버지에게서 온 것이 아니라 세상으로부터 온 것이기 때문입니다. 세상도 사라지고 세상의 정욕도 사라지지만 하나님의 뜻을 행하는 사람은 영원히 살 것입니다.

아들을 부인하는 것에 대한 경고

아이들이여, 지금은 마지막 때입니다. 그리스도를 적대하는 사람이 올 것이라고 여러분이 들은 대로 지금 그리스도를 적대하는 사람들이 많이 나타났습니다. 그래서 우리는 지금이 마지막 때인 줄 압니다. 그들이 우리에게서 나갔지만 그들은 우리에게 속했던 것이 아닙니다. 그들이 우리에게 속했더라면 우리와 함께 머물렀을 것입니다. 그러나 결국 그들이 모두 우리에게 속하지 않았다는 사실이 드러났습니다. 여러분은 거룩하신 분에게 기름 부음을 받았고 여러분 모두가 진리를 알고 있습니다. 내가 여러분에게 쓴 것은 여러분이 진리를 몰라서가 아닙니다. 오히려 그것을 알고 있기 때문이며 또 모든 거짓은 진리로부터 나오지 않았다는 것을 알기 때문입니다. 그러면 대체 누가 거짓말쟁이입니까? 예수께서 그리스도이심을 부인하는 사람이 아닙니까? 아버지와 아들을 부인하는 사람이 곧 그리스도의 적대자입니다. 누구든지 아들을 부인하는 사람은 아버지를 모시지 않는 사람입니다. 그러나 아들을 시인하는 사람은 아버지를 모시는 사람입니다. 여러분은 처음부터 들은 것을 여러분 안에 간직하십시오. 만일 처음부터 들은 것이 여러분 안에 거한다면 여러분은 아들과 아버지 안에 거하게 될 것입니다. 이것이 그리스도께서 친히 우리에게 약속하신 것인데 바로 영원한 생명입니다. 나는 여러분을 속이는 사람들에 관해 여러분에게 지금까지 썼습니다. 여러분으로 말하자면 그리스도께서 기름 부어 주신 것이 여러분 안에 머무르므로 아무도 여러분을 가르칠 필요가 없습니다. 그리스도께서 기름 부어 주신 것이 여러분에게 모든 것을 가르쳐 주십니다. 그 가르침은 참되고 거짓이 없으니 여러분을 가르치신 그대로 그리스도 안에 머무르십시오.

하나님의 자녀와 죄

그러므로 자녀들이여, 항상 그리스도 안에 머무르십시오. 그러면 그리스도께서 나타나실 때 우리가 담대하고 그분이 오실 때 그 앞에서 부끄러움을 당하지 않을 것입니다. 하나님께서 의로우신 분임을 여러분이 안다면 의를 행하는 사람은 누구나 하나님에게서 난 것을 알 것입니다.

3 보십시오. 아버지께서 얼마나 큰 사랑을 우리에게 베풀어 주셨습니까! 우리가 하나님의 자녀라 불리게 됐으니 우리는 정말

하나님의 자녀입니다. 세상이 우리를 알지 못하는 것은 세상이 하나님을 알지 못하기 때문입니다. 사랑하는 여러분, 이제 우리는 하나님의 자녀들입니다. 우리가 어떻게 될지는 아직 모르지만 그리스도께서 나타나시면 우리도 그분과 같이 될 것임을 우리는 압니다. 우리가 그분을 있는 모습 그대로 볼 것이기 때문입니다. 누구든지 그분을 향해 이 소망을 가진 사람은 그분께서 정결하신 것처럼 자신을 정결하게 합니다. 누구든지 죄를 짓는 사람은 불법을 행하는 것입니다. 죄는 곧 불법입니다. 여러분이 알다시피 그분은 죄를 없애시려고 나타나셨습니다. 그러나 그분은 죄가 없습니다. 누구든지 그리스도 안에 거하는 사람은 죄를 짓지 않습니다. 죄를 짓는 사람은 누구나 그분을 본 적도 그분을 안 적도 없는 사람입니다. 자녀들이여, 여러분은 어느 누구에게도 속지 마십시오. 누구든지 의를 행하는 사람은 그분께서 의로우신 것처럼 의롭습니다. 죄를 짓는 사람은 누구나 마귀에게 속해 있습니다. 마귀는 처음부터 죄짓기를 일삼아 왔기 때문입니다. 하나님의 아들이 나타나신 것은 마귀의 일을 멸하시기 위한 것입니다. 누구든지 하나님께로부터 난 사람은 죄를 짓지 않습니다. 그 사람 안에 하나님의 씨가 있기 때문입니다. 그는 하나님에게서 났기 때문에 죄를 지을 수 없습니다. 이로써 하나님의 자녀와 마귀의 자녀가 분명히 드러납니다. 누구든지 의를 행하지 않는 사람이나 자기 형제를 사랑하지 않는 사람은 하나님께 속해 있지 않습니다.

더욱 사랑함과 미워함

여러분이 처음부터 들은 소식은 이것인데 곧 서로 사랑하라는 것입니다. 우리는 악한 자에게 속해 자기 동생을 죽인 가인처럼 되지 말아야 합니다. 대체 왜 가인이 동생을 죽였습니까? 그것은 자기의 행위는 악하고 동생의 행위는 의로웠기 때문입니다. 형제들이여, 세상이 여러분을 미워하더라도 이상하게 여기지 마십시오. 우리가 알다시피 우리는 죽음에서 생명으로 옮겨졌습니다. 이것을 아는 것은 우리가 형제를 사랑하기 때문입니다. 사랑하지 않는 사람은 죽음에 머물러 있는 사람입니다. 누구든지 자기 형제를 미워하는 사람은 살인자입니다. 여러분이 알다시피 살인자는 누구든지 그 안에 영생을 소유하지 못한 사람입니다. 예수 그리스도께서는 우리를 위해 자기 목숨을 내놓으셨습니다. 그래서 우리가 사랑을 알게 됐습니다. 그러므로 우리도 형제들을 위해 우리 목숨을 내놓는 것이 마땅합니다. 누구든지 세상 재물을 갖고 있으면서 자기 형제나 자매의 궁핍함을 보고도 도와줄 마음이 없다면 어떻게 그 사람 안에 하나님의 사랑이 있다고 하겠습니까? 자녀들이여, 우리가 말과 혀로만 사랑하지 말고 행동과 진실함으로 사랑합시다. 이렇게 행해야 우리가 진리에 속한 줄을 알고 하나님 앞에서 확신을 갖게 될 것입니다. 혹시 우리 마음에 가책을 받는 일이 있다 할지라도 우리가 확신을 가져야 하는 것은 하나님은 우리의 마음보다 크시고 모든 것을 아시기 때문입니다. 사랑하는 여러분, 만일 우리 마음에 가책받는 것이 없다면 우리는 하나님 앞에서 떳떳하고 우리가 구하는 것은 무엇이든지 하나님에게서 받습니다. 우리가 하나님의 계명을 지키고 하나님 앞에서 기뻐하시는 일을 행하기 때문입니다. 하나님의 계명은 이것이니, 곧 하나님의 아들 예수 그리스도의 이름을 믿고 하나님께서 우리에게 계명을 주신 대로 서로 사랑하라는 것입니다. 하나님의 계명을 지키는 사람은 하나님 안에 있고 하나님은 그 사람 안에 계십니다. 하나님께서 우리에게 주신 성령을 통해 하나님이 우리 안에 계시는 것을 압니다.

4 **성육신을 부인하는 것에 관하여**

사랑하는 여러분, 영이라고 다 믿지 말고 그 영들이 하나님으로부터 나온 것인지 시험해 보십시오. 거짓 예언자가 세상에 많이 나타났기 때문입니다. 여러분이 하나님의 성령을 알아보는 방법은 이것입니다. 곧 예수 그리스도께서 육체로 오신 것을 시인하는 영은 다 하나님에게서 나온 영입니다. 그러나 예수를 시인하지 않는 영은 모두 하나님에게서 나지 않은 영입니다. 이것은 그리스도를 대적하는 영입니다. 여러분은 그 영이 올 것이라는 말을 들었는데 지금 세상에 이미 와 있습니다. 자녀들이여, 여러분은 하나님께 속해 있고 거짓 예언자들을 이겼습니다. 여러분 안에 계신 분이 세상에 있는 사람보다 더 크시기 때문입니다. 그들은 세상에서 나왔습니다. 그러므로 그들은 세상에 속한 것을 말하며 세상은 또한 그들의 말을 듣습니다. 우리는 하나님에게서 났습니다. 하나님을 아는 사람은 우리의 말을 듣고 하나님께 속해 있지 않는 사람은 우리의 말을 듣지 않습니다. 이것으로 우리는 진리의 영과 거짓된 영을 구별합니다.

하나님의 사랑과 우리의 사랑

사랑하는 여러분, 우리가 서로 사랑합시다. 사랑은 하나님에게서 난 것이기 때문입니다. 사랑하는 사람은 누구나 다 하나님께로부터 났고 하나님을 압니다. 사랑하지 않는 사람은 하나님을 알지 못합니다. 하나님은 사랑이시기 때문입니다. 하나님의 사랑이 우리에게 이렇게 나타났습니다. 곧 하나님께서 자기 독생자를 우리에게 보내 주셔서 그분으로 말미암아 우리가 생명을 얻게 하신 것입니다. 사랑은 여기에 있습니다. 곧 우리가 하나님을 사랑한 것이 아니라 하나님께서 우리를 사랑하셔서 우리 죄를 위해 그분의 아들을 화목제물로 보내 주셨습니다. 사랑하는 여러분, 하나님께서 우리를 이처럼 사랑하셨으니 우리도 서로 사랑하는 것이 마땅합니다. 지금까지 아무도 하나님을 본 사람이 없습니다. 그러나 우리가 서로 사랑하면 하나님께서 우리 안에 계시고 하나님의 사랑이 우리 안에서 온전히 완성됩니다. 하나님께서 우리에게 성령을 주셨습니다. 이것으로 우리는 우리가 하나님 안에, 하나님께서 우리 안에 계시는 것을 압니다. 그리고 우리는 아버지께서 아들을 세상의 구주로 보내신 것을 보았고 또한 그것을 증언합니다. 만일 누구든지 예수를 하나님의 아들이라고 고백하면 하나님께서 그 사람 안에 계시고 그 사람도 하나님 안에 있습니다. 우리는 우리를 위한 하나님의 사랑을 알고 또한 믿었습니다. 하나님은 사랑이십니다. 누구든지 그 사랑 안에 거하는 사람은 하나님 안에 있고 하나님도 그 사람 안에 계십니다. 이렇게 하나님의 사랑이 우리 안에서 온전히 완성되면 우리는 심판 날에 담대함을 갖게 될 것입니다. 이는 그리스도께서 이 세

상에서 사신 것처럼 우리도 이 세상에서 그렇게 행하기 때문입니다. 사랑에는 두려움이 없습니다. 온전한 사랑은 두려움을 내쫓습니다. 두려움은 징벌과 관련이 있기 때문입니다. 두려워하는 사람은 아직 사랑 안에서 온전케 되지 못한 사람입니다. 우리가 사랑하는 것은 하나님께서 먼저 우리를 사랑하셨기 때문입니다. 만일 누구든지 하나님을 사랑한다고 하면서 자기 형제를 미워한다면 그는 거짓말쟁이입니다. 보이는 자기 형제를 사랑하지 않는 사람이 보이지 않는 하나님을 사랑할 수 없습니다. 우리가 하나님에게서 받은 계명은 이것입니다. 하나님을 사랑하는 사람은 또한 자기 형제를 사랑해야 한다는 것입니다.

5 **성육신하신 하나님의 아들을 믿는 믿음**

누구든지 예수가 그리스도이심을 믿는 사람은 하나님에게서 난 사람입니다. 낳으신 이를 사랑하는 사람은 누구나 그분에게서 나신 분도 사랑합니다. 우리가 하나님을 사랑하고 그분의 계명을 지키면 이것으로 하나님의 자녀를 사랑하는 것을 압니다. 하나님을 사랑한다는 것은 바로 그분의 계명을 지키는 것입니다. 그분의 계명은 부담스러운 것이 아닙니다. 하나님에게서 난 사람은 누구나 세상을 이깁니다. 세상을 이긴 이김은 이것이니 바로 우리의 믿음입니다. 세상을 이긴 사람이 누구입니까? 예수께서 하나님의 아들이심을 믿는 사람이 아닙니까? 그분은 물과 피로 오신 분, 곧 예수 그리스도이십니다. 그분은 물로만 오신 것이 아니라 물과 피로 오셨습니다. 이것을 증언하시는 이는 성령이십니다. 성령은 진리이십니다. 증언하시는 이가 셋인데 성령과 물과 피입니다. 이 셋이 서로 일치합니다. 우리가 사람의 증거도 받아들이는데 더 큰 하나님의 증거는 받아들이지 않겠습니까? 하나님의 증거는 이것이니, 곧 하나님께서 자기 아들에 관해 이미 증언하신 것입니다. 누구든지 하나님의 아들을 믿는 사람은 자기 안에 증거를 갖고 있습니다. 그러나 하나님을 믿지 않는 사람은 하나님께서 자기 아들에 대해 증언하신 증거를 믿지 않았습니다. 그렇기에 그분을 거짓말쟁이로 만들었습니다. 또한 그 증거는 바로 이것입니다. 곧 하나님께서 우리에게 영원한 생명을 주셨다는 것과 이 생명이 하나님의 아들 안에 있다는 것입니다. 아들을 모신 사람은 생명이 있고 하나님의 아들을 모시지 않는 사람은 생명이 없습니다.

마지막 말

내가 하나님의 아들의 이름을 믿는 여러분에게 이것들을 쓴 것은 여러분이 영원한 생명을 갖고 있다는 것을 알게 하기 위함입니다. 하나님을 향해 우리가 갖는 확신은 이것입니다. 곧 무엇이든지 우리가 그분의 뜻을 따라 구하면 하나님께서 우리가 구하는 것을 들으신다는 것입니다. 그리고 우리가 무엇을 구하든지 하나님께서 들으시는 것을 알면 우리는 우리가 구한 것들을 그분으로부터 받는다는 것도 압니다. 누구든지 자기의 형제가 죄를 짓는 것을 보거든 그것이 죽음에 이르는 죄가 아니라면 하나님께 간구하십시오. 그러면 하나님께서 죽음에 이르지 않는 죄를 지은 그에게 생명을 주실

것입니다. 죽음에 이르는 죄도 있습니다. 내가 말하는 것은 그 죄에 대해 기도하라는 것이 아닙니다. 불의는 모두 죄입니다. 그러나 죽음에 이르지 않는 죄도 있습니다. 우리는 하나님에게서 난 사람은 누구든지 죄를 짓지 않는다는 것을 압니다. 하나님에게서 나신 분께서 그를 지키시므로 악한 자가 그를 해치지 못합니다. 우리는 압니다. 우리는 하나님께 속해 있으나 온 세상은 악한 자의 지배 아래 있습니다. 또 우리가 아는 것은 하나님의 아들이 오셔서 우리에게 지각을 주심으로 참되신 분을 알게 하시고 또 우리가 참되신 분, 곧 하나님의 아들 예수 그리스도 안에 있다는 것을 알게 하신 것입니다. 그분은 참하나님이시며 영원한 생명이십니다. 자녀들이여, 우상들로부터 여러분 자신을 지키십시오.

요한이서
2 John

1 장로인 나는 택하심을 받은 여인과 그 자녀들에게 편지를 씁니
다. 나는 진리 안에서 여러분을 사랑합니다. 나뿐 아니라 진리
를 아는 사람들 모두가 여러분을 사랑합니다. 그 이유는 진리가 우
리 안에 머물러 있고 또 영원히 우리와 함께할 것이기 때문입니다.
하나님 아버지와 아버지의 아들 예수 그리스도의 은혜와 긍휼과
평강이 진리와 사랑 안에서 우리와 함께 있기를 빕니다. 나는 그대
의 자녀들 가운데 아버지께서 우리에게 명령하신 계명대로 진리 안
에서 행하는 사람들이 있는 것을 보니 무척 기쁩니다. 여인이여, 이
제 내가 당부합니다. 우리가 서로 사랑하자는 것입니다. 내가 그대
에게 쓰는 것은 새 계명이 아니라 우리가 처음부터 갖고 있던 것입
니다. 사랑은 바로 이것인데, 곧 우리가 하나님의 계명을 따라 사
는 것입니다. 계명은 이것이니 여러분이 처음부터 들은 대로 그 가
운데서 행하는 것입니다. 속이는 사람들이 세상에 많이 나타났습
니다. 그들은 예수 그리스도께서 육체로 오신 것을 인정하지 않는
사람들입니다. 이런 사람은 속이는 사람이요, 그리스도를 대적하
는 사람입니다. 여러분은 자신을 돌아보아 우리가 수고해 이룬 것
들을 잃지 말고 온전한 상을 받도록 하십시오. 누구든지 교훈을 벗

어나 그리스도의 교훈 안에 머물러 있지 않는 사람은 자기 속에 하나님이 계시지 않는 것입니다. 누구든지 교훈 안에 거하는 사람은 그 속에 아버지와 아들이 계십니다. 누구든지 여러분에게 가서 이 교훈을 전하지 않으면 그를 집 안으로 들이거나 인사도 하지 마십시오. 그에게 인사하는 사람은 그의 악한 일에 동참하는 것입니다. 내가 여러분에게 쓸 것이 많으나 종이와 잉크로 쓰고 싶지 않습니다. 여러분에게 가서 얼굴을 마주 대하고 말해 기쁨을 충만하게 나누길 원합니다. 택하심을 받은 그대 자매의 자녀들이 그대에게 안부를 전합니다.

요한삼서
3 John

1 장로인 나는 사랑하는 가이오에게 편지를 씁니다. 나는 진리 안에서 그대를 사랑합니다. 사랑하는 가이오, 나는 그대의 영혼이 잘됨같이 그대의 모든 일이 잘되고 강건하기를 빕니다. 형제들이 내게 와서 그대가 진리 안에서 행한다고 하며 그대의 진실함에 대해 소식을 전해 줄 때 나는 무척 기뻤습니다. 나는 내 자녀들이 진리 안에서 행한다는 소식을 듣는 것보다 더 큰 기쁨이 없습니다. 사랑하는 가이오, 그대는 형제들을 섬기는 일, 특히 나그네를 대접하는 일을 무엇이든 신실하게 행하고 있습니다. 그 형제들이 교회 앞에서 그대의 사랑에 대해 증언했습니다. 그대가 하나님 앞에 합당하게 그들을 환대해 보낸 것은 선한 일입니다. 그들은 그리스도의 이름을 위해 나아갔으며 이방 사람으로부터 아무것도 받은 것이 없습니다. 그러므로 우리가 이런 사람들을 영접하는 것이 마땅합니다. 이것은 우리로 하여금 진리를 위해 함께 수고하는 사람이 되게 하려는 것입니다. 내가 교회에 몇 자 적어 보냈으나 그들 가운데 높아지기를 좋아하는 디오드레베는 우리를 받아들이지 않습니다. 그러므로 내가 가면 디오드레베가 행한 일들을 들추어낼 것입니다. 그는 악한 말로 우리를 헐뜯고 이것으로도 만족하지 못해 형제

들을 영접하지 않고 또 영접하려고 하는 사람들까지도 훼방하고 교회에서 내쫓습니다. 사랑하는 사람이여, 악한 것을 본받지 말고 선한 것을 본받으십시오. 선을 행하는 사람은 하나님께 속해 있으나 악을 행하는 사람은 하나님을 보지 못했습니다. 데메드리오는 모든 사람들뿐 아니라 진리 자체에 의해서도 인정을 받았습니다. 우리도 또한 그를 인정합니다. 그대는 우리의 증언이 참되다는 것을 압니다. 그대에게 쓸 것이 많으나 나는 잉크와 펜으로 그대에게 쓰고 싶지 않습니다. 나는 그대를 곧 만나게 되기를 희망합니다. 그러면 우리가 얼굴을 마주 대하고 대화를 나눌 수 있을 것입니다. 그대에게 평강이 있기를 빕니다. 친구들이 그대에게 안부를 전합니다. 친구들 각 사람에게 안부를 전해 주십시오.

유다서

Jude

1 예수 그리스도의 종이요, 야고보의 형제인 유다는 부르심을 받은 사람들, 곧 하나님 아버지의 사랑과 예수 그리스도의 보호하심을 받은 사람들에게 편지를 씁니다. 여러분에게 긍휼과 평강과 사랑이 더욱 풍성하기를 빕니다.

죄와 경건치 않은 사람들의 멸망

사랑하는 사람들이여, 우리가 함께 얻은 구원에 관해 내가 여러분에게 편지를 쓰려고 마음먹었습니다. 그 가운데 성도들에게 단번에 주신 믿음을 위해 싸우라는 편지로 여러분을 권면해야겠다는 생각이 들었습니다. 이는 어떤 사람들이 슬그머니 들어왔기 때문입니다. 이들은 오래전부터 이 심판을 받기 위해 이미 기록된 사람들로서 경건치 못할 뿐 아니라 우리 하나님의 은혜를 음란한 것으로 바꾸며 유일한 주권자이신 우리 주 예수 그리스도를 부인하는 사람들입니다. 여러분이 다 알고 있겠지만 나는 여러분에게 다시 한 번 상기시켜 주고 싶습니다. 곧 주께서는 그분의 백성들을 이집트 땅에서 단번에 구원해 내시고 그 후에 믿지 않는 사람들을 멸망시키셨으며 또한 자기의 처음 지위를 지키지 않고 처소를 떠난 천사들을 큰 날의 심판 때까지 영원한 사슬에 묶어 어둠 속에 가두셨습니다. 마찬가지로 소돔과 고모라와 그 주위의 다른 성들도 음란에 빠져서 이상한 색욕을 따라가다가 영원한 불의 형벌을 받아 사람들의 본보기가 됐습니다. 이와 똑같은 방식으로 이 사람들도 꿈꾸면서 육체를 더럽히고 주의 권세를 무시하고 하늘의 영광스러운 존재들을 모독합니다. 모세의 시체를 두고 마귀와 논쟁을 벌였던 천사장 미가엘도 비방하는 판결을 내리지 못하고 다만 "주께서 너를 꾸짖으시기를 빈다"라고만 말했을 뿐입니다. 그러나 이 사람들은 무엇이든지 알지 못하는 것에 대해서는 비방합니다. 이들은 지각없는 짐승들처럼 본능으로 아는 것들로 인해 파멸에 이르게 됩니다. 이들에게 재앙이 있습니다. 이들은 가인의 길을 따랐고 자기의 이익을 위해 발람의 어긋난 길로 몰려갔으며 고라의 반역을 도모하다가 멸망을 당하고 말았습니다. 이들은 아무 염치도 없이 함께 먹으며 자기 배만 채우는 여러분의 애찬의 치욕이며 바람에 떠다니는 비 없는 구름이며 두 번 죽어 뿌리째 뽑힌 열매 없는 가을 나무이며 자기의 수치를 내뿜는 거친 파도이며 영원히 칠흑 같은 어둠에 돌아갈 떠도는 별들입니다. 아담의 7대손 에녹도 이들에 대해 이렇게 예언했습니다. "보라. 주께서 그의 수만 성도들과 함께 임하셨으니 이는 모든 사람을 심판하시고 그들의 경건하지 않게 행한 모든 불경건한 행실과 경건하지 않은 죄인들이 주를 대적해 말한 모든 모욕적 언사들을 책망하시려는 것이다." 이들은 원망하는 사람들이며 불평하는 사람들이며 자기의 정욕을 따라 행하는 사람들이며 교만한 것을 말하는 입을 가진 사람들이며 자기의 이익을 위해 아첨을 떠는 사람들입니다.

인내로 자신을 지키라

그러나 사랑하는 사람들이여, 여러분은 우리 주 예수 그리스도의 사도들이 전에 했던 말씀들을 기억하십시오. 사도들은 여러분에게 말하기를 "마지막 때 자기들의 경건하지 못한 정욕을 따라 행하며 조롱하는 사람들이 있을 것이다"라고 했습니다. 이들은 분열을 일으키는 사람들이며 육신을 따라 사는 사람들이며 성령이 없는 사람들입니다. 그러나 사랑하는 사람들이여, 여러분은 지극히 거룩한 믿음 위에 자기를 건축하고 성령 안에서 기도하며 영생에 이르도록 하나님의 사랑 안에서 자기를 지키고 우리 주 예수 그리스도의 긍휼을 기다리십시오. 의심하는 사람들을 불쌍히 여기십시오. 또 어떤 사람들은 불에서 끌어내어 구원하십시오. 또 어떤 사람들에 대해서는 육체로 더러워진 옷까지도 미워하되 두려운 마음으로 그들을 불쌍히 여기십시오.

송영

여러분을 지켜 넘어지지 않게 하시고 기쁨 가운데 그분의 영광 앞에 흠 없이 서게 하실 수 있는 유일하신 우리 구주 하나님께 우리 주 예수 그리스도로 말미암아 영광과 위엄과 능력과 권세가 만세 전부터 그리고 지금과 영원무궁토록 있기를 빕니다. 아멘.

요한계시록

Revelation

1

머리말

예수 그리스도의 계시입니다. 이것은 반드시 곧 일어날 일들을 자기의 종들에게 보여 주시려고 하나님께서 그리스도에게 주신 것입니다. 그리스도께서는 그분의 천사를 통해 자기의 종 요한에게 이것을 나타내 주셨습니다. 요한은 그가 본 모든 것을 증언합니다. 그것은 곧 하나님의 말씀과 예수 그리스도의 증거입니다. 이 예언의 말씀들을 읽는 사람과 듣는 사람들과 그 안에 기록된 것들을 지키는 사람들은 복이 있습니다. 이는 때가 가까이 왔기 때문입니다.

인사와 송영

요한은 아시아에 있는 일곱 교회에 편지를 씁니다. 지금도 계시고 전에도 계셨고 앞으로 오실 분과 그분의 보좌 앞에 있는 일곱 영과 충성된 증인이시며 죽은 사람들 가운데서 처음 나시고 땅의 왕들을 다스리시는 분이신 예수 그리스도의 은혜와 평강이 여러분에게 있기를 빕니다. 우리를 사랑하시고 그분의 피로 우리의 죄에서 우리를 해방시켜 주신 분, 우리를 그분의 아버지 하나님을 위해 나라와 제사장들로 삼아 주신 분께 영광과 능력이 세세 무궁토록 있기를 빕니다. 아멘. 보십시오. 그분이 구름을 타고 오십니다. 각 사람의 눈이 그분을 볼 것이며 그분을 찔렀던 사람들도 볼 것이며 땅의 모든 민족이 그분으로 인해 통곡할 것입니다. 반드시 그렇게 될 것입니다. 아멘. 주 하나님, 지금도 계시고 전에도 계셨고 앞으로 오실 분이신 전능자께서 말씀하십니다. "나는 알파요, 오메가다."

요한이 본 그리스도의 환상

여러분의 형제이며 예수 안에서 환난과 나라와 인내를 함께 나누는 사람인 나 요한은 하나님의 말씀과 예수의 증언 때문에 밧모 섬에 있었습니다. 나는 주의 날에 성령께 사로잡혀 있었는데 내 뒤에서 울리는 나팔 소리 같은 큰 음성을 들었습니다. 말씀하시기를 "네가 본 것을 책에 기록해 그것을 일곱 교회, 곧 에베소, 서머나, 버가모, 두아디라, 사데, 빌라델비아, 라오디게아 교회로 보내라"라고 하셨습니다. 나는 내게 말씀하신 음성을 알아보려고 몸을 돌렸습니다. 내가 몸을 돌렸을 때 일곱 금촛대가 보였고 그 촛대들 사이에 인자 같은 분이 끌리는 옷을 입고 가슴에 금띠를 띠고 계셨습니다. 그분의 머리와 머리칼은 흰 양털과 눈처럼 희고 그분의 눈은 타오르는 불과 같고 그분의 발들은 용광로에서 제련된 청동 같고 그분의 음성은 많은 물소리와 같았습니다. 그분은 오른손에 일곱 별을 들고 계셨으며 그분의 입에서는 좌우에 날 선 검이 나왔고 그분의 얼굴은 해가 힘 있게 비추는 것 같았습니다. 내가 그분을 볼 때 나는 죽은 사람처럼 그분의 발 앞에 엎드러졌습니다. 그러자 그분이 자기의 오른손을 내게 얹고 말씀하셨습니다. "두려워하지 마라. 나는 처음이요, 마지막이다. 나는 살아 있는 자다. 나는 죽었었으나 보라, 나는 영원토록 살아 있는 자니 나는 죽음과 음부의 열쇠들을 가지고 있다. 그러므로 너는 네가 본 것들과 지금 있는 일들과 이 일 후에 일어날 일들을 기록하여라. 네가 본 내 오른손의 일곱 별과 일곱 금촛대의 비밀은 이것이니 일곱 별은 일곱 교회의 사자들이요, 일곱 촛대는 일곱 교회다."

2 **에베소 교회에 보내는 편지**

"너는 에베소 교회의 사자에게 이렇게 써라. '오른손에 일곱 별을 잡으시고 일곱 금촛대 사이로 다니시는 이가 이렇게 말씀하신다. 나는 네 행위들과 네 수고와 네 인내를 안다. 또 네가 악한 사람들을 참지 못하는 것과 자칭 사도라고 하는 사람들을 시험해 그들이 사도가 아니라 가짜들이라는 것을 밝혀낸 것을 안다. 또 네가 인내하는 것과 내 이름을 위해 수고하되 게으르지 않다는 것을 내가 안다. 그러나 내가 네게 책망할 것이 있으니 그것은 네가 첫사랑을 버린 것이다. 그러므로 너는 어디서부터 잘못됐는지 생각해 보아 회개하고 처음에 행했던 일들을 행하여라. 만일 그렇게 하지 않고 회개하지 않으면 내가 네게로 가서 네 촛대를 그 자리에서 옮길 것이다. 그러나 네가 잘한 것이 있으니 네가 니골라 당이 하는 짓들을 미워하는구나. 나도 그것을 미워한다. 귀 있는 사람은 성령이 교회들에게 하시는 말씀을 들어라. 이기는 사람에게는 내가 하나님의 낙원에 있는 생명나무 열매를 먹게 할 것이다.'"

서머나 교회에 보내는 편지

"너는 서머나 교회의 사자에게 이렇게 써라. '처음이요, 마지막이신 이, 곧 죽었다가 다시 살아나신 이가 이렇게 말씀하신다. 내가 네 환난과 가난을 알지만 실은 네가 부자다. 또 내가 자칭 유대 사람이라 하는 사람들의 모욕도 알지만 실은 그들이 유대 사람들이 아니라 사탄의 집단이다. 너는 고난당할 것을 두려워하지 마라. 보라. 마귀가 너희 가운데 몇몇을 감옥에 집어넣을 텐데 너희가 10일 동안 핍박을 받을 것이다. 너는 죽도록 충성하여라. 그러면 내가 생명의 면류관을 네게 줄 것이다. 귀 있는 사람은 성령이 교회들에게 하시는 말씀을 들어라. 이기는 사람은 둘째 사망에서 해를 받지 않을 것이다.'"

버가모 교회에 보내는 편지

"너는 버가모 교회의 사자에게 이렇게 써라. '좌우에 날 선 검을 가지신 이가 이렇게 말씀하신다. 나는 네가 사는 곳을 알고 있으니 그곳은 사탄의 왕좌가 있는 곳이다. 그러나 너는 내 이름을 굳게 붙잡고 내 충성된 증인 안디바가 너희 가운데 사탄이 거하는 곳에서 죽임을 당할 때도 나에 대한 믿음을 버리지 않았다. 그러나 내가 네게 몇 가지 책망할 것이 있으니 너는 발람의 가르침을 굳게 지키는 사람들을 용납하는구나. 발람은 발락을 가르쳐 이스라엘 자손 앞에 올무를 놓아 우상에게 바쳐진 제물을 먹고 음란한 행위를 하게 했다. 이처럼 네 안에도 니골라 당의 가르침을 굳게 지키는 사람들이 있다. 그러므로 회개하여라. 그러지 않으면 내가 당장 네게로 가서 내 입의 검으로 그들과 싸울 것이다. 귀 있는 사람은 성령이 교회들에게 하시는 말씀을 들어라. 내가 이기는 사람에게는 감추인 만나를 주고 그에게 흰 돌과 그 돌 위에 쓰인 새 이름을 주리니 받는 사람 외에는 아무도 그것을 알지 못할 것이다.'"

두아디라 교회에 보내는 편지

"너는 두아디라 교회의 사자에게 이렇게 써라. '눈이 불꽃 같고 발이 청동처럼 빛나는 하나님의 아들이 이렇게 말씀하신다. 나는 네 행위들과 사랑과 믿음과 봉사와 네 인내를 알고 너의 처음 행위들보다 나중 행위들이 더 낫다는 것을 안다. 그러나 내가 네게 책망할 것이 있으니 네가 이세벨이라는 여자를 용납하는구나. 그 여자는 스스로 예언자라고 하며 내 종들을 가르치고 유혹해 그들로 음행하게 하고 우상에게 바쳐진 음식을 먹게 했다. 내가 그 여자에게 회개할 기회를 주었지만 그 여자는 음행을 회개하려 하지 않았다. 보라. 내가 그 여자를 병상에 던질 것이며 그 여자와 더불어 간음하는 사람들도 그 여자의 행위에서 돌이키지 않으면 큰 환난에 던질 것이다. 또 내가 그 여자의 자녀들을 사망으로 죽일 것이다. 그러면 모든 교회가 내가 생각과 마음을 살피는 이임을 알게 될 것이다. 내가 너희의 행위대로 각 사람에게 갚아 주겠다. 그러나 나는 이러한 가르침을 받지 않고 소위 사탄의 깊은 것들을 알지 못하는 두아디라에 있는 너희 남은 사람들에게 말한다. 나는 너희에게 다른 아무 짐도 지우지 않을 것이다. 다만 너희는 너희가 가지고 있는 것을 내가 갈 때까지 굳게 붙잡으라. 이기는 사람과 내 일을 끝까지 지키는 사람에게는 내가 나라들을 다스릴 권세를 줄 것이다. 그분이 질그릇들을 부수는 것같이 쇠지팡이로 그들을 다스릴 것이니 그와 같이 나도 아버지에게서 그러한 권세를 받았다. 내가 또한 그에게 샛별을 줄 것이다. 귀 있는 사람은 성령이 교회들에게 하시는 말씀을 들어라.'"

3 사데 교회에 보내는 편지

"너는 사데 교회의 사자에게 이렇게 써라. '하나님의 일곱 영과 일곱 별을 가지신 이가 이렇게 말씀하신다. 내가 네 행위들을 알고 있으니 너는 살아 있다는 이름은 가지고 있으나 실은 죽어 있구나. 너는 깨어서 죽어 가는 남은 것을 굳건히 하여라. 나는 네 행위들이 하나님 앞에 온전케 된 것을 찾지 못했다. 그러므로 너는 어떻게 받고 들었는지 기억해 순종하고 회개하여라. 만일 네가 깨어 있지 않으면 내가 도둑같이 올 것이니 내가 어느 때 네게 올지 네가 결코 알지 못할 것이다. 그러나 사데에 옷을 더럽히지 않은 몇몇 사람들이 있다. 그들은 흰옷을 입고 나와 함께 다닐 것이니 그들이 그럴 만한 자격이 있기 때문이다. 이기는 사람은 그들처럼 흰옷을 입을 것이다. 나는 결코 그의 이름을 생명책에서 지워 버리지 않을 것이며 내 아버지 앞과 그의 천사들 앞에서 그의 이름을 시인할 것이다. 귀 있는 사람은 성령이 교회들에게 하시는 말씀을 들어라.'"

빌라델비아 교회에 보내는 편지

"너는 빌라델비아 교회의 사자에게 이렇게 써라. '거룩하고 참되신 이, 다윗의 열쇠를 가지신 이, 곧 열면 닫을 사람이 없고 닫으면 열 사람이 없는 이가 이렇게 말씀하신다. 내가 네 행위들을 안다. 보라. 내가 네 앞에 열린 문을 두었으니 아무도 그 문을 닫을 수가 없다. 이는 네가 힘이 약한 가운데도 내 말을 지키고 내 이름을 부인하지 않았기 때문이다. 보라. 내가 사탄의 집단에 속한 어떤 사람들을 네게 줄 것인데 그들은 자칭 유대 사람들이라고 하나 실은 그렇지 않고 거짓말쟁이들이다. 보라. 내가 그들로 네 발 앞에 꿇어 엎드리게 하고 내가 너를 사랑하는 줄을 알게 할 것이다. 네가 내 인내의 말을 지켰으니 땅 위에 사는 사람들을 시험하기 위해 온 세상에 시험이 닥칠 때 나도 너를 지켜 줄 것이다. 내가 속히 오리니 네가 가진 것을 굳게 잡아 아무도 네 면류관을 빼앗지 못하게 하여라. 이기는 사람을 내가 내 하나님의 성전에서 기둥으로 삼을 것이니 그가 결코 다시는 성전을 떠나지 않을 것이며 내가 내 하나님의 이름과 내 하나님의 도성, 곧 하늘에서 내 하나님께로부터 내려오는 새 예루살렘의 이름과 내 새 이름을 그 사람 위에 기록할 것이다. 귀 있는 사람은 성령이 교회들에게 하시는 말씀을 들어라.'"

라오디게아 교회에 보내는 편지

"너는 라오디게아 교회의 사자에게 이렇게 써라. '아멘이시요, 신실하고 참된 증인이시요, 하나님의 창조의 근원이신 분이 이렇게 말씀하신다. 나는 네 행위들을 알고 있는데 너는 차지도 않고 뜨겁지도 않다. 나는 네가 차든지 뜨겁든지 하기를 바란다. 네가 이렇게 미지근해 차지도 않고 뜨겁지도 않으니 내가 너를 내 입에서 뱉어 낼 것이다. 네가 말하기를 '나는 부자라 풍족해서 부족한 것이 하나도 없다'고 하나 너는 자신이 비참하고 불쌍하고 가난하고 눈멀고 벌거벗은 사람임을 알지 못한다. 그러므로 내가 네게 경고한다. 네가 풍족하게 되려면 내게서 불로 정련한 금을 사거라. 너의 벌거벗은 수치를 드러내지 않으려면 흰옷을 사서 입어라. 네가 보고 싶으면 안약을 사서 네 눈에 발라라. 나는 내가 사랑하는 사람들마다 책망하고 징계한다. 그러므로 너는 열성을 내고 회개하여라. 보라. 내가 문 앞에 서서 두드리니 누구든지 내 음성을 듣고 문을 열면 내가 들어가서 그와 함께 먹고 그는 나와 함께 먹을 것이다. 이기는 사람에게는 내가 이긴 후에 내 아버지와 함께 그분의 보좌에 앉은 것같이 내가 내 보좌에 나와 함께 앉게 할 것이다. 귀 있는 사람은 성령이 교회들에게 하시는 말씀을 들어라.'"

4 **하늘에 있는 보좌**

이 일 후에 내가 보았습니다. 보십시오. 하늘에 열린 문이 있고 전에 내가 들은 그 음성, 곧 나팔 소리같이 나에게 들린 음성이 말했습니다. "이리로 올라오너라. 그러면 내가 이후에 마땅히 될 일들을 네게 보여 주겠다." 나는 순식간에 성령에 사로잡히게 됐습니다. 보십시오. 하늘에 보좌가 있는데 그 위에 누군가 앉아 계셨습니다. 그 앉으신 이는 벽옥과 홍옥 같고 무지개가 보좌를 둘러싸고 있는데 그 모습이 에메랄드 같았습니다. 또 보좌 둘레에는 24개의 보좌가 있고 그 보좌에는 24명의 장로가 흰옷을 입고 머리에 금면류관을 쓰고 앉아 있었습니다. 보좌로부터 번개들과 우르릉거리는 소리들과 천둥 치는 소리가 나고 보좌 앞에 일곱 등불이 타오르고 있는데 이것은 하나님의 일곱 영입니다. 또 보좌 앞에는 수정처럼 맑은 유리 바다와 같은 것이 있고 보좌 가운데와 보좌 둘레에는 앞뒤로 눈이 가득한 네 생물이 있습니다. 첫째 생물은 사자처럼 생겼고, 둘째 생물은 송아지처럼 생겼고, 셋째 생물은 사람의 얼굴처럼 생겼고, 넷째 생물은 날아가는 독수리처럼 생겼습니다. 네 생물은 각각 여섯 날개를 가지고 있고 날개 둘레와 안쪽에는 눈들이 가득합니다. 그들은 밤낮 쉬지 않고 말했습니다. "거룩, 거룩, 거룩, 전능하신 주 하나님, 전에도 계셨고 지금도 계시고 장차 오실 분이십니다." 그 생물들이 영원토록 사시는 보좌에 앉으신 분께 영광과 존귀와 감사를 드릴 때 24명의 장로들은 보좌에 앉으신 분 앞에 엎드려 영원토록 사시는 분께 경배하고 자기들의 면류관을 내려놓으며 말했습니다. "주 우리 하나님이시여, 영광과 존귀와 능력을 받으시기에 합당하십니다. 주께서 만물을 창조하셨고 주의 기쁘신 뜻으로 인해 만물이 존재했고 또 창조됐습니다."

5 책과 어린양

또 나는 보좌에 앉으신 이의 오른손에 책이 들린 것을 보았습니다. 이것은 앞뒤로 기록되고 일곱 인으로 봉한 것이었습니다. 그때 내가 강한 천사를 보았는데 그는 큰 소리로 외쳤습니다. "누가 이 책을 펴며 그 인을 떼기에 합당한가?" 그러나 하늘에서나 땅 위에서나 땅 아래 어느 곳에서도 그 책을 펴서 볼 수 있는 사람이 없었습니다. 나는 그 책을 펴서 볼 자격이 있는 사람이 보이지 않아 큰 소리로 울었습니다. 그러자 장로들 가운데 하나가 내게 말했습니다. "울지 마라. 유다 지파의 사자 다윗의 뿌리가 승리했으니 그 책과 그 일곱 인을 열 것이다." 또 나는 보좌와 네 생물과 장로들 가운데 어린양이 서 있는 것을 보았는데 죽임을 당했던 것 같았습니다. 그가 일곱 뿔과 일곱 눈을 가지고 있으니 이 눈들은 온 땅에 보냄을 받은 하나님의 일곱 영입니다. 어린양이 와서 보좌에 앉으신 이의 오른손에서 책을 받아 드셨습니다. 그가 책을 받을 때 네 생물과 24명의 장로들이 각기 하프와 향이 가득 담긴 금대접을 들고 어린양 앞에 엎드렸습니다. 이 향은 성도들의 기도입니다. 그들은 새 노래를 부르며 말했습니다. 주는 그 책을 취해 인들을 떼기에 합당하십니다. 이는 주께서 죽임을 당하심으로 주의 피로 모든 족속과 언어와 백성과 나라들로부터 사람들을 하나님께로 구속해 드리셨고 그들로 우리 하나님께 나라와 제사장들이 되게 하셨으므로 그들이 땅 위에서 왕 노릇 하게 될 것입니다." 그때 나는 보좌와 생물들과 장로들을 에워싼 수많은 천사들을 보고 음성을 들었는데 그들의 수가 만만이요, 천천이었습니다. 그들은 큰 소리로 말했습니다. "죽임을 당하신 어린양은 능력과 부귀와 지혜와 힘과 존귀와 영광과 찬양을 받으시기에 합당하십니다." 또 나는 하늘과 땅 위와 땅 아래와 바다에 있는 모든 피조물들과 그 안에 있는 모든 것들이 "보좌에 앉으신 분과 어린양께 찬송과 존귀와 영광과 능력이 영원토록 있기를 빕니다"라고 하는 소리를 들었습니다. 이에 네 생물은 "아멘" 하고 화답했고 장로들은 엎드려 경배했습니다.

6 일곱 인

나는 어린양이 일곱 인 가운데 하나를 떼시는 것을 보았습니다. 그리고 나는 네 생물 가운데 하나가 천둥 같은 소리로 "오라" 하고 말하는 소리를 들었습니다. 그때 나는 보았습니다. 흰말이 있는데 그 위에 탄 사람이 활을 갖고 있었고 그에게 면류관이 주어졌는데 그는 나가서 이기고 또 이기려 했습니다. 두 번째 인을 떼실 때 나는 두 번째 생물이 "오라" 하고 말하는 소리를 들었습니다. 그러자 붉은 다른 말이 나왔는데 그 위에 탄 사람에게 땅에서 평화를 걷어 내고 사람들끼리 서로 죽이게 하는 권세가 주어졌고 또 그에게 커다란 칼도 주어졌습니다. 세 번째 인을 떼실 때 나는 세 번째 생물이 "오라" 하고 말하는 소리를 들었습니다. 그때 나는 보았습니다. 검은 말이 있는데 그 위에 탄 사람이 손에 저울을 들고 있었습니다. 그때 나는 네 생물 가운데서 나는 듯한 소리를 들었습니다. "1데나리온에 밀 1코이닉스요, 1데나리온에 보리 3코이닉스다. 올리브기름과 포도주를 손상시키지 말라." 네 번째 인을 떼실 때 나는 네 번째 생물의 음성을 들었는데 말하기를 "오라"고 했습니다. 그때 나는 보았습니다. 푸르스름한 말이 있는데 그 위에 탄 사람의 이름은 사망이요, 음부가 그 뒤를 따르고 있었습니다. 그들에게 칼과 기근과 사망과 땅의 들짐승들로 땅의 4분의 1을 죽일 권세가 주어졌습니다. 다섯 번째 인을 떼실 때 나는 제단 아래에서 하나님의 말씀과 그들이 가진 증거로 인해 죽임을 당한 사람들의 영혼을 보았습니다. 그들은 큰 소리로 외쳤습니다. "거룩하고 참되신 대주재여, 언제까지 땅 위에 사는 사람들을 심판하시고 우리의 핏값을 갚아 주지 않으시려는 것입니까?" 그러자 그들 각 사람에게 흰옷이 주어졌고 그들은 그들과 같이 죽임을 당하게 될 그들의 동료 종들과 형제들의 수가 찰 때까지 잠시 더 쉬라는 말씀을 들었습니다. 여섯 번째 인을 떼실 때 나는 보았습니다. 큰 지진이 일어나고 해가 머리털로 짠 천같이 검게 되고 달은 온통 핏빛으로 변하고 하늘의 별들은 무화과나무가 거센 바람에 흔들려 설익은 열매들을 떨어뜨리는 것처럼 떨어지고 하늘은 두루마리가 말리듯 사라지고 모든 산과 섬들은 있던 자리에서 사라졌습니다. 그러자 땅의 왕들과 귀족들과 장군들과 부자들과 권세자들과 모든 노예들과 모든 자유자들이 동굴들과 산속 바위들 틈에 숨고 산들과 바위들을 향해 외쳤습니다. "우리 위에 무너져 내려라. 그래서 보좌에 앉으신 이의 얼굴과 어린양의 진노로부터 우리를 숨겨 다오. 이는 그들의 진노의 큰 날이 이르렀기 때문이다. 누가 견뎌 낼 수 있겠느냐?"

7 **인 침을 받은 14만 4,000명**

이 일 후에 나는 네 천사가 땅의 네 모퉁이에 서서 땅의 네 바람을 붙잡아 땅이나 바다나 나무에 불지 못하도록 막는 것을 보았습니다. 그리고 나는 다른 천사가 살아 계신 하나님의 인을 가지고 해 돋는 데서 올라오는 것을 보았습니다. 그는 땅과 바다를 해칠 권세를 받은 네 천사에게 큰 소리로 외쳐 말했습니다. "우리가 우리 하나님의 종들의 이마에 인을 치기까지 너희는 땅이나 바다나 나무들을 해치지 말라." 그리고 나는 인 침을 받은 사람들의 수를 들었습니다. 이스라엘 자손의 모든 지파 가운데 인 침을 받은 사람들이 14만 4,000명이었습니다. 유다 지파에서 인 침을 받은 사람들이 1만 2,000명, 르우벤 지파에서 1만 2,000명, 갓 지파에서 1만 2,000명, 아셀 지파에서 1만 2,000명, 납달리 지파에서 1만 2,000명, 므낫세 지파에서 1만 2,000명, 시므온 지파에서 1만 2,000명, 레위 지파에서 1만 2,000명, 잇사갈 지파에서 1만 2,000명, 스불론 지파에서 1만 2,000명, 요셉 지파에서 1만 2,000명, 베냐민 지파에서 인 침을 받은 사람이 1만 2,000명이었습니다.

흰옷을 입은 큰 무리

이 일 후에 내가 보았습니다. 모든 나라와 민족과 백성과 언어에서 나온 아무도 셀 수 없는 큰 무리가 흰옷을 입고 손에 종려나무 가지들을 들고 보좌 앞과 어린양 앞에 서서 큰 소리로 외쳐 말했습니다. "구원은 보좌에 앉으신 우리 하나님과 어린양께 속한 것입니다." 그때 모든 천사들이 보좌와 장로들과 네 생물 주위에 둘러서 있다가 보좌 앞에 엎드려 얼굴을 땅에 대고 하나님께 경배하며 말했습니다. "아멘, 찬송과 영광과 지혜와 감사와 존귀와 능력과 힘이 우리 하나님께 영원토록 있기를 빕니다. 아멘!" 그때 장로들 가운데 하나가 내게 물었습니다. "이 흰옷을 입은 사람들이 누구이며 또 어디에서 왔습니까?" 나는 그에게 대답했습니다. "내 주여, 당신이 아십니다." 그때 그가 내게 말했습니다. "이들은 큰 환난으로부터 나오는 사람들인데 그들은 어린양의 피로 그들의 옷을 씻어 희게 했습니다. 그래서 그들이 하나님의 보좌 앞에 있고 그분의 성전에서 밤낮으로 그분을 섬기므로 보좌에 앉으신 이가 그들 위에 거하실 것입니다. 그들이 다시는 굶거나 목마르지 않고 해나 그 어떤 열기도 그들을 해치지 못할 것입니다. 보좌 가운데 계신 어린양이 그들의 목자가 돼 그들을 생명의 샘물로 인도하시고 하나님께서 그들의 눈에서 모든 눈물을 닦아 주실 것입니다."

8 일곱째 인과 금향로

일곱 번째 인을 떼시자 30분쯤 하늘에 정적이 감돌았습니다. 그때 나는 하나님 앞에 서 있는 일곱 천사를 보았는데 그들에게 일곱 나팔이 주어졌습니다. 또 다른 천사가 와서 금향로를 들고 제단 앞에 섰습니다. 그 천사는 많은 향을 받았는데 이는 모든 성도들의 기도와 함께 보좌 앞에 있는 금 제단에 드리기 위한 것이었습니다. 향의 연기는 그 천사의 손에서 성도들의 기도와 함께 하나님 앞으로 올라갔습니다. 그 천사가 향로를 가져다가 제단의 불에서 불을 채우고 그것을 땅에 쏟으니 천둥과 요란한 소리와 번개와 지진이 일어났습니다.

일곱 나팔

그때 일곱 나팔을 가진 일곱 천사가 나팔을 불려고 준비했습니다. 첫 번째 천사가 나팔을 불자 피 섞인 우박과 불이 생기고 그것들이 땅에 쏟아졌습니다. 그러자 땅의 3분의 1이 불탔고 나무의 3분의 1도 불탔으며 모든 푸른 풀도 불타 버렸습니다. 두 번째 천사가 나팔을 불자 불타는 큰 산 같은 것이 바다로 던져졌습니다. 그러자 바다의 3분의 1이 피로 변하고 바다에 사는 생명을 가진 피조물들의 3분의 1이 죽고 배들의 3분의 1이 부서졌습니다. 세 번째 천사가 나팔을 불자 횃불처럼 타는 큰 별이 하늘에서 떨어져 강들의 3분의 1과 물의 샘들 위에 떨어졌습니다. 그 별의 이름은 '쑥'이라고 합니다. 물의 3분의 1이 쑥으로 변하고 많은 사람이 그 물을 마시고 죽었습니다. 네 번째 천사가 나팔을 불자 해의 3분의 1과 달의 3분의 1과 별들의 3분의 1이 타격을 입었습니다. 그리하여 그것들의 3분의 1이 어두워져 낮의 3분의 1이 빛을 잃었고 밤도 역시 그렇게 됐습니다. 나는 독수리 한 마리가 공중을 날며 큰 소리로 외치는 것을 보고 들었습니다. "화, 화, 화가 있을 것이다. 세 천사가 나머지 나팔 소리를 낼 것이기 때문이다."

9 다섯 번째 천사가 나팔을 불었습니다. 그때 나는 하늘에서 땅으로 떨어진 별 하나를 보았는데 이 별은 무저갱의 열쇠를 받았습니다. 별이 무저갱을 열자 거대한 용광로에서 나는 듯한 연기가 무저갱에서 올라왔고 해와 공기가 무저갱의 연기로 인해 어두

워졌습니다. 그리고 그 연기 속에서 메뚜기들이 땅으로 나오니 땅의 전갈들이 권세를 가진 것처럼 메뚜기들에게 권세가 주어졌습니다. 메뚜기들은 땅의 풀이나 각종 푸른 것이나 각종 나무는 해치지 말고 이마에 하나님의 인을 받지 않은 사람들만 해치라는 명령을 받았습니다. 그러나 이 메뚜기들은 그들을 죽이지는 말고 다섯 달 동안 괴롭히기만 하라는 허락을 받았는데 그 괴롭힘은 전갈이 사람을 쏘아 괴롭히는 것과 같았습니다. 그 기간 동안 사람들은 죽음을 구해도 결코 그것을 얻을 수 없고 죽기를 갈망해도 죽음이 그들에게서 달아날 것입니다. 메뚜기들의 모양은 전투 채비를 갖춘 말들 같고 그들의 머리에는 금으로 만든 듯한 관 같은 것이 씌워져 있고 그들의 얼굴은 사람의 얼굴과 비슷하고 또 그들의 머리털은 여인의 머리털 같고 그들의 이빨은 사자의 이빨과 같았습니다. 또 그들은 철흉갑 같은 흉갑을 두르고 있었고 그들의 날갯소리는 전쟁을 위해 달리는 많은 말들의 병거 소리와 같았습니다. 또 그들은 전갈처럼 쏘는 꼬리와 독침을 가졌는데 다섯 달 동안 사람들을 괴롭게 할 권세가 그들의 꼬리에 있었습니다. 그들은 무저갱의 사자를 자기들의 왕으로 삼고 있었는데 그 이름은 히브리 말로는 아바돈이고 그리스 말로는 아볼루온입니다. 첫 번째 재앙이 지나갔습니다. 그러나 아직도 두 가지 재앙이 더 닥칠 것입니다. 여섯 번째 천사가 나팔을 불었습니다. 그때 나는 하나님 앞에 있는 금 제단의 네 뿔에서 울리는 한 음성을 들었습니다. 그 음성이 나팔을 가진 여섯 번째 천사에게 이르기를 “큰 강 유프라테스에 묶여 있는 네 천사를 풀어주어라” 하니 지정된 연월일시를 위해 준비된 네 천사가 사람들의

3분의 1을 죽이기 위해 풀려났습니다. 그들이 거느린 마병대의 수는 2억이나 됐는데 나는 그들의 수를 들었습니다. 내가 환상 가운데 본 말들과 그 위에 탄 이들의 모습은 이렇습니다. 그들은 붉은빛과 자줏빛과 유황빛 나는 흉갑을 두르고 있고 말들의 머리는 사자들의 머리 같고 그들의 입에서는 불과 연기와 유황이 나오고 있었습니다. 이 세 가지 재앙, 곧 말들의 입에서 나오는 불과 연기와 유황으로 인해 사람의 3분의 1이 죽임을 당했습니다. 이는 말들의 힘이 그들의 입과 꼬리에 있고 그들의 꼬리는 뱀과 같으며 또한 꼬리에 머리가 있어 이것들로 사람들을 해쳤기 때문입니다. 이 재앙에서 죽임을 당하지 않고 남은 사람들은 자기 손으로 저지른 일들을 회개하지 않고 도리어 귀신들과 금, 은, 청동, 돌, 나무로 만든 보거나 듣거나 걷지도 못하는 우상들에게 경배했습니다. 그들은 또 그들의 살인과 그들의 복술과 그들의 음행과 그들의 도둑질을 회개하지 않았습니다.

10 천사와 작은 책

그러고 나서 나는 다른 강한 천사가 구름을 입고 하늘에서 내려오는 것을 보았습니다. 그의 머리 위에는 무지개가 있고 그의 얼굴은 해 같으며 그의 다리는 불타는 기둥 같았습니다. 그의 손에는 작은 책 하나가 펼쳐져 있고 그의 오른발은 바다를 밟고 있고 그의 왼발은 땅을 디디고 있었습니다. 그가 사자가 포효하듯이 큰 소리로 외치자 일곱 천둥이 각기 소리를 내며 말했습니다. 일곱 천둥이 말할 때 내가 기록하려 했습니다. 그때 나는 하늘에서 나는 음성을 들었는데 "일곱 천둥이 말한 것들을 봉인하고 기록하지 마라"라고 했습니다. 그때 내가 본 바다와 땅을 딛고 서 있던 천사가 하늘을 향해 오른손을 들고 하늘과 그 안에 있는 것들과 땅과 그 안에 있는 것들과 바다와 그 안에 있는 것들을 창조하신 영원토록 살아 계신 분을 두고 맹세했습니다. "더 지체하지 않을 것이다. 일곱 번째 천사가 나팔을 불어 소리 내는 날에 하나님의 비밀이 그분이 그분의 종들, 곧 예언자들에게 선포하신 대로 이루어질 것이다." 하늘에서 내게 들려왔던 음성이 다시 내게 말씀하셨습니다. "너는 가서 땅과 바다를 디디고 서 있는 천사의 손에 펼쳐져 있는 책을 취하여라." 나는 그 천사에게 가서 그 작은 책을 내게 달라고 했습니다. 그러자 그가 내게 말했습니다. "이것을 가져다 먹어라. 이것이 네 배에는 쓰겠지만 네 입에는 꿀같이 달 것이다." 나는 천사의 손에서 작은 책을 받아서 먹었습니다. 그것이 내 입에서는 꿀같이 달았지만 먹고 난 뒤에 배에서는 썼습니다. 그때 그들이 나에게 말했습니다. "너는 많은 백성과 나라와 언어와 왕들에게 다시 예언해야 할 것이다."

11 두 증인

또 그는 내게 지팡이 같은 갈대 하나를 주며 말했습니다. "너는 일어나 하나님의 성전과 제단과 그 안에서 경배하는 사람들을 측량해라. 그러나 성전 바깥뜰은 내버려 두고 측량하지 마라. 이는 그것이 이방 사람들에게 주어졌고 그들이 42개월 동안 그 거룩한 도성을 짓밟을 것이기 때문이다. 내가 내 두 증인에게 권세를 줄텐데 그들은 굵은베 옷을 입고 1,260일 동안 예언할 것이다." 이들은 이 땅의 주 앞에 서 있는 두 올리브 나무요, 두 촛대입니다. 누구든지 그들을 해치려고 하면 그들의 입에서 불이 나와 그들의 원수들을 집어삼킬 것입니다. 누구든지 그들을 해치려고 하면 반드시 이같이 죽임을 당할 것입니다. 이들은 하늘을 닫을 권세를 가지고 있어 그들이 예언하는 날들 동안 비가 내리지 않게 할 것입니다. 또 그들은 물을 피로 변하게 하며 언제든지 원하는 때 갖가지 재앙으로 땅을 칠 권세를 가지고 있습니다. 그들이 그들의 증언을 마칠 때 무저갱에서 올라오는 짐승이 그들을 공격해 그들을 이기고 그들을 죽일 것입니다. 그리고 그들의 시체는 큰 도성의 거리에 놓일 것입니다. 이 도성은 영적으로 소돔과 이집트라 불리는 곳으로 그들의 주께서 십자가에 못 박히신 곳입니다. 백성들과 족속들과 언어들과 나라들로부터 온 사람들이 3일 반 동안 그들의 시체를 구경할 것이며 그들의 시체를 무덤에 장사하는 것을 허락하지 않을 것입니다. 그때 땅 위에 사는 사람들이 그들로 인해 서로 선물들을 주고받으며 기뻐하고 즐거워할 것입니다. 이는 이 두 예언자가 땅 위에 사는 사람들을 괴롭혔기 때문입니다. 그러나 3일 반 후에 생명의 영이 하나님께로부터 그들 속으로 들어가니 그들은 제 발로 일어섰습니다. 이에 그들을 지켜보던 사람들에게 큰 두려움이 엄습했습니다. 그때 그들은 하늘에서 그들에게 말하는 큰 음성을 들었습니다. "이리로 올라오라." 이에 그들은 원수들이 지켜보는 가운데 구름을 타고 하늘로 올라갔습니다. 바로 그때 큰 지진이 일어나 도성의 10분의 1을 무너뜨렸고 7,000명의 사람들이 그 지진으로 죽었습니다. 이에 살아남은 사람들은 몹시 두려워하며 하나님께 영광을 돌렸습니다. 두 번째 재앙이 지나갔습니다. 세 번째 재앙이 곧 닥칠 것입니다.

일곱째 나팔

일곱 번째 천사가 나팔을 불었습니다. 그때 하늘에서 큰 음성이 나며 말씀하셨습니다. "세상 나라가 우리 주와 그리스도의 나라가 됐으니 그분이 영원토록 왕 노릇 하실 것이다." 그러자 하나님 앞의 자기 보좌에 앉은 24장로들이 엎드려 하나님께 경배하며 말했습니다. "지금도 계시고 전에도 계셨던 전능하신 주 하나님, 감사합니다. 하나님께서는 큰 권능을 취하시고 다스리십니다. 이에 나라들이 분노했으나 오히려 주의 진노를 내려 죽은 사람들을 심판하실 때가 왔습니다. 주의 종인 예언자들과 성도들과 작은 사람이든 큰 사람이든 주의 이름을 경외하는 사람들에게 상을 주시며 땅을 더럽힌 사람들을 멸망시키실 때가 왔습니다." 그때 하늘에 있는 하나님의 성전이 열렸고 그 성전 안에 있는 하나님의 언약궤가 보였습니다. 그러자 번개가 치고 요란한 소리와 천둥과 지진이 나고 큰 우박이 쏟아졌습니다.

12

여자와 용

하늘에 큰 표징이 나타났습니다. 한 여자가 태양을 입고 있고 두 발 아래에는 달이 있고 머리에는 열두 별의 면류관을 쓰고 있었습니다. 여자가 아이를 임신하고 해산할 때가 돼 진통과 괴로움으로 울부짖었습니다. 그때 또 다른 표징이 하늘에 나타났습니다. 일곱 머리와 열 뿔을 가진 큰 붉은 용이 나타났는데 그 머리에는 일곱 면류관을 쓰고 있습니다. 용은 꼬리로 하늘에서 별들의 3분의 1을 끌어다가 땅으로 내던졌습니다. 용은 막 해산하려고 하는 여자 앞에 섰는데 이것은 그녀가 아이를 낳을 때 삼키기 위한 것이었습니다. 여자가 아들을 낳았는데 그 사내아이는 장차 쇠지팡이로 만국을 다스릴 분입니다. 그때 그녀의 아이는 하나님 보좌 앞으로 들려 올라갔습니다. 여자는 광야로 도망쳤습니다. 거기서 그녀는 하나님께로부터 예비된 장소를 얻었습니다. 이는 거기서 사람들이 그녀를 1,260일 동안 돌보기 위한 것이었습니다. 그때 하늘에는 전쟁이 일어났습니다. 미가엘과 그의 천사들이 용과 대적해 싸우고 용도 이에 맞서 자기의 사자들과 함께 싸웠으나 용이 이기지 못했으므로 그들은 하늘에서 더 이상 있을 곳을 찾지 못했습니다. 큰 용, 옛 뱀, 곧 마귀와 사탄이라고도 하는 이, 온 세상을 현혹시키는 이가 쫓겨났습니다. 그의 사자들도 그와 함께 쫓겨났습니다. 그때 나는 하늘에서 큰 음성이 이렇게 말씀하시는 것을 들었습니다. "이제 구원과 능력과 우리 하나님의 나라와 그의 그리스도의 권세가 확립됐으니 이는 우리 형제들을 고소하던 이, 곧 우리 하나님 앞에서 밤낮으로 그들을 고소하던 이가 쫓겨났기 때문이다. 그들은 어린양의 피와 그들이 증언하는 말씀으로 인해 그를 이겼고 죽기까지 자기 목숨을 아끼지 않았다. 그러므로 하늘과 그 안에 거하는 사람들아, 즐거워하라. 그러나 땅과 바다에 재앙이 있을 것이니 이는 마귀가 자기의 때가 얼마 남지 않은 줄 알고 분을 품고 너희에게 내려갔기 때문이다." 용은 자기가 땅으로 쫓겨난 것을 알고 사내아이를 낳은 여자를 쫓아갔습니다. 그때 그녀에게 큰 독수리의 두 날개가 주어졌습니다. 그래서 그녀는 광야, 곧 그녀의 거처로 날아가 거기서 뱀의 낯을 피해 한 때와 두 때와 반 때 동안 부양을 받았습니다. 뱀이 자기 입에서 여자의 등 뒤에 물을 강같이 토해 내어 그 물로 그녀를 휩쓸어 버리려고 했습니다. 그러나 땅이 여자를 도와 그 입을 벌려 용이 그 입에서 토해 낸 강물을 삼켰습니다. 그러자 용이 여자에게 분노를 품고 여자의 후손의 남은 사람들, 곧 하나님의 계명을 지키고 예수의 증거를 붙잡고 있는 사람들과 더불어 전쟁을 하려고 떠나가 바닷가 모래 위에 섰습니다.

13 **바다에서 나온 짐승**

그때 나는 바다에서 짐승이 올라오는 것을 보았습니다. 그 짐승은 열 뿔과 일곱 머리를 가졌는데 그의 열 뿔에는 열 면류관이 있고 그의 머리에는 하나님을 모독하는 이름이 있었습니다. 내가 본 짐승은 표범처럼 생겼고 그의 발은 곰의 발 같고 그의 입은 사자의 입 같았습니다. 용은 이 짐승에게 자기의 능력과 자기의 권좌와 큰 권세를 주었습니다. 짐승의 머리들 가운데 하나가 치명상을 입어 죽게 된 것 같았습니다. 그러나 그 치명상이 치료되자 온 땅이 감탄하고 그 짐승을 따랐습니다. 용이 그 짐승에게 권세를 주자 사람들이

용에게 경배했습니다. 또 그들은 그 짐승을 경배하며 말했습니다. "누가 이 짐승과 같겠는가? 누가 그를 대적해 싸울 수 있겠는가?" 짐승은 오만하고 하나님을 모독하는 말을 할 입을 받았고 42개월 동안 활동할 권세를 받았습니다. 짐승이 입을 열어 하나님을 모독했는데 하나님의 이름과 그분의 장막, 곧 하늘에 거하는 이들을 모독했습니다. 또 그 짐승은 성도들을 대적해 이기며 모든 족속과 백성과 언어와 나라를 다스릴 권세를 받았습니다. 땅 위에 사는 모든 사람들, 곧 죽임을 당한 어린양의 생명책에 세상 창조 때부터 자기의 이름이 기록되지 않은 사람들은 그 짐승에게 경배할 것입니다. 누구든지 귀 있는 사람은 들으십시오. 누구든지 사로잡힐 사람은 사로잡힐 것이요, 누구든지 칼로 죽임을 당할 사람은 칼로 죽임을 당할 것입니다. 여기에 성도들의 인내와 믿음이 있습니다.

땅에서 올라온 짐승

또 나는 다른 짐승이 땅에서 올라오는 것을 보았습니다. 그 짐승은 어린양처럼 두 뿔을 가졌고 말하는 것이 용과 같았습니다. 그는 첫 번째 짐승을 대신해서 모든 권세를 그 앞에서 행하고 땅과 그 안에 거하는 사람들로 하여금 치명상에서 나은 그 첫 번째 짐승을 경배하게 했습니다. 또 그는 사람들 앞에서 큰 이적들을 행했는데 심지어 불이 하늘에서 땅으로 내려오게 했습니다. 그는 첫 번째 짐승 앞에서 행하도록 허락된 이적들을 가지고 땅에 거하는 사람들을 현혹하며 말했습니다. "칼에 맞아 상처를 입었다가 살아난 짐승을 위해 우상을 만들라." 또 그는 첫 번째 짐승의 우상에게 생기를 주어 그것이 말하게 하고 그 짐승의 우상에게 경배하지 않는 사람을 모두 죽게 했습니다. 그는 또한 작은 사람이나 큰사람이나 부유한 사람이나 가난한 사람이나 자유인이나 종이나 모든 사람에게 그들의 오른손이나 그들의 이마에 표를 받게 해 그 표, 곧 짐승의 이름이나 그 이름의 숫자를 갖지 않은 사람은 누구든지 물건을 사거나 팔 수 없게 만들었습니다. 여기에 지혜가 요구됩니다. 지각 있는 사람은 그 짐승의 숫자를 세어 보십시오. 그것은 사람의 수이며 그 숫자는 666입니다.

14 **어린양과 14만 4,000명**

또 나는 보았습니다. 어린양이 시온 산에 서 있고 그와 함께 14만 4,000명이 서 있는데 그들의 이마에는 어린양의 이름과 그분의 아버지의 이름이 쓰여 있습니다. 또 나는 하늘로부터 많은 물소리 같고 큰 천둥소리 같은 소리를 들었습니다. 내가 들은 그 소리는 하프 켜는 사람들의 하프 소리 같았습니다. 그들은 보좌 앞과 네 생물과 장로들 앞에서 새 노래를 부릅니다. 그러나 땅에서 구속함을 받은 14만 4,000명밖에는 아무도 그 노래를 배울 수가 없습니다. 그들은 여자들과 더불어 자신을 더럽히지 않은 사람들이니 이는 그들이 정절을 지켰기 때문입니다. 그들은 어린양이 가는 곳이면 어디든지 따라가는 사람들이며 하나님과 어린양에게 바쳐진 첫 열매로 사람들 가운데서 구속함을 받았습니다. 그들의 입에서 거짓을 찾을 수 없으니 그들은 흠 없는 사람들입니다.

세 천사

또 나는 다른 천사 하나가 공중에 날아가는 것을 보았습니다. 그는 땅에 사는 사람들, 곧 모든 나라와 족속과 언어와 백성에게 전할 영원한 복음을 가지고 있습니다. 그는 큰 소리로 말했습니다. "너희는 하나님을 두려워하고 그분께 영광을 돌리라. 그분의 심판 때가 이르렀다. 너희는 하늘과 땅과 바다와 물들의 근원을 만드신 분께 경배하라." 두 번째 다른 천사가 그 뒤를 따르며 외쳤습니다. "무너졌다. 큰 도성 바벨론이 무너졌다. 이 바벨론은 자기의 음행으로 만든 진노의 포도주를 모든 나라들에게 마시게 했다." 세 번째 다른 천사가 그들을 따르며 큰 소리로 외쳤습니다. "누구든지 짐승과 그의 우상에게 경배하고 자신의 이마나 손에 표를 받으면 그도 하나님의 진노의 포도주를 마시게 될 것이니 이것은 하나님의 진노의 잔에 섞인 것이 없이 부어진 것이다. 그는 거룩한 천사들 앞과 어린양 앞에서 타는 불과 유황으로 고통을 당하게 될 것이다. 그들에게 고통을 주는 연기가 영원토록 올라갈 것이다. 그리고 짐승과 그의 우상에게 경배하는 사람들과 그의 이름의 표를 받는 사람은 누구든지 밤낮 안식을 얻지 못할 것이다. 성도들의 인내가 여기에 있다. 그들은 하나님의 계명들과 예수에 대한 믿음을 지키는 사람들이다." 또 나는 하늘에서 말씀하시는 음성을 들었습니다. 말씀하시기를 "너는 이렇게 기록해라. 이제부터 주 안에서 죽는 사람들이 복이 있다." 그러자 성령께서 말씀하셨습니다. "그렇다. 그들이 수고를 그치고 안식할 것이다. 이는 그들의 행위가 그들을 따를 것이기 때문이다."

땅에서 거둠과 포도주 틀에서 밟음

또 나는 보았습니다. 흰 구름이 있고 그 구름 위에 인자 같은 분이 앉아 있습니다. 그는 머리에 금면류관을 쓰고 손에는 예리한 낫을 들고 있습니다. 그때 다른 천사가 성전에서 나와 구름 위에 앉으신 분께 큰 소리로 외쳤습니다. "주의 낫을 보내 추수하십시오. 추수 때가 이르러 땅의 곡식이 무르익었습니다." 그러자 구름 위에 앉으신 분이 그분의 낫을 땅에 던지니 땅이 추수됐습니다. 다른 천사 하나가 하늘에 있는 성전에서 나왔는데 그도 역시 예리한 낫을 들고 있었습니다. 또 다른 천사가 제단에서 나왔는데 그는 불을 다스리는 권세를 가지고 있었습니다. 그가 예리한 낫을 든 천사에게 큰 소리로 외쳤습니다. "너의 예리한 낫을 보내어 땅의 포도송이를 거두어라. 땅의 포도들이 무르익었다." 그러자 그 천사는 땅 위에 낫을 던져 땅의 포도를 거둬 하나님의 진노의 큰 포도주 틀에 던졌습니다. 포도주 틀이 도성 밖에서 밟히니 그 포도주 틀에서 피가 흘러나와 말들의 굴레까지 닿았고 흘러간 거리는 1,600스타디온이나 됐습니다.

15 일곱 재앙을 가진 일곱 천사

또 나는 하늘에서 다른 큰 놀라운 이적을 보았습니다. 그것은 일곱 천사가 마지막 일곱 재앙을 가지고 있는 것이었습니다. 하나님의 진노는 이것들로 끝날 것입니다. 나는 또 불이 섞인 유리 바다 같은 것을 보았고 짐승과 그의 우상과 그 이름의 숫자를 이긴 사람들이 하나님의 하프를 들고 유리 바다에 서 있는 것을 보았습니다. 그들은 하나님의 종 모세의 노래와 어린양의 노래를 불렀습니다. "전능하신 주 하나님, 주께서 하신 일들은 크고 놀랍습니다. 나라들의 왕이시여, 주의 길들은 공의롭고 참됩니다. 주여, 주의 이름을 두려워하지 않고 주의 이름을 영화롭게 하지 않을 사람이 누구겠습니까? 이는 주만이 거룩하시기 때문입니다. 나라들이 와서 주 앞에 경배할 것입니다. 이는 주의 의로우신 일들이 드러났기 때문입니다." 이 일 후에 나는 보았습니다. 하늘에 있는 성전, 곧 증거의 장막이 열리고 일곱 재앙을 가진 일곱 천사가 성전에서 나왔습니다. 그들은 깨끗하고 빛나는 고운 삼베옷을 입고 가슴에 금띠를 두르고 있었습니다. 그때 네 생물 가운데 하나가 영원토록 살아 계신 하나님의 진노로 가득 찬 일곱 금대접을 일곱 천사에게 주었습니다. 그러자 성전이 하나님의 영광과 권능으로 인해 연기로 가득 차게 돼 일곱 천사의 일곱 재앙이 끝나기까지 아무도 성전에 들어갈 수 없었습니다.

16 **하나님의 진노의 일곱 대접**

그때 나는 성전에서 일곱 천사에게 말씀하시는 큰 소리를 들었습니다. "너희는 가서 하나님의 진노가 담긴 일곱 대접을 땅에 쏟으라." 이에 첫 번째 천사가 가서 그의 대접을 땅에 쏟았습니다. 그러자 짐승의 표를 받고 그 우상에게 절한 사람들에게 흉칙하고 독한 종기가 돋아났습니다. 두 번째 천사가 그의 대접을 바다에 쏟았습니다. 그러자 바닷물이 죽은 사람의 피와 같이 변하고 그 가운데 사는 모든 생물이 죽었습니다. 세 번째 천사가 그의 대접을 강과 샘에 쏟았습니다. 그러자 그것이 피가 됐습니다. 또 나는 물을 주관하는 천사가 말하는 것을 들었습니다. "지금도 계시고 전에도 계셨던 거룩하신 이여, 주는 공의로우십니다. 이는 주께서 이것들을 심판하셨기 때문입니다. 그들이 성도들과 예언자들의 피를 흘렸으므로 주는 그들에게 피를 주어 마시게 하셨습니다. 그들이 그렇게 된 것은 마땅합니다." 이때 나는 제단에서 나는 소리를 들었습니다. "그렇습니다. 전능하신 주 하나님, 주의 심판은 참되고 의롭습니다." 네 번째 천사가 그의 대접을 해 위에 쏟았습니다. 이에 해는 불로 사람들을 태울 권세를 받았습니다. 사람들은 맹렬한 열에 타 버렸습니다. 그러자 그들은 이 재앙들을 주관하는 권능을 가지신 하나님의 이름을 모독했고 회개하지 않고 하나님께 영광을 돌리지 않았습니다. 다섯 번째 천사가 그의 대접을 짐승의 보좌에 쏟았습니다. 그러자 그의 나라가 어둠에 빠지게 됐고 사람들은 고통으로 인해 혀를 깨물었습니다. 그들은 고통과 종기로 인해 하늘의 하나님을 모독했고 그들의 행위를 회개하지 않았습니다. 여섯 번째 천사가 그의 대접을 큰 강 유프라테스에 쏟았습니다. 그러자 그 강의 물이 말라 버려 해 돋는 곳에서부터 오는 왕들의 길이 예비됐습니다. 또 나는 용의 입과 짐승의 입과 거짓 예언자의 입에서 개구리 같은 세 더러운 영이 나오는 것을 보았습니다. 그들은 이적을 행하는 귀신들의 영입니다. 그들은 전능하신 하나님의 큰 날의 전쟁을 위해 온 세상의 왕들을 소집하려고 갑니다. "보라. 내가 도둑같이 올 것이다.

깨어서 자기의 옷들을 지켜 벌거벗은 채로 다니지 않고 자기의 수치를 보이지 않는 사람은 복이 있다." 세 영은 히브리 말로 아마겟돈이라는 곳으로 왕들을 집결시켰습니다. 일곱 번째 천사가 그의 대접을 공중에 쏟았습니다. 그러자 성전 보좌에서 "다 끝났다"라는 큰 음성이 들려왔습니다. 그때 번개들과 요란한 소리들과 천둥 치는 소리들이 있었고 큰 지진이 일어났는데 사람이 땅 위에 존재한 이래로 이렇게 큰 지진은 없었습니다. 또 큰 도성이 세 조각으로 나눠지고 나라들의 도성들이 무너졌습니다. 하나님께서 큰 도성 바벨론을 기억하시고 그의 맹렬한 진노의 포도주 잔을 바벨론에게 내리셨습니다. 또 모든 섬이 온데간데없이 사라지고 산들도 찾을 수 없게 됐습니다. 또 하늘에서 무게가 1달란트나 되는 큰 우박이 사람들에게 떨어졌습니다. 그러자 사람들은 우박의 재앙으로 인해 하나님을 모독했습니다. 이는 그 재앙이 너무 컸기 때문입니다.

17 바벨론, 짐승을 탄 음녀

일곱 대접을 가진 일곱 천사 가운데 하나가 와서 내게 말했습니다. "이리로 오너라. 많은 물 위에 앉아 있는 큰 창녀가 받을 심판을 네게 보여 주겠다. 땅의 왕들이 그녀와 더불어 음행했고 땅에 거하는 사람들도 그녀의 음행의 포도주로 인해 취했다." 그러고 나서 천사는 성령으로 나를 이끌어 광야로 데려갔습니다. 이때 나는 한 여자가 붉은 짐승을 타고 앉아 있는 것을 보았습니다. 짐승은 하나님을 모독하는 이름들로 가득하고 일곱 머리와 열 뿔을 가지고 있었습니다. 여자는 자주색과 붉은색 옷을 입고 금과 보석과 진주로 꾸미고 있었습니다. 그녀는 손에 가증스러운 것들과 음행의 불결한 것들로 가득 찬 금잔을 가지고 있었고 이마에는 '비밀, 큰 바벨론, 창녀들과 땅의 가증한 것들의 어미'라는 이름이 쓰여 있었습니다. 나는 그 여자가 성도들의 피와 예수의 증인들의 피로 인해 취해 있는 것을 보았습니다. 나는 그 여자를 보고 크게 놀랐습니다. 그때 천사가 내게 말했습니다. "왜 놀라느냐? 내가 이 여자의 비밀과 이 여자가 타고 있는 일곱 머리와 열 뿔을 가진 짐승의 비밀을 네게 말해 주겠다. 네가 본 그 짐승은 전에 있었다가 지금은 없으며 장차 무저갱으로부터 올라와서 멸망에 들어가게 될 것이다. 창세 이래 이름이 생명책에 기록되지 않은 사람들, 곧 땅 위에 사는 사람들은 짐승을 보고 놀랄 것이다. 이는 그 짐승이 전에는 있었다가 지금은 없으며 장차 다시 나타나게 될 것이기 때문이다. 여기에 지혜의 마음이 요구된다. 일곱 머리는 그 여자가 앉아 있는 일곱 산이며 또한 그것들은 일곱 왕이다. 다섯 왕은 이미 멸망했으나 하나는 지금 있고 나머지 하나는 아직 나타나지 않았다. 그가 올 때는 반드시 잠시 동안만 있을 것이다. 전에 있었다가 지금은 없는 그 짐승 자신은 여덟 번째 왕이다. 그는 일곱 왕들로부터 나와 멸망으로 들어갈 것이다. 또 네가 본 열 뿔은 열 왕인데 그들은 아직 나라를 받지 않았지만 그 짐승과 함께 한동안 왕들처럼 권세를 받을 것이다. 그들은 한마음을 가지고 그들의 능력과 권세를 그 짐승에게 줄 것이다. 그들은 어린양을 대적해 싸울 것이나 어린양이 그들을 이길 것이다. 이는 그가 만주의 주시며 만왕의 왕이시기 때문이다.

또 그와 함께 있는 사람들, 곧 부르심과 택하심을 받은 충성된 사람들도 이길 것이다." 그때 천사가 내게 말했습니다. "네가 본 창녀가 앉아 있는 물들은 백성들과 무리들과 나라들과 언어들이다. 또 네가 본 이 열 뿔과 짐승은 그 창녀를 미워해 그녀를 파멸시키고 발가벗기며 그녀의 살을 먹고 불살라 버릴 것이다. 이는 하나님께서 하나님의 말씀들이 성취될 때까지 그들의 마음에 그분의 뜻을 행할 마음을 주셔서 한뜻을 이루게 하시고 그들의 나라를 그 짐승에게 바치도록 하셨기 때문이다. 또 네가 본 여자는 땅의 왕들을 다스리는 권세를 가진 큰 도성이다."

18 멸망한 바벨론에 대한 애도

이 일 후에 나는 다른 천사가 큰 권세를 가지고 하늘로부터 내려오는 것을 보았습니다. 그의 영광으로 인해 땅이 환해졌습니다. 그가 우렁찬 소리로 외쳤습니다. "무너졌다. 큰 도성 바벨론이 무너졌다. 바벨론은 귀신들의 처소가 됐고 모든 더러운 영의 소굴이 됐고 모든 악하고 가증스러운 새들의 소굴이 됐다. 이것은 모든 나라가 그녀의 음행으로 인한 진노의 포도주를 마셨고 땅의 왕들이 그녀와 더불어 음행했으며 땅의 상인들이 그녀의 사치의 능력으로 인해 부를 쌓았기 때문이다."

바벨론의 심판에서 벗어날 것에 대한 경고

그때 나는 하늘에서 다른 음성을 들었습니다. 그 음성은 이렇게 말했습니다. "내 백성들아, 너희는 그 여자에게서 나오라. 이는 너희로 그녀의 죄악들에 동참하지 않고 그녀가 받을 재앙들을 받지 않게 하려는 것이다. 이것은 그녀의 죄악들이 하늘에까지 쌓였고 하나님께서 그녀의 불의한 행위들을 기억하셨기 때문이다. 너희는 그녀가 너희에게 준 만큼 돌려주고 그녀가 너희에게 행한 만큼 두 배로 갚아 주며 그녀가 부은 잔에 두 배로 부어 그녀에게 주라. 그 여자가 자신을 영화롭게 하고 사치한 만큼 너희는 그녀에게 고통과 슬픔을 안겨 주라. 이는 그녀가 마음으로 말하기를 '나는 보좌에 앉은 여왕이다. 나는 과부가 아니며 결코 슬픈 일을 만나지 않을 것이다'라고 하기 때문이다. 그러므로 그 여자에게 사망과 슬픔과 기근의 재앙이 한날에 임하고 그녀는 불에 타 버릴 것이다. 이는 여자를 심판하시는 주 하나님께서 강하시기 때문이다.

바벨론의 멸망에 대한 세 번의 '재앙이다'

그 여자와 함께 음행하고 사치하던 땅의 왕들은 그 여자를 태우는 불의 연기를 보고 그녀로 인해 울며불며 슬퍼할 것이다. 그들은 그 여자가 당하는 고통을 무서워하므로 멀리 서서 외치기를 '재앙이다. 재앙이다. 큰 도성, 강성한 도성 바벨론아, 네 심판이 한순간에 몰아닥쳤구나'라고 할 것이다. 또 땅의 상인들도 그녀로 인해 울며 슬퍼할 것이다. 이는 그들의 물건을 사는 사람이 더 이상 아무도 없기 때문이다. 그 물건은 금, 은, 보석, 진주, 고운 삼베, 자주색 옷감, 비단, 붉은 옷감이며 각종 향나무와 상아로 만든 물품이며 값진 나무와 청동, 철, 대리석으로 만든 각종 물품이며 계피와 향료, 향과 향유와 유향, 포도주와 올리브기름, 고운 밀가루와 밀, 소와 양, 말과 사륜마차, 종들과 사람들의 목숨들이다. 네 영혼의 탐욕의 열매가 네게서 떠나가고 모든 사치스럽고 화려했던 것들이 네게서 사라져 버렸으니 그들이 다시는 그런 물건들을 볼 수 없을 것이다. 그 여자로 인해 부를 쌓고 이 물건들을 파는 상인들이 그녀의 고통을 무서워하므로 멀리 서서 울며 슬퍼해 말하기를 '재앙이다. 재앙이다. 큰 도성이여, 고운 삼베와 자주색과 붉은색 옷을 입고 금과 보석과 진주로 화려하게 꾸몄었거늘 그 엄청난 부귀가 한순간에 사라져 버렸구나'라고 할 것이다. 또 모든 선장들과 모든 선객들과 모든 선원들과 바다에서 일하는 사람들이 멀리 서서 그녀가 타는 연기를 보고 외쳐 말하기를 '무엇이 이 큰 도성과 같겠는가?'라고 할 것이다. 그들은 자기들 머리에 재를 뿌리고 울며 슬퍼하며 외칠 것이다. '재앙이다. 재앙이다. 큰 도성이여, 바다에 배들을 띄우던 모든 사람들이 저 도성의 번영으로 인해 부를 쌓았거늘 이 도성이 순식간에 멸망해 버렸구나.' 하늘과 성도들과 사도들과 예언자들아, 그 도성으로 인해 즐거워하라. 이는 하나님께서 너희를 위해 그녀를 심판하셨기 때문이다."

돌이킬 수 없는 바벨론의 멸망

그때 한 강한 천사가 큰 맷돌 같은 돌을 들어 바다에 던지며 말했습니다. "큰 도성 바벨론이 이렇게 큰 힘으로 던져질 것이니 결코 다시는 찾을 수 없게 될 것이다. 또 하프 켜는 사람들과 노래 부르는 사람들과 퉁소 부는 사람들과 나팔 부는 사람들의 소리가 네 안에서 다시는 들리지 않을 것이며 그 어떤 기술자도 네 안에서 다시는 보이지 않을 것이며 맷돌을 돌리는 소리도 네 안에서 다시는 들리지 않을 것이며 등불의 불빛도 네 안에서 비취지 않을 것이며 신랑과 신부의 음성도 다시는 네 안에서 들리지 않을 것이다. 이것은 네 상인들이 땅의 권력자들이며 또 너희의 점술로 인해 모든 나라들이 현혹됐으며 그 도성 안에서 예언자들과 성도들과 땅에서 죽임을 당한 모든 사람들의 피가 발견됐기 때문이다."

19 **바벨론의 멸망에 대한 세 번의 '할렐루야'**

이 일 후에 나는 하늘에서 많은 무리들의 큰 함성 같은 것을 들었습니다. 그 큰 함성은 말했습니다. "할렐루야, 구원과 영광과 능력이 우리 하나님께 있습니다. 이는 그분의 심판이 참되고 공의로우시기 때문입니다. 그분은 음행으로 땅을 더럽힌 큰 창녀를 심판하셨으며 그녀의 손에 묻어 있는 그의 종들이 흘린 피의 억울함을 갚으셨기 때문입니다." 다시 그들이 외쳤습니다. "할렐루야, 그녀를 사르는 연기가 영원토록 올라갈 것입니다." 그때 24장로와 네 생물이 보좌에 앉으신 하나님께 엎드려 경배하며 외쳤습니다. "아멘, 할렐루야." 그러자 보좌에서 한 음성이 나서 말했습니다. "하나님의 모든 종들아, 큰사람이든 작은 사람이든 하나님을 경외하는 사람들아, 우리 하나님을 찬양하라." 또 나는 많은 무리의 소리 같고 콸콸 쏟아지는 물소리 같고 강한 천둥소리 같은 것을 들었습니다. 그 소리들은 외쳤습니다. "할렐루야, 전능하신 우리 주 하나님이 다스리신다. 기뻐하고 즐거워하며 하나님께 영광을 돌리자. 이는 어린양의 결혼식이 이르렀고 그의 신부가 혼인 준비를 갖추었으며 그녀는 밝고 깨끗한 고운 삼베를 입을 것을 허락받았기 때문이다. 이 고운 삼베는 성도들의 의로운 행실들이다." 그러자 천사가 내게 말했습니다. "너는 '어린양의 결혼 잔치에 초대받은 사람들은 복이 있다'고 기록하라." 또 그는 나에게 말했습니다. "이것은 하나님의 참된 말씀들이다." 이 말에 나는 천사의 발 앞에 엎드려 그에게 경배하려고 했습니다. 그러자 그가 내게 말했습니다. "그러지 마라. 나는 너와 및 예수의 증언을 가진 네 형제들과 함께 종 된 자니 너는 하나님께 경배하여라. 예수의 증언은 예언의 영이기 때문이다."

흰말을 탄 사람이 짐승을 물리치다

나는 하늘이 열려 있는 것을 보았습니다. 흰말이 있고 그 위에 탄 사람이 있는데 그의 이름은 '충성과 진실'입니다. 그는 공의로 심판하고 싸우시는 분입니다. 그의 눈은 불꽃같고 그의 머리에는 많은 면류관이 있으며 그 자신 외에는 아무도 알 수 없는 이름이 쓰여 있습니다. 그는 피로 물든 옷을 입고 있고 그의 이름은 '하나님의 말씀'입니다. 하늘에 있는 군대가 희고 깨끗한 고운 삼베를 입고 흰말들을 타고 그를 따르고 있었습니다. 그의 입에서는 예리한 칼이 나오는데 그는 그것으로 나라들을 치려고 합니다. 그가 친히 쇠지팡이로 그들을 다스리며 친히 전능하신 하나님의 맹렬한 진노의 포도주 틀을 밟을 것입니다. 그의 옷과 넓적다리에는 '왕의 왕, 주의 주'라는 이름이 쓰여 있습니다. 그러고 나서 나는 한 천사가 태양 안에서 있는 것을 보았습니다. 그는 공중에 나는 모든 새들에게 큰 소리로 외쳤습니다. "오라. 너희는 하나님의 큰 잔치에 모여 왕들의 살과 장군들의 살과 장사들의 살과 말들과 그 위에 탄 사람들의 살과 자유인이나 종이나 작은 사람이나 큰사람이나 모든 사람들의 살을 먹으라." 또 나는 짐승과 땅의 왕들과 그들의 군대들이 말 탄 사람과 그의 군대들을 대적해 전쟁을 하려고 집결하는 것을 보았습니다. 그러나 짐승과 그 앞에서 이적들을 행하던 거짓 예언자가 그와 함께 사로잡혔습니다. 거짓 예언자는 짐승의 표를 받은 사람들과 그의 우상들에게 경배하는 사람들을 이런 이적들로 현혹했던 자입니다. 그 둘은 모두 산 채로 유황이 타오르는 불 못에 던져졌습니다. 그 나머지는 말 탄 사람의 입에서 나오는 칼로 죽임을 당했고 모든 새들이 그들의 살로 배를 채웠습니다.

20

천년 왕국

그때 나는 한 천사가 하늘에서 내려오는 것을 보았습니다. 그는 손에 무저갱의 열쇠와 큰 사슬을 가지고 있었습니다. 그는 용, 곧 마귀이며 사탄인 옛 뱀을 붙잡아 1,000년 동안 묶어 무저갱에 던져 잠그고 그 위에 봉인해 1,000년이 차기까지 다시는 만국을 현혹하지 못하도록 했습니다. 이 일 후에 그는 잠시 동안 풀려나야 할 것입니다. 또 내가 보좌들을 보니 그 위에 사람들이 앉았는데 심판할 권세가 그들에게 주어졌습니다. 그들은 예수의 증언과 하나님의 말씀으로 인해 목 베임을 당한 사람들의 영혼들과, 짐승과 그의 우상에게 경배하지 않고 자신들의 이마와 손에 표를 받지 않은 사람들입니다. 그들은 다시 살아나 그리스도와 함께 1,000년 동안 통치했습니다. (나머지 죽은 사람들은 1,000년이 차기까지 다시 살아나지 못했습니다.) 이것이 첫째 부활입니다. 이 첫째 부활에 참여하는 사람은 복되고 거룩합니다. 이들에게는 둘째 사망이 아무 권세도 갖지 못합니다. 그들은 하나님과 그리스도의 제사장들이 돼 그와 함께 1,000년 동안 통치할 것입니다.

사탄의 심판

1,000년이 다 차면 사탄이 그 옥에서 풀려날 것입니다. 그는 옥에서 나와 땅의 사방에 있는 나라들, 곧 곡과 마곡을 현혹해 전쟁을 위해 그들을 집결시킬 것입니다. 그들의 수는 바다의 모래알과 같을 것입니다. 그들은 평원으로 올라와 성도들의 진, 곧 사랑받는 도성을 에워쌌습니다. 그러나 하늘에서 불이 내려와 그들을 삼켜 버렸습니다. 그리고 그들을 현혹했던 마귀는 짐승과 거짓 예언자가 있는 불타는 유황 못에 던져졌습니다. 그들은 영원토록 밤낮 고통을 당할 것입니다.

죽은 사람들의 심판

또 나는 희고 큰 보좌와 그 위에 앉으신 분을 보았습니다. 땅과 하늘이 그의 얼굴 앞에서 사라지니 흔적도 찾아볼 수 없었습니다. 그리고 나는 큰사람이든 작은 사람이든 죽은 사람들이 그 보좌 앞에서 있는 것을 보았습니다. 책들이 펼쳐져 있는데 또 다른 책, 곧 생명의 책도 있었습니다. 죽은 사람들이 책들 안에 기록된 대로 심판을 받았는데 그 안에는 그들의 행위가 기록돼 있었습니다. 또 바다는 그 속에 있던 죽은 사람들을 내놓고 사망과 음부도 그 속에 있던 죽은 사람들을 내놓았습니다. 그리고 각 사람은 자기가 행한 것에 따라 심판을 받았습니다. 그러고 나서 사망과 음부도 불 못에 던져졌습니다. 이것이 바로 둘째 사망, 곧 불 못입니다. 누구든지 그 이름이 생명책에 기록되지 않은 사람은 이 불 못에 던져졌습니다.

21 새 하늘과 새 땅

그리고 나는 새 하늘과 새 땅을 보았습니다. 처음 하늘과 처음 땅이 사라지고 바다도 더 이상 존재하지 않았습니다. 또 나는 거룩한 도성 새 예루살렘이 하늘에서 하나님께로부터 자기 남편을 위해 화장한 신부처럼 준비돼 내려오는 것을 보았습니다. 그리고 나는 보좌에서 큰 음성이 말씀하시는 것을 들었습니다. “보아라. 하나님의 장막이 사람들과 함께 있으니 그분께서 그들과 함께 거하실 것이다. 그들은 그분의 백성이 되고 하나님께서 친히 그들과 함께 계실 것이다. 그들의 눈에서 모든 눈물을 닦아 주실 것이며 더 이상 죽음이 없고 다시는 슬픔이나 우는 것이나 아픈 것이 없을 것이다. 이는 처음 것들이 지나갔기 때문이다.” 그때 보좌에 앉으신 분이 말씀하셨습니다. “보아라. 내가 만물을 새롭게 한다.” 그는 또 말씀하셨습니다. “이 말들은 신실하고 참되니 너는 기록하여라.” 그는 또 내게 말씀하셨습니다. “다 이루었다. 나는 알파요, 오메가이며 시작과 끝이다. 내가 목마른 사람에게 생명수 샘물을 값없이 줄 것이다. 이기는 사람은 이것들을 상속할 것이며 나는 그의 하나님이 되고 그는 내 아들이 될 것이다. 그러나 두려워하는 사람들, 신실치 못한 사람들, 가증한 사람들, 살인한 사람들, 음행하는 사람들, 점술가들, 우상 숭배하는 사람들, 모든 거짓말쟁이들은 불과 유황이 타는 못에 던져질 것이다. 이것이 둘째 사망이다."

새 예루살렘, 어린 양의 신부

마지막 일곱 재앙을 담은 일곱 대접을 가진 일곱 천사 가운데 하나가 내게 와서 말했습니다. "오너라. 내가 네게 신부, 곧 어린양의 아내를 보여 주겠다." 그러고 나서 천사는 성령으로 나를 이끌어 크고 높은 산으로 데려가 거룩한 도성, 곧 하늘에서 하나님께로부터 내려오는 예루살렘을 내게 보여 주었습니다. 이 도성은 하나님의 영광으로 빛나고 이 빛은 수정처럼 빛나는 벽옥과 같았습니다. 이 도성은 크고 높은 성벽과 열두 대문을 가지고 있으며 이 문들에는 열두 천사가 지키고 있고 그 위에는 열두 지파의 이름들이 쓰여 있습니다. 문은 동쪽에 세 개, 북쪽에 세 개, 남쪽에 세 개, 서쪽에 세 개가 있습니다. 이 도성의 성벽은 12개의 주춧돌 위에 세워져 있는데 각 주춧돌에는 어린양에게 속한 열두 사도의 열두 이름이 쓰여 있습니다. 내게 말하던 천사는 그 도성과 도성의 문들과 성벽을 측량하려고 금 갈대를 가지고 있었습니다. 도성은 네모반듯해 가로와 세로의 길이가 똑같았습니다. 그는 도성을 갈대로 측량했는데 가로 세로 높이가 똑같이 1만 2,000스타디온입니다. 또 천사가 도성의 성벽을 측량하니 사람의 치수로 144규빗이었는데 이는 천사의 치수이기도 했습니다. 성벽의 재료는 벽옥이며 도성은 유리 같이 맑은 정금으로 지어져 있습니다. 도성 성벽의 주춧돌들은 온갖 종류의 보석으로 장식돼 있습니다. 첫째 주춧돌은 벽옥이요, 둘째는 사파이어요, 셋째는 옥수요, 넷째는 에메랄드요, 다섯째는 홍마노요, 여섯째는 홍옥이요, 일곱째는 황옥이요, 여덟째는 녹옥이요, 아홉째는 담황옥이요, 열째는 비취요, 열한째는 청옥이요, 열두째는 자수정입니다. 열두 문은 열두 진주로 돼 있는데 각 문은 하나의 진주로 만들어져 있고 도성의 길은 유리같이 투명한 순금으로 돼 있습니다. 나는 도성 안에 성전이 없는 것을 보았습니다. 이는 전능하신 주 하나님과 어린양께서 도성의 성전이시기 때문입니다. 도성은 해나 달의 비췸이 필요 없습니다. 이는 하나님의 영광이 도성을 비추며 어린양께서 도성의 등불이 되시기 때문입니다. 나라들이 도성의 빛 가운데 다닐 것이며 땅의 왕들이 자기들의 영광을 도성으로 들여올 것입니다. 도성의 문들은 낮에는 전혀 닫히지 않을 것입니다. 그곳에는 밤이 없기 때문입니다. 그들이 나라들의 영광과 존귀를 도성으로 들여올 것입니다. 그러나 어린양의 생명책에 기록돼 있는 사람들 외에 모든 속된 것과 가증한 것과 거짓을 행하는 사람은 도성으로 들어오지 못할 것입니다.

22 회복된 에덴동산

그 후 천사는 하나님과 어린양의 보좌로부터 흘러나오는

수정같이 맑은 생명수 강을 내게 보여 주었습니다. 강물은 도성의 길 한가운데로 흐르고 있고 강 양쪽에 있는 생명나무는 매달 열매를 맺어 열두 열매를 맺고 나뭇잎들은 나라들을 치료하는 데 쓰입니다. 또 다시는 저주가 없을 것입니다. 하나님과 어린양의 보좌가 도성에 있고 그의 종들이 하나님을 섬길 것입니다. 그들은 하나님의 얼굴을 볼 것이며 그들의 이마에 하나님의 이름이 있을 것입니다. 다시는 밤이 없겠고 그들은 주 하나님께서 그들을 비추시므로 등불이나 햇빛이 필요하지 않을 것입니다. 그들은 영원히 통치할 것입니다.

요한과 천사

천사는 내게 말했습니다. "이 말씀들은 신실하고 참되다. 주, 곧 예언자의 영들의 하나님께서 속히 일어나야 할 일들을 그의 종들에게 보이시려고 그의 천사를 보내셨다. '보라. 내가 속히 갈 것이다. 이 책의 예언의 말씀들을 지키는 사람은 복이 있다.'" 이것들을 듣고 본 사람은 나 요한입니다. 내가 듣고 보았을 때 나는 내게 이것들을 보여 준 천사에게 경배하려고 그의 발 앞에 엎드렸습니다. 그러자 천사가 내게 말했습니다. "그렇게 하지 마라. 나는 너와 네 형제 예언자들과 이 책에 기록된 말씀들을 지키는 사람들과 함께 종된 사람이다. 너는 하나님께 경배해라." 그는 또 내게 말했습니다. "때가 가까이 왔으니 너는 이 책의 예언의 말씀들을 인봉하지 마라. 불의를 행하는 사람은 그대로 불의를 행하게 하고 더러운 사람은 그대로 더러움 가운데 있게 하고 의로운 사람은 그대로 의를 행하게 하고 거룩한 사람은 그대로 거룩하게 해라."

맺음말 : 초청과 경고

"보라. 내가 속히 갈 것이다. 내가 줄 상급이 내게 있으니 각 사람에게 그 행한 대로 갚아 줄 것이다. 나는 알파와 오메가요, 처음과 마지막이요, 시작과 끝이다. 생명나무를 취할 권리를 가지며 문들을 통해 도성으로 들어가려고 자기의 옷을 빠는 사람들은 복이 있다. 그러나 개들, 점술가들, 음행하는 사람들, 살인한 사람들, 우상 숭배하는 사람들, 거짓말을 좋아하고 행하는 사람들은 도성 밖에 있게 될 것이다. 나 예수는 내 천사를 보내 교회들에 대해 너희에게 이것들을 증언하게 했다. 나는 다윗의 뿌리요, 자손이며 빛나는 샛별이다." 성령과 신부가 "오라"고 말씀하십니다. 이 말을 듣는 사람도 "오라"고 외치십시오. 목마른 사람은 오십시오. 원하는 사람은 생명수를 값없이 받으십시오. 나는 이 책의 예언의 말씀들을 듣는 모든 사람에게 증언합니다. 누구든지 이 말씀들에 어떤 것을 더하면 하나님께서 이 책에 기록된 재앙들을 그에게 더하실 것입니다. 그리고 누구든지 이 예언의 책의 말씀들로부터 어떤 것이라도 없애 버리면 하나님께서는 이 책에 기록된 생명나무와 거룩한 도성에서 그의 몫을 없애 버리실 것입니다. 이 모든 것을 증언하신 이가 말씀하십니다. "참으로 내가 속히 갈 것이다." 아멘. 주 예수여, 오시옵소서. 주 예수의 은혜가 모든 사람들과 함께 있기를 빕니다. 아멘.

Artist

이명희

Lee, Myeonghee

Artworks

1 봄·봄 B-05_ oil on canvas_ 60 x 73 cm_ 2021

2 봄·봄 B-02_ oil on canvas_ 120 × 120 cm_ 2021

3 봄·봄 B-10_ oil on canvas_ 53 x 46 cm_ 2020

4 봄·봄 B-03_ oil on canvas_ 120 x 120 cm_ 2021

5 봄·봄 B-11_ oil on canvas_ 53 x 46 cm_ 2021

6 봄·봄 A-05_ oil on canvas_ 130 x 160 cm_ 2019

7 봄·봄 B-08_ oil on canvas_ 53 x 46 cm_ 2021

8 봄·봄 A-03_ oil on canvas_ 120 x 120 cm_ 2019

봄·봄 B-05

oil on canvas_ 60 x 73cm

2021

로마서 10:13
주의 이름을 부르는 사람은 누구든지
구원을 받을 것이다

베드로전서 5:7

여러분의 모든 근심을 주께 맡기십시오
주께서 여러분을 돌보십니다

봄·봄 B-02

oil on canvas_ 120 x 120 cm

2021

요한일서 4:10

사랑은 여기 있습니다
곧 우리가 하나님을 사랑한 것이 아니라 하나님께서
우리를 사랑하셔서 우리 죄를 위해 그분의 아들을
화목제물로 보내 주셨습니다

봄·봄 B-10

oil on canvas_ 53 x 46 cm

2020

2020.

에베소서 6:17

구원의 투구와 성령의 검,

곧 하나님의 말씀으로 무장하십시오

봄·봄 B-03

oil on canvas_ 120 x 120 cm

2021

디모데전서 4:16

너 자신과 가르침에 주의하고 그 일들을 계속하여라 이렇게 함으로 너는 너뿐 아니라 네 말을 듣는 모든 사람들을 구원할 것이다

봄·봄 B-11

oil on canvas_ 53 x 46 cm

2021

빌립보서 4:19

내 하나님께서 그리스도 예수
안에서 영광 가운데 그분의
풍성하심을 따라 여러분의 모든
필요를 채워 주실 것입니다

봄·봄 A-05
oil on canvas_ 130 x 160 cm
2019

요한복음 10:30
나와 내 아버지는 하나다

봄·봄 B-08
oil on canvas_ 53 x 46 cm
2021

요한일서 1:9

만일 우리가 우리의 죄를 자백하면 하나님은 신실하고 의로우신 분이시므로
우리 죄를 용서하시고 모든 불의에서 우리를 깨끗하게 해 주실 것입니다

봄·봄 A-03_ oil on canvas_ 120 x 120 cm_ 2019